JN213341

マスター
紛争類型別の
要件事実

近藤昌昭・足立　哲・松原平学 ［著］

一般社団法人 金融財政事情研究会

はしがき

　本書は、慶應義塾大学法科大学院の「要件事実論」の授業の教科書として作成されたものです。この授業では、これまで、司法研修所編『4訂　紛争類型別の要件事実』（以下「類型別」という）を教科書として使用してきました。同書は、コンパクトに最高裁判所の判例に沿って要件事実を整理し、しかも実務における取扱いについても適切なコメントを付しており、要件事実に関するすばらしい文献です。ただ、簡潔に記載されているところから、行間を読まないと要件事実に関する理解がむずかしい文献でもあります。学生はもとより要件事実論の初学者には、読み進めること自体に困難があると感じます。学生のなかには、要件事実論の論理の理解を放棄して、暗記科目と割り切って勉強している者も少なくないようです。そうすると、法科大学院で習った要件事実論について修了時には忘れてしまうことになります。

　そこで、本書では、基本的に「類型別」の章立てを参考とし、同文献で記載されている論理構造をわかりやすく記載しています。要件事実は、当事者が設定した訴訟物から導き出されるものですから、「類型別」と同様、紛争類型別に整理しています。ただ、「類型別」と異なり要件事実論の基本となる考え方を第1講で説明しています。要件事実論が民事訴訟においてどのように機能するかという点はもとより、訴訟物との関係や法律要件分類説などの基本を理解することができます。そして、要件事実が実体法の解釈によって確定されることが説明されています。第1講の考え方が要件事実論の基本となる部分であり、第2講以下の理解の前提となります。

　第2講以下では、具体的な紛争類型別の訴訟物を前提として要件事実を具体的に説明しています。本書は、まず、設例を通じて自らの頭で考えて正解にたどり着けるかを試してもらい、その後に解説を加えるという構成にしています。これによって、要件事実における論理過程の思考が明確に体得できるように工夫しました。最初は設例を読んで正解を導き出すことはむずかし

いかもしれません。そのような場合にも、解説部分を読めばなぜこの事実が請求原因であるのか、抗弁であるのかがわかるはずです。設例を通じて、要件事実が実体法の解釈や判例の理解を通じて形成されていることを実感することができると思います。本書では、実体法の解釈や判例の理解の仕方に関する解説を厚くしています。この点、結論においては、「類型別」とほとんど同じですが、違う点も何点かあります。このような相違点にも関心をもって読んでいただくと、法解釈の理解の仕方によって要件事実も異なることがわかると思います。

さらに、「類型別」では扱っていない不当利得や不法行為についても補論として解説を加えています。不当利得や不法行為については多様な考え方があり、判例の考え方も必ずしも固まっているとはいえない状況です。ただ、考え方の論理を追って要件事実に流し込むという点で、参考となると思います。

そのほか、Basic（基礎事項）、Advance（応用事項）、Next Level（専門的、実務的事項）にレベル分けした各種コラムを設けています。これまでの授業における学生からの質問や疑問などもふまえて、間違った理解をしがちなところを指摘するなどしたほか、実体法や判例の理解等が深まるように工夫しました。痒い所まで手が届くように配慮しており、本書を通読することによって、要件事実論全体をマスターすることができます。また、読者が直面している問題点に関する関係箇所を読むだけでも要件事実の理解が深まるものと思います。

本書は、法科大学院の学生のみならず、裁判官や弁護士などの法曹実務家にとっても完結した有益な内容のものであると自負するものですが、法曹実務家の利用の仕方を考えると、「類型別」を読み、その内容を確認するための参考書として利用することも想定されるため、本書では、「類型別」の該当する頁数も明記しています。

最後に、慶應義塾大学高秀成教授には草稿段階において貴重なアドバイスをいただきました。また、短い期間内での校正その他で、一般社団法人金融財政事情研究会の平野正樹氏には大変お世話になりました。本書の作成に関

与してくださった方々に厚く御礼を申し上げます。

2025年2月

近藤　昌昭

足立　　哲

松原　平学

【著者略歴】

近藤　昌昭（こんどう　まさあき）

慶應義塾大学法学部卒業。昭和59年司法修習生（38期）、昭和61年東京地裁判事補。最高裁事務総局民事局付、同民事局参事官、司法制度改革推進本部事務局参事官、司法研修所１部教官、東京地裁判事（部総括、所長代行）、長野地家裁所長、東京高裁判事（部総括）、令和３年退官。令和３年慶應義塾大学法科大学院教授、弁護士（アンダーソン・毛利・友常法律事務所顧問）。

足立　哲（あだち　あきら）

慶應義塾大学法学部卒業。昭和59年司法修習生（38期）、昭和61年京都地裁判事補。法務省法務総合研究所教官、法務省大臣官房財産訟務管理官、法務省大臣官房行政訟務課長、静岡地裁判事（部総括）、東京地裁判事（部総括、東京簡裁司掌者）、新潟地裁所長、東京高裁判事（部総括）、横浜地裁所長、令和６年退官。令和６年慶應義塾大学法科大学院教授。

松原　平学（まつばら　よしのり）

慶應義塾大学法科大学院修了。平成20年司法修習生（62期）、平成22年鹿児島地裁判事補。大阪地裁判事補、最高裁事務総局行政局付、東京地裁判事（現職）。令和５年慶應義塾大学法科大学院非常勤教員。

主な法令・判例・文献等の略記法

1 法令の略記
民事訴訟法を「民訴法」とした。

2 本文中で引用する法令は通常の略記により、また（ ）内で引用する法令についても、たとえば次のとおり、通常の略記によった。
民→ 民法
民訴→ 民事訴訟法
民訴規→ 民事訴訟規則
民執→ 民事執行法
民執規→ 民事執行規則
不登→ 不動産登記法
借地借家→ 借地借家法
商→ 商法
会→ 会社法
利息制限→ 利息制限法
地方自治→ 地方自治法

3 判決（決定）の表記は次のように記載した。
大判明41.12.15民録14.1276
最判昭26.11.26民集5.13.775
最判昭46.6.29判タ264.197
東京地判昭39.9.28下民集15.9.2317

4 判例集、法律雑誌の略記は、下記のとおり、通常の例によった。
［判例集］
　民集→ 最高裁判所民事判例集
　集民→ 最高裁判所裁判集民事
　下民集→ 下級裁判所民事裁判例集
［法律雑誌等］
　判時→ 判例時報
　判タ→ 判例タイムズ
　交民→ 交通事故民事裁判例集
　訴月→ 訴訟月報

6 主要文献の略記については、次の一覧によった。
類型別→ 司法研修所編『4訂　紛争類型別の要件事実』（法曹会、2023年）

要件事実第 1 巻→　司法研修所編『増補　民事訴訟における要件事実第 1 巻』（法曹会、1986年）

新問研→　司法研修所編『新問題研究　要件事実』（法曹会、2011年）

30講→　村田渉・山野目章夫編『要件事実論30講［第 4 版］』（弘文堂、2018年）

起案の手引→　司法研修所編『10訂　民事判決起案の手引［補訂版］』（法曹会、2020年）

伊藤・講座 1 →　伊藤茂夫編『民事要件事実講座第 1 巻』（青林書院、2005年）

伊藤・講座 2 →　伊藤茂夫編『民事要件事実講座第 2 巻』（青林書院、2005年）

伊藤・講座 3 →　伊藤茂夫編『民事要件事実講座第 3 巻』（青林書院、2005年）

伊藤・講座 4 →　伊藤茂夫編『民事要件事実講座第 4 巻』（青林書院、2005年）

我妻・民法講義Ⅳ→　我妻榮『新訂債権総論（民法講義Ⅳ）』（岩波書店、1964年）

我妻・民法講義Ⅴ 1 →　我妻榮『債権各論上（民法講義Ⅴ 1 ）』（岩波書店、1954年）

我妻・民法講義Ⅴ 2 →　我妻榮『債権各論中巻 1 （民法講義Ⅴ 2 ）』（岩波書店、1973年）

我妻・民法講義Ⅴ 4 →　我妻榮『債権各論下巻 1 （民法講義Ⅴ 4 ）』（岩波書店、1972年）

中田・債権総論→　中田裕康『債権総論［第 4 版］』（岩波書店、2020年）

中田・契約法→　中田裕康『契約法［新版］』（有斐閣、2021年）

潮見・新債権総論Ⅰ→　潮見佳男『新債権総論Ⅰ』（信山社、2017年）

潮見・債権各論Ⅰ→　潮見佳男『債権各論Ⅰ［第 4 版］』（新世社、2022年）

一問一答→　筒井建夫・村松秀樹編『一問一答　民法（債権関係）改正』（商事法務、2018年）

近藤「ひも解く民訴」→　近藤昌昭『判例からひも解く実務民事訴訟法』（青林書院、2023年）

目　　次

第 **5** 講　　所有権に基づく不動産明渡請求等
....足立　哲 ... 165

第 1 節　**土地明渡請求権をめぐる要件事実等について（類型別53頁）** 165

第 2 節　**建物収去土地明渡請求権をめぐる要件事実等について（類型別66頁）** 185

第 **6** 講 **不動産登記手続請求訴訟**··········松原平学·····192

第1講

要件事実論の基本の基

第1節 民事訴訟の基本構造

Ⅰ 要件事実と民事訴訟

　要件事実論は、民事訴訟を運営するうえで必須の理論であり、裁判官を目指す者だけでなく、弁護士を目指す者にとっても必ず修得しておくべき理論である。そして、裁判規範である民法等の実体法の解釈によって何が要件事実とされているかが決定されるが、それが原告側で立証すべき事項か被告側で立証すべき事項かは、民訴法の解釈も加味される。そのほか、要件事実の考え方は、民事訴訟の基本的な構造とも関係する。その意味で、要件事実論は民訴法と密接な関係にある。

　本講では、要件事実論の基本的な考え方を解説する。

Ⅱ 民事訴訟の構造・内容

1 民事訴訟の目的

　民事訴訟の目的については、さまざまな見解があるが、差し当たり紛争の法的解決を目的とするものとしておく。単なる「紛争の解決」ではなく、「法的」解決とする所以は、解決が公平であるだけでなく、解決内容が法律的に正しいものでなければならないと解されるからである。たとえば、サイコロで偶数が出れば原告勝ちで、奇数が出れば被告勝ちという紛争解決の仕

方も公平な紛争解決手段である。しかし、国家が運営する民事訴訟においては、そのような紛争解決が正当とされるものではなく、法治国家における民事訴訟においては、解決内容も法に照らして正当なものであることが要請される。

Advance　処分権主義と弁論主義との関係

　紛争の法的解決という要請を究極まで推し進めると、当事者の訴えがなくとも国家が問題点を見つけ出し、司法によって解決するべきとする職権調査主義（処分権主義の対置概念）の採用が考えられる。歴史的には、そのような民事訴訟を採用した国もあったが、うまく機能しないことが証明されることとなった。そのような経緯から紛争を抱える当事者が裁判を求めるときに国家としても民事訴訟手続を開始させ、当事者の求める権利義務の有無の判断をするという処分権主義（処分権主義とは、民事訴訟の開始、訴訟対象の特定および範囲、民事訴訟の終了について当事者が決定できるとする原則である）が採用されるようになったといわれている。そして、権利義務を支える具体的事実の主張立証も当事者が行うものとされる弁論主義（弁論主義とは、訴訟資料の収集は当事者の責任および権限とする原則である）が採用されるのが一般的である。わが国の民訴法でも、処分権主義および弁論主義が採用されている。処分権主義および弁論主義は、当事者主義とも呼ばれ、法的に正しい裁判の実現のためには、当事者に適切に行動してもらうことが前提となっている。訴訟物（審判対象であり、実体法上の権利義務ないし法律関係の存否）に関しては、処分権主義が適用され、訴訟物を支える事実については弁論主義が適用される。当事者の意思をどこまで認めるべきかという観点から、処分権主義に関して当事者の具体的意思まで認めるか、合理的な意思だけを認めるのかが問題となり、一部請求を認めるべきか、予備的請求について当事者の意思を重視してよいかという論点につながる。弁論主義に関しては、裁判所がどこまで関与してよいかというかたちで、裁判所の釈明権や釈明義務の範囲の問題のほか、公序良俗違反の事実の取扱いや自白撤回の要件などで議論されるところである。

なお、最近の学説においては、弁論主義について、判決段階と審理過程段階とを分け、判決段階では厳格に弁論主義が適用されるが、審理過程段階においては緩和されるとする見解も有力である（山本和彦「第6章　弁論主義の根拠」（『民事訴訟法の基本問題』（判タ2002）所収）133頁以下、近藤「ひも解く民訴」120頁など）。

　最高裁の判例の大枠としては、訴訟物レベルの処分権主義については、当事者の意思を重視しており、一部請求も当事者が明示した場合には認め、予備的請求についても、当事者が予備的請求として審理を求める場合には、請求が非両立関係になくとも予備的請求として当事者の審理の仕方の要望も認めている。他方、事実に関する弁論主義が妥当する範囲においては、紛争の法的解決のために、釈明義務を広く認め、異なる訴訟物の提示をすべき場合もあるとし（最判昭45.6.11民集24.6.516）、当事者の具体的な主張がなくとも公序良俗違反であることについて裁判所が認識した場合には、当事者の主張がなくとも公序良俗違反として判決できるとしている（最判昭36.4.27民集15.4.901）。以上より、基本的には、処分権主義の訴訟物のレベルでは、当事者の意思を尊重する傾向にあるが、弁論主義の事実レベル（いずれも審理過程段階の問題であるが）では、当事者の意思の尊重よりも紛争の法的解決を尊重する傾向があるといえるのではなかろうか。

2　民事訴訟の構造

　民事訴訟がどのような構造のものかについては、教育勅語が憲法に違反しないことの確認を求めた訴訟（最判昭28.11.17集民10.455）の判旨が端的に述べている。すなわち「我が国の裁判所は、日本国憲法に特別の定めのある場合を除いて一切の法律上の争訟を裁判する権限を有するものであるが（裁判所法3条）、その法律上の争訟とは、当事者間の具体的な権利義務ないし法律関係の存否に関する紛争であって、且つそれが法律の適用によって終局的に解決し得べきものであることを要するのである」とし、当該訴訟については、上告人の主観的意見または感情に基づく精神的不満をいうもので、具

体的権利義務ないし法律関係の存否に関する紛争は存在しないとの理由で、訴えを不適法と判断した。すなわち、民事訴訟は、個人の具体的権利義務ないし法律関係の存否の判断をすることによって、紛争の法的解決をするものである。

3 訴訟物

　民事訴訟においては、当事者の権利義務ないし法律関係の存否は、訴訟物と呼ばれ、民事訴訟における審判対象とされるものである。これらの権利義務ないし法律関係は、実体法規により導かれるものである。その意味で、民法をはじめとする実体法規は裁判規範として機能するということができる。言い換えれば、国家が裁判所という司法機関によって解決する紛争とは、実体法上の権利義務ないし法律関係について争いがある場合であり、実体法上の権利義務ないし法律関係についての裁判所の判断を通じて紛争を解決することになる。そして、民訴法においては、当事者の権利義務ないし法律関係の存否について、審理判断の対象であるとされ、訴訟物と呼ばれているのである。

4 処分権主義

　実体法上の権利義務については、私的自治の原則の適用があり、個人の私法関係はその者の意思によって自由に規律することができるのが原則である。契約によって取得した売買代金債権であっても、それを請求するか放棄するかは、売主たる個人が決めることができる。これが民事訴訟においては、処分権主義として現れる。処分権主義の内容としては、訴訟の開始、訴訟対象の特定および範囲、訴訟終了の3段階において、当事者の意思が尊重されることになっている。訴訟の開始段階では、不告不理の原則といわれ、訴えなければ裁判なしといわれるものである。そして、訴訟対象の範囲としては、当事者が申し立てていない事項について判決することができない（民訴246条）ことのほか、訴訟物の特定も原告である当事者がするものである。確認訴訟・給付訴訟・形成訴訟かや選択的請求か予備的請求かという判断順序も当事者が特定できるのが原則である。そして、訴訟終了としては、

訴えの取下げ（民訴261条）、請求の放棄・認諾（民訴266条）がある。当事者にこれらの権能があることおよびこれらが私的自治の原則に根拠があることについては異論がないであろう。

5　弁論主義

　原告が訴状で「請求の趣旨」および「原因」を記載することによって訴訟物を特定する（民訴134条2項）。これは処分権主義の問題である。裁判所がこの訴訟物を判断することによって紛争を法的に解決することになるわけである。しかし、権利義務ないし法律関係は、目にみえるものではなく抽象的な存在である。権利義務ないし法律関係の有無を判断するためには、それらの権利義務等が発生した事実があったか、その後にその権利等が消滅する事実等があったかを判断することになる。民法等の実体法規は、権利の発生、障害、消滅、阻止の効果が発生する法律要件を規定している。これらの一定の法律効果を発生させる法律要件の事実を**要件事実**と呼んでいる。この要件事実を**主要事実**と呼び[1]、この主要事実を当事者が主張しない限り、裁判所は判決の基礎とすることはできないとされている（弁論主義の第1テーゼ）。訴訟のなかには、主要事実のほか、間接事実（主要事実の存在または不存在を経験則によって推認する事実）、補助事実（証明力に関する事実）があるが、間接事実および補助事実は弁論主義の対象とならない（最判昭46.6.29集民103.319、最判昭38.11.15民集17.11.1373、最判昭27.12.25民集6.12.1240）。間接事実および補助事実は、証拠と同様の機能を有し、これらの事実にまで弁論主義が及ぶとすると裁判所の自由心証を制約することになるからである。

　そして、一定の法律効果を発生させる、権利発生、障害、消滅、阻止に該当する事実（主要事実）は何かについては、実体法規の解釈によって定まるも

1　要件事実と主要事実について、法律の規定にある類型的な事実を要件事実とし、具体的事実である主要事実とは異なるとの立場もあるが、本書では、法律の規定による類型的な事実を「法律要件」とし、要件事実と主要事実とは、ともに具体的な事実を前提とするもので、同じものとして扱う（要件事実第1巻2頁以下および新問研5頁）。ただ「請求原因」「抗弁」の用語は、法律要件として使用することもあるし、要件事実として使用することもある。

のである。この解釈にあたっては、法文の文言や規定の仕方（ただし書として規定されているか）、立証の難易、公平性などのほか、類似または関連する権利義務に関する規定との整合性なども考慮されることになる。さらに、当該事実の主張立証責任が原告被告のどちらの当事者にあるかは、実体法規の解釈によることになるが、原則として当該事実の確定によって利益を受ける当事者にあると解されている。このような考え方を**法律要件分類説**という。

6　争点整理

　民事訴訟は、訴訟物について審理判断をし、紛争を法的に解決するものである。要件事実は、訴訟物たる権利義務ないし法律関係の存否を判断するための骨格である。このことから、民事訴訟においては、当事者が準備書面等で主張する事実について、まず、主要事実と間接事実・補助事実とを区別し、そのうえで、主要事実について、法律要件分類説によって振り分けを行う。そして、各要件事実について相手方が認否をすることになる。相手方当事者が「認める」とした事実は、当事者間に争いのない事実となるので、裁判所は判決の基礎としなければならず（弁論主義の第2テーゼ）、証明不要の事実となる（民訴179条）。相手方が「否認」または「不知」とした事実は、その後、証人尋問などの証拠調べを実施するなどして裁判所が事実認定をすることになる（民訴247条）。

　このように、当事者の主張する事実について、要件事実を抽出し、さらに証拠調べを実施すべき事実を確定するのであるが、この作業を争点整理という。争点整理は、証拠調べをする範囲を明確にするとともに証拠調べの範囲を限定する機能を有するものである。争点整理について裁判所および当事者が認識を一致させていないと充実した審理を行うことができないし、的確な判断をすることもむずかしくなる。民事訴訟において争点整理は非常に重要である。この争点整理には要件事実論が不可欠である。

7　要件事実最小限の原則

　要件事実による争点整理によって証拠調べの範囲が限定されるわけであり、この範囲が狭いほど、効率的な訴訟運営ができるといえる。要件事実が

何かは、民法等の実体法の解釈を通じて確定されるものであるが、法律要件に該当する事実を厳選して、法律要件に該当しない事実を混在させないようにすることが迅速な裁判のためには必要である。この考え方を「**要件事実最小限の原則**」と呼ぶことがある。たとえば、売買契約の本質的要素は何かを問題とし、民法555条を参考として、財産権の移転と代金の支払の合意が本質的要素であり、それ以外の事実は、売買契約の本質的要素とはならないとされている。要件事実を整理するにあたっては、法律要件に該当しない間接事実や補助事実を混在させることのないように留意しなければならない。たとえば、被告が原告から提出された売買契約書について偽造であると強く主張して争っている事案を考えてみよう。この場合に売買契約書が偽造されたものか否かを争点とすることは立証責任の分配の観点から正しいとはいえない。要件事実の整理としては、売買契約の締結について、被告が否認しており、それを立証する証拠である売買契約書が偽造であると主張されているもので、この偽造の主張は、補助事実の主張である。紛争の全体を適切に整理するために要件事実論が必要となる。

　また、法律要件に該当する事実であるとされても、請求原因、抗弁、再抗弁はそれぞれ最小限であることが要請される（たとえば、売買代金請求においては、売買の契約合意の事実のみが請求原因であり、代金支払時期は請求原因とはならず、抗弁と位置づけられる）。法律上、不可分な事実と可分の事実とを区別し、売買の場合、財産権を移転する意思表示と代金支払の意思表示は両者は不可分であり、このような不可分なものは最小限として必要であるが、可分であれば、抗弁として位置づける。また、一般的な事実と特別な事実に着目したり、原則性や例外性に着目するなどして、一般的・原則的な事実を請求原因とし、特別・例外の場合を抗弁とするなどと説明されることもある。また、立証の難易等もふまえて実体法規の解釈をすることもある。請求原因を最小限にすれば、審理対象が限定され、無駄な審理を省くことができるからである。過剰主張（いわゆる a ＋ b ）が主張自体失当なることもこの現れである（a ＋ b の具体例については105頁参照）。これらも「要件事実最小限の原則」に適合的であるからである。

　そして、あらゆる法律関係が要件事実に落とし込まれる必要がある（たと

えば、不動産の二重譲渡の場合に、登記の早い者勝ちとなるが、双方が登記を備えていない場合もある。そうすると、被告が登記を先に備えた場合だけでなく、どちらも登記を備えていない場合も原告の請求は理由がないことになるので、そのような要件事実の振り分けが必要となる）。

> **Basic　法律規定と同一内容の合意**
>
> 　建物賃貸借契約において賃料の支払期を毎月末日と合意するのは、法律上当然のこと（民614条）を合意したことになる。このような合意は主張立証しなくとも、この合意と同じ法律効果が発生するので、かかる合意は要件事実とならない。したがって、法律上の規定と異なる合意（翌月分当月末日払いの合意）をしている場合には、月末に法律上は、賃料請求権が到来していることが原則となるので、これを前提とする賃料請求に対して、抗弁として、当月分翌月末日払いの合意の存在を主張して、いまだ賃料債権の期限が到来していないことを主張立証することができる。

8　民事訴訟手続の概要

(1)　訴状の作成

　訴えを提起するためには、訴状を裁判所に提出しなければならない（民訴134条1項）。

　訴状には、請求の趣旨および原因（訴訟物を特定するための原因）を記載しなければならない（民訴134条2項）。

　請求の趣旨は、原告勝訴の認容判決の主文に対応するものである（訴え提起は、国に対する判決要求である）。

　訴状における必要的記載事項としての原因は、訴訟物を特定するための原因たる事実である。訴状には、訴訟物を特定するための原因のほか、請求を理由づける事実を具体的に記載し、立証を要する事由ごとに、当該事実に関連する事実で重要なものおよび証拠を記載しなければならないとされている（民訴規53条）。この事実のうち、実務上重要なものは、攻撃方法としての請

求原因である（民訴規79条2項）。

(2) **訴状の提出**

訴状は、裁判所に提出されなければならない（民訴134条1項）。裁判所は、訴状を受け付けると受付印を押印し、事件番号を付して記録を作成する。そして、事務分配規則に従って、担当裁判官が定められる。訴訟記録が担当の裁判官の手元に回されてから、裁判官は訴状審査をする。訴状の必要的記載事項および民事訴訟費用法3条の手数料額の収入印紙が貼用されているかを審査し、不備があれば補正を促したり、相当の期間を定めて補正命令を発する（民訴137条）。訴状が被告に送達される（民訴138条1項）ことによって訴訟係属が生じる。訴訟係属が生じると、訴訟法上の意味での「裁判所」が観念され、原告と裁判所、被告と裁判所の訴訟上の関係が生じる。訴訟係属前は、裁判所との関係は生じないので、補正命令は、裁判長（裁判所ではなく）がする（民訴137条1項）。相当期間内に補正がされない場合には、命令で訴状を却下する（同条2項）。

(3) **送達および期日指定**

書記官が訴状を被告に送達する（民訴138条、98条）。実務上、第1回口頭弁論期日は、訴状審査終了後、裁判長が指定し、訴状の送達とともに被告に告知される（民訴139条、民訴規60条）。

(4) **答弁書等の作成**

被告は、答弁書を作成する（民訴規80条）。答弁書には、請求の趣旨に対する答弁、訴状に記載された事実に対する認否、抗弁事実等を記載する。請求の趣旨に対する答弁は、講学上、反対の申立てともいわれ、本案前の答弁（訴訟要件に関する答弁）と本案の答弁とがある。前者は、訴えが訴訟要件を欠くとして「本件訴えを却下する」との判決を求めるもので、後者は、請求が理由がないとして「原告の請求を棄却する」との判決を求めるものである。また、訴状に記載された事実に対する認否がされる。実務上、間接事実および補助事実も含めてすべての事実に対して認否がされるが、要件事実論としては、原告が主張する「請求原因事実」に対して、後記のとおり「認否」をすることが重要である。当事者間に争いのある事実について、証拠調べを実施して事実認定をすることになるからである。当事者は、以後、事実

に関する主張をする場合には、準備書面[2]を提出して主張することになる。当事者の事実の主張のやりとりや認否によって、証拠によって認定すべき事実を確定するための争点整理が進められることになる。

(5) 争点整理手続

争点整理をする手続としては、口頭弁論のほか、準備的口頭弁論（民訴164条）、弁論準備手続（民訴168条）、書面による準備手続（民訴175条）がある。弁論準備手続が争点整理によく利用されている。

(6) 証拠調べおよび判決

争点整理によって、証拠調べによって確定すべき事実を明らかにしたうえで、証人（民訴第4章第2節）や当事者本人（同第3節）の尋問を集中的に実施する（民訴182条）。そして、裁判所が自由心証によって事実を確定することができ（民訴247条）、判断に熟したと考えれば結審をし、判決をすることになる（民訴243条1項）。裁判所がいまだ事実を認定する心証形成に至らないときは、さらに証拠調べを実施する。

9 事実認定（類型別19頁）

訴えが提起され、争点整理によって要件事実的な整理がされる。当事者間に争いのある事実（争点）について、証拠等によって確定し、判決において判断することになる（民訴247条）。この判断の順序には一定のルールがある。

請求（訴訟物）が併合されている場合には、主位的請求と予備的請求があれば、主位的請求を判断し、主位的請求が認められない場合に予備的請求を判断することになる。主位的請求か予備的請求かは当事者が決定できるとするのが判例の立場である。選択的併合の場合には、いずれかの請求が認められれば、その請求だけを判断すれば足り、他の請求を判断しない。裁判所は、自由な順序で判断することができる。ここで、請求が認められるという

---

2 準備書面というのは、口頭弁論期日を前提とすると、主張は口頭弁論期日においてしなければならないので、主張を準備するための書面という意味である。陳述してはじめて主張した効果が生じる。口頭弁論期日を前提としない保全等では、単に「主張書面」という表題が付されることが多い。講学上、準備書面に対置する概念としては確定書面である。

のは、請求原因が認められ、抗弁が認められない場合、抗弁が認められても再抗弁も認められる場合等である。訴訟物たる請求の系列の請求原因、抗弁、再抗弁、再々抗弁を判断することになる。

　他方、一つの請求権のなかでの事実主張の判断の仕方は異なる。たとえば、ある請求原因に対して、複数の抗弁が主張されている場合、原則として、どの抗弁から判断するかは裁判所に任せられていると解される。当事者が順位づけをしても裁判所はそれに拘束されないのが原則である。ただし、請求を全部排斥する抗弁（全部抗弁）と請求を一部排斥する抗弁（一部抗弁）がある場合には、全部抗弁を先に判断しなければならない。また、相殺の抗弁の場合は、被告の実質敗訴の抗弁であるから、他の抗弁を先に判断しなければならない（239頁の「異なる意味の予備的主張」も参照）。この意味で、訴訟物レベルでは、当事者の意思を重視するが、事実レベルでは裁判所の裁量とされるのであって、区別すべきである。

10　要件事実論の必要性

　このような要件事実論を修得することによって正確な争点整理が行われ、真の争点について集中証拠調べを実施することができ、ひいては適正迅速に紛争解決ができるようになるのである。ただ、実際の民事訴訟において、主要事実だけが重要という意味ではないことに注意を要する。要件事実論は、あくまで争点整理の枠組みを提供するものである。実際の実務においては、重要な間接事実の有無が問題となることが多い。このような重要な間接事実を争点として的確に位置づけるためにも要件事実論が基本となる。

　次に具体例をふまえて、要件事実を検討してみよう。

Basic
ブロック・ダイアグラムの活用

　事件を要件事実的に整理する場合に、実務的に活用されている道具がブロック・ダイアグラムである。Ｘの請求を基礎づける請求原因と、これに対するＹの認否、さらに、請求原因から生じる法律効果を障害・消滅・阻止する、抗弁というように主張整理をすることになるが、このようなＸおよびＹの主張の構造を図式化して理解しやすくするものがブ

ロック・ダイアグラムである。

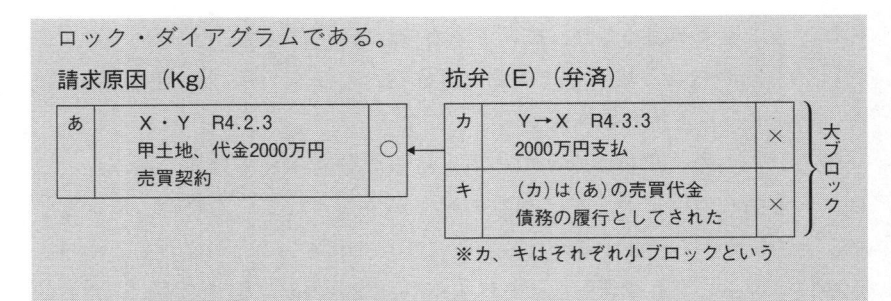

請求原因（Kg）

あ	X・Y　R4.2.3 甲土地、代金2000万円 売買契約	○

抗弁（E）（弁済）

カ	Y→X　R4.3.3 2000万円支払	×
キ	（カ）は（あ）の売買代金 債務の履行としてされた	×

｝大ブロック

※カ、キはそれぞれ小ブロックという

　なお、略語として、訴訟物はStg（Streitgegenstand）、請求原因はKg（Klagegrund）、抗弁はE（Einrede）、再抗弁はR（Replik）、再々抗弁はD（Duplik）、再々々抗弁はT（Triplik）と記載されることもある。また、ブロック・ダイアグラムの認否については、要件事実ごとに、自白を【○】、否認を【×】、不知を【△】、裁判所に顕著な事実（民訴179条）は【顕】と記載する[3]。認否をせず、明らかに争わないときは【沈】と記載し、自白と同様に扱う（民訴159条1項）。

第2節　民事訴訟における要件事実

Ⅰ　設　　例

設 例　　次の代金2000万円の請求訴訟における、訴訟物、請求の趣旨および要件事実はどうなるか。

⑴　Xの言い分

　自分が所有する土地（甲土地）を、令和4年2月3日、Yに対して代金2000万円で売ることとし、代金支払期日を同年3月3日とすることで合意

3　実務上「争う」という認否がある。法的主張に対する認否である。しかし、法的主張は、弁論主義の対象ではなく、法的判断は裁判所の専権事項である。したがって要件事実論の認否としては「争う」は存在しない。ただ、一定の場合に権利自白が認められていることには注意されたい。

しました。ですから、代金2000万円をＹに対して請求します。

Ｙの言い分

　Ｘの主張する日時にＸからそのような申入れがあり、買いたいと応じたことは事実ですが、代金をもう少し減額してもらえないと買えないと返答したもので、2000万円の支払には応じられません。

(2)　Ｘの言い分

　(1)と同じ

Ｙの言い分

　Ｘの主張する売買契約があったことは間違いありませんが、同年３月３日に代金2000万円をすでに支払っています。

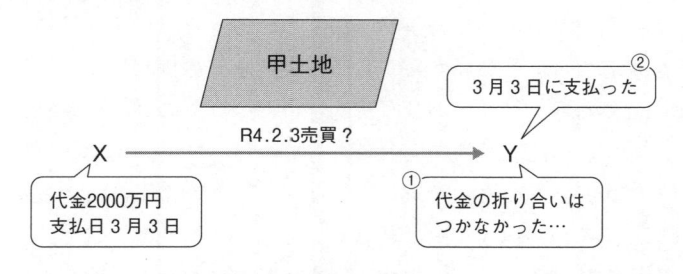

Ⅱ　解　答

1　訴　訟　物

> 売買契約に基づく代金支払請求権

この根拠条文は、民法555条ということになる。

(1)　訴訟物論争

　訴訟物論については、民訴法上、旧訴訟物理論と新訴訟物理論との争いがあり、学説上は、新訴訟物理論が優勢である。しかし、判例は、旧訴訟物理論を採用している。

　旧訴訟物理論によれば、原則として、原告が主張する権利義務ないし法律関係の存否ということになる。そして、実体法上の権利義務と同一となる。訴訟物は、訴状の請求の趣旨および原因によって特定される（民訴134条2

項、民訴規53条 1 項）。

　　訴訟物論争

　　確認訴訟の訴訟物に関しては大きな対立はなく、議論の焦点は、給付訴訟および形成訴訟の訴訟物である。旧訴訟物理論では、実体法上の権利義務であるとするのに対し、新訴訟物理論では、 1 個の給付ないし形成の地位を訴訟物と捉える。裁判所の訴訟物に関する判断に既判力（不可反不可争の効力）が生じることは争いがないから、訴訟物の範囲が既判力の範囲と一致する。新訴訟物理論では、訴訟物の範囲を広く捉え、既判力によって解決する範囲を広く考えるのである。新訴訟物理論の背景には、国家が運営する紛争解決機関であるから、紛争を解決したいという当事者の合理的意思からすれば、実体法上の権利義務ではなく、法的な地位に着目すべきであり、法的地位についての判断に既判力が生じれば、紛争の一回的解決を図ることもできるとする。具体的には、原告が被告に1000万円の支払を求めることができる地位にあることを主張していれば、その根拠が契約に基づくものか、不当利得に基づくものか、不法行為に基づくものか、実体法上の権利義務の根拠は問わない。口頭弁論終結時に、原告が被告に対してそのような法的地位にあることが既判力で確定されるとするのである。これに対して、旧訴訟物理論からは、当事者が意識していなかった実体法上の権利義務に関する主張立証を尽くすことができるのか疑問があるほか、紛争の一回的解決は、選択的併合という手段でも図ることできるとする。民事訴訟における脊椎ともいうべき訴訟物の捉え方についての論争であった。具体例としては、旧訴訟物理論では、一つの列車事故による損害賠償請求でも、不法行為に基づく損害賠償として請求する場合と債務不履行に基づく損害賠償として請求する場合は、別々の訴訟物であるから、前訴で不法行為に基づく損害賠償を請求して敗訴して判決が確定しても、さらに後訴で債務不履行に基づく損害賠償請求をすることが既判力に触れることはない（ただし、旧訴訟物理論では、信義則によって後訴は退けられる可能性がある）。これに対して、新訴訟物理論では、前訴で一つの列車事故として

金員を請求すれば、原告が被告に対して金員の給付を受ける地位にあることが訴訟物であるから、前訴でもっぱら債務不履行の主張のみをしていたとしても、不法行為に基づく損害賠償請求をすることも前訴の訴訟物（法的地位）の判断に抵触し、既判力に触れることになる。

実務上は、旧訴訟物理論で運月されているので、旧訴訟物理論を前提として、訴訟物を理解しておく必要がある。

(2) 特　定

訴訟物の特定は、請求の主体と相手方に対する権利内容（給付内容および発生原因）で特定できる。設問の場合には、請求の趣旨である金員支払請求が「売買契約に基づく」ものであることが記載されていればよいことになる。要件事実の請求原因事実とは異なるので、必ずしも売買合意の具体的な事実である代金額や対象物が明らかでなくとも、民法555条の売買代金請求であることが特定されれば、権利義務の内容が特定されたということができ、訴訟物としては特定されたことになる。

Basic　　請求の原因

民訴法上は「請求原因」には三つの意義がある。

① 訴訟物を特定するための請求原因（民訴134条2項）

② 請求を理由づける請求原因（民訴規53条1項）

③ 中間判決としての原因判決の請求の原因（民訴245条）

①は、訴訟物が何かを特定するための事実であり、売買契約に基づく代金支払請求権が訴訟物であれば、請求の趣旨としての記載の請求がどの売買契約に基づくものであるかがわかればよい（識別説）。仮にXY間で売買契約が多数あれば、どの売買契約に基づく代金請求かを特定する必要がある。その場合には、契約の日付で特定したり、対象物で特定することになる。したがって、当事者間に多数の売買がない場合には、事実として具体的でなくとも、売買に基づくものであることが記載されていれば特定としては十分である。この請求原因の記載がないと、裁判長は、補正命令を命じ（民訴137条1項）、期間内に補正がなされないと裁

判長による訴状却下命令がされることになる（同条2項）。

これに対して②は、請求を理由づける事実であり、この事実が認められ、抗弁等の事実が存在しなければ認容判決がされることになる。要件事実論で問題となる請求原因は、この事実である。設例では、「XとYは、〇月〇日、甲土地を代金2000万円で売買することを合意した」となる。請求原因において、売買契約の本質的要素のすべてを満たす必要ある。訴状の記載として、被告欠席の場合に結審をしてもらうためには、訴訟物を特定するだけでなく、この請求原因事実を要件事実として記載しておく必要があるわけである。

③の請求原因は、中間判決のうち、原因判決といわれるものであり、この請求の原因は、数額を除いたものである。請求原因のほか抗弁、再抗弁等についても判断したものを記載することが必要である。不法行為に基づく損害賠償請求訴訟で、請求が認められるかどうかについて判断をし（認容の判断）、最終的な損害の額を除いた判断をするのが中間判決としての原因判決である。

(3) 訴訟物の個数

訴訟物が一つか複数かは、併合審理かどうかの基準となる。旧訴訟物理論の立場では、実体法上の権利義務として同一かどうかで決定される。契約に基づく請求権の場合には、契約ごとに発生することになる。設例の場合には、売買契約に基づく代金請求権1個となる。

物権的請求権の場合には、物権が侵害されていることから発生するものであるから、物権の個数と侵害行為の個数とで決定されることになる（この点は、167頁参照）。

2 請求の趣旨

被告は、原告に対し、2000万円を支払え。

(1) 訴え提起の手続

訴状には、請求の趣旨および原因（訴訟物を特定するための原因）を記載

しなければならない（民訴134条2項）。

　請求の趣旨は、原告勝訴の認容判決の主文に対応するものである（訴え提起は、国に対する判決要求である）。

(2) 請求の趣旨の意義

　請求の趣旨において、当事者が求める請求の範囲を明示することになる。

3 要件事実

(1) 請求原因事実

> 　Xは、Yに対し、令和4年2月3日、甲土地を代金2000万円で売った。

(2) 要件事実の意義

　訴訟物たる権利義務ないし法律関係は、目にみえない。そのような権利義務ないし法律関係が存在するかどうかは、証拠で認定できる具体的事実の有無を通じて判断することになる。

　そして、一定の法律効果を発生させる法律要件を前提とし、この法律要件に該当する具体的な事実を要件事実（主要事実）と呼んでいる。

　法律効果は、権利の発生、障害、消滅、阻止に大別できる。

　なお、要件事実と主要事実との関係をどう考えるかは見解が分かれるが、基本的には、要件事実と主要事実とは同じであり、具体的事実であると考える。具体的な事実を主張する場合には、いつの事実であるか「**時的因子**」を特定して事実を主張することになる。設例で「令和4年2月3日」という事実が時的因子として必要である。そして、売買の法律要件として、本質的要件は、財産権の移転と代金支払の合意であるから、その具体的な事実として、甲土地を代金2000万円で売買する旨の合意ということなる。

　権利発生要件に該当する事実が認められた場合、その発生障害要件、消滅要件または行使阻止要件に該当する事実が認められない限り、その権利は存在するものと扱われる。これを「**権利継続の原則**」という。

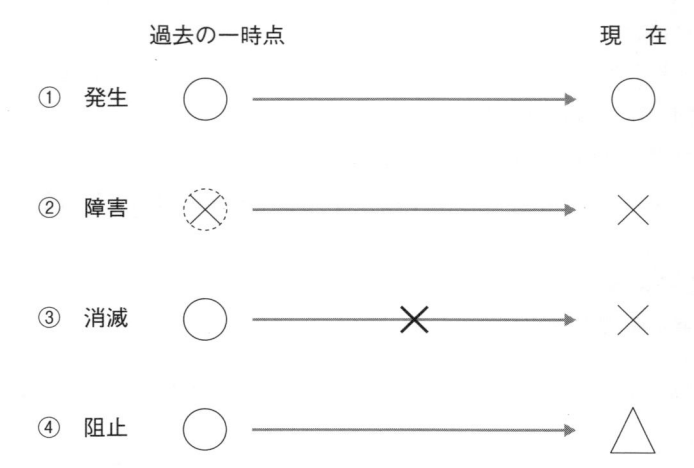

(3) 主張責任と立証責任

　民事訴訟においては、弁論主義が適用される。弁論主義とは、訴訟資料の収集は当事者の責任および権限とする原則である。

　その内容としては、①当事者が主張しない事実は判決の基礎としてはならない（第1テーゼ）、②当事者間に争いのない事実は判決の基礎としなければならない（第2テーゼ）。③証拠は、当事者の申し出たものに限られる（第3テーゼ）、とするものである。

　通説的な理解では、弁論主義の内容をなすものではない[4]が、要件事実の存否について、その立証ができないとき（裁判官がその事実の存在について心証形成ができないとき（真偽不明ともいう））、その事実はないものと扱われる。要件事実ごとにその事実の存否について立証できなかった場合に不利益の負担を負わせる者に**立証責任**があるという。

(4) 主張立証責任の分配

ア　総　　論

　主張立証責任の分配は実体法規の解釈の問題である。

　法律効果（権利の発生、障害、消滅または阻止）について、利益を受ける

---

[4]　近藤昌昭「訴訟資料収集に関する裁判所と当事者との権限分配に関する覚書―弁論主義の再構成」慶應法学53号30頁は、弁論主義は、判決段階において主要な役割を果たすものとし、立証責任は弁論主義第3テーゼと位置づける。

当事者に主張立証責任があるのが原則である（**法律要件分類説**）。

　したがって、主張責任の所在と立証責任の所在とは一致するものと考えられる。

　具体的な権利を発生させる事実か、権利発生を障害させる事実か等は、実体法上の法律解釈によることになる。売買代金請求権が訴訟物の場合には、売買代金請求権を発生させる根拠となる実体法上の根拠条文を探すことになる。民法555条では、売買合意をした場合、売買の効力が生じると規定している。売買の効力とは、相手方に財産権の移転を求める債権的効力と相手方に代金の支払を求める債権的効力と解釈できる。したがって、民法555条の要件である売買合意の具体的な事実を権利根拠事実として主張することになる。これに対して、売買合意は、虚偽表示（民94条）であったという具体的な主張や公序良俗違反（民90条）であるという具体的な主張は、請求原因である売買の意思表示を無効とする主張であり、この主張が成立すれば、請求原因の売買合意の効力がなかったことになり、請求原因の効果発生を障害する権利障害事実に該当する。錯誤取消（民95条）や詐欺取消（民96条）が権利障害事実か権利消滅事実か争いのあるところであるが、契約時の意思表示に瑕疵があったという問題であるからとして権利障害事実と分類する見解が多い[5]。

---

① 　権利の発生させるもの〔権利根拠事実〕

　（契約の締結）

② 　権利の発生を障害するもの〔権利障害事実〕

　（虚偽表示、公序良俗）

③ 　権利を消滅させるもの〔権利消滅事実〕

　（弁済、相殺、期限〔終期〕等）

5　権利障害要件か権利消滅要件かについて、①権利の成立時から存在していた事由かその後の事由か否かで区別する見解と②効果の発生の観点からいったん有効な権利が成立していたといえるか否かで区別する見解がある。錯誤取消の場合に、錯誤の事情は契約時に存在するので、①説では権利障害事実となり、売買契約の効力がなくなるのは取消権の行使であるから、②説では権利消滅事実となる。特に契約の法定解除について直接効果説を前提とする場合にどのように解するかが問題となる。30講27頁参照。

④　権利の行使を阻止するもの〔権利阻止事実〕

　（同時履行の抗弁権、留置権、期限〔始期〕等）

（一般的な給付訴訟では、①は原告が②〜④は被告が主張・立証責任を

負うことになる）

イ　事実の概観

　①から④の事実の概観を示すと次のとおりである。

　権利根拠事実（①）の例としては、売買代金請求権の発生が民法555条（売買契約）に基づくものであるから、民法555条は権利発生要件であり、売買の合意が権利根拠事実である。また、不法行為に基づく損害賠償請求権の発生が民法709条に基づくものであるから、民法709条が権利発生要件であり、同条規定の法律要件に係る具体的事実が権利根拠事実である。物権的請求権である所有権に基づく返還請求は民法に直接規定はないが、民法200条を参考として、ア　所有権の存在、イ　相手方の占有が法律要件であると解釈される。

　障害要件（②）の典型例は、虚偽表示（民94条）や公序良俗違反（民90条）の具体的な事実が権利障害事実であるが、錯誤取消（民95条）や詐欺取消（民96条）についても、契約時の意思表示の問題であるから、権利障害事実と解されている。

　消滅要件（③）の典型は、弁済（民473条）や消滅時効（民166条）などである。契約解除（民541条）が権利消滅要件か権利障害要件かは争いがある。

　権利阻止事実（④）の典型例は、期限の未到来（民135条1項）の主張、同時履行の抗弁権（民533条）の主張や不動産の対抗問題の権利抗弁（民177条）の主張などである。

ウ　実体法規以外の分配

　原則と例外との関係があれば、例外の場合に抗弁的に主張立証責任を問題とすればよいとする考え方もある。締結した契約に基づいて履行請求する場合に、債務が不能であることは、例外的事由であり、抗弁として主張立証すればよい。また、法律の規定上、立証の難易等で主張立証責任の分配を考えることもある。消極事実と積極事実とでは、消極事実の立証は困難であるの

で、積極事実を主張立証するように分配する。たとえば、○月○日までに履行がないときは契約を解除するという意思表示をした場合、履行がないという消極事実の立証はむずかしいので、「○月○日に解除する」「ただし、それ以前に履行したときは効力を生じない」として積極事実に転換して主張立証責任を分配する（78頁参照）。ただ、これらは、解釈指針であって絶対ではないことに留意しよう。

エ　抗弁事実

　通常、①の権利根拠事実は請求原因として、原告が主張すべき事実であり、請求原因によって発生した効果を、②から④の事実を主張して、障害、消滅、阻止の効果を発生させる抗弁となる。**抗弁事実は、請求原因事実と両立する事実である。**請求原因と両立しない事実は、次の否認の事実となる。抗弁の事実と両立する事実で、抗弁の効果発生を障害・消滅・阻止の効果を発生させる事実を再抗弁という。同様に、再抗弁の事実と両立する事実で、再抗弁の効果を障害・消滅・阻止の効果を発生させる事実を再々抗弁という。抗弁、再抗弁、再々抗弁等であるか、否認の事情（間接事実）であるかは、両立する事実であるかどうかである。たとえば、原告請求の貸金の弁済として100万円を交付したとの被告の主張（抗弁）に対して、原告が他の貸金の弁済として受領したものであるとの主張は、抗弁の事実と両立せず（したがって、抗弁の発生した効果を消滅させるものでもない）、抗弁事実の否認に該当する。

Basic

否認と抗弁

　よく間違えやすい点として、抗弁か否認の事実（間接事実）かがある。たとえば、原告が被告と売買契約を締結したと主張し、被告が原告と売買契約をしたのは被告の弟であると主張する場合である。被告の主張は抗弁ではない。民事訴訟における争点整理であることから、争点は、売買契約をしたのが被告か被告の弟かとし、原告の主張が請求原因であり、被告の主張は抗弁であるという発想をする者が少なくない。しかし、これは誤りである。売買契約をしたがその相手が被告か被告の弟かとすると、被告か被告の弟かいずれも確実とはいえない場合にどうす

るのかを考えればわかるであろう。要件事実論では、請求原因事実は、売買の冒頭規定である民法555条によって決まるとするものである。したがって、請求原因事実は「原告は、〇月〇日、被告と目的物を代金〇円で売買する契約をした」という事実となる。売買契約したのは、被告ではなく、弟である、という主張は、請求原因事実と両立しない事実であり、請求原因事実が存在しないことを推認させる事実（間接事実）である。主張立証責任の所在から、原告と売買契約をしたのが被告か被告の弟かいずれとも確定できない場合には、請求原因事実が認められなかったことになり、請求棄却の判決となる。

　これと対比すべき事例としては、土地の所有権確認請求訴訟で、原告がもと所有者であるＡから売買契約により購入したという主張に対して、被告がもと所有者Ａから自分も売買契約を締結したと主張する場合（二重譲渡の場合）である。原告の主張は、Ａとの売買契約を締結したのは自分であるというもので、被告も、Ａと売買契約を締結したのは自分であると主張している。しかし、この場合には、一つの売買契約が誰との間で締結されたかの問題ではない。契約自体が複数あることが前提となるものである。したがって、被告の主張は、請求原因事実と両立する事実であり、Ａの二重譲渡であり、自分が第三者に該当するという主張となる。売買契約を主張しているが、請求原因の売買契約とは別の売買契約を主張するものであるので、両立する事実である。請求原因事実を確定させたうえで両立する事実かそうでないかをきちんと見極めよう。

　延長線上の問題として、抗弁とは、請求原因の効果を障害等する法律要件事実である。請求原因が存在することを前提として抗弁を主張するのである。したがって、抗弁事実のなかで、請求原因事実を重ねて主張することはない。この点も、誤解している者が多いので注意しておく。

⑸　認　　否

　民事訴訟では、訴訟物たる権利義務や法律関係の存否の判断を裁判所がするわけであるが、当事者間に争いのない事実については、そのまま判決の基

礎としなければならず、争いのある事実については、証拠調べを実施することになる。そのため、主張立証責任を負う当事者と反対側の当事者は、要件事実に対して認否をすることになる。

認否としては、次のものがある。

---

① **自白**（認める）

当事者間に争いのない事実はそのまま裁判の基礎にしなければならない（裁判上の自白、民訴179条参照）。

② **否認**

準備書面において相手方の主張する事実を否認する場合には、その理由を記載しなければならない（民訴規79条3項）。

③ **不知**（知らない）

その事実を争ったものと推定される（民訴159条2項）

④ **沈黙**

弁論の全趣旨によりその事実を争ったと認められるとき以外は、自白したものとみなされる（擬制自白、民訴159条1項）

※ **顕著な事実**（公知の事実、職務の遂行上当然に知りえた事実）

立証が不要なため（民訴179条）、認否も不要となる

当事者の認否によって、証拠調べを実施しなければならない事実を確定するわけである。したがって、否認、不知の事実が争いのある事実として証拠調べの対象となる事実となる。実務の争点整理では、単に要件事実の整理だけではなく、さらに争いのある要件事実に関して、双方の当事者に具体的な主張（間接事実等）および証拠を提出させて、間接事実レベルにおける事件の核心となる争点（真の争点）を明らかにするという作業をすることが普通である。たとえば、売買契約による所有権移転登記手続請求の場合に、原告が被告と売買合意をしたという請求原因事実を被告が否認する場合において、原告は、売買合意の経過として、売買契約書に原告名を記入したものを被告に預け、後日、被告の妻から被告の署名および押印のある売買契約書の返還を受けたと主張し、被告は、被告の妻から売買契約書のやりとりの経緯はそのとおりであると認めたが、被告自身は署名押印していないと争ってい

ると事実を整理し、さらに、原告は、被告が当該物件を売却しようと何人か
に声をかけていた事情や最近不動産の価格が下落していることから、いったん売買合意をしたが翻意したことを推認させる事実の主張や証拠などを提出するなどして、間接事実レベルの争点整理を行うことになる。このように実際の訴訟における争点整理では、間接事実や補助事実に関する主張も非常に重要である。これらの間接事実や補助事実を選別するためには、まず、要件事実における主張整理をしっかり行うことが必要であり、その際の要件事実の整理においては、要件事実に該当しない事実を混在させないようにすることが必要となる。

(6) 本設例の要件事実および認否

ア 請求原因

訴訟物である権利または法律関係を発生させるために必要な法律要件に該当する事実。

> 原告は、被告に対し、令和4年2月3日、甲土地を代金2000万円で売った。

イ 認 否

当事者の一方が一定の事実を主張した場合、相手方は、その事実について認否を行う（民訴規80条1項）。

> パターン①　請求原因は否認する。
> パターン②　請求原因は認める。

ウ 抗 弁

①請求原因と両立し、かつ、②その主張の法律効果が請求原因から生ずる法律効果を妨げる（障害し、消滅させまたは阻止する）法律要件に該当する事実。

> 被告は、原告に対し、令和4年3月3日、本件売買代金債務につき、2000万円を弁済した。

エ　認　否

> 抗弁は否認する。

第 2 講

売買契約に基づく
代金支払請求等

第 1 節　代金支払請求権をめぐる要件事実等について（類型別 1 頁）

Ⅰ　設例・解答

設例　次の場合の訴訟物、請求の趣旨および請求原因は何か。また、典型的な抗弁としてどのようなものがあるか。

<u>Xの言い分</u>

　私は、令和 6 年 8 月 1 日、Ｙとの間で、私が所有する甲土地をＹに対して、代金5000万円で売り渡すこと、代金と所有権移転登記手続のために必要な書類を同月31日Ａ司法書士事務所で交換することを合意しました。そして、Ｙは、契約日である同月 1 日、頭金として1000万円を私に交付しました。

　私は、同月31日、甲土地の所有権移転登記に必要な書類をそろえてＡ司法書士事務所に赴きましたが、Ｙは結局、姿を現しませんでした。私は、Ｙに対して、売買代金の支払を求めます。

....

解 答

(1) 訴 訟 物

　売買契約に基づく代金支払請求権（類型別 1 頁）

(2) 請求の趣旨

　　Ｙは、Ｘに対し、4000万円を支払え。

(3) 請求原因

　　Ｘは、Ｙとの間で、令和 6 年 8 月 1 日、甲建物を代金5000万円で売却す

る旨の合意をした。

(4) 典型的な抗弁・再抗弁

　　条件・期限

　　同時履行の抗弁権

　　弁済

　　債務不履行解除

　　危険負担に基づく履行拒絶権

　　手付解除

　　錯誤取消・詐欺取消　　など

Ⅱ 解 説

1 訴訟物（類型別 1 頁）

　訴訟物とは、審判対象のことであり、旧訴訟物理論によれば、実体法上の
権利義務ないし法律関係の存否のことである。本設例の場合には、民法555
条によって生じる権利の存否であり、訴訟物として、売買代金請求権とか売
買契約に基づく代金支払請求権となる。本書では、訴訟物は、請求の趣旨と
請求原因によって特定されるので、この意味も含めて「売買契約に基づく代
金支払請求権」ということにする。この場合、「売買契約に基づく」という
のは、請求原因によって特定されるものという趣旨で、訴訟物の本体部分は
「代金支払請求権」である。請求の趣旨によって具体的に請求する実体法上
の権利は、代金支払請求権ということである。「○○に基づく」という部分

は、訴訟物の特定のために必要であるが、訴訟物の本体部分ではない。訴訟物の本体ではないということは、判決が確定しても売買契約の存否自体には既判力は生じないということである。これと同じ問題として、「所有権に基づく土地明渡請求権」の場合に、「所有権」部分は訴訟物となっていないことにも注意したい（最判昭39.7.3集民74.407）。

訴訟物の捉え方と申立事項および一部請求

(1) 訴訟物の捉え方

　甲と乙が、Ａ土地を目的物として代金2000万円とする売買契約を締結したとして、2000万円の売買代金を請求する場合の訴訟物は、売買代金支払請求権であろうか、2000万円の売買代金支払請求権であろうか。

　最判昭32.6.7民集11.6.948は、大略次のような事案である。甲が乙丙に対して請求の趣旨で「乙、丙は甲に45万円を支払え」とし、請求の原因においては、甲は、乙丙に対して目的物を売買し、その代金が45万円であると記載されていた。実務では、請求の趣旨で、「連帯して」とか「各自支払え」としていない場合には、民法427条により分割債権となるのが原則である（起案の手引12頁）。したがって、「乙は甲に対して22万5000円を支払え」「丙は甲に対して22万5000円を支払え」との請求の趣旨であると理解される。そして、全額の認容判決があり、確定した。資力のあった乙は、22万5000円を支払ったが、丙からの回収はできなかった。甲としては、商行為であり、乙丙は連帯債務となると解するべきである（商511条）から、乙に対しても、回収できていない残額である22万5000円の支払を求めることができるとして、さらに訴えを提起した（一審は既判力に抵触するとしてＸの請求を棄却、控訴審は、連帯債権であるのであるから前訴が22万5000円の一部請求であり残額の請求が可能として請求認容）。これに対して、上記の最判は、「甲は、前訴において、乙、丙に対する前記45万円の請求を訴訟物の全部として訴求したものである」「今さら右請求が訴訟物の一部の請求に過ぎなかったと主張することは許されない」「本訴請求が前訴の確定判決の既判力に抵触」すると判断している。

これは、後述する狭義の一部請求でない限り、前訴の訴訟物は、売買代金支払請求権であり、請求の趣旨によって限定された22万5000円の売買代金支払請求権ではないということである。したがって、売買代金支払請求権を訴訟物としていったん提訴して確定判決を得ると、後から売買代金が22万5000円ではなく45万円であるとして残額請求はできないとするものである。訴訟物の定義としても、実体法上の権利義務ないし権利関係の存否であり、原則として請求の趣旨（申立事項）によって主張された金額による限定はされないと解することができる。したがって、冒頭の設問の訴訟物は、売買代金支払請求権であり、2000万円の売買代金請求権ではないことになる。

　なお、この点、問題研究5頁で訴訟物について、売買契約に基づく代金支払請求権としているものの、同4頁で「令和4年2月3日にXY間で締結された甲土地の代金2000万円での売買契約に基づくXのYに対する代金2000万円の支払請求権」として訴訟物が特定されるとの記述がされている。これは、2000万円の代金支払請求権を訴訟物と捉えている趣旨にも読める。しかし、2000万円は訴訟物とは無関係であると整理しておく必要がある。

(2)　申立事項

　あとから売買代金額が3000万円であったとして再訴することも既判力に触れる。訴訟物としては売買代金支払請求権である。そうすると、「被告は原告に対し2000万円支払え」という請求の趣旨において「2000万円」という限定をするのは、訴訟物とは関係がないことになる。これは、申立事項（民訴246条）として原告の求める利益の限度を画するものとして理解するべきである。訴訟物として売買代金支払請求権が3000万円あると裁判所が判断しても、申立事項を超える判決をすることはできない。1000万円の損害を被ったとして損害賠償請求訴訟が提起されている場合に、裁判所が1500万円の損害賠償請求権があると判断しても請求の趣旨である1000万円を超えることはできないということである。これは、裁判所の判断としては訴訟物の判断が審判対象ではあるものの、請求の趣旨における申立事項の範囲を超えることができないという趣旨

である。訴訟物と申立事項とは異なる概念である。

(3) 一部請求

一部請求の用語に混乱がある。一部請求は、数量的に可分な1個の請求権の数量的一部を訴求することと定義できる。この意味での一部請求を「広義の一部請求」という。一部請求で主に議論されるのは、原告が一部請求をして確定判決を得た後に残部請求することができるか、残部訴求の可否である。この意味での一部請求を「狭義の一部請求」と呼称することとする。単に「一部請求」という場合には、どちらの意味の一部請求かを区別して理解することが必要である[1]。

狭義の一部請求について、判例は、いわゆる明示説を採用する。一部請求であることを明示した場合にはその部分のみが訴訟物となり、残部の部分は訴訟物とならない（最判昭37.8.10民集16.8.1720）。原告による訴訟物の分断を認めるわけである（狭義の一部請求の場合に訴訟物が分断されるのである）。この考え方は、訴訟物のレベルでは、何を審判対象とするかは原告の専権であることを前提とし、当該訴訟で紛争をすべて解決する意思があることが通常であるものの、そうでなく、原告が後訴による請求を留保する意思を有することも認めるのである。ただ、民事訴訟は、紛争の解決を目的とするものであるから、訴訟物たる権利義務の存否の確定は、紛争当事者である被告にとっても利益がある（訴え取下げに民訴法261条2項では被告の同意を必要としていることからも明らかである）。実体法上の権利の一部行使も私的自治の原則上許容されるべきであるが、再度、応訴しなければならない被告の不利益をも考慮しなければならない。そこで、原告が明示的に一部請求であり、残部について後訴がありうることを明確にすることを要請しているのである。被告としては、残部の請求が留保されていることが明示されれば、残部について債務不存在確認請求の反訴をするなどして紛争の一回的解決をする途も確保されることになる。

1　中野貞一郎「一部請求論の展開」（『民事訴訟法の論点II』（判タ2001）所収）4頁以下では、概念の混乱があるとし、広義の一部請求を「一部訴求」、狭義の一部請求を「残部訴求」と呼ぶこととしたいという。

この明示は、請求の趣旨で金額が記載してあるだけでは不十分であり、原則として[2]、「よって書き」等において、一部請求であることが明示される必要がある。

(4)　狭義の一部請求か否か

　原告として、売買契約は5000万円であるが、頭金としてすでに1000万円を受領しているので、残金である4000万円の請求を求める場合、狭義の一部請求であろうか（広義の意味での一部請求であることは争いがない）。手付として受領したと思っていた1000万円は、売買代金の一部ではなく、他の貸金債務の弁済として受領したものであることが判決確定後に判明した場合、1000万円を後訴で請求できるかが、狭義の一部請求か否かの問題である。前訴では、手付金として受領した1000万円を除いて請求しているものの、原告は残部請求を留保していない。したがって、前訴は、狭義の一部請求でにないと整理すべきである。被告としても、原告が争っていない以上、1000万円を手付として支払ったとして債務不存在確認請求の反訴を提起する余地もない。この場合の訴訟物は、売買代金支払請求権であり、4000万円の売買代金支払請求権ではない。そうすると、後訴の提起は、既判力に触れることになるわけである。

　手付金の支払に争いがなければ、1000万円の弁済の受領の事実は、事情として整理すれば足りる[3]。ただ、被告が、原告主張を超えてすでに2000万円を弁済したと主張する場合には、広義の一部請求についての弁済の抗弁として、外側説（最判昭48.4.5民集27.3.419）によって審理されることになる。

2　最判平20.7.10集民228.463のように「よって書き」に記載がなくても、黙示的に一部請求であることが被告に明らかになっていると認められる場合もある。
3　類型別2頁で、600万円のうち弁済を受けた200万円を控除した残額400万円を請求する場合について、「訴訟物は600万円の売買代金全体ではなくそのうちの400万円であるから、通常は、この主張を抗弁の先行自白と解する余地はなく、単なる事情に過ぎないことになる」と記載している。しかし、残部請求を留保していないのであるから「明示」には該当せず、訴訟物は、売買代金支払請求権であり、全体とみるべきである。また、被告が300万円を弁済したと主張する場合は、抗弁として整理することになる。

2 請求の趣旨

　請求の趣旨は、判決主文に対応するものを記載することになっている。そして、判決主文は、実務上、定型なものが決まっている。判決内容を民事執行法に基づいて実現していくわけであるが、民事執行機関は、権利内容の存在の有無等に関与しないのであるから、判決主文においても、どのような権利の内容が認定されたかは記載せず、端的に執行する内容を記載することとされている。このため、給付判決において「代金」とか「保証債務として」とかの権利の性質を記載しない。また、給付判決では、執行力がある給付命令（債務者の行為命令）であることを示す趣旨で、「……を支払え」「……を明け渡せ」などの命令形の文言を記載し、「支払う」とか「明け渡す」とはしない。形成判決の場合には、判決の形成力によって法律関係を変更することを示すため、たとえば、「原告と被告とを離婚する」「○○の決議を取り消す」などと記載する。ここで「原告は被告と離婚せよ」というと、原告の行為を命じている給付命令となってしまうので、そのような表現は使用しない。確認判決の場合には、判決によって権利関係の確定をするので、どのような権利関係の確定をするのかがわかるように記載する。たとえば、「原告が別紙物件目録記載の各不動産につき所有権を有することを確認する」というように、権利主体、権利内容およびその対象などを記載することになる。

3 請求原因（類型別 2 頁）

(1) 売買契約に基づく代金支払請求権の請求原因

　契約により発生する債権に基づいて履行請求する場合、その前提となる契約の成立要件によって請求権が発生する。請求権の発生根拠については、民法等の解釈の問題である。

　契約の効力が生ずる根拠については争いがあるが、民法典の定める典型契約の場合には、冒頭規定に契約の発生要件が規定されている。このことから、冒頭規定を解釈することで成立要件を抽出することができるという立場が明確である（**冒頭規定説**）。契約の本質的要素と成立要件とは同じであると理解しておいてよい。

法規説・合意説と冒頭規定説

　契約に関しての権利の発生根拠を何に求めるかについては、法律に求める立場（**法規説**）と、当事者の合意に求める立場（**合意説**）との争いがある。

　法規説の立場からは、法律が存在してはじめて契約の締結（合意）に権利の発生という法律効果が付与されると考える（無名契約については、民法91条を根拠規定と考える）ことになる。

　他方、合意説の立場からは、権利は、法律が存在しなくとも、当事者の合意自体から発生すると考えることになる。司法研修所の見解は、法規説に立ち、典型契約に関する権利発生原因については、民法第3編「債権」の第2章「契約」の第2節から第14節の冒頭にある規定（冒頭規定）の定める各典型契約の成立要件によって定まるとの考え方（**冒頭規定説**）によるとの見解を採用しているようである。

　原則として、冒頭規定説を基準として典型契約の要件事実を考えていくことについては賛成できるが、債権発生の根拠を法規に求める法規説には疑問がある。すなわち、これまでの民法の考え方からすれば、債権は当事者の意思によって発生するものであることが前提となっていた。たとえば、我妻・民法講義Ⅳ12頁でも「現代法は財産関係については当事者の自由意思をできるだけ広く認めようとするものであるが、債権は、物権と異なり、第三者に影響するところが少ないから、法律は安んじて当事者の意思を尊重し、みずからは任意法規として当事者の意思の解釈と補充との作用に甘んじようとするのである」また、我妻・民法講義Ⅴ2・220頁では、典型契約に関する規定の意義について「民法が定める十三種類の型は、実際に行われた契約の内容が不明瞭・不完全な場合に、これを明瞭・完全なものにする解釈の基準を与える作用をなすものである。従って、契約の解釈に当たっては、このことに留意して、民法の規定に対して不当に強い効果を与えないように慎まなければならない」とされてきた。判例においても、保証債務の範囲として契約解除による原状回復義務も含まれるかについて、最大判昭40.6.30民集

19.4.1143は、保証契約の合理的意思解釈を根拠としてこれを肯定した。したがって、判例上は合意説に親和的というべきである。

　合意説のなかには、設例の場合には、給付合意部分だけを切り離して主張立証すればよいとの見解（返還約束説）もある。しかし、要件事実としては、社会的観点および法律的観点から本質的要素とされる不可分な事実を主張立証しなければならないと解するべきである（要件事実第１巻43頁以下）。そうすると、典型契約による効果を主張するために、特段の合意がない限り冒頭規定の法律要件に関する具体的な事実が契約の本質的要素であり、これを主張立証しなければならないというべきである。その意味で特段の事情のない限り、冒頭規定説が採用される。法規説による冒頭規定説でも、任意規定と解されている以上、特段の合意を許容するものと思われ、その場合には合意が根拠となるので、冒頭規定説の内容の取扱いについても差異がないことになると思われる[4]。

　そうすると、合意説でも法規説でも、典型契約の発生要件については実際上差異がなく、考え方の問題といえようか。

民法555条（売買）
　売買は、当事者の一方がある<u>財産権を相手方に移転する</u>ことを約し、相手方がこれに対してその<u>代金を支払う</u>ことを約することによって、その効力を生ずる。

　請求原因は、
「**XがYとの間で売買契約を締結したこと**」
財産権移転約束と代金支払約束とは不可分であり、両者を合わせて売買契約となる。そして、請求原因としては、売買契約のみで足り、本質的

4　契約の本質的要素という考え方は、合意説に親和的なように思われる。法規説では、法文上の要件とされていることが重要となるからである。

な要素である目的物（財産権）および代金額（または代金額の決定方法）が確定している必要がある。──類型的事実

　請求原因は、

「**原告は、被告に対し、令和4年2月3日、甲土地を代金2000万円で売った**」──具体的事実

(2)　売買の本質的要素（成立要件）（類型別2頁）

　冒頭規定である民法555条の条文から、「財産権を相手方に移転する」約束と「代金を支払う」約束とによって、売買契約に基づく効力が生じる（諾成契約）。

　そのため、売買契約の効力の前提となる成立要件としては、「売買契約」とか「売買の合意」などとして表現することになる。そして、売買契約において、本質的要素であるのが、財産権の移転の約束と代金の支払の約束ということなる。したがって、売買の目的物が何かと代金額（または代金額の決定方法）が売買契約時において確定していることが必要である。ただ、所有権の経過来歴などで売買契約を主張する場合には、代金額が不明の場合もある。そのような場合には、「相当な代金額」と主張すれば足りる。

　設例において、甲建物が「X所有の物」であるが、「Xの所有」は、本質的要素ではない（類型別4頁）。他人物売買も債権契約として有効であり、処分権を有するかどうかは売買契約の有効性とは直接関係がないからである。また、代金支払時期や目的物引渡しに関しても、売買契約の本質的内容ではない（類型別3頁）。代金の支払期日が未到来であることは、契約の付款である。法律上は、原則として代金請求は売買契約成立時から請求することができる。当事者が付款として合意し、期限を定めることができるのであるから、売買契約時に請求できることが原則で、期限を定めたことは例外であり、抗弁として整理される。また、目的物の引渡義務や対抗要件を備えさせる義務（民560条）も財産権の移転義務から派生する重要な債務であるが、売買契約の成立それ自体の本質的要素ではない（類型別4頁）。

　売買契約は双務契約であるから、同時履行の抗弁権があり、代金請求に対

して、目的物の引渡しを受けていないことまたは登記等の対抗要件を備えていないことを同時履行の抗弁権として主張することができる。同時履行の抗弁権は、抗弁権であり、主張するか否かは任意のものであるから、請求原因に対する抗弁として機能するものである（ただし、履行遅滞による解除を主張する場合については50頁参照）。

　以上から、法律要件としての類型的事実としては、目的物の移転と代金の支払を本質的要素とする売買合意ということになる。ただ、要件事実としては、具体的な事実の主張が必要であり、具体的な目的物、具体的な代金額の主張のほか、売買契約を締結した日時（時的因子）も、合意を特定するために必要である。

　以上より、上記のような請求原因となる。

Basic　時的因子と時的要素

(1)　時的因子

　要件事実は具体的事実であることが必要である。原告と被告との売買の合意という場合にも、いつの時点での合意であるかを時的因子、すなわち、「令和 6 年12月25日」の意思表示であることで特定して主張する必要がある。単に原告と被告との売買の合意という主張では、相手方の手続保障の観点から不十分だからである。したがって、時的因子は、要件事実を具体的事実として特定するために必要となるものである。この意味では、相手方の手続保障の観点から時的因子ではなくとも特定できる場合には、他の要素による特定も否定されるものではない。

(2)　時的要素

　時的要素は、法律要件として意味をもたせるために必要とされる時的な要素のことである。法律効果発生のための法律要件として時的な要素が必要とされるのが通常である。たとえば、履行遅滞による法定解除の法律要件としては、履行期の経過、催告、相当期間の経過、解除の意思表示であり、この時間的順番が必要である。時効取得の効果発生のためには、時効期間の占有が先にあり、その経過後に時効の援用の意思表示があることが必要であるのも同じである。履行期経過前の催告など、こ

の順序がちがうと法律効果発生のための法律要件とは認められないことになる。特定の事実相互間に時間的前後の関係が法律要件として必要とされているのである。法律要件上、必要とされる時間的順序を時的要素という。具体的特定にすぎない時的因子とは異なる概念である。

(3) 時的因子と時的要素の関係

時的因子と時的要素は異なるものではあるものの、履行期の経過後である催告は、催告の時的因子で明らかになるし、解除の意思表示も時的因子により時的要素が満足される。さらに、催告から相当期間の経過後に解除の意思表示をしていることも法律要件として必要な時的要素である要件事実ではあるが、催告の時的因子と解除の意思表示の時的因子から、両者の間に相当期間の経過があることが明らかになる。したがって、通常の場合には相当期間の経過という要件事実自体が表現されているといえる。また、時的因子については、裁判所が当事者が主張している時的因子とは異なる認定をしても、不意打ちとならない限り許容される。しかし、時的要素については、法律要件の問題であり、当事者の主張と異なる認定をすることには弁論主義の観点から問題となりうる。

4 売買に基づく代金支払請求訴訟における典型的な抗弁・再抗弁（類型別7頁）

(1) 総　　論

抗弁は、請求原因事実と両立する事実で、かつ、請求原因事実によって発生した法律効果を障害・消滅・阻上する効果がある事実である。再抗弁は、抗弁事実と両立事実で、かつ、抗弁によって発生した法律効果を障害・消滅・阻止する効果を発生させる事実である（21頁参照）。

(2) 条件、期限（類型別7頁）

ア　付　　款

当事者は、法律行為の効力の発生、消滅や法律行為から生じる債務の履行を、将来の一定の事実にかからせる旨の合意をすることができる。このような合意を「**付款**」というが、典型契約の本質的要素でないことは明らかであ

る。付款に係る合意をするかどうかは任意であり（付款がなくても効力が生じる）、このような合意があることは抗弁となる。たとえば、売買代金の支払を請求する場合において、代金支払請求権の履行期限の合意がある場合である。法律上、かかる合意がなければ、民法555条によって売買契約によって契約時に代金支払請求権が発生し、売主は買主に対して直ちに請求できる。しかし、履行期限の合意があることが判明すれば、その期限到来までは請求することができない。このような付款は、売買契約の本質的要素ではなく、可分な事実というべきであるから、請求原因事実とならない。売買契約の特約と位置づけることができ、請求原因事実と両立し、請求原因事実によって発生した効果を障害・消滅・阻止する効果がある事実といえるので、抗弁となる。

　将来の一定の事実のうち、将来到来することが確実なものが「期限」であり、不確実なものが「条件」である。ただ、要件事実的には、**停止期限付解除の意思表示**のように、立証の難易の観点から、若干の修正がされることがある（78頁参照）。

イ　条　件

　条件としては、停止条件と解除条件がある。条件となる事実は将来の不確定な事実である。

　停止条件は、ある一定の事実の発生まで、法律効果を発生させないものであり、権利障害事実として機能する。具体的には、停止条件を付する合意の存在が抗弁であり、停止条件の成就が再抗弁となる。

　解除条件は、ある一定の事実が発生すると、法律効果が消滅するものであり、権利消滅事実として機能する。

ウ　期　限

　期限としては、始期と終期がある。期限となる事実は将来到来することが確実な事実である。

　法律行為に始期がつけられると、法律効果が直ちには発生しないことになるから、権利阻止事実として機能する。具体的には、期限（始期）を付することの合意の存在が抗弁となり、期限の到来が再抗弁となる。

　法律行為に終期がつけられると、効果が消滅することになるので、権利消

減事実として機能する。具体的には、期限（終期）を付する合意の存在と期限の到来が抗弁となる。

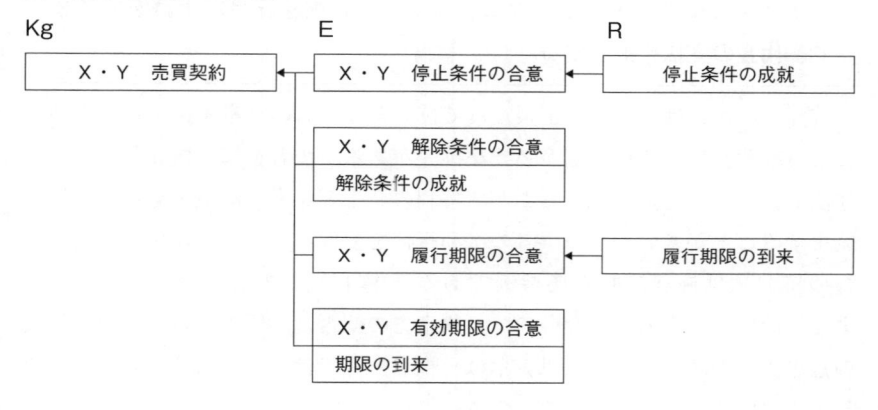

(3) 同時履行の抗弁権（類型別8頁）

ア 総　　論

双務契約では、同時履行の抗弁権がある（民533条）。

> 民法533条（同時履行の抗弁）
> 　双務契約の当事者の一方は、相手方がその債務の履行（債務の履行に代わる損害賠償債務の履行を含む。）を提供するまでは、自己の債務の履行を拒むことができる。ただし、相手方の債務が弁済期にないときは、この限りでない。

イ　要件事実の位置づけ

　同時履行の抗弁権は、請求原因により発生した効果を阻止する機能があり、抗弁である。抗弁が認められた場合には、引換給付判決となる。

　引換給付判決としては、「1　被告は、原告から甲土地の引渡しを受け、かつ、所有権移転登記手続を受けるのと引き換えに、原告に対し、2000万円を支払え。2　原告のその余の請求を棄却する。」となる。

　原告は、無条件の判決を求めていたので、その余の請求棄却との判断も必要となる。

ウ　抗　弁

> 　Ｙは、Ｘに甲土地を引き渡し、かつ、所有権移転登記手続をするまで、代金の支払を拒絶する。

　抗弁のなかには、事実の主張だけで抗弁となるもの（**事実抗弁**）と権利者による権利行使の意思表明が必要な抗弁がある。後者を**権利抗弁**という。実体法上、事実を主張立証することで権利の発生・障害・消滅・阻止の効果が発生することが多いが、当事者の権利行使を要件とするものがある。同時履行の抗弁権は権利抗弁の典型例である[5]。権利行使の意思表明は、証拠によって確定するものではないので、相手方の認否は不要である。なお、相殺の意思表示や時効援用の意思表示は、権利抗弁ではなく、事実抗弁の成立要件の一つであり、認否も必要である。

エ　再抗弁

(ア)　再抗弁①（先履行の合意）

> 　Ｘ及びＹは、代金の支払は目的物の引渡し（不動産については引渡し及び所有権移転登記手続）に先立って履行するとの合意をした。

　先履行の合意は、同時履行の抗弁で発生した効果を障害する機能を有する。

(イ)　再抗弁②（反対給付の履行）

> ①　ＸとＹは、令和６年６月１日、所有権移転登記手続に必要な書類の交換を売買契約時に令和６年８月31日Ａ司法書士事務所で行うと合意した。
> ②　Ｘは、Ｙに対し、同年８月末日、上記売買契約時の合意に基づき、Ａ司法書士事務所において、甲土地につき所有権移転登記手続をするに必要な書類を交付した。

5　ほかに、対抗要件の抗弁（民177条）、留置権（民295条）、保証人の催告・検索の抗弁（民452条、453条）、保証人の主債務の債権による相殺等を主張しうることからの履行拒絶（民457条２項・３項）、危険負担に基づく履行拒絶（民536条１項）など。

③ Ｘは、Ｙに対し、同日、甲土地を引き渡した。

　履行の提供があっても、その履行が継続されない限り、同時履行の抗弁権は失われない（最判昭34.5.14民集13.5.609）。

　反対給付の履行の抗弁は、同時履行の抗弁で発生した効果を消滅する機能を有する。

　なお、設例の場合は、持参債務ではないので、所有権移転登記手続に必要な書類の交換を売買契約時に令和6年8月31日Ａ司法書士事務所で行うと合意したこと（民484条）も要件事実として必要となる。

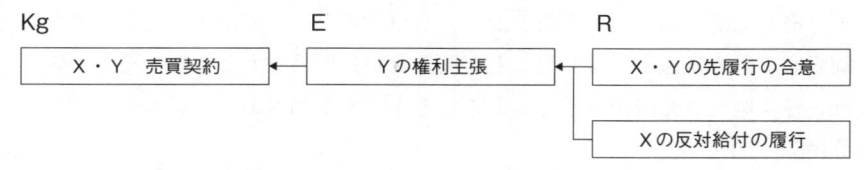

(4) 弁済（類型別9頁）

> 民法473条（弁済）
> 　債務者が債権者に対して債務の弁済をしたときは、その債権は、消滅する。

ア 総 論

　弁済によって債務が消滅するので、権利消滅の機能がある。弁済は準法律行為である。弁済の抗弁の主張立証の責任は、一定の給付（債務の本旨に従った給付）がなされたことおよびその給付が当該債務の履行としてなされたことが必要である（最判昭30.7.15民集9.9.1058）。たとえば、被告が原告に金員を交付したという給付が主張立証されても、それが売買代金債権への弁済としてされたのか、贈与としてされたのかが明らかでないと弁済としての効力は生じないのである。その意味で、後者の「その給付が当該債務の履行としてなされたこと」（給付と債権との結合）が必要となる[6]。

6　これに対し、弁済の抗弁としては、被告が原告に対して一定の給付をしたことで足り、別口の債務の存在を再抗弁、再々抗弁として、抗弁の給付が請求原因の債務についてなされたこと（給付と債権との結合）が主張されるべきとする見解もある。最判昭35.10.14集民45.271は、この見解に沿う判断をしているが、現在の裁判実務において一般的な見解とはいえないと思われる。

イ　抗　弁

> ①　Y（または第三者）がXに対し、一定の給付（債務の本旨に従った給付）をしたこと
> ②　①の給付が当該債務の履行としてされたこと（給付と債権との結合関係）

　通常は、①②を一括して、「Yは、Xに対し、○月○日、<u>代金支払債務の履行として、1000万円を支払った</u>」などと記載することになる。

　なお、弁済の主体が第三者の場合、第三者弁済となるが（民474条）、第三者弁済も原則として有効であるから、当事者が第三者弁済を禁止し、または制限する旨の意思表示をしたこと（同条4項）は再抗弁となり、その主張立証責任は第三者弁済が無効であることを主張する側にある（最判昭38.11.15集民69.215）。

Basic　一部請求[7]と弁済の抗弁（類型別10頁）

　たとえば、XがYに対して100万円の金銭消費貸借契約をし、100万円の交付をしたことを前提に、XがYに対してそのうち60万円の一部請求をした事例（訴訟物は、金銭消費貸借契約に基づく貸金返還請求権のうち60万円の貸金返還請求権）を考える。この場合に、Yが50万円を弁済したと主張し、この主張が認められるときに、この50万円をどのように充当するかである。

　一部請求において、弁済の抗弁が主張された場合の取扱いとして、次のような考え方がある。

①　外側説（訴訟物以外の請求権の部分から充当）

②　内側説（訴訟物部分から充当）

③　按分説（訴訟物と訴訟物以外の部分に按分して充当）

7　この「一部請求」は、「狭義の一部請求」を前提として説明している。そのほうがわかりやすいと考えられるからである。しかし、残部請求を留保しない「広義の一部請求」の場合にも同様の問題があり、弁済、相殺に関しては「広義の一部請求」の問題である。

①の外側説では、100万円の訴訟物以外の部分40万円にまず充当し、残り10万円を訴訟物である貸金60万円に充当するので、「YはXに対し50万円支払え。Xのその余の請求を棄却する」という結論となる。②の内側説では、訴訟物である60万円の貸金返還請求に充当されるので、「YはXに対し10万円支払え。Xのその余の請求を棄却する」という結論となる。③の按分説では、弁済した50万円について訴訟物である60万円から、50万円×60/100＝30万円を控除し、「YはXに対し30万円支払え。Xのその余の請求を棄却する」という結論となる。

　一部請求する場合には、いろいろな場面がありうるが、試験訴訟として印紙代を節約する趣旨から一部請求をしたり、過失相殺や相殺の主張を見越して印紙代を節約する趣旨から一部請求をすること等が考えられる。このような原告の意思をふまえると、原則として外側説が相当である。判例も外側説を採用している（最判昭48.4.5民集27.3.419、最判平6.11.22民集48.7.1355）。なお、外側説を前提として、上記の例で被告が40万円以下の弁済しか主張していない場合には、訴訟物の判断に影響しないので、主張自体失当となる。

　以上は、一部請求と弁済の抗弁の関係であるが、相殺の抗弁においても同様に考えることができる。そして、相殺の場合には、民訴法114条2項により、相殺をもって対抗した額について既判力が生じる。貸金返還請求権のうち60万円の貸金返還請求の一部請求の場合で、被告が他の債権50万円で訴訟上相殺した場合に、どの範囲で既判力が生じるか。訴訟物たる貸金返還請求権については、50万円の貸金返還請求権の存在と10万円の貸金返還請求権の不存在に既判力が生じることは争いがない。相殺に供した他の債権についてどの範囲で既判力が生じるか問題となる。民訴法114条2項の「相殺をもって対抗した額」の解釈の問題であるが、訴訟物の枠内で実質的に判断された額と解されており、被告主張の他の債権10万円の不存在（相殺によって消滅しているから）に既判力が生じることになる。訴訟物の外側部分に充当された40万円部分については、既判力は生じない（最判平6.11.22民集48.7.1355）。受働債権である訴訟物とされていない貸金債権の残部の部分に既判力が生じないこ

とから、自働債権部分にも既判力が生じないのである。

(5) 法定解除（類型別11頁）

ア　設問・解答

設例Ⅰ　　ＸおよびＹは、令和6年6月1日、Ｙが、代金2000万円で、Ｘ所有の甲土地を買い受けるとの契約を締結し、その際、代金決済および甲土地の所有権移転登記に必要な手続は、同年8月31日にＡ司法書士事務所で行うことにした。Ｘが代金2000万円の支払を求める訴訟を提起した場合において、次のＹの言い分について検討せよ。

Ｙの言い分

　私は、約束どおりに、令和6年8月31日にＡ司法事務所で代金2000万円を持参して待っていましたが、Ｘは結局現れませんでした。そこで、私は、令和7年4月6日到達の書面で、所有権移転登記をするように催告をしました。しかし、Ｘからは何の返答もありませんでした。私としては、是が非でも甲土地を購入したいというわけでもなかったし、不誠実なＸに腹も立っていたので、同月14日、Ｘに対し解除するとの書面を投函し、同書面はＸに同月15日に到着しています。したがって、売買契約は解除によって効力がなくなっているので、代金請求には応じられません。

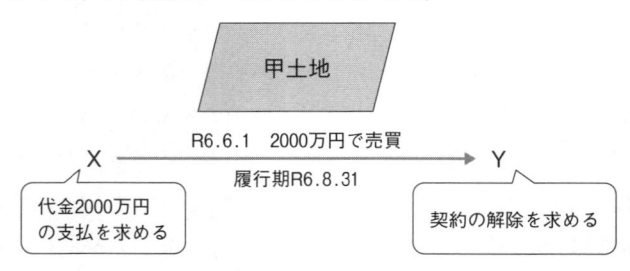

設例Ⅱ　　ＸおよびＹは、令和6年6月1日、Ｙが代金500万円で中古の自動車を買い受けるとの合意をしたとして、ＸがＹに対して代金500万円を求める訴え提起した。次のＹの言い分について検討せよ。

Ｙの言い分

売買契約はＸの主張のとおりです。私は、契約日に、自動車を受け取りましたが、何度もエンストを起こし、まともに走れる状態ではありませんでした。私は、令和6年6月2日、代金を持参し、Ｘに修理するようにいいましたが、Ｘは、うちは販売専門なので、修理業者を探すので待ってくれ、手配がついたら連絡する、代金はその際に支払ってもらうといいましたが、それ以降、一向に連絡がありません。それにもかかわらず、代金請求の訴え提起をしてくるというのは許せません。令和7年6月15日の第1回口頭弁論期日において、売買契約を解除する旨を記載した答弁書を陳述しました。したがって、代金を支払う必要はないと思います。

設例Ⅲ　ＸおよびＹは、令和6年6月1日、Ｙが代金2000万円で、Ｘ所有の乙建物を買い受けるとの契約を締結したとして、Ｘが代金2000万円の支払を求めた。次のＹの言い分について検討せよ。

Ｙの言い分

　売買契約を締結したのは、Ｘの主張のとおりですが、乙建物は、契約前の令和6年3月15日、火災によって消失しています。契約前に建物がなくなっているので、契約は無効で、代金支払義務はないものと思っています。ただ、念のため、令和7年4月15日到達の書面で売買契約を解除する旨の書面を送付しています。

解答

(1)　履行遅滞による解除の抗弁（設例Ⅰ）

　①　Ｙは、Ｘに対し、令和7年4月6日、甲土地の所有権移転登記手続を催告した。

　(②　同月13日は経過した[8]。)

　③　Ｙは、Ｘに対し、同月15日、本件売買契約を解除するとの意思表示をした。

　④㋐　ＸとＹは、令和6年6月1日、代金の支払をＡ司法書士事務所で行

8　設例では、売買契約において確定期限が定められているので、相当期間を1週間とした。

うことを合意した。

　㋑　Ｙは、同年 8 月末日、甲土地の売買代金2000万円を持参してＡ司法書士事務所に赴き、Ｘに対してその受領を求めた。

(2)　契約不適合による解除の抗弁（設例Ⅱ）

①　ＸがＹに対して令和 6 年 6 月 1 日、本件自動車を引き渡した。

②　本件自動車は、引渡し時から、エンストを頻発し、通常の走行ができないものであった（目的物が種類または品質に関して売買契約の内容に適合しないものであったこと）。

③　Ｙは、同月 2 日、Ｘに対して修繕をするように催告した。

④　Ｙは、令和 7 年 6 月15日の第 1 回口頭弁論期日において、売買契約を解除するとの意思表示をした。

⑤　Ｙは、Ｘに対して、令和 6 年 6 月 2 日、売買代金500万円の弁済の提供をした。

(3)　履行不能による解除の抗弁（設例Ⅲ）

①　本件建物は、令和 6 年 3 月15日、火災によって滅失した。

②　Ｙは、Ｘに対して、令和 7 年 4 月15日、解除の意思表示をした。

イ　解　　説

㋐　法定解除（類型別11頁）

法定解除は、民法541条および542条において定めている。

　基本的には、①債務不履行（解除権発生）の要件事実と②解除の手続的要件にかかる事実とを主張立証しなければならない。解除権発生要件である債務不履行には、履行遅滞、不完全履行、履行不能がある[9]。

▌民法541条（催告による解除）

9　債務不履行について三つの内容に分類する見解（三分説ないし三分体系）である。かつては通説であったが、これらを「不完全な履行」として一元的に説明する見解（中田・債権総論136頁、潮見・新債権総論Ⅰ364頁）も有力である。しかし、債務不履行一元論も、類型的な手法を否定するものではなく、その類型として、履行遅滞、履行不能、不完全履行とする見解も多い。「なす債務」をどのように考えるか、付随義務についてどう整理するかの問題があるものの、三分説による整理のほうが、従来の判例理論も援用することができるメリットがあると思われる。

当事者の一方がその債務を履行しない場合において、相手方が相当の期間を定めてその履行の催告をし、その期間内に履行がないときは、相手方は、契約の解除をすることができる。ただし、その期間を経過した時における債務の不履行がその契約及び取引上の社会通念に照らして軽微であるときは、この限りでない。

民法542条（催告によらない解除）

① 次に掲げる場合には、債権者は、前条の催告をすることなく、直ちに契約の解除をすることができる。

一 債務の全部の履行が不能であるとき。

二 債務者がその債務の全部の履行を拒絶する意思を明確に表示したとき。

三 債務の一部の履行が不能である場合又は債務者がその債務の一部の履行を拒絶する意思を明確に表示した場合において、残存する部分のみでは契約をした目的を達することができないとき。

四 契約の性質又は当事者の意思表示により、特定の日時又は一定の期間内に履行をしなければ契約をした目的を達することができない場合において、債務者が履行をしないでその時期を経過したとき。

五 前各号に掲げる場合のほか、債務者がその債務の履行をせず、債権者が前条の催告をしても契約をした目的を達するのに足りる履行がされる見込みがないことが明らかであるとき。

② 次に掲げる場合には、債権者は、前条の催告をすることなく、直ちに契約の一部の解除をすることができる。

一 債務の一部の履行が不能であるとき。

二 債務者がその債務の一部の履行を拒絶する意思を明確に表示したとき。

(イ) 解除の手続的要件

解除の手続的要件は基本的に共通であるので、これを先に説明する。民法541条の解除の手続的要件としては、①履行の催告、②相当期間の経過、③解除の意思表示が必要である。

① 履行の催告

民法541条には、「相当期間を定めて催告」とあるが、相当の期間を定めたことは要件事実とはならない。

なぜなら、判例上、期間を定めずに催告しても相当期間が経過すれば解

除は有効（最判昭29.12.21民集8.12.2211）とされ、また、催告期間が相当であったかどうかを問わず催告から相当期間が経過した後にされた解除は有効（最判昭31.12.6民集10.12.1527）と判断されているからである。したがって、「催告から客観的に相当期間経過後の解除」があれば足り、催告としては、催告自体（履行を求める通知）があれば足り、「○日まで履行するように求める通知をした」とまで主張する必要はないことになる（ただ、解除の意思表示までに客観的に相当期間が経過していることは必要である）。また、解除の意思表示前に履行の提供（抗弁）があれば、解除権は消滅するので、実際に催告時に定められた期間後の履行の提供であっても、抗弁として有効である[10]。

債務について期限を定めなかったときに期限を到来させるための催告（民412条3項）と解除のための催告（民541条）とを兼ねることができる（大判大6.6.27民録23.1153）。

また、履行が不能である場合など、催告しても無意味であるときは、催告をせずに解除することができる（民542条）。この場合には、解除の意思表示だけでよいことになる。

② **相当期間の経過**

催告から解除の意思表示までに相当な期間が経過したこと。

ただ、催告の事実を特定するために何年何月何日に催告したのかが現れ、解除の意思表示でも何年何月何日に解除したのか事実として現れるので、その時的因子から相当期間を満たすことも表現される。このことから、解答の「②同月13日は経過した」という事実の主張は不要であるとも考えられる。要件事実論の基本としては、要件事実として原則必要であると整理しておこう。この「相当期間」は、債務者が履行の準備をして履行するまでに要する期間であるが、履行遅滞の場合で、契約で履行期の定めがある場合には、当然、それまでに履行の準備をしておくことが要請されているので、短時間でもよいことになるが、期限の定めがなく解除の催告によって期限が到来したときは、準備の時間がそれより必要となる。不完

---

10 厳密には、客観的相当期間前経過前の履行の提供は、解除権の発生障害事実であり、相当期間経過後の解除前の履行の提供は解除権の消滅事実ということになる。

全履行で、追完の催告をする場合も準備の時間を考える必要があろう。

③ **解除の意思表示**

催告後相当期間が経過した後に行う。

解除の意思表示は、契約を解消するとの意思表示であり、解除原因を明示する必要はない（大判大元.8.5民録18.726、最判昭48.7.19民集27.7.845）。

(ウ) **履行遅滞**

a **履行遅滞による解除（抗弁）（催告解除①）（民541条）**

第1に、債務不履行たる「履行遅滞」の法律要件としては何が必要であろうか。通常、「履行遅滞」の要件としては、以下の①から⑤であると解されている。ただ、抗弁としての法律要件としては、次に説明するとおり、③履行期の経過と⑤違法性となる。

① **債務の存在**

請求原因に現れるため主張不要である。

② **履行が可能なこと**

通常は履行可能なため主張不要である（履行不能であることが再抗弁となる）。

③ **履行期の経過**

履行期と遅滞の関係については、民法412条に規定がある。確定期限があれば、その期限を経過した時に遅滞となり（民412条1項）、不確定期限の場合には、その不確定期限が到来したことのほか、その到来を債務者が知ったか、履行の請求を受けた時に遅滞となり（民412条2項）、期限の定めがない場合には、履行の請求を受けた時に期限が到来し、請求を受けたと同時に遅滞となる（民412条3項）。なお、前述のとおり、民法541条による解除の場合には、その手続的要件として催告が必要であるが、この催告と期限の定めのない債務の場合の付遅滞のための催告とを兼ねることができる（大判大6.6.27民録23.1153）。

そして、設例の場合も含め、売買契約による代金支払請求や目的物引渡請求の場合の請求原因では、売買契約だけが主張される。期限は付款であるから、当事者が主張しない限り、期限の定めのない代金支払債務および

目的物引渡債務となっている。具体的な期限の定めの主張がされない限り、期限の定めのないものとして扱われる（8頁「法律規定と同一内容の合意」参照）。そうすると、解除のための催告によって期限が経過し、遅滞したものと位置づけることができる。仮に、催告時にいまだ期限未到来であれば、期限の合意を再抗弁として主張することができる。本設例の場合には、確定期限の合意後に催告をしているので、再抗弁が成立する余地はない。なお、実務上は、このような場合に、確定期限の合意および同日の経過を履行遅滞として主張することも多い。

④　履行期に履行がないこと[11]

　　債務の履行（弁済）は権利消滅原因であるから相手方において再抗弁として主張すべき事実である。

⑤　**履行しないことが違法であること（違法性）**

　　違法性が必要であるのはなぜか。解除しうる債務不履行というのは、違法な状態であることが前提とされているからである。期限に履行しない場合は、原則として違法である。ただ、違法とはいえない場合がある。売買契約は双務契約であり、双務契約の当事者の一方は、相手方がその債務を履行するまでは自己の債務の履行を拒むことができる（民533条）が、同時履行の抗弁権が存在していることから、期限に履行していなくとも相手方も反対債務を履行していない以上違法とはならないと考えられている。双務契約において、自ら自分の債務を履行しないで、相手方の不履行を理由に解除するのは、公平ではないであろう。同時履行の抗弁権の存在は、いわば履行遅滞の違法性阻却事由として働く。この効果を**同時履行の抗弁**

11　債務不履行の要件事実としては、履行期の経過ではなく、「履行期に履行がないこと」を法律要件と考えるべきであるとする見解（前田達明「主張責任と立証責任」判タ596号2頁）もある。請求原因において、債務不履行であることが表現されるべきであり、主張責任と立証責任の所在を一致させなくともよいとする。中野貞一郎「主張責任と証明責任—訴えの有利性について」（『民事手続の現在問題』（判タ1989））216頁も同趣旨である。これに対し、類型別では、「履行期の経過」によって、履行がないことが事実上推定され、債務不履行が主張されているとする。そして、抗弁として「履行があったこと」を債務者の主張立証責任としたほうが民法486条（受取証書の交付要求等）などを考慮すると公平であるとする。これによって、主張責任の所在と立証責任の所在の一致を貫くことになる。現在の実務は類型別の考え方に沿って運用されている。

権の存在自体の効果という（最判昭29.7.27民集8.7.1455）。そして、この同時履行の抗弁権の存在自体の効果を消滅させるために、同時履行の抗弁権の発生障害事実、消滅事実を主張しなければならない（いわゆる「せり上がり」である。これについては290頁参照）。具体的には、①反対債務の履行の提供（相手方を遅滞に陥らせるには履行の提供で足りると解されている）、または②先履行の合意を主張することになる。②以外の場合には、反対債務の履行の提供の主張が必要となる。売買代金支払請求権の請求原因において、双務契約であること（売買契約）の主張が出ているので、抗弁として履行遅滞による解除を主張するためには、原告の債務不履行、すなわち、原告が負っている目的物引渡債務の不履行を主張することになる。目的物が不動産である場合には、目的物の引渡しのほか、所有権移転登記手続も原告の債務となる。そして、これらの債務と同時履行の関係にある反対債務は、売買代金債務であるので、**売買代金債務の弁済の提供をしたことを主張する必要がある。**

　この違法性の要件は帰責事由とは別個の問題である。帰責事由については、平成29年改正以前は、法定解除の場合も債務者の帰責事由が要件であったが、改正により、法定解除は、契約の拘束からの解放のための趣旨であり、本質的内容の債務について債務不履行があった場合には、債務者の帰責事由の存在を不要とすることとなった[12]（民541条では、民415条1項ただし書の部分の規定が存在しない）。

以上より、履行遅滞による解除を主張するために、履行遅滞の法律要件と解除の手続要件を主張すれば足りる。そして、履行遅滞の要件としては、債務の存在（解除として抗弁で主張する場合には、請求原因で現れている）、履行期の経過および違法性の主張をすることになる。

12　契約解除権の発生という実体法上の要件の問題として論じているので、「債務者の帰責事由の存在」と表現している（民法415条1項ただし書において「債務者の帰責事由の不存在」を抗弁としているが、実体法上は、債務者の帰責事由の存在を要求しているといえる。実体法上の権利の存否は、請求原因、抗弁、再抗弁等を経て判断されるものだからである）。

同時履行の抗弁権の存在自体の効果（まとめ）

➤同時履行の抗弁権は権利抗弁である（債務者が援用しない限り効果を生じない）。そのため、本来的な債務について履行を請求する場合には、請求原因において同時履行関係にある債権の存在が現れているとしても、同時履行の抗弁権を消滅させる必要はない。

➤他方で、債務者の援用を待つまでもなく、次の一定の効果（存在効果）があると解されている（我妻・民法講義Ⅴ1・97頁ほか）。

① 同時履行の抗弁権を有する債務者は、履行遅滞とならない（最判昭29.7.27民集8.7.1455）。

② 同時履行の抗弁権の付着する債権を自働債権として相殺することはできない（大判昭13.3.1民集17.318）。

以上をまとめると、履行遅滞の場合の解除の抗弁は次のようになる。

【履行遅滞解除の抗弁（まとめ）】

① YがXに対して目的物引渡しの催告をしたこと

② ①の催告後相当期間が経過したこと

③ YがXに対して②の経過後に売買契約解除の意思表示をしたこと

④ YがXに対して①の催告以前に売買代金の弁済の提供をしたこと

---

b 再抗弁

(a) 再抗弁①（引渡しの提供）

XがYに対し、催告後解除の意思表示到達前に目的物の引渡し（登記手続）を提供したこと

民法492条（弁済提供の効果）
　債務者は、弁済の提供の時から、債務を履行しないことによって生ずべき責任を免れる。

相当期間経過前に目的物の引渡しの提供をした場合には、そもそも解除権が発生しておらず、権利障害の再抗弁となる。目的物の引渡しの提供が相当

期間経過後でも解除の意思表示の前であれば、いったん発生した解除権の違法性が阻却され、解除権が消滅する（民492条）。目的物の引渡しを提供したことは、抗弁事実と両立する事実であり、再抗弁となる。

(b) 再抗弁②（債権者の帰責事由）

> 債務不履行が債権者Yの責めに帰すべき事由によること

> 民法543条（債権者の責めに帰すべき事由による場合）
>
>   債務の不履行が債権者の責めに帰すべき事由によるものであるときは、債権者は、前二条の規定による契約の解除をすることができない。

債権者の帰責事由が債務不履行の原因である場合には、解除することができないので、解除権の障害事由として再抗弁となる。

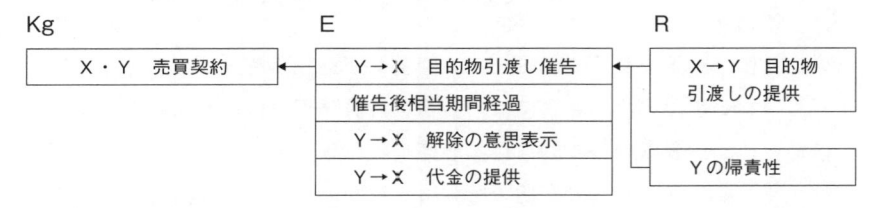

Next Level

民法415条の「債務者の帰責事由の不存在」と543条および536条の「債権者の帰責事由」

(1) 債務者の帰責事由

　伝統的な見解は、債務者が損害賠償責任を負担する要件である債務者の帰責事由は、債務者の故意過失または信義則上これと同視できる場合とする。帰責事由と過失との関係については、帰責事由のほうが広いと解しているが、過失責任を前提としている。帰責事由には、履行補助者の故意過失が含まれるほか、履行遅滞の状態にある間に債務者の故意過失によることなく目的物が滅失した場合にも、信義則上、債務者に帰責事由があると解されている点で広い。

　これに対して、債務不履行による損害賠償請求は、債務者が債権の実現を約束したのにこれを実現しないことの責任であり、自己責任を前提として考えるべきであるとする見解が近時有力に主張されている（以下

「新説」という）。新説では、債務不履行について三元説ではなく、一元的に把握すべきであるとし、過失責任は、個人の行動の自由を前提とする原理であって、債務不履行による損害賠償責任の発生根拠とはならないとする。この見解の代表的論者である潮見佳男（「債務不履行の構造と要件事実」（大塚直ほか編『要件事実論と民法学との対話』（商事法務2005）229頁以下）は、「債務者の責めに帰すべき事由の不存在」について、債務不履行を理由とする損害賠償責任から債務者を解放するための「免責事由」と捉え、具体的には、結果債務と手段債務とを区別し、①債務者が結果の実現が確実であると約束した結果債務の場合（上記潮見は、「結果債務・手段債務」という分類ではなく、「保証責任・過失責任」という分類をする）には、不可抗力によらない結果の不実現があれば、債務者に「帰責事由」があると判断されるとし、②他方、診療契約のように、結果を実現すべく一定の慎重な注意義務を負うことしか約束していない手段債務の場合には、債務者の債務不履行の存否を判断するについて、債務者の具体的な行為態様の評価をすることになり、注意義務を尽くさなかったことが約束を履行しなかったことになるとする。そして、この判断は、合意した契約の趣旨内容から判断されるとしていることが特徴的である。なお、新説の見地から、伝統的な見解は、パンデクテン体系の解釈から、債権総論の債務不履行は、債権各論の契約内容から独立して解釈されるもので、新説とはまったく異なると指摘する見解（小粥太郎「債務不履行の帰責事由」ジュリ1318.117頁以下）もある。しかし、伝統的な見解によっても債務不履行となるかは契約解釈の延長線上の問題と位置づけられてきたといえ（最判昭30.4.19民集9.5.556、最判昭61.1.23訟月32.12.2735、最判平7.6.9民集49.6.1499、最判平9.10.14集民185.361、最判平15.11.11民集57.10.1466、最判令2.3.6民集74.3.149等）、実際上は伝統的見解と新説とでそれほど異なるものともいえないと解される。また、一問一答75頁注2には、債務不履行の帰責事由の規定の見直しに関して、「帰責事由に関してはこれまでも学説上は様々な見解が提唱されるなどしているが、改正の趣旨は、従来の実務運用を踏まえ、帰責事由についての判断枠組みを明確化したに

とどまるものであり、実務の在り方が変わることは想定していない」とする。そこで、本書では、契約の法定解除に債務者の帰責事由を要求しなくなったのは、解除が契約の拘束力からの解放と捉えるものの、損害賠償の発生原因としての債務者の帰責事由については過失責任であるとする伝統的見解を維持している。

(2) 民法543条および536条の「債権者の帰責事由」

　改正前民法の伝統的な解釈では、債務不履行の債務者帰責事由と民法543条の債権者の帰責事由とでは、同様の概念として把握されてきた。しかし、平成29年民法改正により債務者の帰責事由は法定解除の要件とはならなくなっており、解除権は債務不履行がある場合に契約の拘束力からの解放を認めることが相当とされたものと位置づけられる。新説では、債務不履行を生じさせた債権者を契約の拘束力から解放しないことを正当化するに足る事情があるかが「債権者の帰責事由」の問題となるとされており、過失とは異なるといわれている（具体的には、過失特に軽過失の場合が入るか、また、債務不履行に至った原因だけでなく、その後の事情についても考慮すべきであるとする点に差異があると思われる）。この点については、543条は、法改正を前提として解除によって契約の拘束力からの解放を認めるか否かの問題であるから、契約の拘束力から解放しないことを正当化するに足る事情があることが「債権者の帰責事由」と捉えるべきであり、新説と同様の結論となるといえよう。今後の判例の判断を注目したい。また、536条2項の「債権者の帰責事由」についても、双務契約の一方の債務が不能で債務者に過失責任がなく損害賠償債務の履行請求することができない場合に、債権者が負う他方債務の履行を解除によって免れることができない場合の要件であると解すると、543条と同様に解釈されるべきであろう（したがって、同条1項の「双方の帰責事由不存在」のうち、債権者の帰責事由については同様に解することになると思われる）。

a　不完全履行による解除（抗弁）（催告解除②）（民541条）（類型別14頁）

　不完全履行の典型例は、目的物が種類または品質に関して不適合がある場合であるが、後述のように目的物の数量が足りない場合や債務の履行方法に問題があった場合（家具の売買で、搬入の際に階段を傷つけた場合など）も入る。債務の履行がされていることが前提となっている。

　売買の担保責任の法的性質は債務不履行責任である。売買の担保責任と不完全履行との関係を整理しておくべきである。不完全履行のなかに「種類品質の不適合」（民562条、563条）が含まれていることは明らかである。そして、不完全履行を前提とする損害賠償や解除については、民法415条または541条・542条によるものと理解することができる（民法564条も「415条による損害賠償請求及び541条、542条による解除権の行使を妨げない」と規定している）。ちなみに、民法562条の追完請求や民法563条の代金減額請求[13]については、売買の有償性から、債務不履行の特則として規定されたものと解され、これらについては、民法415条1項ただし書の債務者の帰責事由の不存在が抗弁とされていない。不完全履行のなかには、「種類品質の不適合」（民562条、563条）のほかに、タンスの売買契約により買主の家に設置する際に、買主の家の階段を傷をつけた場合（付随義務違反）や鶏の売買契約により鶏を引き渡したが、その鶏のなかに病気のものがあったために、買主の飼っていた鶏全部が死滅した場合（拡大損害）などもある。これらは、売買の担保責任の適用の対象とならない不完全履行である。

　不完全履行による解除の場合には、追完が可能であるものは、履行遅滞と同様の要件（民541条）となり、追完が不可能な場合には、履行不能と同様の要件（民542条）となる。

13　厳格に考えると、民法562条の買主が追完請求できるのは、債務の内容から当然であるが、民法563条の代金減額請求は、損害賠償請求権による相殺の実質を有する。これは、損害賠償請求に債務者の帰責事由を要するとする民法415条の特則であり、また、代金減額請求するためには、追完請求権を行使することが前提とされている。債務不履行による損害賠償請求も含め、期間制限等（民566条、567条）が特則となっていることにも留意する必要がある。

以下、典型的な場合（種類品質の不適合）を例として法律要件を検討する。

---

①　ＸがＹに対して売買契約に基づき目的物を引き渡したこと

②　引渡しの当時、目的物が種類または品質に関して売買契約の内容に適合しないものであったこと

③　ＹがＸに対して履行の追完をするように催告をしたこと

④　③の催告後相当期間が経過したこと

⑤　ＹがＸに対して④の期間経過後に売買契約解除の意思表示をしたこと

⑥　ＹがＸに対して③の催告前に売買代金の弁済の提供をしたこと

　追完可能な場合には、履行遅滞と同様であり、催告が必要である。上記③〜⑤の解除の手続要件は履行遅滞の場合と同様である。

　なお、設例Ⅱの不完全履行による解除の抗弁事実のうち、解除の意思表示は、受訴裁判所の訴訟手続のなかでされている。この場合、この事実は、「裁判所に顕著な事実」であり、証明不要の事実であるから（民訴179条）、認否は不要である。要件事実的には、顕著な事実として「顕」と整理される。証明不要となるか否かは、争点整理をするうえでは重要な点である。これに該当するというためには、「○月○日の第○回口頭弁論期日において」という主張が必要不可欠である。

b　再抗弁

(a)　再抗弁①（期間制限・民566条）

> 民法566条（目的物の種類又は品質に関する担保責任の期間の制限）
>
> 　売主が種類又は品質に関して契約の内容に適合しない目的物を買主に引き渡した場合において、買主がその不適合を知った時から1年以内にその旨を売主に通知しないときは、買主は、その不適合を理由として、履行の追完の請求、代金の減額の請求、損害賠償の請求及び契約の解除をすることができない。ただし、売主が引渡しの時にその不適合を知り、又は重大な過失によって知らなかったときは、この限りでない。

民法566条によれば、「不適合を知った時から1年以内に不適合を売主に通知しないとき」は解除できないと規定している。しかし、「通知しないとき」という消極事実を立証することは困難であるから、次のように再構成することが公平に資する。①「不適合を知った時」「その時から1年経過した時」（再抗弁）は解除できない。②ただし、「その経過前に不適合の通知をしたとき」は解除できる（再々抗弁）。

【期間制限による再抗弁】

①　Yが目的物の種類または品質に関する契約不適合を知ったこと

②　①の時期から1年が経過したこと（初日不算入→最終日の経過）

【再々抗弁】

①　不適合通知（契約不適合を知ったときから1年以内にその旨をXに通知したこと）

または

②　悪意または重過失（Xが引渡しの時に契約不適合を知っていたこと、またはXが契約不適合を知らなかったことにつき重過失があったことの評価根拠事実）

Basic
規範的要件の要件事実

　民法555条では、売買契約の締結、民法587条では、金銭返還合意と金銭の交付のように、民法の規定の多くは事実を法律要件としている。しかし、「過失」や「正当な理由」のような規範的評価に関する抽象的概念を法律要件としているもの（規範的要件）もある。この場合の要件事実の捉え方は大きくは二つの見解がある。規範的要件については、規範的評価は、法的判断にほかならないから[14]、それ自体は要件事実ではな

14　法的主張が弁論主義のなかでどのように扱われるべきかは争いがあるが、判例（最判昭42.11.16民集21.9.2430、最判平14.9.12判タ1109.81）や通説は、法的主張は弁論主義の対象ではないと解している。法的観点指摘義務とも関係する論点である。

く、これを基礎づける具体的事実（**評価根拠事実**）を主要事実と考える見解（**主要事実説**）と、法規の文言どおりに規範的評価である「過失」が主要事実であり、それを基礎づける具体的事実は間接事実であるとする見解（**間接事実説**）である。

　通説・判例（最判平30.6.1民集72.2.88）は主要事実説を支持する。立証目的となる争点を明確にし、当事者に対する不意打ち防止を図るためには、規範的要件を基礎づける具体的事実を主要事実と捉えるべきである。主要事実説では、相手方は、評価根拠事実と両立し、当該評価を妨げる事実（**評価障害事実**）を主張することで、規範的評価を争うことができる。

　この要件事実は、規範的評価の効力発生については、評価根拠事実と評価障害事実とを一体のものとして総合判断するという点で、他の要件事実とは異なる。この特殊性から「要件事実最小限の原則」は適用とならず、評価根拠事実としては「過失」を根拠づける方向に働く具体的事実を、評価障害事実としては「過失」を否定する方向に働く具体的事実の主張をすることになる。

　規範的要件事実の評価根拠事実および評価障害事実の抽出はむずかしい。一般的な注意事項となるが、要件事実の整理においては、評価根拠事実や評価障害事実は、評価ではなく事実を記載することに注意すべきである。また、たとえば、建設機械について、所有権に基づく返還請求をする事案で、抗弁として、被告は第三者から購入したもので、即時取得の成立が主張され、再抗弁として、被告の過失を根拠づける評価根拠事実が問題となる場合を想定しよう。即時取得の「過失」の再抗弁事実（無過失が民法188条により推定されるので、再抗弁で過失の存在が問題となる。）としては、たとえば、令和元年製造の建設機械なのにメーカーの保証書が不存在であること、当該建設機械の車体部分に原告名義のプレートないしシールがあること、もしくはプレートないしシールが剥がされた跡があったこと、被告がプレートないしシールの名義人等に対してなんらの調査確認をしていないこと、第三者が当該建設機械を使用する業種の業者でないこと、建設機械の時価は2000万円である（被告

が購入した金額が低額であることは抗弁で出ている）などの事実は評価根拠事実（再抗弁）となり、これに対し、占有取得時に前主（第三者）を所有者と信じた具体的事実として、占有取得前に前主が当該建設機械を保管し、使用していたことや前主が修理をしていたことなどの具体的事実が評価障害事実（再々抗弁）となる。

　また、これらの具体的事実は、民法192条の過失では、売買契約当時において、売主が所有者であると信じたことに過失がないかどうかであるから、買主の占有取得時以前の事実に限られる。売買契約を締結し引渡しを受けた後に、譲渡証明書の有無が問題となったとしても評価障害事実とはならない。この意味で、いつの時点の事実かという点にも配慮しなければならない。

(b)　再抗弁②（不履行の軽微性）

> 民法541条ただし書
>
> 　　当事者の一方がその債務を履行しない場合において、相手方が相当の期間を定めてその履行の催告をし、その期間内に履行がないときは、相手方は、契約の解除をすることができる。ただし、その期間を経過した時における債務の不履行がその契約及び取引上の社会通念に照らして軽微であるときは、この限りでない。

　契約解除のための催告後、相当期間経過時における目的物の契約不適合がその契約および取引上の社会通念に照らして軽微である事実が評価根拠事実として再抗弁となる。そして、契約不適合が軽微とはいえない事実が評価障害事実として再々抗弁となる。

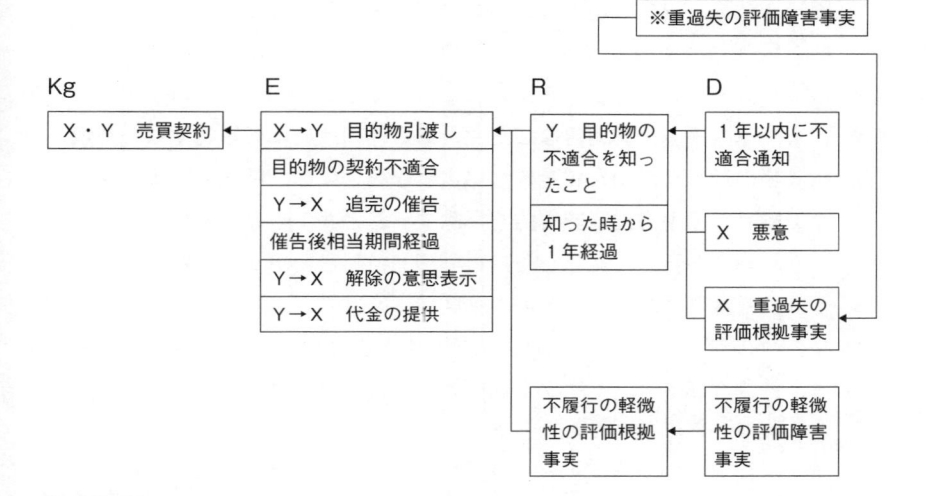

　債務不履行の軽微性

　この軽微性の判断にはさまざまなものが含まれる。

①　本体的な債務の履行の一部が不完全ないし不能の場合

　たとえば、メーカーから量販店に1000台のパソコンを供給する契約を締結し、引き渡したパソコン1台に不具合があった場合には、原則として、追完請求か損害賠償請求で対処すべきであって、契約の解除は認められないことになる。ソフトウェア開発において引渡し後に遅滞なく修理可能なバグが発生している場合なども同様である（東京地判平9.2.18判タ964.172）。

②　本体的債務ではない附随債務の不履行の場合等

○甲乙丙と順次土地を売買し、代金の支払と土地の引渡しは完了し、所有権移転登記は、中間省略登記として甲から丙にすることが三者間で合意されていたが、丙が移転登記手続をせず、甲が固定資産税の負担を余儀なくされており、丙に固定資産税分の償還を求めたが拒否された。このことから、甲が甲乙間の売買契約について、売主である甲に発生する租税の負担義務解消債務の不履行を理由に解除を主張した事案につき、「租税負担義務が本件売買契約の目的達成に必須的でない

附随的義務に過ぎないものであり、……法律が債務の不履行による契約の解除を認める趣意は、契約の要素をなす債務の履行がないために、該契約をなした目的を達することができない場合を救済するためであり、当事者が**契約をなした主たる目的の達成に必須的でない附随的義務の履行を怠つたに過ぎないような場合には、特段の事情の存しない限り、相手方は当該契約を解除することができない**ものと解するのが相当である」と判示した（最判昭36.11.21民集15.10.2507）。

○預託金会員制ゴルフクラブの入会契約において、パンフレットには、室内外のプールやアスレチックジム等を備えた高級ホテルが併設され、快適なリゾートライフが満喫できるとうたわれていたのに、ホテルの建設がされないことから、入会契約を解除した事案において、原審は、預託金会員制ゴルフクラブの会員契約における本質的権利は、預託金の返還請求権とゴルフプレーするためにゴルフ場の施設を利用する権利であり、ゴルフプレーをするうえで必要不可欠でない施設の提供は入会契約の要素たる債務でないので、契約解除を認めなかった。これに対し、最高裁は、入会契約の目的を達成できないか否かについて、「パンフレットに記載されたホテル等の施設を設置して会員の利用に供することが本件入会契約上の債務の重要な部分を構成するか否かを判断するに当たって考慮される必要な事実である」として、原判決を破棄して差し戻した（最判平11.11.30判タ1024.150）。高級ホテルの建設は、入会契約においては、厳密には附随義務にすぎないが、契約締結の経緯からすれば、契約の目的を達するのに必要な債務ということができると判断したものといえる。

○リゾートマンションの区分所有権の売買契約と同時にスポーツクラブ会員権契約が締結され、契約上は別個の契約となっているが、区分所有権の取得と同時に本件クラブ会員となり、新聞広告にも区分所有権の購入者が本件クラブを会員として利用できる旨の記載があること、本件クラブの会則には区分所有権と分離して会員権を譲渡することはできず、区分所有権を譲渡した場合には、会員としての資格は自動的に消滅するなど区分所有権の得喪と会員たる地位の得喪とが密接に関

連づけられているなどの事情があれば、本件クラブの施設たる屋内プールの完成遅延を理由に本件クラブ会員契約のみならず、マンションの区分所有権の売買契約も解除しうると判断した。その理由として「本件不動産は、屋内プールを含むスポーツ施設を利用することを主要な目的としたいわゆるリゾートマンションであり、前記の事実関係の下においては、上告人らは、本件不動産をそのような目的を持つ物件として購入したものであることがうかがわれ、被上告人による屋内プールの完成の遅延という本件会員権契約の要素たる債務の履行遅滞により、本件売買契約を締結した目的を達成することができなくなったものというべきであるから、本件売買契約においてその目的が表示されていたかどうかにかかわらず、右の履行遅滞を理由として民法541条により本件売買契約を解除することができるものと解するのが相当である」と判示する（最判平8.11.12民集50.10.2673）。

③　信頼関係破壊の法理

　賃貸借契約等の継続的契約の法定解除の場合（民法620条は、解除によって将来効のみ有することを規定する）にも民法541条、542条の適用を認めるのが判例の立場である。そして、信頼関係破壊の法理が形成されている。

　賃貸借契約の基礎に賃貸人と賃借人の間の信頼関係があり、これが破壊された場合には無催告解除を認め、また、逆に信頼関係が破壊されるに至っていない場合には、解除権が発生しないとする理論である。信頼関係が破壊されていない場合に解除権が発生しないとすることの根拠条文としては、民法541条ただし書が考えられる（松岡久和ほか編「改正債権法コンメンタール」（法律文化社2020年）646頁）。

㈠　履行不能

民法542条（催告によらない解除）
　　③　次に掲げる場合には、債権者は、前条の催告をすることなく、直ちに契約の解除をすることができる。
　　一　債務の全部の履行が不能であるとき。

二　債務者がその債務の全部の履行を拒絶する意思を明確に表示したとき。

　三　債務の一部の履行が不能である場合又は債務者がその債務の一部の履行を拒絶する意思を明確に表示した場合において、残存する部分のみでは契約をした目的を達することができないとき。

　四　契約の性質又は当事者の意思表示により、特定の日時又は一定の期間内に履行をしなければ契約をした目的を達することができない場合において、債務者が履行をしないでその時期を経過したとき。

　五　前各号に掲げる場合のほか、債務者がその債務の履行をせず、債権者が前条の催告をしても契約をした目的を達するのに足りる履行がされる見込みがないことが明らかであるとき。

④　次に掲げる場合には、債権者は、前条の催告をすることなく、直ちに契約の一部の解除をすることができる。

　一　債務の一部の履行が不能であるとき。

　二　債務者がその債務の一部の履行を拒絶する意思を明確に表示したとき。

a　履行不能による解除（抗弁）（催告によらない解除）（民542条）（類型別16頁）

---

①　**目的物の引渡しが②の意思表示の時点で不能であること**

②　**ＹがＸに対して売買契約解除の意思表示をしたこと**

　履行不能場合には、催告が不要であり、不能の事実と解除の意思表示だけで解除の効力が生じる。履行不能は、「契約その他の債務の発生原因及び取引上の社会通念に照らして」判断される（民412条の２第１項）。履行不能は契約後はもとより契約前に不能であってもよい。平成29年改正前は、契約時の目的不能（原始的不能）は契約の対象物が不存在となるから、契約不成立と考えられていたが、民法改正により改められた。その意味で、建物引渡債務が原始的不能であっても、債務としては成立しており（同条２項）、契約は当然に無効となるものではない。したがって、設例のＹの主張（原始的不能であるから契約無効であるとの趣旨）は誤りである。

　不能か否かは、契約の趣旨目的を前提として社会通念に照らして判断される（民412条の２第１項）。物理的滅失の場合には、通常、不能と判断され

る。

　教室事例で、他人物売買は無効ではなく有効であると説明されるが、売買契約の趣旨がすぐに居住用として利用できることが前提とされていた場合には、他人所有ですぐに利用できないときは不能と解されることもある。契約としては有効であるが、履行不能ゆえに契約を解除しうるということである（契約の有効・無効の問題と履行不能かどうかは別の問題）。判例上不能かどうかが問題となった例をいくつか例示しておく。

○不動産の二重譲渡において、売主が第二買主に所有権移転登記を経由したときは、第一買主に対する財産権移転債務は履行不能となる（最判昭35.4.21民集14.6.930）。

○売買契約を締結していたが、売主の目的不動産に対し第三者からの仮差押えの登記がされたとき（大判大10.3.23民録27.641）や処分禁止の仮処分の登記（最判昭32.9.19民集11.9.1565）がされても財産権移転債務は、直ちに履行不能となったとはいえない。

○賃貸人の承諾がある転貸借において、賃借人の賃料不払いによって賃貸借契約が解除された場合には、賃貸人が転借人に対して目的物の返還を請求したときに転貸人と転借人間の転貸借契約は履行不能となる（最判平9.2.25民集51.2.398）。賃借人に対する解除の意思表示の時点でないことに注意されたい。

Next Level　受領遅滞と履行不能について

　債権の性質について、債権者は権利を有するだけで義務を負うものではないから、受領しなくとも義務違反（債務不履行）にはならないとの見解が一般的であり、債権者が受領しない場合の効果を定めているのは法律上の規定による効果であるとする（法定責任説）。これに対して債権については債務者と債権者との協力によって実現するものであり、債権者も義務を負っており、弁済の受領も債権者の協力が要請されていることから、受領の拒絶は債権者の債務不履行であるとする考え方（債務不履行責任説）もある。判例の考え方についても評価が分かれるが、最判昭40.12.3民集19.9.2090は、一般論として「債務者の債務不履行と債

権者の受領遅滞とは、その性質が異なるのであるから、一般に後者に前者と全く同一の効果を認めることは民法の予想していないところというべきである。民法414条・415条・541条等は、いずれも債務者の債務不履行のみを想定した規定であることは明文上明らかであり、受領遅滞に対し債務者のとりうる措置としては、供託・自助売却等の規定を設けているのである」として、特段の事情がない限り[15]受領遅滞を理由としての解除は認められないとする。この判例により法定責任説を採用したものと理解されている。

民法413条1項において、受領遅滞として、債務者は自己の財産に対するのと同一の注意義務を負うにすぎなくなる場合の要件として、①債権者がそれを受領することを拒んだこと（受領拒絶）、②受領することができないこと（受領不能）を定めている。この受領拒絶については、債権者が債務者が提供したものが不完全であるとして受領を拒絶する場合には、真実不完全であれば受領拒絶の効果は生じない。したがって、受領を拒絶した後に目的物が火災で焼失して不能となったとしても、不完全な履行の提供であれば、「債権者の責めに帰すべき事由」とはみなされず（民413条の2第2項）、債務者は履行不能の責任を負うことになる。

問題は、②の受領不能である。使用者が経営する工場で労務を提供すべき場合に、当該工場が焼失したとき、または、肖像画制作の請負契約において、注文者が病気となったときに、債務不履行と考えるのか、受領不能と考えるか。これについて、給付を不能ならしめた原因が債権者債務者のいずれの支配に属する範囲内の事由に基づくかを基準とし、債務者の支配に属する事由であれば履行不能であり、債権者の支配に属する事由であれば受領不能であるとする考え方（**支配領域説**）が一般的である。これによれば、労務提供債務における工場の焼失も肖像画制作債務の注文者の病気も債権者の受領不能に該当する。抗弁として、債務不履行として解除が主張されている場合に、それが受領不能であって債務

---

15 最判昭46.12.16民集25.9.1472は、特段の事情があるとして債権者に受領義務を認めたものと整理するのが一般的な理解である。

不履行ではないと主張するのは、積極否認と位置づけることになる。

b 再抗弁（債権者の帰責事由・民543条）

> 民法543条（債権者の責めに帰すべき事由による場合）
>
> 　債務の不履行が債権者の責めに帰すべき事由によるものであるときは、債権者は、前二条の規定による契約の解除をすることができない。

> 【再抗弁】
>
> 　甲建物の火災は、Xがスマートフォンを窓際で充電したまま、12時間放置していたことからリチウム電池が膨張して発火したことによるものである。

　この帰責事由の内容を過失責任と捉えるべきか否かについては53頁参照。いずれにしても、帰責事由は、過失と同様に規範的要件である。これに対して、室内は冷房していたので高温ではなかったなどの事実が再々抗弁（評価障害事実）となる。

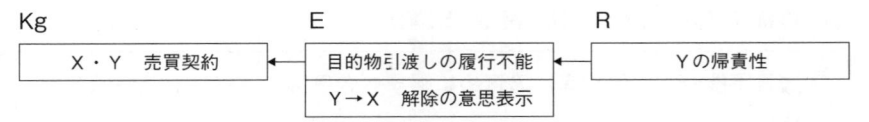

(6) 危険負担に基づく履行拒絶の抗弁（類型別17頁）

> 民法536条1項（債務者の危険負担等）
>
> ①　当事者双方の責めに帰することができない事由によって債務を履行することができなくなったときは、債権者は、反対給付の履行を拒むことができる。
>
> ②　債権者の責めに帰すべき事由によって債務を履行することができなくなったときは、債権者は、反対給付の履行を拒むことができない。この場合において、債務者は、自己の債務を免れたことによって利益を得たときは、これを債権者に償還しなければならない。

ア 総　　論

　民法536条は、民法債権編契約の章のなかの規定であり、「反対給付」という文言から双務契約を前提とする規定であることがわかる。そして、双務契

約には双方の債務の対価性があることから、一方の債務が消滅した場合に他方債務がどうなるかが危険負担の問題であるとされてきた。平成29年改正民法の検討においては、債務者に帰責事由がなくても契約解除が可能となったことから、危険負担の規定の削除も検討されたが、解除の不可分性（民544条）から直ちに解除しうるとは限らないので危険負担の条文を残すこととされ、また、改正によって目的物の不能の場合にも債務として成立すると整理されたこと（民412条の2第2項）から、反対給付債務の履行拒絶というかたちで規定されることとなった。売買契約に基づく代金支払請求、すなわち、代金支払債務の履行請求であるから、その反対債務である目的物の引渡債務が不能となると、売買契約の対価性から、代金支払債務を拒絶することができるということである。

イ　抗弁（民536条1項）

> ①　目的物の引渡しが不能
> ②　代金の支払を拒絶する旨の権利主張

ウ　再抗弁（債権者の帰責性・民536条2項）

> 履行不能がY（債権者）の責めに帰すべき事由によること（評価根拠事実）

エ　再々抗弁（債権者の帰責性に関する評価障害事実）

> 履行不能がY（債権者）の責めに帰すべき事由でないこと（評価障害事実）

(7)　手付解除（民557条）（類型別17頁）

> 民法557条（手付）
> ①　買主が売主に手付を交付したときは、買主はその手付を放棄し、売主はその倍額を現実に提供して、契約の解除をすることができる。ただし、その相手方が契約の履行に着手した後は、この限りでない。
> ②　第545条第4項の規定は、前項の場合には、適用しない。

ア　総　　論

　手付の性質として、証約手付、解約手付、損害賠償額の予定、違約罰など、さまざまな場合がありうる。手付を授受する契約をした場合には、特段の意思表示がない限り、解約手付としての性質を有するものとされている（民557条1項）。したがって、手付が解約手付の性質を有することを主張立証する必要はない（8頁「法律規定と同一内容の合意」参照）。

イ　要件事実

　売主Xが原告となって、買主Yに対して代金請求する場合に、Yが1000万円を手付として交付していた場合において、Xからの代金請求に対して、Yが手付解約を主張するときの抗弁は次のとおりとなる。

ウ　抗弁（買主からの手付解約）

---

① 　YがXとの間でその売買契約に付随して、手付として金員（1000万円）を交付するとの合意をしたこと（手付契約）

② 　YがXに対し、①の手付として金員を交付したこと（要物性）

③ 　YがXに対し、契約解除のためにすることを示して手付返還請求権を放棄するとの意思表示をしたこと

④ 　YがXに対し、売買契約解除の意思表示をしたこと

　なお、③の放棄の意思表示は不要と解する見解もある。しかし、解除の意思表示には解除事由を明示することを要しないと解されており、解除により遡及的無効となると、手付金返還請求権が発生することになるので、この効果を発生しないようにする必要があるためである。民法557条1項でも「放棄」が要件となっている。なお、売主からの手付解約については、80頁を参照。

エ　再抗弁

【再抗弁1】
　解除権留保排除の合意

【再抗弁2】

> ② 手付解約の相手方であるXが履行に着手したこと（民557条1項ただし書）

　履行に着手した当事者からの解除は認められる。また、「履行に着手した」とは、客観的に外部から認識しうるようなかたちで、履行行為の一部をし、または、履行を提供するために欠くことのできない前提行為をしたことをいう。

○最判昭40.11.24民集19.8.2019は、第三者所有の不動産の売買契約において、売主が、その不動産を買主に譲渡する前提として、当該不動産につき所有権を取得しかつ自己名義の所有権取得登記を得た場合は履行の着手に該当すると判断した。

○最判昭41.1.21民集20.1.65は、民法557条1項にいう履行の着手とは、債務の内容たる給付の実行に着手すること、すなわち、客観的に外部から認識しうるようなかたちで履行行為の一部をなし、または、履行の提供をするために欠くことのできない前提行為をした場合を指すものと解すべきもので、債務に履行期の約定がある場合であっても、当事者が、債務の履行期前には履行に着手しない旨を合意している場合等格別の事情のない限り、直ちに、履行期前には、民法557条1項にいう履行の着手は生じえないと解すべきものではないとする。

○最判平5.3.16民集47.4.3005は、履行の着手の有無を判定する際には、履行期が定められた趣旨・目的およびこれとの関連で債務者が履行期前に行った行為の時期等が重要な要素として考慮されるべきであると判示する。そして、当該事案において履行期が定められた趣旨・目的について、売主が長男と同居するための新住宅兼店舗用地購入代金の調達にあり、新住宅兼店舗用地の希望物件が見つかれば（その時期は未確定である）、売主は本件売却代金を買主から受領して希望物件の購入代金に充てるが、本件売却代金の受領と同時に本件土地建物を被上告人に明け渡すことは困難であるので、そのための猶予期間を置いたというもので、売買契約の履行期が約1年9カ月先に定められたという特殊性を有するものであった。そのような事案においては、買主が、土地の測量をし、残代金の準備をして

口頭の提供をしたうえで履行の催告をしたとしても、この測量および催告が履行期まで1年余の相当の期間がある時点でされたことから、買主の土地の測量等は履行の着手には該当しないと判断している。

第2節　遅延損害金の要件事実について

Ⅰ　設例・解答

設 例　次の場合の請求の趣旨、訴訟物および附帯請求に関する請求原因は何か。

Xの言い分

　私は、令和6年8月1日、Yとの間で、私が所有する甲建物をYに対して、代金5000万円、代金と所有権移転登記手続のために必要な書類を同月31日A司法書士事務所で交換するとして売却することに合意しました。そして、私は、契約日である同月1日、Yに甲建物の鍵を交付したうえ、合意日である同月31日、甲建物の所有権移転登記に必要な書類をそろえてA司法書士事務所で待っていたのですが、Yは結局現れませんでした。私は、Yに対して、売買代金および遅延損害金の支払を求めます。

売 買

X ——————————————→ Y
売 主　　　　　　　　　　　　　買 主

解 答

(1)　請求の趣旨

　　Yは、Xに対し、5000万円及びこれに対する令和6年9月1日から支払済みまで年3パーセントの割合による金員を支払え。

(2)　訴 訟 物

　①　売買契約に基づく代金支払請求権（主たる請求）

　②　代金支払債務の履行遅滞に基づく損害賠償請求権（附帯請求[16]）

(3) 請求原因

②の訴訟物に関して

あ　Ｘは、Ｙとの間で、令和6年8月1日、甲建物を代金5000万円で売却する旨の合意をした。

い　あの合意の際、ＸとＹは、代金支払期日を同月31日とすることに合意した。

う　Ｘは、Ｙに対し、同月1日、甲建物の鍵を交付した。

え　あの合意の際、ＸとＹは、甲建物所有権移転登記に必要な書類を同月31日にＡ司法書士事務所において交換する旨の合意をし、Ｘは、同日、必要な書類を整えて、Ａ司法書士事務所に赴いた。

お　同日は経過した。

Ⅱ　解　説

1　訴訟物（類型別1頁）

代金支払債務の履行遅滞に基づく損害賠償請求権

> 民法415条（債務不履行による損害賠償）
> ①　債務者がその債務の本旨に従った履行をしないとき又は債務の履行が不能であるときは、債権者は、これによって生じた損害の賠償を請求することができる。ただし、その債務の不履行が契約その他の債務の発生原因及び取引上の社会通念に照らして債務者の責めに帰することができない事由によるものであるときは、この限りでない。

2　請求原因（類型別4頁）

(1)　総　論

履行遅滞に基づく損害賠償請求権であるから、まず、履行遅滞の要件を満たす必要があり、49頁を参照されたい。そして、履行遅滞による解除と異なる点は、損害賠償請求であるから、損害の主張が必要な点と債務不履行に基

16　附帯請求と紛らわしいものに、付随請求という概念がある。付随請求は、訴訟費用の裁判の申立てや仮執行宣言の申立てがこれに入る。

づく損害賠償請求であるから、債務者の帰責事由がないことが抗弁となる点である（民415条1項ただし書）。

　履行遅滞に基づく損害賠償請求の場合、一般的には、ⓐ債務の存在、ⓑ履行期の経過（民412条）、ⓒ違法性、ⓓ損害の発生とその数額が必要である。

(2)　代金支払債務の履行遅滞に基づく損害賠償の請求原因
ア　引渡しの提供

---

① 　XとYが売買契約を締結したこと
② 　確定期限の合意とその経過（民412条1項、なお民573条）
③ 　目的物の引渡しの提供（不動産の場合には所有権移転登記手続の提供を含む）
④ 　目的物の引渡し（民575条2項本文）
⑤ 　②④のより遅い時期以降の期間の経過

---

　③の引渡しの提供が必要な理由は、同時履行の抗弁権の存在自体の効果を消滅させるために必要である（52頁参照）。鍵の交付によって甲建物の引渡しは完了しているが、不動産の場合には、代金支払債務と同時履行の関係にある反対債務は、目的物の引渡しに加えて所有権移転登記手続もあり、両者が提供される必要がある（類型別4頁)[17]。なお、遅延損害金の請求については、②も主張するのが一般的である。

イ　目的物の引渡し

　④の要件が必要な理由は、民法575条にある。

民法575条（果実の帰属及び代金の利息の支払）
　　① 　まだ引き渡されていない売買目的物が果実を生じさせたときは、その果実は、売主に帰属する。
　　② 　買主は、引渡の日から、代金の利息を支払う義務を負う。ただし、代金の支払について期限があるときは、その期限が到来するまでは、利息を支払うことを要しない。

17　大判大7.8.14民録24.1650は、不動産の場合に代金支払債務と同時履行となるのは、所有権移転登記だけと判示しているものの、最判昭29.7.27民集8.7.1455や最判昭34.6.25集民36.815では、建物の売買において、代金支払と建物の引渡しおよび所有権移転登記手続とが同時履行の関係にあると判示している。

民法575条2項の法的性格については争いがあるが、売買契約の効果は、即時に発生し、売主所有の目的物の所有権は、売買契約締結時に移転し、かつ、目的物に対する危険も売買契約締結時から買主が負担することになるのが原則となる。これを前提にすると、売主の目的物の果実収取権も売買契約締結時に売主から買主に移転し、目的物の保管費用も買主が負担すべきであり、その半面、売買契約締結時から、買主は、売主に対して代金の利息を支払うものとすべきである。しかし、そうすると、売買契約締結時から目的物の引渡しまでの間、売主のもとで発生した果実について、買主が引渡請求することができ、他方、目的物の保管費用および代金支払までの代金の利息については、売主が買主に対して請求することができることになってしまう。これでは権利関係が煩雑となるし、当事者の意図するところともいえない。そこで、民法575条は、このような煩雑な権利関係を回避し、簡易決済する趣旨として、目的物の引渡し時までは売主に果実収集権があることとし（同条1項）、そのかわりに、買主が負担する代金の遅延損害金は、目的物の引渡し以後しか発生しないものとした（同条2項）のである。したがって、民法575条2項の趣旨は、買主の履行遅滞による遅延損害金の請求を目的物の引渡しまでは発生しないとして制限したものと解するべきである（遅延損害金説）[18]。このように解すると、民法575条2項は、民法415条による履行遅延による損害賠償請求をする場合の特則と位置づけることができる。

　したがって、売買代金債務の履行遅滞に基づく損害賠償（遅延損害金）請求では、目的物の引渡し後しか請求できないので、④の主張が必要となる。なお、この目的物の引渡しは、目的物の利用を前提とする「引渡し」であり、登記手続は無関係であるほか、現実の引渡しが必要である。引渡しの提供では足りない。そして、上記の要件事実③（目的物の引渡しの提供）と④

---

[18]　民法575条2項の「利息」は文字どおり法定利息であると解する見解（法定利息説）もある。この見解では、履行遅滞であることは前提としない。同条1項は、買主は目的物の引渡しによって果実収取権を取得すると規定されていることから、同条2項は、履行遅滞の有無にかかわらず、引渡し後、法定利息を求めることができるとしたものと考えるのである。大判昭6.5.13民集10.252は、法定利息説をとっているが、履行遅滞になっていないのに「法定利息」を認めることが妥当か疑問もあり、現在の実務は遅延損害金説が採用されている。

（目的物の引渡し）との関係（④のなかに③は包含しているといえる）から、④のみを主張すればよいことになる。ただし、登記手続の提供は含まれない。

ウ　損害の発生および数

⑤の主張（期限の経過か引渡しの遅い時期以降の期間の経過）だけで、損害の発生および数額の主張が不要なのは、民法419条、404条が適用されるので、具体的な主張は不要となるからである。⑤の主張も遅延損害金の請求をしている時期からして当然であるので、実務上省略されることが多い。

> 民法419条（金銭債務の特則）
> ①　金銭の給付を目的とする債務の不履行については、その損害賠償の額は、債務者が遅滞の責任を負った最初の時点における法定利率によって定める。ただし、約定利率が法定利率を超えるときは、約定利率による。
> ②　前項の損害賠償については、債権者は、損害の証明をすることを要しない。
> ③　第1項の損害賠償については、債務者は、不可抗力をもって抗弁とすることができない。
> 民法404条（法定利率）
> ①　利息を生ずべき債権について別段の意思表示がないときは、その利率は、その利息が生じた最初の時点における法定利率による。
> ②　法定利率は、年3パーセントとする。

金銭債務については、民法419条の特則があるから、損害額は、法定利率（民404条）によることになる。この法定利率は、遅滞の責任を負った最初の時点における法定利率によることになる。法律上推定される事実の主張は不要であるから（8頁「法律規定と同一内容の合意」参照）、期間だけが要件事実として主張しなければならないことになる。

売買契約に基づく目的物引渡請求
（類型別20頁）

Ⅰ 設例・解答

設例 次の場合の、訴訟物、請求の趣旨、請求原因は何か。また、抗弁
以下の主張としてどのような主張があるか。

<u>Xの主張</u>

　私は、Yとの間で、令和6年8月1日、Yが所有する甲土地を代金5000万
円で買い受ける旨の合意をし、その際、代金と所有権移転登記手続のために
必要な書類を同月31日A司法書士事務所で交換するとの合意をしました。そ
して、契約日である同月1日に私は、Yに対して頭金として1000万円を支払
いました。同月31日、私はA司法書士事務所に行って待っていたのですが、
Yは結局現れませんでした。その後、私が甲土地を見に行くと、甲土地の周
りに杭が打たれて、誰も入れないようにされていました。私は、駅近の甲土
地が気に入ったので、早く引き渡してもらいたいと思います。

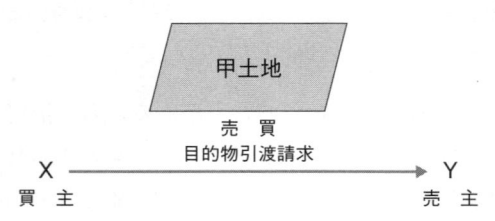

（解答）

(1) 訴 訟 物

　売買契約に基づく目的物引渡請求権

(2) 請求の趣旨

　「Yは、Xに対し、甲土地を引き渡せ」

(3) 請求原因

　　Xは、Yとの間で、令和6年8月1日、甲土地を代金5000万円で買い受

けるとの売買契約を締結した。

(4)　抗弁以下の主張

　　あ　同時履行の抗弁権（民533条）

　　い　債務不履行に基づく解除（民541条）

　　う　手付契約に基づく解除（民557条1項）

Ⅱ　解　　説

1　請求の趣旨

　訴状における請求の趣旨としては、上記のとおりである。ただし、後記のとおり、同時履行の抗弁権が予想され、被告が権利主張をした場合には、「被告は、原告から4000万円の支払を受けるのと引き換えに、原告に対し甲土地を引き渡せ。原告のその余の請求を棄却する。」という引換給付判決となる。

2　訴訟物、請求原因

　訴訟物は、上記のとおり売買契約に基づく目的物引渡請求権であり、この請求権を発生させる請求原因は、売買契約である。冒頭規定である民法555条の本質的要素は、35頁参照。訴訟物を所有権に基づく目的物返還請求権とすると、請求原因として、①Ｙもと所有、②ＸＹ売買ということになる。

3　抗　　弁

(1)　同時履行の抗弁権

> 　Ｙは、Ｘが代金4000万円を支払うまで甲土地の引渡しを拒絶する。

　同時履行の抗弁については、39頁参照。

(2)　債務不履行解除の特約等

　債務不履行解除の場合には、債務不履行（解除権発生要件）と解除の手続要件を主張すればよいことは、46頁で説明したとおりである。ここでは、法定解除の手続要件について、特約等がある場合を中心に解説をする。

ア　停止期限付解除（類型別21頁）

実務では、「1週間以内に代金を支払わないときは売買契約を解除する」との意思表示をすることがよくある。

この場合の要件事実はどのように構成されるか。

文言どおりとすると、「1週間以内に代金を支払わないとき（条件）は解除するとの意思表示をした」となりそうである。しかし、「代金を支払わないとき」は消極事実であり、代金を支払う側の積極事実（代金を支払ったまたは提供した）の主張立証としたい（民法486条から債務者は立証できる証書が交付される）。そうすると、催告期間である1週間が経過した時（期限）に解除するとの意思表示をしたもの（停止期限付解除）と構成すると、期限経過前に代金を提供したことが再抗弁となる。弁済までいわなくとも最低限としては、弁済の提供をすることで足りる。弁済の提供により債務不履行責任を負わないことになるからである（民492条）。このように再構成にするのは、当事者の公平のためであり、当事者の合理的な意思解釈として許容されるというべきである。

この場合の債務不履行解除の抗弁は、次のとおりとなる。

【停止期限付解除の抗弁】

① 　Y→X代金支払の催告

② 　①の催告の際、催告期間が経過した時に売買契約を解除するとの意思表示をしたこと

③ 　催告期間が経過したこと

④ 　Y（売主）が①の催告以前に売買契約に基づき目的物の引渡しの提供をしたこと

そして、再抗弁としては、原告は被告に対し、催告期間が経過する前に売買代金の弁済の提供をしたことを主張することができる。

イ　無催告解除特約（類型別22頁）

法定解除の手続要件としての催告をあらかじめ省略する旨の特約（無催告解除特約）も、契約自由の原則から一般に有効と解されている。

この場合の無催告解除特約による債務不履行解除の抗弁は、次のとおりと

なる。

> 【無催告解除の特約に基づく解除】
> ① 　XとYは売買代金の支払期日（確定期限）の合意をしたこと
> 　　　　およびその支払期日が経過したこと
> ② 　XとYとの間で、その売買契約について無催告解除特約をしたこと
> ③ 　YがXに対して①の支払期日経過後その売買契約を解除するとの意思表示をしたこと
> ④ 　Y（売主）が③の解除の意思表示に先立ち売買契約に基づき目的物の引渡しの提供をしたこと

　なお、再抗弁1として、弁済の提供をしたこと（民492条）および再抗弁2として、Yの帰責事由（民543条）を主張しうる。

ウ　当然解除特約（類型別23頁）

　債務者に債務不履行があった場合、債権者からの別段意思表示なくとも契約が当然に解除されたものとするとの特約（当然解除特約ないし失権約款）も、契約自由の原則から一般に有効と解されている。

　この場合の当然解除特約による債務不履行解除の抗弁は、次のとおりとなる。

> 【無催告解除特約に基づく解除】
> ① 　XとYとの間で売買代金の支払期日（確定期限）の合意をしたこと
> 　　　　およびその支払期日が経過したこと
> ② 　XがYとの間でその売買契約について当然解除特約（代金の弁済期が経過したときは、解除の意思表示をしなくとも売買契約は当然に解除されるものとして失効するとの合意）をしたこと
> ③ 　Y（売主）が①の支払期限以前に売買契約に基づき目的物の引渡しの提供をしたこと

エ　手付契約に基づく解除（類型別23頁）

手付解約に関する一般論は68頁参照。

【売主からの手付解約】

① 　XがYとの間でその売買契約に付随して、手付として金員（1000万円）を交付するとの合意をしたこと（手付契約）

② 　XがYに対し、①の手付として金員を交付したこと（要物性）

③ 　YがXに対し、契約解除のためにすることを示して手付の倍額（2000万円）を現実に提供したこと

④ 　YがXに対し、売買契約解除の意思表示をしたこと

手付金を受領している売主であるYが手付解約をする場合には、受領している1000万円の倍額を放棄することが必要である。再抗弁として、解除権留保排除の合意およびXの履行の着手がある（69頁参照）。

第3講

貸金返還請求および
保証債務履行請求

第1節　消費貸借契約に基づく貸金返還請求権をめぐる要件事実等について（類型別27頁）

Ⅰ　設例・解答

設例　次の場合の訴訟物、請求の趣旨、請求原因事実、抗弁事実はどうなるか。

Xの言い分

　私は、Yに対し、令和3年8月8日、弁済期を同年12月1日、利息を年8％として、2000万円を貸し付けました。しかし、Yは、弁済期を過ぎてもいろいろと理由をつけて返済をしないため、貸金元本のほか、利息や遅延損害金の支払を求めます。Yから令和3年9月1日に自動車を100万円で買ったことは認めます。

Yの言い分

　Xから2000万円を弁済期令和3年12月1日、利息年8％の約定で借りていることは認めます。私は、Xに対し、令和3年9月1日、私の乗っていた自動車を100万円で売却しましたが、その代金が未払いになっているので、その分は相殺します。

貸金返還

X ————————————————→ Y
貸　主　　R3.8.8　2000万円貸付　　　　借　主
　　　　　弁済期　R3.12.1
　　　　　利　息　8％

....

解答

(1)　訴　訟　物

　①　消費貸借契約に基づく貸金返還請求権（元本）　1個

　②　利息契約に基づく利息請求権（利息）　1個

　③　履行遅滞に基づく損害賠償請求権（遅延損害金）　1個

　　契約に基づいて発生する請求権の場合、訴訟物の個数は、契約の個数による。また、債務不履行に基づく損害賠償請求権については債務不履行の個数によるから、①ないし③の訴訟物の個数はいずれも1個である。

　　各請求権は、両立可能なものであるから単純併合である。

(2)　請求の趣旨

　　Yは、Xに対し、2000万円及びこれに対する令和3年8月8日から支払済みまで年8％の割合による金員を支払え。

(3)　請求原因事実

　㋐　主たる請求（元本請求）

　　㋑　Xは、Yに対し、令和3年8月8日、2000万を貸し付けた。　【〇】

　　㋺　XとYは、㋑に際し、返還時期を令和3年12月1日と定めた。【〇】

　　㋩　令和3年12月1日は到来した。　　　　　　　　　　　　　【顕】

　㋑　附帯請求

　　①　利息請求

　　　XとYは、㋑に際し、利息を年8％と定めた。　　　　　　　【〇】

　　②　遅延損害金

　　　令和3年12月1日は経過した。　　　　　　　　　　　　　【顕】

(4)　抗弁事実

　㋕　Yは、Xに対し、令和3年9月1日、中古自動車を代金100万円で売った。　　　　　　　　　　　　　　　　　　　　　　　　　【〇】

⊕ Yは、Xに対し、令和4年5月1日の本件口頭弁論期日において、⑰の売買代金債権とXの貸金債権とを対当額で相殺するとの意思表示をした。　　　　　　　　　　　　　　　　　　　　　　　　　　　　【顕】

(5)　典型的な抗弁・再抗弁

　　　弁済

　　　相殺

　　　消滅時効―時効の更新・完成猶予、時効援用権の喪失

Ⅱ　解　　説

1　請求の趣旨について（類型別27頁）

　請求の趣旨は、判決の主文に対応する文言となるところ、消費貸借契約に基づく貸金返還請求は、金銭の給付訴訟であるため、端的に「〜円を支払え」という給付を命じる文言となる。消費貸借であるとか貸金であるといった権利の性質については記載しない。利息は、利息を支払う旨の特約があって、はじめて請求できる（民589条1項）ものであり、このような契約を一般に利息契約という。利息契約に基づく利息請求権は、消費貸借契約に基づく貸金返還請求権とは別個の訴訟物である。金銭は、受け取った時から運用が可能であるから、金銭を受け取った日以後（受領日を含む趣旨である）の利息を請求できる（民589条2項）。したがって、設例では、金銭を受け取った令和3年8月8日から、弁済期である同年12月1日まで（12月1日を含む）の利息を請求できる。そして、令和3年12月2日以降（12月2日を含む）は履行遅滞として遅延損害金を請求できる。利息について法定利率を超える約定利率の合意があるときは、遅延損害金の利率も約定利率に従うから、遅延損害金の利率も年8％である（民419条1項ただし書）。

2　請求原因について

(1)　消費貸借契約に基づく貸金返還請求権の請求原因（類型別28頁）

> 民法587条（消費貸借）
>
> 　　消費貸借は、当事者の一方が種類、品質及び数量の同じ物をもって返還

> することを約して相手方から金銭その他の物を受け取ることによって、その効力を生ずる。

ア　総　論

　消費貸借は、冒頭規定である民法587条によれば、金銭の返還合意と金銭の交付によって効力を生ずる、いわゆる要物契約である。したがって、返還合意と金銭の交付の時点で貸金返還請求権は発生すると解することができる。もっとも、消費貸借、使用貸借、賃貸借という借主に一定期間目的物を利用させることを内容とする契約（貸借型の契約という）については、その性質から、貸主は、契約関係が終了してはじめて返還請求できるため、契約の終了も返還請求の要件事実となる[1]。

【貸金返還請求の要件事実】

①　原告が被告との間で金銭の返還合意をしたこと

②　原告が被告に対し金銭を交付したこと

③　消費貸借契約の終了

---

　①と②は、冒頭規定である民法587条が消費貸借の成立要件として規定するところであり、③は、貸借型の契約であることから必要となる要件事実である。

　以下、弁済期の定めがある場合と弁済期の定めがない場合に分けて、具体的に検討する。

イ　弁済期の定めがある場合（設例の場合）

【弁済期の定めがある場合の要件事実】

①　原告が被告との間で金銭の返還合意をしたこと

②　原告が被告に対し金銭を交付したこと

③　原告が被告との間で弁済期の合意をしたこと

④　弁済期が到来したこと

　実務では、「貸し付けた」または「貸し渡した」と記載することで、①と

1　類型別28頁、新問研39頁。

②を１文で摘示する例が多い。③と④が消費貸借契約の終了に当たる要件事実である。

ウ　弁済期の定めがない場合

> 民法591条（返還の時期）
> ①　当事者が返還の時期を定めなかったときは、貸主は、相当の期間を定めて返還の催告をすることができる。

【弁済期の定めがない場合の要件事実】
①　原告が被告との間で金銭の返還合意をしたこと
②　原告が被告に対し金銭を交付したこと
③　原告が被告に対し①の債務の履行（金銭の返還）を催告したこと
④　③の催告後相当期間の末日が到来したこと

　民法591条は、弁済期の定めがない場合には、貸主は相当の期間を定めて返還の催告をすることができると規定している。同条は、借主がいきなり返還を請求されても、消費貸借の場合には目的物を消費しており、手元にない場合があることから、直ちに対応することが困難であることを考慮したものであり、借主に返還の準備をするのに相当の期間を猶予する趣旨である。したがって、相当の期間を定めない催告の場合や不相当な期間を定めた催告の場合であっても、催告後相当期間の経過（厳密にいうと、相当期間の末日の到来）によって弁済期は到来する（催告による解除の場合と同様である）。③と④が消費貸借契約の終了に当たる要件事実である。これに対し、借主が弁済期の合意があった旨主張することは抗弁となる[2]。

> ## Basic
>
> ### いわゆる貸借型理論について
>
> 　貸借型理論とは、貸借型の契約は、借主に目的物を一定期間使用させることを内容とする契約であることから、返還時期を合意することは、契約の成立要件であるとする考え方である。この考え方によれば、弁済期の定めがある場合の要件事実である、

2　類型別29頁。

① 原告が被告との間で金銭の返還合意をしたこと

② 原告が被告に対し金銭を交付したこと

③ 原告が被告との間で弁済期の合意をしたこと

④ 弁済期が到来したこと

のうち、①から③までが契約の成立要件となり、④が契約の終了要件となる。貸借型理論は、消費貸借において、弁済期の合意がないことはありえないと考えるため、弁済期の定めがない場合は、貸主が催告した時を弁済期とする合意があると解することになる[3]。これと異なる弁済期の合意がある旨の主張は、積極否認にすぎない。なお、弁済期を催告時とする旨の合意は、通常、民法591条1項の適用を排除する趣旨を含むものとは解されないから、結局、催告から相当期間の経過時が弁済期となる。この場合、法律で当然生ずる効果は合意の内容として摘示する必要はないから、合意としては催告時を弁済期とする旨合意したと摘示することになる。

エ 期限の利益喪失による弁済期到来の場合

期限の利益とは、期限がまだ到来しないことによって当事者が受ける利益をいう。債務者からすると期限の到来まで債務の履行を請求されないという利益であり、民法136条1項は、期限は債務者の利益のために定めたものと推定している。なお、利息契約がある場合は、債権者にも期限までの利息を請求できるという期限の利益がある。この場合には、債務者は、期限までの利息を支払うことで期限の利益を放棄できる（民136条2項ただし書参照）。

ところで、当事者は、一定の事由が発生した場合には、契約の履行期限の合意の効力を失わせることを内容とする合意をすることがあり、期限の利益喪失約款といわれる。通常は、分割払いの合意とあわせて締結され、期限の利益を喪失する事由が発生した場合には、債務者は分割弁済の利益を失い、残金を一括して返済しなければならないことになる。

---

3 貸借型理論に立ちつつ、消費貸借であっても弁済期の合意が欠けていることもあるとの前提に立ち、民法591条を合意がない場合の補充規定と解する見解もある（要件事実第1巻277頁参照）。

期限の利益喪失約款には、一定の事由（典型的なものは分割弁済金の不払いである）が発生した場合に当然に期限の利益が失われる当然喪失型のものと、一定の事由が発生した後に債権者からの請求により期限の利益を失うとする請求による喪失型があり、そのいずれであるかは当事者の合意内容による。

【当然喪失型の期限の利益喪失約款がある場合の貸金返還請求の請求原因事実（不払い１回で喪失の場合）】

① 　原告が被告との間で金銭の返還合意をしたこと

② 　原告が被告に対し金銭を交付したこと

③ 　原告が被告との間で弁済期の合意をしたこと

　（例・2000万円につき令和３年９月から同年12月まで毎月末日に500万円を支払う旨の合意）

④ 　原告と被告が期限の利益喪失に関する合意をしたこと

　（例・③の各弁済期を経過したときは、被告は期限の利益を失う旨の合意をした）

⑤ 　期限の利益喪失事由の発生

　（例・令和３年９月30日は経過した）

　各弁済期の経過が請求原因であり、弁済期経過前の弁済は、通常の弁済（債務の履行）と同様に、抗弁として被告が主張立証すべきである。

(2)　利息契約に基づく利息請求権の請求原因（類型別31頁）

ア　総　　論

　消費貸借契約を締結した際に利息契約を締結することで将来一定の時期（毎月末利息払いの合意ならば毎月末）に利息を発生させる抽象的な債権が生じる。これを基本権としての利息債権といい、この基本権としての利息債権は、元本債権に付従し、独立して処分することはできず、元本債権が消滅すればそれに伴って消滅する。これに対し、個々の利息の支払期が来て具体的に発生した利息債権を支分権としての利息債権といい、この支分権としての利息債権は、現実に発生した債権であるから、元本債権とは独立してほかに譲渡でき、元本債権が消滅したからといって一緒に消滅することはない。

ただし、元本債権の消滅時効の完成による場合は、遡及効があるため、時効期間の起算日以降の支分権としての利息債権も基本権たる利息債権とともに時効によって消滅する。

イ　利息請求権の要件事実

> 【利息契約に基づく利息請求権の要件事実】
> ①　元本債権の発生原因事実
> ②　原告が被告との間で利息支払の合意（利息契約）をしたこと
> ③　被告が金銭（元本）を受け取った日から一定期間が経過したこと

①は、利息が元本の存在を前提として元本の利用の対価として支払われるものであることから、必要となる要件事実である。これは、附従性から必要となる要件であり、保証債務の履行を請求する際に、元本債権の発生原因事実の主張立証を要するのと同様である。また、消費貸借は無利息が原則である（民589条1項）ため、②の主張立証が必要となる。利息支払の合意のみをして、利率の合意をしなかった場合には、利息が生じた最初の時点における法定利率により利息を請求することができる（民404条1項）。なお、商人間の金銭の消費貸借については、商人の営利性に鑑み、利息支払の合意がなくても当然に法定利息を請求できる（商513条1項）から、②にかえて、「消費貸借契約締結当時、原告と被告がいずれも商人であったこと」を主張立証することができる。利息は、元本使用の対価として生ずるものであるから、一定期間の経過、具体的には、特約のない限り、借主が金銭を受け取った日から元本を返還すべき日までの期間の経過が要件事実となる。もっとも、一定の期間の経過は、他の要件事実の記載から明らかになることが多いため、通常、実務では摘示しないことが多い。

①により基本権たる利息債権の前提となる元本債権の発生が認められ、②により基本権としての利息債権の発生が認められ、③により具体的に請求の対象となっている支分権としての利息債権の発生が認められることになる。

ウ　利息制限法

> 利息制限法1条（利息の制限）
> 　金銭を目的とする消費貸借における利息の契約は、その利息が次の各号

に掲げる場合に応じ当該各号に定める利率により計算した金額を超えるときは、その超過部分について、無効とする。
一　元本の額が10万円未満の場合　年2割
二　元本の額が10万円以上100万円未満の場合　年1割8分
三　元本の額が100万円以上の場合　年1割5分

利息制限法2条（利息の天引き）
　　利息の天引きをした場合において、天引額が債務者の受領額を元本として前条に規定する利率により計算した金額を超えるときは、その超過部分は、元本の支払に充てたものとみなす。

利息制限法4条（賠償額の予定の制限）
① 金銭を目的とする消費貸借上の債務の不履行による賠償額の予定は、その賠償額の元本に対する割合が第1条に規定する率の1.46倍を超えるときは、その超過部分について、無効とする。

　貸主がその強い立場から高利の利息契約の締結を求め、借主も貸付を受けるためにそれに応ぜざるをえないことから、利息制限法は、利息および遅延損害金について制限利率を定めている。これは強行法規であり、制限利率を超える合意部分は無効となる。利息は、元本10万円未満が年2割、元本10万円以上100万円未満が年1割8分、元本100万円以上が年1割5分が上限となる（利息制限1条）。当事者は、利息の利率についてのみ合意することも、遅延損害金（遅延利息）の利率についてのみ合意することも、両者についてそれぞれ合意することもできる。利息の利率のみ合意したときは、遅延損害金についてもその利率によることになる。遅延損害金の利率の合意は、賠償額の予定の合意（民420条1項）であるが、利息の利率の1.46倍が上限となる（利息制限4条1項。なお、債権者が業として行う営業的金銭消費貸借については、賠償額の元本に対する割合は年2割が上限となる。利息制限7条1項）。

　債務者が利息制限法所定の制限を超える利息や遅延損害金を支払っても、存在しない債務に対する弁済として弁済の効力は生じない。この場合、利息、損害金と指定して支払ってもその指定は無意味であり、元本が残存しているときは民法489条により元本に充当され（最判昭39.11.18民集18.9.1868）、その充当により元本が完済となったときは、完済後に債務の存在しないこと

を知らないで支払った金額については不当利得返還請求ができる（最判昭43.11.13民集22.12.2526)。

Next Level　利息の天引きについて

　利息の天引きとは、消費貸借において元本交付の際にあらかじめ弁済期までの利息を控除し、残金を交付するもので、そのような合意も有効と解されている。利息制限法 2 条は、利息の天引きの場合には、天引額が債務者の受領額を元本として同法所定の制限利率により計算した金額を超えるときは、その超過部分は元本の支払に充てたものとみなすとして天引きによる制限利率の潜脱を防止している。たとえば、100万円の貸付の際に年20%の利息が天引きされた場合、現実の受領額である80万円の制限利率である年18%の利息である14万4000円を超える部分である 5 万6000円は元本に充当されるため、原告が被告に対し請求できる金額は94万4000円となる。

　利息の天引きの場合における貸金返還請求の要件事実は、①元本（100万円）についての返還合意、②元本の一部（80万円）の交付、③①と②の差額についての天引き合意、④弁済期の合意、⑤弁済期の到来である。③があることにより、100万円について消費貸借契約が成立する。ただ、利息制限法の適用においては、同法の趣旨から実際に交付した金員について制限利率が適用される。

(3)　**履行遅滞に基づく遅延損害金請求の請求原因**（類型別32頁）

ア　総　　論

　原告は、被告の債務不履行（履行遅滞）に基づいて遅延損害金を請求することができる（民415条 1 項）。

【履行遅滞に基づく遅延損害金請求の要件事実】
①　元本債権の発生原因事実
②　弁済期の経過
③　損害の発生およびその数額

イ　①（元本債権の発生原因事実）について

　①は、利息と同様に遅延損害金（遅延利息）も元本の存在を前提とするから、元本債権の発生原因事実の主張立証が必要である。消費貸借の場合では、金銭の返還合意と金銭の交付である。

ウ　②（弁済期の経過）について

　②は、期限の種類によって履行遅滞となる時期が異なる。

㋐　確定期限の場合の要件事実（民412条1項）

> その期限の経過

　民法412条1項は、「期限の到来した時から遅滞の責任を負う」と規定しているところ、期限の到来した日に支払えば遅滞はないはずであるから、弁済期の翌日から遅滞の責任を負うという意味である。

㋑　不確定期限の場合の要件事実（民412条2項）

> ⓐ　その期限の到来
> ⓑ　原告が被告に対しⓐの後に催告をしたことおよび催告で定めた支払日の経過、または、被告がⓐの期限の到来を知ったことおよび到来を知った日の経過

　ⓑについては、いずれか早い時から遅滞の責任を負う。民法412条2項は、「履行の請求を受けた時」「期限の到来を知った時のいずれか早い時から遅滞の責任を負う」と規定しているが、請求を受けた日や期限の到来を知った日に支払えば遅滞はないはずであるから、これらの日の翌日から遅滞の責任を負うという意味である。

㋒　期限の定めがない場合の要件事実（民591条1項）

> ⓐ　原告が被告に対し催告をしたこと
> ⓑ　ⓐの催告後、相当期間の末日の経過

　民法412条3項は、期限の定めがない場合には債務者は履行の請求を受けた時から遅滞の責任を負うと規定しているが、消費貸借については民法591条1項に特則がある。同条は、消費貸借における債務者が返還の準備をする

ための期間を考慮し、相当期間を定めて返還を催告するよう規定している。したがって、催告後相当期間の末日の経過、すなわち相当期間の末日の翌日から遅滞の責任を負うことになる。

エ ③（損害の発生およびその数額）について

金銭債務の不履行の場合には、利率について特約がないときは、債務者が遅滞の責任を負った最初の時点における法定利率（民404条）の割合による遅延損害金を請求することができる（民419条1項本文）。利息について法定利率を超える利率の合意がされている場合は、その約定利率による遅延損害金を請求することができる（民419条1項ただし書）。また、遅延損害金について法定利率を超える約定利率の合意がされている場合は、損害賠償額の予定としてその利率で遅延損害金を請求することができる（民420条1項）。

利息制限法所定の制限利率を超える利率の利息の合意がされている場合には、遅延損害金の利率は利息制限法4条ではなく、同法1条所定の利息の利率により制限される（最判昭43.7.17民集22.7.1505）。

請求原因事実の具体的な摘示例は、以下のとおりである。

【請求原因事実（確定期限、元本に加え利息および遅延損害金を請求）】

ⓐ 原告は、被告に対し、令和3年8月8日、2000万円を貸し付けた。

ⓘ 原告と被告は、ⓐの消費貸借契約の際、返還時期を令和3年12月1日と定めた。

ⓤ 原告と被告は、ⓐの消費貸借契約において、利息の利率を年10%、遅延損害金の利率を年14.6%とすることをそれぞれ合意した。

ⓔ 令和3年12月1日は経過した。

【請求原因事実（期限の定めなし、元本および遅延損害金を請求）】

ⓐ 原告は、被告に対し、令和3年8月8日、2000万円を貸し付けた。

ⓘ 原告と被告は、ⓐの消費貸借契約において、遅延損害金の利率を年14.6%とすることを合意した。

ⓤ 原告は、被告に対し、令和3年12月1日、ⓐの貸金2000万円を返還するよう催告した。

ⓔ　令和 3 年12月 8 日は経過した（ 1 週間を相当期間と解した場合）。

Basic　　期限の到来と期限の経過

　要件事実の整理において、期限の到来と期限の経過は異なる。たとえ
ば、消費貸借契約において弁済期が令和 6 年 3 月 5 日と合意されていた
場合、貸金元本の請求のためには弁済期である令和 6 年 3 月 5 日の到来
が要件事実となるのに対し、履行遅滞に基づく損害賠償請求のためには
弁済期である令和 6 年 3 月 5 日の経過が要件事実となる。これは、弁済
期が到来すれば貸金元本の返還を請求できるが、その日のうちに貸金元
本を弁済すれば履行遅滞とはならないから、弁済期が経過してはじめて
遅延損害金の支払義務が発生するからである。なお、貸金元本の返還と
遅延損害金の支払をいずれも請求する場合には、弁済期の経過は当然に
弁済期の到来を含むため、弁済期の経過のみを摘示すれば足りる。ま
た、この関係で注意を要するのは、賃貸借契約の場合には、賃貸借期間
の満了日まで目的物を使用収益できるため、目的物の返還請求のために
は、賃貸借期間の満了日の到来ではなく、賃貸借期間の満了日の経過、
すなわち満了日の翌日の到来が要件事実となる点である。

3　貸金返還請求訴訟における典型的な抗弁・再抗弁

(1)　弁済（類型別33頁）

　債務者が債権者に対して債務の弁済をしたときは、その債権は消滅する
（民473条）から、弁済は権利消滅事由として抗弁となる（41頁を参照された
い）。なお、債務の弁済は第三者もすることができる（民474条）。もっと
も、当事者が第三者の弁済を禁止もしくは制限する旨の意思表示をした場
合（民474条 4 項）には、弁済は無効となる。この場合の第三者弁済禁止等
の意思表示は、抗弁として第三者弁済の無効を主張する側にある（最判昭
37.11.15集民69.215）。

① 被告または第三者が原告に対し、債務の本旨に従った給付をしたこと

② ①の給付がその債権についてされたこと

(2) 相殺（設例の場合。類型別34頁）

民法505条（相殺の要件等）

① 二人が互いに同種の目的を有する債務を負担する場合において、双方の債務が弁済期にあるときは、各債務者は、その対当額について相殺によってその債務を免れることができる。ただし、債務の性質がこれを許さないときは、この限りでない。

② 前項の規定にかかわらず、当事者が相殺を禁止し、又は制限する旨の意思表示をした場合には、その意思表示は、第三者がこれを知り、又は重大な過失によって知らなかったときに限り、その第三者に対抗することができる。

民法506条（相殺の方法及び効力）

① 相殺は、当事者の一方から相手方に対する意思表示によってする。この場合において、その意思表示には、条件又は期限を付することができない。

② 前項の意思表示は、双方の債務が互いに相殺に適するようになった時にさかのぼってその効力を生ずる。

ア 相殺の実体的要件について

相殺により受働債権の債務者は債務を免れることになるため、相殺も権利消滅事由として抗弁となる。相殺の実体的要件は、

① 相対立する債権の存在

② 両債権が同種の目的を有すること

③ 両債権が弁済期にあること

④ 債務の性質が相殺を許さないものではないこと

⑤ 相殺の意思表示

である。①から③は、民法505条1項本文に、④は同項ただし書に、⑤は民

法506条１項に定められている。

イ　各要件の検討

①については、受働債権の発生原因事実は請求原因で現れているため、自働債権の発生原因事実を主張立証すれば足りる。

②については、請求原因および①において現れる。

③については、受働債権の弁済期は、通常請求原因で現れる。なお、弁済期が未到来の場合には、被告は期限の利益を放棄する必要がある（民136条２項）が、通常、⑤の相殺の意思表示に含まれていると解されるため、別途主張立証する必要はない。もっとも、民法508条に基づいて、時効によって消滅した債権を自働債権として相殺する場合には、自働債権がその消滅時効期間経過以前に受働債権と相殺適状にあったことを要するため、同期間経過以前に期限の利益を放棄する必要がある（最判平25.2.28民集67.2.343）。自働債権の弁済期については、売買型の場合は、弁済期は付款であり、抗弁になるため主張立証は不要であり、貸借型の場合は、貸借型理論に立つ限り、弁済期の到来の主張立証が必要である。

①から③までの主張によって同時履行の抗弁権の存在効果が現れる場合（自働債権に同時履行の抗弁権が付着する場合）には、その存在効果によって相殺ができないことになる。したがって、同時履行の抗弁権の存在効果を失わせるため、同時履行の抗弁権の発生障害または消滅事由を主張立証する必要があり、これをしないと相殺の抗弁は主張自体失当となる。

④については、ただし書に記載されていることや相殺適状にある債権は相殺できるのが原則であることから、相殺が許されないことによって利益を受ける相手方が主張立証すべきである。なお、民法は、受働債権者に現実の弁済を得させる必要があるなどの目的から、一定の債権を受働債権とする相殺を禁止しているから（民509条等）、他の主張から債務の性質が相殺を許さないものであることが現れている場合には、相殺の抗弁は主張自体失当となる。

⑤については、条件または期限を付した相殺の意思表示は無効である（民506条１項）。本来、条件や期限が付されていることは、これによって利益を受ける法律行為の相手方が主張立証すべき事項であり、これに対し、法律行

為をした者が停止条件の成就や期限の到来を主張立証すべきことになるが、相殺の意思表示については法律で条件や期限の付与が禁止されているため、相殺の意思表示の相手方が条件や期限が付されていることを主張立証すれば、相殺は無効となり、再抗弁は問題とならない。

ウ　相殺の要件事実

　以上の検討によれば、相殺の要件事実は、自働債権の発生原因事実と相殺の意思表示となる。

【相殺の要件事実】

① 　自働債権の発生原因事実

② 　受働債権（請求債権）につき被告が原告に対し一定額について相殺の意思表示をしたこと

　相殺は、遡及効を有し、相殺適状を生じた時にさかのぼって効力を生ずる（民506条2項）から、貸金（元本）請求だけではなく、利息請求や遅延損害金請求に対しても相殺適状を生じた時以降の分について権利消滅事由となり、抗弁として機能する。

　具体的な摘示例は、以下のとおりである。

　㋕　被告は、原告に対し、令和3年4月15日、別紙物件目録記載のパソコン10台（以下、あわせて「本件パソコン」という）を300万円で売った。

　㋖　被告は、同日、原告に対し、㋕の売買契約に基づき、本件パソコンを引き渡した。

　㋗　被告は、原告に対し、令和3年12月15日、㋕の売買契約に基づく代金債権をもって、原告主張の貸金債権とその対当額において相殺をするとの意思表示をした。

　なお、防御方法として複数の抗弁が主張されている場合、各抗弁は選択的関係に立ち、裁判所は自由な順序で審理、判断することが許される。しかし、相殺の抗弁については、これが認められると、相殺を主張した者は自働債権を失うこととなり、その判断に既判力が生じるため（民訴114条2項）、

他の抗弁が認められるよりも被告の不利益となるから、原則として、他の抗弁をすべて排斥した後にその判断を行うべきである。

(3) 消滅時効（類型別36頁）

> 民法166条（債権等の消滅時効）
> ① 債権は、次に掲げる場合には、時効によって消滅する。
> 一 債権者が権利を行使することができることを知った時から5年間行使しないとき。
> 二 権利を行使することができる時から10年間行使しないとき。
> 民法145条（時効の援用）
> 時効は、当事者（消滅時効にあっては、保証人、物上保証人、第三取得者その他権利の消滅について正当な利益を有する者を含む。）が援用しなければ、裁判所がこれによって裁判をすることができない。

ア 総　　論

債権は、時効によって消滅するから、消滅時効は権利消滅事由として貸金返還請求に対する抗弁となる。消滅時効には、権利を行使することができる時（客観的起算点という）から進行する消滅時効と債権者が権利を行使できることを知った時（主観的起算点という）から進行する消滅時効がある。

イ 消滅時効の要件事実

> 【客観的起算点からの消滅時効の要件事実】
> ① 権利を行使することができる状態になったこと
> ② ①の時から10年の期間（時効期間）が経過したこと
> ③ 援用権者が相手方に対し時効援用の意思表示をしたこと

> 【主観的起算点からの消滅時効の要件事実】
> ① 権利を行使することができる状態になったこと
> ② 債権者が①を知ったこと
> ③ ②の時から5年の期間（時効期間）が経過したこと
> ④ 援用権者が相手方に対し時効援用の意思表示をしたこと

ウ 権利を行使することができる状態になったことについて

この点（各①）は、請求原因において現れるから、あらためて主張立証す

る必要はない。

　なお、売買型の契約においては、通常、契約の成立により権利を行使することができる状態となるが、弁済期の定めがある場合には、原告は、そのことを再抗弁（いわゆる付款）として主張立証することができる。この弁済期の合意の主張立証により、契約成立時を起算点とする消滅時効の効果の発生が障害されることになるからである。ところで、消滅時効は、時効期間ごとに別個の抗弁と考えられるところ、再抗弁である弁済期の合意が認められるときは、被告は、契約成立時から進行する消滅時効とは別の抗弁として、弁済期から進行する消滅時効の抗弁を主張することができる。もっとも、弁済期の合意について当事者間に争いがない場合には、被告の合理的な意思として、弁済期から進行する消滅時効のみを主張していると解することになる[4]。

【弁済期から進行する消滅時効の抗弁の要件事実（主観的起算点からの消滅時効の場合）】

① 　弁済期の合意があること
② 　①の弁済期の到来
③ 　債権者が①を知ったこと
④ 　①の弁済期から5年の期間（時効期間）が経過したこと
⑤ 　援用権者が相手方に対し時効援用の意思表示をしたこと

4　類型別36頁。

権利を行使することができる状態になったこと

➤ 通常は請求原因に現れる。

➤ 売買型の契約において期限（弁済期）の定めがあるときは、これを再抗弁として主張することができる。

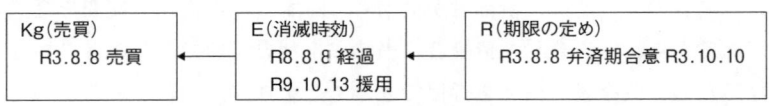

| Kg（売買）
R3.8.8 売買 | E（消滅時効）
R8.8.8 経過
R9.10.13 援用 | R（期限の定め）
R3.8.8 弁済期合意 R3.10.10 |

➤ この場合、原告は、期限の到来時を起算点として別個の消滅時効の抗弁を主張立証することができる。

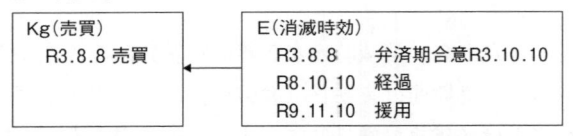

| Kg（売買）
R3.8.8 売買 | E（消滅時効）
R3.8.8　弁済期合意R3.10.10
R8.10.10　経過
R9.11.10　援用 |

➤ 期限の定めに争いがないときは、売買時を起算点とする消滅時効の主張はされていないものと考える。

➤ 期限の利益喪失約款と時効期間の起算点

①　原告が被告との間で金銭の返還の合意をしたこと

②　原告が被告に対し金銭を交付したこと

③　原告が被告との間で弁済期の合意をしたこと

　　例・R3.9からR3.12まで毎月末日に500万円を支払う

④　原告と被告が期限の利益喪失に関する合意をしたこと

　　例1・③の各期日を経過したときは、被告は期限の利益を失う。

　　例2・③の各期日を経過したときは、被告は原告の意思表示により期限の利益を失う。

⑤　期限の利益喪失事由

　　例1・R3.9.30は経過した。

　　例2・R3.9.30は経過した ＋ 原告は被告に対しR3.10.10期限の利益を喪失させるとの意思表示をした。

　　※例1の場合はR3.9.30経過時（R3.10.1）が、例2の場合はR3.10.10が時効の起算点となる（例2につき最判昭42.6.23民集21.6.1492参照）。

エ　債権者が権利を行使することができることを知ったことについて

(ｱ)　確定期限の定めがある場合

　債権者は、確定期限がいつであるかを当然に知っていることから、債権者が権利を行使することができる状態になった時（確定期限が到来したこと）と、債権者が権利を行使できることを知った時とは一致するため、債権者が権利を行使できることを知ったことをあらためて主張立証する必要はない。

(ｲ)　不確定期限の定めがある場合

　債権者は、当然に不確定期限の到来を知るわけではないから、債権者が権

利を行使できること（不確定期限の到来）を知ったことを主張立証しなけれ
ばならない。

㈡　期限の定めがない場合

この場合の弁済期は、債権者が債務者に対する催告後相当期間を経過した
時であるから、催告をした債権者は当然に権利を行使できることを知ること
になるため、債権者が権利を行使できることを知ったことをあらためて主張
立証する必要はない。

オ　時効期間の経過について

時効期間は、主観的起算点からの消滅時効が5年間、客観的起算点からの
消滅時効が10年間である。時効期間は、初日（弁済期当日）を参入せず、翌
日から起算し、5年後または10年後の初日に応当する日の経過をもって時効
期間が経過することになる。たとえば、弁済期が令和3年12月1日の貸金債
権について主観的起算点から消滅時効を主張する場合には、起算日は令和3
年12月2日であり（最判昭57.10.19民集36.10.2163）、令和8年12月1日の
経過をもって消滅時効が完成する（民143条2項参照）。

カ　時効の援用について

時効の援用の法的性質については、いろいろな説があるが、判例は、時効
制度を権利の変動を生じさせる実体法上の制度と捉えたうえで、時効期間の
末日の経過によって権利の変動という実体法上の効果が不確定的に発生し、
時効の援用によって時効の効果が確定的になり、逆に、放棄があれば時効の
効果は発生しないことに確定するという見解である（最判昭61.3.17民集
40.2.420）。この判例の見解によれば、時効は援用されてはじめて確定的に
効果が生じるものであるから、時効の援用は実体法上の意思表示となる。な
お、時効の援用が口頭弁論期日等で行われた場合には、裁判所に顕著な事実
として証明は不要である（民訴179条）。

時効の援用について、時効期間ごとに援用の意思表示が必要か、あるい
は、他の時効期間についての援用の意思表示を流用できるかという点が問題
となるが、時効は時効期間ごとに別個の抗弁とみるのが相当であるし、時効
の効果を援用にかからしめた民法の趣旨に照らすと、時効期間ごとに時効援
用の意思表示が必要であると解するのが相当である。

時効の援用

　時効制度については、時効を実体法上の権利の変動を生じさせる実体法上の制度と解する実体法説と、時効をもっぱら訴訟法上の権利変動を生じさせる証拠方法（法定証拠）と解する訴訟法説の対立がある。後者は、時効を外形的な事実状態と真の権利関係を一致させるものと位置づける民法の立場や自由心証主義をとる民訴法の立場に反するものといわざるをえない。

　ところで、実体法説は、確定効果説と不確定効果説などに分かれる。確定効果説は、時効期間の経過によって権利変動が実体法上確定的に生じ、援用は訴訟上の攻撃防御方法にすぎないと解する見解である。これに対し、不確定効果説は、時効期間の経過によって生じた権利変動はまだ不確定なものであり、援用または放棄によって確定的になると解する見解であり、停止条件説と解除条件説に分かれる。停止条件説は、判例の見解であり（最判昭61.3.17民集40.2.420）、援用を停止条件として権利変動の効果が確定的になり、放棄により権利変動が生じないことに確定すると解する。他方、解除条件説は、援用があれば権利変動の効果が確定し、放棄があればそれを解除条件として権利変動が遡及的に生じなかったことに確定すると解する。援用を実体法上の効果を生じさせる実体法上の意思表示と解する以上、時効期間の経過によって権利変動の効果を生じさせる解除条件説よりも援用により権利変動の効果が生じるとする停止条件説のほうが相当である。

具体的な摘示例は、以下のとおりである。

【請求原因事実（確定期限、元本に加え利息および遅延損害金を請求）】

- ⓐ　原告は、被告に対し、令和 3 年 8 月 8 日、返還時期を令和 3 年12月 1 日と定めて、2000万円を貸し付けた。
- ⓘ　原告と被告は、ⓐの消費貸借契約において、利息の利率を年10％、遅延損害金の利率を年14.6％とすることをそれぞれ合意した。

【抗弁事実・消滅時効】

ⓚ　令和 8 年12月 1 日は経過した。

ⓕ　被告は、原告に対し、令和 9 年10月13日の本件口頭弁論期日におい
て、ⓐの貸金債務につき消滅時効を援用するとの意思表示をした。

キ　時効の更新・完成猶予（消滅時効の抗弁に対する再抗弁）

㋐　時効の完成猶予と更新

　平成29年改正前の民法は、時効が完成すべき時が到来しても時効の完成が
猶予されるという面と、それまでの時効期間の経過が無意味となって新たに
零から時効期間を進行させるという面をあわせた「中断」という概念を用い
るとともに、時効が完成すべき時の到来に際し、そのまま時効完成を認める
のが相当でない場合に時効完成を猶予する「停止」という概念を用いてい
た。これに対し、平成29年改正法は、「中断」「停止」という概念を用いるの
をやめ、効果に着目して、「時効の完成猶予」（猶予事由が発生しても時効期
間の進行自体は止まらないが、時効期間を経過しても所定の時期が経過する
までは時効は完成しないという効果）と、「更新」（更新事由の発生により進
行していた時効期間の経過は無意味となり、新たに零から進行を始めるとい
う効果）という概念で再構成した。

㋑　更　　新

　更新については、民法147条、148条、152条が規定している。たとえば、
民法147条は、裁判上の請求等について規定し、その事由が終了するまでの
間（確定判決または確定判決と同一の効力を有するものによって権利が確定
することなくその事由が終了した場合には、その終了の時から 6 カ月経過す
るまでの間）は時効が完成しないとし、確定判決等によって権利が確定した
ときは更新の効果も認めている。民法152条は、債務者が権利を承認した場
合であって、「更新」の効果のみを規定している。

　時効更新事由があった場合には、それまでの時効期間の経過が無意味とな
り、新たに時効期間が零から進行を始めるため、消滅時効の抗弁に対する再

抗弁となる。なお、時効更新事由の終了時から新たな時効期間が進行を始めるところ、その時点からすでに時効期間が経過している場合には、被告は、その新たな時効期間の経過による時効消滅を主張できることになる。その場合、消滅時効の抗弁は、時効期間ごとに別個の抗弁とみるべきであるから、新たな消滅時効の主張は、更新に対する再々抗弁ではなく、当初の消滅時効の抗弁とは別個の消滅時効の抗弁とみるべきである。そして、当初の消滅時効の抗弁およびそれに対する更新の再抗弁の成立が、新たな消滅時効の抗弁の論理的前提となるものではないから、新たな消滅時効の抗弁は当初の消滅時効の抗弁の予備的抗弁ではなく、選択的抗弁という位置づけとなる[5]。

　民法152条の権利の承認は、時効の利益を受ける者が時効によって権利を失う者に対してその権利の存在を知っていることを表示する観念の通知であり、法律行為に関する規定が類推されるから、債務者の代理人による承認、債権者の代理人に対する承認も有効である。なお、承認は、抽象的な事実であるから、承認について当事者間に争いがない場合には、単に「承認」と主張すれば足りるが、当事者間に承認の有無等について争いがある場合には、より具体的に一部弁済、支払約束、利息の支払などより具体的に主張し、攻撃防御の対象を明確にする必要がある。

(ウ)　時効の完成猶予

　時効の完成猶予事由（民147条〜151条、158条〜161条）があれば、所定の期間時効の完成が猶予されるため、時効の完成猶予は、消滅時効の抗弁に対する再抗弁となる。たとえば、民法150条は、催告の時から6カ月を経過するまでは時効は完成しないと規定しているため、催告から6カ月経過する前に裁判上の請求（民147条1項1号）をすれば、消滅時効の完成を阻止できることになる。この場合の要件事実は、「催告および訴訟提起」である。

　明示的一部請求の訴えが提起された場合、残部につき権利行使の意思が継続的に表示されているとはいえない特段の事情のない限り、当該訴えの提起は、残部については裁判上の請求に当たらないが、裁判上の催告としての効力はあると解されている（最判平25.6.6民集67.5.1208）。そして、当該訴え

5　類型別38〜39頁。

が終了した場合、終了の時から6カ月が経過するまでは引き続き時効の完成が猶予される（民147条1項カッコ書）。

　なお、完成猶予事由に定められた完成猶予の所定の期間がすでに経過しているときは、完成猶予期間の経過は顕著な事実として明らかであるから、完成猶予の再抗弁は主張自体失当である。

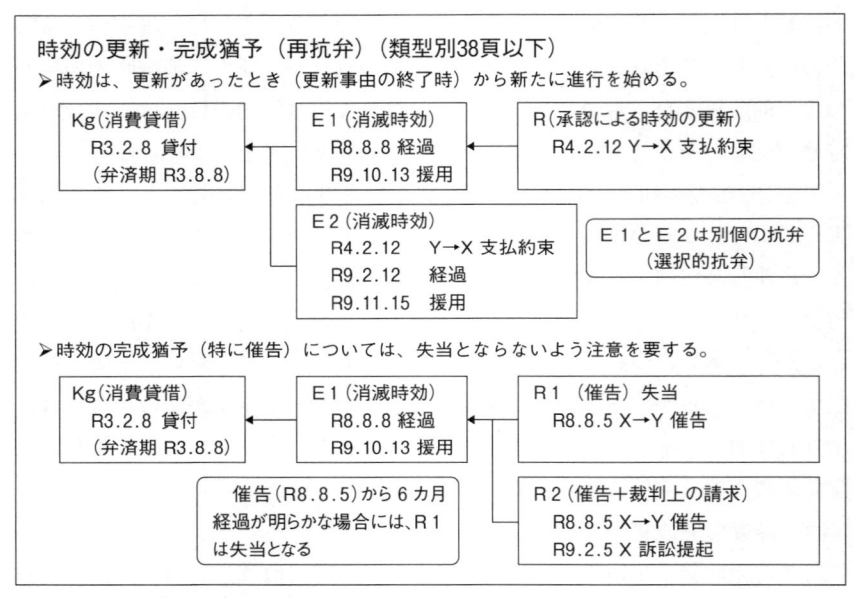

㈓　時効援用権の喪失

　時効完成後の債務の承認は、時効期間の末日が経過している以上、時効更新事由にはならない。しかし、時効完成後に債務者が債務を承認した場合、債権者としてはもはや時効が援用されることはないと信じるのが通常であるから、債務者が時効完成の事実を知らなかった場合でも、債務者は信義則上時効援用権を喪失すると解されている（最判昭41.4.20民集20.4.702）。もっとも、承認以後、再び時効が完成すれば、債務者は、再度完成した時効を援用することができる（最判昭45.5.21民集24.5.3930）。この再度完成した消滅時効の主張は、時効の更新の場合と同様に、当初の消滅時効の抗弁と選択的な関係にある抗弁である。

　時効利益の放棄は、その前提として時効の完成を知っていることが必要で

あるが（最判昭35.6.23民集14.8.1498）、時効完成後の債務の承認による時効援用権の喪失は、債務を承認した以上、時効の援用はされないであろうという債権者の信頼を保護しようとするものであるから、債務者が時効完成を知っているか否かにかかわらない。したがって、時効完成後の債務の承認をもって時効利益の放棄の黙示の意思表示がされたと主張する場合、その要件事実は、「時効完成後の承認」および「債務者が時効完成を知っていたこと」となるが、これは、時効援用権の喪失の要件事実である「時効完成後の承認」を内包しているため、いわゆる「a＋b」の関係となり、主張自体失当である。したがって、時効援用権の喪失のみが消滅時効の抗弁に対する再抗弁となる[6]。

時効援用権の喪失と時効利益の放棄（再抗弁）

➢ 債務者が時効完成後に債権者に対して債務の承認をした場合は、時効完成の事実を知らなかったときでも、信義則に照らし、その時効の援用をすることは許されない（最判昭41.4.20民集20.4.702）。

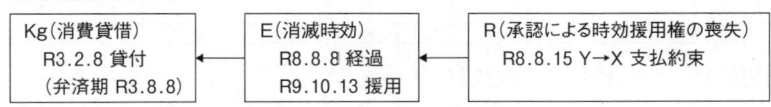

| Kg（消費貸借）
R3.2.8 貸付
（弁済期 R3.8.8） | ← | E（消滅時効）
R8.8.8 経過
R9.10.13 援用 | ← | R（承認による時効援用権の喪失）
R8.8.15 Y→X 支払約束 |

➢ 債務者は、時効援用権を喪失した場合であっても、再度完成した消滅時効を援用することはできる（最判昭45.5.21民集24.5.393）。
➢ 時効の利益は、時効完成後であれば放棄することができる（民146条）。ただし、債権者が時効の完成を知っていることを要する（最判昭35.6.23民集14.8.1498）。
　なお、時効の利益の放棄が黙示的に行われたとし、債務の承認に当たる事実をもってそれを基礎づける事実とする場合、時効の利益の放棄の主張は、時効援用権の喪失の主張とa＋bの関係に立つことになる。

消滅時効の抗弁事実、再抗弁事実の具体的な摘示例は、以下のとおりである。

【貸金返還請求の請求原因事実】

㋐　原告は、被告に対し、令和3年8月8日、2000万円を貸し付けた。

㋑　原告と被告は、㋐に際し、返還時期を同年12月1日と定めた。

㋒　同年12月1日は到来した。

6　類型別40頁。

【抗弁事実・消滅時効】

⑰　令和 8 年12月 1 日は経過した。

㋖　被告は、原告に対し、令和 9 年10月13日の本件口頭弁論期日におい
て、あの貸金債務につき消滅時効を援用するとの意思表示をした。

【再抗弁・承認による時効の更新】

㋚　原告は、被告に対し、令和 6 年 1 月16日、あの貸金債権を承認し
た。

【再抗弁・催告による時効の完成猶予（催告＋裁判上の請求）】

㋚　原告は、被告に対し、令和 8 年11月25日、あの貸金債権2000万円を
弁済するよう催告した。

㋛　原告は、被告に対し、令和 9 年 5 月25日、本件訴訟を提起した。

【再抗弁・時効援用権の喪失】

㋚　原告は、被告に対し、令和 9 年 1 月20日、あの貸金の支払の猶予を
申し入れた。

Advance　　貸金返還債務不存在確認請求について

　通常は、債権者が原告となって債務者に対し給付訴訟を提起すること
が多いが、債務者が原告となって債権者と主張する者に対して債務不存
在確認訴訟を提起することがある。実務では、交通事故で加害者となっ
た者が被害者に対して損害賠償債務が一定額を超えては存在しないこと
の確認を求める訴訟などが比較的多くみられる。貸金返還債務について
も、債務者から債権者に対して貸金返還債務の不存在確認訴訟を提起す
ることは可能である。

　例として、被告から令和 5 年 3 月 3 日に200万円の貸付を受けた原告
が全額弁済ずみであるとして、返済を受けていないと主張している原告
に対して債務不存在確認訴訟を提起する場合について検討する。この場

合の訴訟物は、消費貸借契約に基づく貸金返還債務である。請求の趣旨は、「原告と被告との間の令和 5 年 3 月 3 日の消費貸借契約に基づく原告の被告に対する元金200万円の返還債務が存在しないことを確認する」となる。確認訴訟は、権利関係の存否を確認することで紛争を解決するものであるから、請求の趣旨自体で訴訟物が特定される必要がある。この場合の訴訟物は、200万円の貸金返還債務であり、原告の請求が認められるときは請求の趣旨どおりの判決がされ、10万円の残債務があると裁判所が判断したときは、「原告と被告との間の令和 5 年 3 月 3 日の消費貸借契約に基づく原告の被告に対する元金200万円の返還債務は10万円を超えては存在しないことを確認する。原告のその余の請求を棄却する」となる（一部認容判決）。

　また、原告が、200万円のうち100万円の貸金返還債務の存在を認めている場合に、不存在確認訴訟を提起するときは、請求の趣旨自体が、「原告と被告との間の令和 5 年 3 月 3 日の消費貸借契約に基づく原告の被告に対する元金200万円の返還債務は100万円を超えては存在しないことを確認する」となる。この場合の訴訟物は、不存在の確認が求められている100万円を超える部分のみである。

　債務不存在確認訴訟においては、原告は、不存在確認を求める債務を特定すれば足り、被告が債権の発生原因事実について主張立証責任を負う。そのため、請求原因は、確認の利益を基礎づける事実のみとなり、上記の事例では「被告は、200万円の債務の存在を主張し、その弁済を求めている」などと記載する。

　なお、債務不存在確認を求める本訴が係属中に被告から当該債務の履行を求める反訴が提起された場合には、反訴について判断される以上（反訴が棄却されれば、債務の不存在が既判力で確定される）、本訴について確認の利益はないから、本訴は不適法として却下される（最判平16.3.25民集58.3.753）。実務では、このような場合、通常、本訴は取り下げられ、反訴について審理判断がされる。

第2節 諾成的消費貸借契約に基づく貸金返還請求権をめぐる要件事実等について（類型別42頁）

I 設例・解答

設例
次の場合の訴訟物、請求の趣旨、請求の原因はどうなるか。また、抗弁以下についてどのようなものが考えられるか。

Xの言い分

私は、Yとの間で、令和3年8月8日、私がYに2000万円を交付し、Yが同年12月1日に利息年8％をつけて同額を返還することを合意してその旨の書面を作成しました。私は、その日のうちに、銀行から下ろした2000万円をYに交付しました。私は、Yが弁済期を過ぎてもなかなか返済しないため、貸金元本のほか、利息や遅延損害金の支払を求めます。

> 民法587条の2（書面でする消費貸借等）
> ① 前条の規定にかかわらず、書面でする消費貸借は、当事者の一方が金銭その他の物を引き渡すことを約し、相手方がその受け取った物と種類、品質及び数量の同じ物をもって返還することを約することによって、その効力を生ずる。
> ④ 消費貸借がその内容を記録した電磁的記録によってされたときは、その消費貸借は、書面によってされたものとみなして、前三項の規定を適用する。

解答

(1) 訴訟物

① 諾成的消費貸借契約に基づく貸金返還請求権（元本） 1個
② 利息契約に基づく利息請求権（利息） 1個
③ 履行遅滞に基づく損害賠償請求権（遅延損害金） 1個

契約に基づいて発生する請求権の場合、訴訟物の個数は、契約の個数による。また、債務不履行に基づく損害賠償請求権については債務不履行の個数によるから、①ないし③の訴訟物の個数はいずれも1個であ

る。

　　各請求権は、両立可能なものであるから単純併合である。

(2)　請求の趣旨

　　Ｙは、Ｘに対し、2000万円及びこれに対する令和 3 年 8 月 8 日から支払

済みまで年 8 ％の割合による金員を支払え。

(3)　請求原因事実

　⑦　主たる請求（元本）

　　ⓐ　Ｘは、Ｙとの間で、令和 3 年 8 月 8 日、ＸがＹに2000万円を引き渡

　　　すことおよびＹがＸに利息≒ 8 ％を付して同額を返還することを合意

　　　した。

　　ⓘ　ⓐの合意は書面でされた。

　　ⓤ　Ｘは、Ｙに対し、同年 8 月 8 日、ⓐに基づき2000万円を交付した。

　　ⓔ　ＸとＹは、ⓐに際し、返還時期を同年12月 1 日と定めた。

　　ⓞ　同年12月 1 日は到来した。

　④　附帯請求

　　　利息請求および遅延損害金請求の請求原因は、第 1 節の消費貸借の場

　　合と同様である。なお、利息は元本使用の対価であるから、元本の交付

　　日からの利息を請求することになる。

(4)　典型的な抗弁・再抗弁

　　典型的な抗弁・再抗弁も第 1 節の消費貸借の場合と同様である。

Ⅱ　解　　説

1　請求原因について

【諾成的消費貸借契約に基づく貸金返還請求権の要件事実】

①　原告が被告との間で、原告が被告に金銭を引き渡すことおよび被告

　が原告に同額の金銭を返還することを合意したこと

②　①の合意が書面または電磁的記録によること

③　原告が被告に対し①に基づき金銭を交付したこと

---

④ 消費貸借契約の終了

　諾成的消費貸借契約については、軽率な契約の成立を防ぐため消費貸借書面または電磁的記録によることが求められており、②が必要となる。貸主の意思と借主の意思の両方が書面に現れている必要があるが、必ずしも1通の書面である必要はない。諾成契約であるから、金銭の交付は契約の成立要件とはならないが、返還請求をする論理的前提として③の金銭の交付を主張立証しなければならない。また、貸借型の契約であるから、④の主張立証が必要となる。弁済期の定めのある場合には、原告と被告との間で弁済期の合意をしたことおよび弁済期が到来したことが要件事実となる。

　なお、要物契約である消費貸借契約についても書面を作成することはできるので、書面が作成されているから、当然に諾成的消費貸借契約であるということにはならず、当事者の意思解釈の問題となる[7]。

2　典型的な抗弁・再抗弁

　第1節の消費貸借契約に基づく金銭請求の場合と異ならない。

　なお、諾成的消費貸借に特有の抗弁として、借主は、目的物を受け取るまでは、契約の解除ができるとされている（民587条の2第2項前段）。借主において目的物を借りる必要がなくなった場合に、借主に借りる債務を負わせないための規定であり、強行規定と解されている[8]。この場合、貸主に資金調達コスト等の損害が現に発生したときは、貸主は損害賠償を請求できる（同項後段）。

3　諾成的消費貸借契約に基づく借主の金銭交付請求

　借主は、諾成的消費貸借契約の成立要件に該当する事実を主張立証して、貸主に対し金銭の引渡しを求めることができる。

7　一問一答292頁。
8　一問一答294頁。

第**3**節	準消費貸借契約に基づく貸金返還請求権をめぐる要件事実等について

Ⅰ 設 例

設 例　次の場合の訴訟物、請求の趣旨、請求原因事実はどうなるか。また、抗弁以下についてどのようなものが考えられるか。

Xの言い分

　私は、Yとの間で、令和3年8月8日、私の所有する中古自動車を代金100万円で売買する旨合意し、自動車を引き渡しました。しかし、Yがなかなか代金を支払わないため、Yと協議し、令和4年12月1日、私は、Yとの間で、100万円を消費貸借の目的とし、利息年1割を付して令和5年11月末日限り一括して返済する旨合意しました。私は、Yが弁済期を過ぎても返済しないため、元本100万円のほか、利息および遅延損害金の支払を求めます。

> 民法588条（準消費貸借）
> 　金銭その他の物を給付する義務を負う者がある場合において、当事者がその物を消費貸借の目的とすることを約したときは、消費貸借は、これによって成立したものとみなす。

....

解 答

(1) 訴 訟 物

① 準消費貸借契約に基づく貸金返還請求権（元本）　1個

② 利息契約に基づく利息請求権（利息）　1個

③ 履行遅滞に基づく損害賠償請求権（遅延損害金）　1個

　　契約に基づいて発生する請求権の場合、訴訟物の個数は、契約の個数による。また、債務不履行に基づく損害賠償請求権については債務不履行の個数によるから、①ないし③の訴訟物の個数はいずれも1個である。

　　各請求権は、両立可能なものであるから単純併合である。

(2) 請求の趣旨

　　Yは、Xに対し、110万円及びうち100万円に対する令和 5 年12月 1 日から支払済みまで年10％の割合による金員を支払え。

(3) 請求原因事実

　㋐　主たる請求（元本）

　　㋐　Xは、Yに対し、令和 3 年 8 月 8 日、中古自動車を代金100万円で売った。

　　㋑　Xは、Yとの間で、令和 4 年12月 1 日、弁済期を令和 5 年11月末日として、㋐の代金債務100万円を消費貸借の目的とする旨合意した。

　　㋒　XとYは、㋑に際し、利息を年10％と定めた。

　　㋓　令和 5 年11月末日は経過した。

　㋑　附帯請求

　　利息請求および遅延損害金請求の請求原因は、第 1 節の消費貸借の場合と同様である。

(4) 典型的な抗弁・再抗弁

　　典型的な抗弁・再抗弁も第 1 節の消費貸借の場合と同様である。

Ⅱ　解　　説

1　請求原因について

　原告は、準消費貸借契約に基づいて貸金の返還を請求することができる。

【準消費貸借契約に基づく貸金返還請求権の要件事実】

①　旧債務の発生原因事実（原告説の場合）

②　原告は、被告との間で、①の債務をもって消費貸借の目的とすることを合意したこと

③　準消費貸借契約の終了

　準消費貸借契約については、旧債務の主張立証責任の所在について原告説と被告説の対立がある。原告説は、原告において旧債務の発生原因事実を主張立証すべきであるとする見解であり、被告説は、原告においては旧債務を

ほかと識別できる程度に特定すれば足り、被告が旧債務の不存在を主張立証すべきであるとする見解である。判例（最判昭43.2.26民集22.2.217）は、被告説に立っているが、民法588条の文言および消費貸借契約においては原告が金銭の交付について立証責任を負っていることとの均衡を重視する原告説も有力である。③については、貸借型の契約であることから必要となる。弁済期の定めのある場合には、原告と被告との間で弁済期の合意をしたことおよび弁済期が到来したことが要件事実となる。被告説に立った場合には、原告は、審判の対象となる旧債務を特定しなければならないが、その存在を主張立証する必要はなく、被告において抗弁として旧債務の不存在を主張立証することになる。被告説は、準消費貸借契約に際し旧債務の証書等が借主に返還されていることから、貸主において旧債務の存在を主張立証することは困難である点を重視するものである。

2　典型的な抗弁・再抗弁

典型的な抗弁・再抗弁も第1節の消費貸借の場合と同様である。

諾成的消費貸借契約および準消費貸借契約に基づく貸金返還請求の請求原因事実の具体的な摘示例は、以下のとおりである。

【請求原因（諾成的消費貸借契約・元本のみを請求）】

ⓐ　原告は、被告に対し、令和3年8月8日、2000万円を貸し渡すとの合意をした。

ⓘ　ⓐの合意は、原告と被告との間の書面によってされた。

ⓤ　原告と被告は、ⓐの消費貸借契約の際、返還時期を令和3年12月1日と定めた。

ⓔ　令和3年12月1日は到来した。

【請求原因（準消費貸借契約・元本のほか法定利率による遅延損害金を請求）】

ⓐ　原告は、被告から、令和6年2月24日、別紙物件目録記載の建物について、別表記載の外壁修繕工事を報酬200万円で請け負った。

ⓘ　原告は、令和6年5月10日、ⓐの外壁修繕工事を完成した。

第4節　保証債務履行請求権をめぐる要件事実等について（類型別43頁）

Ⅰ　設　例

設例　　次の場合の訴訟物、請求の趣旨、請求原因事実、抗弁事実、再抗弁事実はどうなるか。

Xの言い分

　私は、Y_1との間で、令和3年8月8日、弁済期同年12月1日、利息年8％の約定で、2000万円を貸し付けることを合意して、Y_1に対し、2000万円を交付しました。私は、Y_1の資力に不安を感じていたため、同日、Y_1の知人で飲食店を経営するY_2との間で、Y_2がY_1の貸金返還債務を連帯保証することを書面で合意しました。しかし、Y_1は、弁済期を過ぎても返済しないため、保証人であるY_2に対し、保証債務の履行を求めます。私がY_1から絵画を500万円で買ったことは認めますが、代金は令和4年2月10日に全額支払ずみです。

Y_2の言い分

　Y_1がXからX主張のとおり2000万円を借りたこと、私がY_1の貸金返還債務を連帯保証したことは認めます。しかし、Y_1は、Xに対し、令和4年1月10日、有名な画家の描いた絵画を500万円で売却し、まだその代金を受け取っていませんから、その分は支払を拒絶します。

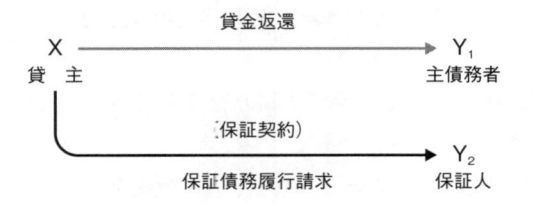

貸金返還
X ────────────→ Y₁
貸　主　　　　　　　　　　　　　主債務者

（保証契約）

→ Y₂
保証債務履行請求　　　　　保証人

民法446条（保証人の責任等）

① 保証人は、主たる債務者がその債務を履行しないときに、その履行をする責任を負う。

② 保証契約は、書面でしなければ、その効力を生じない。

③ 保証契約がその内容を記録した電磁的記録によってされたときは、その保証契約は、書面によってされたものとみなして、前項の規定を適用する。

民法447条（保証債務の範囲）

① 保証債務は、主たる債務に関する利息、違約金、損害賠償その他その債務に従たるすべてのものを包含する。

解　答

(1) 訴　訟　物

保証契約に基づく保証債務履行請求権　1個

契約に基づいて発生する請求権であるから、契約の個数に従って訴訟物の個数は1個である。

(2) 請求の趣旨

Y₂は、Xに対し、2000万円及びこれに対する令和3年8月8日から支払済みまで年8％の割合による金員を支払え。

(3) 請求原因事実

あ　Xは、Y₁に対し、令和3年8月8日、返還時期を同年12月1日、利息を年8％と定めて、2000万を貸し付けた。　　　　　　　　【○】

い　令和3年12月1日は経過した。　　　　　　　　　　　　　　【顕】

う　Y₂は、Xとの間で、あの債務を保証するとの合意をした。　　【○】

え　Y₂のうの意思表示は書面（または電磁的記録）でされた。　　【○】

(4) 抗弁事実

㋕　Y₁は、Xに対し、令和4年1月10日、有名画家の絵画を500万円で売った。　　　　　　　　　　　　　　　　　　　　　　　　【○】

　㋖　Y₁の相殺権をもって、保証債務の履行を拒絶する（権利主張）。

(5)　再抗弁事実

　　Xは、Yに対し、令和4年2月10日、㋕の代金500万円を弁済した。【×】

(6)　典型的な抗弁

　　主たる債務の消滅時効

　　保証債務の消滅時効

　　取消権、解除権をもってする履行の拒絶

Ⅱ　解　　説

1　訴訟物（類型別44頁）

　保証債務履行請求訴訟の訴訟物は、保証契約に基づく保証債務履行請求権である。主たる債務である貸金返還債務においては、利息や損害賠償金が発生するのが通常であるが、保証債務は、主たる債務に関する利息、違約金、損害賠償その他その債務に従たるすべてのものを包含するから（民447条1項）、保証人に対して利息や損害賠償金を請求する場合であっても訴訟物は1個である。この点は、主たる債務者に対する請求が貸金、利息、損害賠償金の3個の訴訟物となるのと対照的である。

　また、設例は連帯保証の事例であるが、保証契約と連帯保証契約の関係については、連帯保証契約は、保証契約に債権者の権利を強化するために連帯である旨の特約が付されたものにすぎないとする見解と、両者は別個の契約類型とみる見解がある。連帯の約定があると、保証債務の補充性（保証人に催告の抗弁権および検索の抗弁権があること）がなくなる（民454条）だけで、性質や効力は保証と異ならないため、別個の契約類型とみる必要はなく、前者の見解が相当である。したがって、連帯保証の場合であっても、訴訟物は保証契約に基づく保証債務履行請求権である[9]。

9　類型別44頁。

2　請求の趣旨

　請求の趣旨は、主たる債務者に対して貸金、利息および遅延損害金を請求する場合と同一である。

3　請求原因（類型別44頁）

(1)　保証債務履行請求の請求原因事実

> ①　主たる債務の発生原因事実
> ②　被告が原告との間で①の債務を保証するとの合意をしたこと
> ③　被告の②の意思表示が書面（または電磁的記録）によること

ア　①について

　保証債務は、主たる債務に対して附従性を有するから、①の主たる債務の発生原因事実の主張立証が必要である。設例では、利息、遅延損害金についても保証債務の履行を請求するため、貸金返還請求権の発生原因事実、利息請求権の発生原因事実および遅延損害金請求権の各発生原因事実を主張立証することになる。保証債務は、当然に利息、遅延損害金を包含するため、原告が元本についてのみ保証債務の履行を請求する場合は一部請求となる。この場合、貸金返還請求権の発生原因事実のみを主張立証することで足りるが、一部請求であることを明示しておかないと、後訴において、利息や遅延損害金分の保証債務の履行を請求することができなくなる（最判昭32.6.7民集11.6.948）。

イ　②について

　保証契約は、当然に利息、遅延損害金も対象として包含するから（民447条1項）、それらを保証の対象としたことを原告が主張立証する必要はない。もっとも、同条と異なり、保証の対象から利息や遅延損害金を外す合意をすることは自由であり、そのような特約があることは利息や遅延損害金を請求された被告の抗弁となる。

　連帯の約定は、保証契約の要素ではなく保証契約に付された特約と解する見解によれば、請求原因で主張立証する必要はなく、被告から催告・検索の抗弁が提出された場合に再抗弁として主張立証することになる（民454

条)[10]。

　また、金銭債務のように主たる債務が可分な場合において、保証人が複数存在するときは、各保証人は、それぞれ等しい割合で義務を負うことになる（民456条、427条）[11]。これを分別の利益というが、同一の訴訟において複数の共同保証人に対しそれぞれ保証債務全額を請求する場合には、被告である各保証人が分別の利益を有することが請求原因に現れてしまうため、各保証人の負担部分（保証債務を保証人の数で除した額）を超える部分は主張自体失当となる。したがって、共同保証人が分別の利益を有しないことを基礎づける事実を請求原因で主張立証する必要がある。連帯の特約等各共同保証人が主たる債務者と連帯して保証債務を負担することを基礎づける事実（連帯保証の事実）、または共同保証人が相互に連帯して保証債務を負担していることを基礎づける事実（各保証人が全額を弁済すべき特約がある場合である。保証連帯の事実）がこれに当たる[12]。

ウ　③について

　民法446条2項は、保証契約が書面でされることを求めているところ、これについては、条文の文言に忠実に保証契約書の作成または申込みおよび承諾がともに書面ですることを要するとする見解と、安易な保証を防止するという保証人保護のための規定であるから保証人の保証意思が書面上に示されていれば足りるとする見解があり、後者の見解によると、③のとおりとなる。

　請求原因事実の具体的な摘示例（よって書を含む）は、以下のとおりである。

　ⓐ　原告は、甲に対し、令和3年3月19日、200万円を以下の約定で貸し付けた。

　　弁済期　令和4年3月18日

　　利　息　年10%

10　類型別46頁。
11　保証人が抗弁として分別の利益を対抗できるという制度ではなく、法律上当然に分割される制度である（中田・債権総論600頁）。
12　類型別46頁。

損害金　年14.6%

⟨い⟩　被告は、原告との間で、同日、⟨あ⟩の貸金債務を保証するとの合意をした。

⟨う⟩　被告の⟨い⟩の意思表示は保証書による。

⟨え⟩　令和4年3月18日は経過した。

⟨お⟩　よって、原告は、被告に対し、⟨い⟩の保証契約に基づき、貸金200万円ならびにこれに対する令和3年3月19日から令和4年3月18日までの利息金20万円および同月19ヨから支払ずみまで年14.6%の割合による遅延損害金の支払を求める。

(2)　**主たる債務者の期限の利益喪失と保証人に対する遅延損害金の請求について**

　主たる債務者が期限の利益を喪失した場合、債権者は、保証人（法人である場合を除く）に対し、期限の利益の喪失を知った時から2カ月以内にその旨を通知しなければ、期限の利益喪失の時から通知が現に到達するまでに生じた遅延損害金（期限の利益を喪失しなかったとしても生ずべきものを除く）に係る保証債務の履行を請求できない（民458条の3）。これは、保証人の責任が主債務の支払の遅滞によって日々増大することから、生活の破綻というきわめて深刻な事態が生じうる個人の保証人に対して主債務者の期限の利益喪失に関する情報を提供することで、早期の弁済を可能にするために設けられた規定である[13]。通知は、2カ月以内に保証人に到達する必要がある。

> 【**主たる債務者が期限の利益を喪失した場合の保証債務履行請求の請求原因事実**】
> ①　原告が主債務者との間で金銭の返還の合意をしたこと
> ②　原告が主債務者に対し金銭を交付したこと
> ③　原告が主債務者との間で弁済期の合意をしたこと
> ④　原告と主債務者が期限の利益喪失に関する合意をしたこと
> ⑤　期限の利益喪失事由の発生

13　一問一答133頁。

⑥　被告が原告との間で①の債務を保証するとの合意をしたこと

⑦　被告の⑥の意思表示が書面（または電磁的記録）によること

⑧　原告が⑤を知ってから2カ月以内に被告に通知したこと

　　または

被告が法人であること

(3) 代理人によって保証契約がされた場合について

主たる債務者が保証人を代理して債権者と保証契約を締結した場合について検討する。

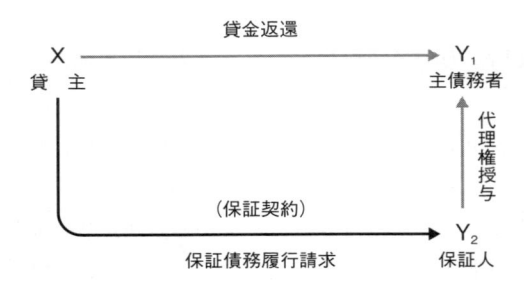

> 民法99条（代理行為の要件及び効果）
> ①　代理人がその権限内において本人のためにすることを示してした意思表示は、本人に対して直接にその効力を生ずる。

ア　代理の要件事実

代理人Y_1によってXとY_2間で保証契約が締結された場合の請求原因事実は、以下のとおりである。

【代理による保証債務履行請求の請求原因事実】

①　主たる債務の発生原因事実

②　Y_1がXとの間で①の債務を保証するとの合意をしたこと

③　Y_1の②の意思表示が書面（または電磁的記録）によること

④　②の合意の際、Y_1がY_2のためにすることを示したこと

⑤　②の合意に先立って、Y_2がY_1に対し、②の合意についての代理権を授与したこと

---

⑤の代理権授与行為の性質については、委任等の内部契約によって生ずると解する見解（事務処理契約説）、本人の単独行為と解する見解（単独行為説）、本人と代理人との間の無名契約と解する見解（無名契約説）がある。事務処理契約説は、代理権授与の原因となる委任契約等により代理権も生ずると解するのに対し、単独行為説および無名契約説は、委任等との契約とは別に代理権授与行為を観念するものである。実務では、⑤のように摘示するのが通例である。なお、代理権の存在については、権利自白が認められており、直接その旨の権利主張をすることが許されているので、争いがない場合には代理権の発生原因事実を主張立証する必要はない。

　ところで、商法504条は、商行為の代理については顕名を不要としているため、保証契約の締結が本人（Y_2）にとって商行為に当たる場合には、上記の④は不要である。もっとも商行為の代理については、「契約の締結に際し、代理人が本人のためにする意思を有していたこと」が必要となるが、その存在を請求原因とする見解とその不存在を抗弁とする見解がある[14]。

イ　代理権授与行為と時的要素

　時的要素とは、事実相互の時間的先後関係が要件事実の要素になっている場合である。代理権授与行為は、代理人の法律行為に先立って行われる必要があるため（先立って代理権が授与されていなければ無権代理となる）、代理権授与が代理行為に先立つことは時的要素である。もっとも、通常は、代理権授与の時的因子および代理行為の時的因子により時間的先後関係は現れることになる。時的因子で時間的先後関係が明らかにならない場合は、簡潔に「先立つ代理権の授与」などと摘示される。

Advance

表見代理について

　代理人のした法律行為の効果が本人に帰属するためには、代理人に代

14　要件事実第1巻69頁。なお、最判昭43.4.24民集22.4.1043は、商法504条ただし書の適用のある場合には、本人と相手方間、代理人と相手方間に同一の法律関係が二重に成立し、相手方は一方との関係を選択し、他方との関係を否定できるとしているため、相手方は、本人からの請求に対し、抗弁として代理人が本人のためにすることを知らなかったことおよび本人との関係を否定して代理人との関係を選択した旨を主張立証することができることになる。

理権がなければならず、代理権がなかった場合には無権代理として本人に効果は及ばない。しかし、民法は、取引安全の見地から、ⅠないしⅢの場合について、表見代理として本人に効果が帰属する場合を認めている。本人をＹ、代理人（授与表示された者を含む）をＡ、Ａと契約をした第三者をＸとして、ＸがＹに対し契約上の債務の履行を請求する場合の要件事実について簡潔に記載する。

Ⅰ　本人が第三者に対して他人に代理権を授与した旨の表示をした場合には、その代理権の範囲内において他人が第三者との間でした行為について、第三者が善意無過失の場合にはその責任を負う（民109条1項）。この場合において、その他人が授与表示された代理権の範囲外の行為をしたときは、第三者がその行為についてその他人の代理権があると信ずべき正当な理由があるときに限り、その行為について責任を負う（民109条2項）。

（1項の場合の請求原因）

①　ＹからＸに対し、②に先立って、特定の事項についてＡに代理権を授与した旨を表示したこと

②　ＸＡ間における契約締結

③　Ａによる顕名

（抗弁）

Ｘの悪意または過失を基礎づける評価根拠事実

（2項の場合の請求原因）

①　ＹからＸに対し、②に先立って、②以外の事項についてＡに代理権を授与した旨の表示をしたこと

②　ＸＡ間における契約締結

③　Ａによる顕名

④　ＸがＡに②について代理権があると信じたことおよびそう信じたことについて正当理由があることを基礎づける評価根拠事実

Ⅱ　代理人がその権限外の行為をした場合には、第三者が代理人の権限があると信ずべき正当な理由があるときは、本人は代理人の行為について責任を負う（民110条）。

（請求原因）

① 基本代理権の発生原因事実

② ＸＡ間における契約締結

③ Ａによる顕名

④ Ｘが②に際し、Ａに代理権があると信じたことおよびそう信じたことについて正当理由を基礎づける評価根拠事実

Ⅲ　他人に代理権を与えた者は、代理権の消滅後にその代理権の範囲内でその他人が第三者との間でした行為について、第三者が善意無過失の場合にはその責任を負う（民112条1項）。この場合において、その他人が与えられていた代理権の範囲外の行為をしたときは、第三者がその行為についてその他人に代理権があると信ずべき正当な理由があるときに限り、その行為について責任を負う（民112条2項）。なお、民法112条は、通常、有権代理の請求原因に対して、抗弁として代理権の消滅が主張された場面で登場する。この場合において、第三者の善意の主張について予備的請求原因説と抗弁説があるが、有権代理と代理権消滅後の表見代理は趣旨、要件を異にするものであり、別個の制度とみるべきであるから、予備的請求原因になるというべきである。

（請求原因）

① ＹからＡに対する②に先立つ代理権の授与

② ＸＡ間における契約締結

③ Ａによる顕名

（請求原因に対する抗弁）

代理権の消滅原因事実（民111条）

（予備的請求原因）

代理権消滅についてＸの善意

（予備的請求原因に対する抗弁）

Ｘの過失を基礎づける評価根拠事実

（2項の場合の予備的請求原因）

① 代理権消滅についてＸの善意

4 　保証債務履行請求訴訟における典型的な抗弁・再抗弁

民法457条（主たる債務者について生じた事由の効力）
①　主たる債務者に対する履行の請求その他の事由による時効の完成猶予
及び更新は、保証人に対しても、その効力を生ずる。
②　保証人は、主たる債務者が主張することができる抗弁をもって債権者
に対抗することができる。
③　主たる債務者が債権者に対して相殺権、取消権又は解除権を有すると
きは、これらの権利の行使によって主たる債務者がその債務を免れるべ
き限度において、保証人は、債権者に対して債務の履行を拒むことがで
きる。

(1) 消滅時効

保証人は、主たる債務について消滅時効が完成したときは、当事者として
主たる債務の時効を援用することができ（民145条）、主たる債務が消滅すれ
ば、附従性により保証債務も消滅するから、保証人は保証債務の履行を免れ
ることができる。

【主たる債務の時効消滅の抗弁の要件事実】

①　主たる債務の時効期間の末日の経過
②　保証人による主たる債務についての消滅時効援用の意思表示

　そして、主たる債務者に対する時効の完成猶予および更新は、保証人に対
しても効力を生じるから（民457条1項）、保証人の主たる債務の消滅時効の
抗弁に対しては、債権者は、再抗弁として主たる債務者に対する時効の完成
猶予および更新を主張立証することができる。もっとも、信義則に基づく時
効援用権の喪失は、信義則という個別に判断されるべきものに基づくもので
あり、また、時効利益の放棄の効果も放棄者の意思の尊重に基づくものであ
るから、これらの効果は相対的なものというべきである。したがって、主た

る債務者が時効援用権を喪失し、あるいは時効利益を放棄したとしても、その効果は保証人には及ばないため、債権者がこれらの点を主張しても主張自体失当となる[15]。

なお、保証人は、保証債務自体の消滅時効を主張立証することもできる。つまり保証人には、附従性を媒介として主たる債務を争う方法と自分の保証債務自体を争う方法がある。

(2) 相殺、取消し、解除

保証債務は主たる債務を担保するものであるから、保証人は、主たる債務者が主張することができる抗弁をもって債権者に対抗することができる（民457条2項）。相殺、取消し、解除については、主たる債務者が相殺権、取消権、解除権を有している場合、主たる債務の帰趨が明らかではなく保証人の立場が不安定であるため、主たる債務者がこれらの権利の行使によってその債務を免れる限度で、保証人は、債権者に対して債務の履行を拒むことができる（民457条3項）。この抗弁は、権利抗弁であり、履行拒絶の権利主張が必要である。なお、権利主張は事実の主張ではないので、認否は不要である。

【履行拒絶の抗弁の要件事実】
① 主たる債務者が有する相殺権、取消権または解除権の発生原因事実
② その相殺権、取消権または解除権をもって、保証債務の履行を拒絶すること（権利主張）

主たる債務者が相殺、取消し、解除できることが前提であるため、相殺の意思表示、取消しの意思表示、解除の意思表示がそれぞれ履行拒絶の権利主張にかわるほかは、相殺、取消し、解除の要件事実をそれぞれ満たす必要があり、①がこれに当たる。

請求原因事実および抗弁事実の具体的な摘示例は、以下のとおりである。

【保証債務履行請求の請求原因事実】
あ 原告は、甲に対し、令和3年3月19日、200万円を以下の約定で貸

---

15 類型別49頁。

し付けた。

    弁済期　令和4年3月18日

    利　息　年10%

    損害金　年14.6%

ⓘ　被告は、原告との間で、同日、ⓐの貸金債務を保証するとの合意をした。

ⓤ　被告のⓘの意思表示は保証書による。

ⓔ　令和4年3月18日は経過した。

【抗弁事実・相殺】

ⓚ　甲は、原告に対し、令和3年4月15日、別紙物件目録記載のパソコン10台（以下、あわせて「本件パソコン」という）を300万円で売った。

ⓚ　甲は、同日、原告に対し、ⓚの売買契約に基づき、本件パソコンを引き渡した。

ⓚ　ⓚの代金債権との相殺権をもって、ⓘの保証債務の履行を拒絶する。

(3)　事業に係る債務についての保証契約の特則

民法465条の6（公正証書の作成と保証の効力）

　　①　事業のために負担した貸金等債務を主たる債務とする保証契約又は主たる債務の範囲に事業のために負担する貸金等債務が含まれる根保証契約は、その契約の締結に先立ち、その締結の日前一箇月以内に作成された公正証書で保証人になろうとする者が保証債務を履行する意思を表示していなければ、その効力を生じない。

　　③　前二項の規定は、保証人になろうとする者が法人である場合には、適用しない。

民法465条の9（公正証書の作成と保証の効力に関する規定の適用除外）

　　前三条の規定は、保証人になろうとする者が次に掲げる者である保証契約については、適用しない。

　　一　主たる債務者が法人である場合のその理事、取締役、執行役又はこれ

らに準ずる者

三　主たる債務者（法人であるものを除く。以下この号において同じ。）と共同して事業を行う者又は主たる債務者が行う事業に現に従事している主たる債務者の配偶者

　事業のために負担した貸金等債務（金銭の貸渡しまたは手形の割引を受けることによって負担する債務。民465条の3第1項）についての保証契約については、保証人が個人である場合、保証契約締結前に、保証人の保証意思が表示された公正証書の作成が必要とされている（民465条の6）。これは、貸金等債務の保証契約においては、保証債務の額が多額に及び、保証人の生活が破綻する事例が相当数あるにもかかわらず、保証人が個人的情義に基づいて、そのリスクを十分に自覚しないまま安易に保証する場合が少なくないことから、保証人の保護の見地から平成29年改正法が定めたものである[16]。すなわち、事業のために負担した貸金等債務を主たる債務とする保証契約を締結する場合には、その契約に先立ち、締結の日以前1カ月以内に保証意思宣明公正証書が作成されていない限り、効力を生じないこととした（民465条の6第1項）。この場合、公証人は、保証人となろうとする者が主たる債務の具体的内容を理解し、保証債務を負担することにより直面することになる具体的不利益を十分に理解していることを確認して、保証意思宣明公正証書を作成することになる。

　事業のために負担した貸金等債務の保証契約であっても、保証人が主債務者である法人の役員である場合、保証人が主たる債務者（法人を除く）の共同事業者である場合、保証人が主たる債務者（法人を除く）の事業に現に従事している主たる債務者の配偶者である場合などは、主たる債務の事業の状況や保証契約のリスクを理解していないことは類型的に少ないため、保証意思宣明公正証書の作成は不要である（民465条の9）。

　したがって、貸金等債務の保証債務の履行請求された被告は、抗弁として、「その金銭の貸渡しが事業のためにされたこと」を主張立証することができる。それに対する再抗弁の要件事実は、以下のとおりである。

16　一問一答140頁。

【事業債務の抗弁に対する再抗弁の要件事実】

ⓐ 被告が保証契約の締結に先立ち、その締結の日前1カ月以内に民法465条の6第2項、民法465条の7の定める方式に従って作成された公正証書で、保証債務を履行する意思を表示したこと

  または

ⓑ 被告が、保証契約締結当時、法人であったこと

  または

ⓒ 被告が、保証契約締結当時、主債務者たる法人の理事、取締役等であったこと

  または

ⓓ 被告が、保証契約締結当時、主債務者たる個人の共同事業者であったこと

  または

ⓔ 被告が、保証契約締結当時、主債務者たる個人の配偶者であり、かつ、主債務者が行う事業に現に従事している者であったこと

ブロック・ダイアグラムは、以下のとおりである。

➤攻撃防御方法の構造を整理すると、以下のとおりとなる。

Kg（保証債務履行請求）消費貸借契約の締結 保証契約の締結	E（事業に係る債務）貸付が事業のためにされたこと	R1（保証意思宣明公正証書の作成）
		R2（適用除外①- 保証人が法人）被告は保証契約締結当時法人であった。
		R3（適用除外②- 保証人が法人の役員）被告は保証契約締結当時主債務者である法人の取締役等であった。
		R4（適用除外③- 保証人が共同事業者）被告は保証契約締結当時主債務者である個人の共同事業者であった。
		R5（適用除外④- 保証人が配偶者）被告は保証契約締結当時主債務者である個人の配偶者かつ事業従事者であった。

第 **4** 講

請負契約に基づく報酬請求等

報酬請求権をめぐる要件事実等について（類型別195頁）

I 設例・解答

設例 次の場合の訴訟物、請求の趣旨、請求原因事実、抗弁事実はどうなるか。

<u>Xの言い分</u>

私は、Yとの間において、令和3年9月6日、Yの自宅建物の建築工事を、代金2000万円、令和4年3月末日引渡し、同年4月10日報酬支払の約定で請け負いました。私は、予定どおり建物を完成させ、Yに引き渡しましたが、Yは、洋室のクロスが合意したものと違うとして、報酬支払日を過ぎても報酬を支払おうとしません。しかし、私は、Yと合意したクロスを使用していますから、Yに対し、約定の報酬の支払を求めます。

<u>Yの言い分</u>

Xとの間で自宅建物の請負契約を締結したこと、Xが自宅建物を建築し、私に引き渡したことは認めます。しかし、洋室のクロスについては、イタリア製のクロスを張ることになっていたのに、引き渡された建物の洋室には安価な日本製のクロスが張られていましたので、報酬の支払は拒絶します。

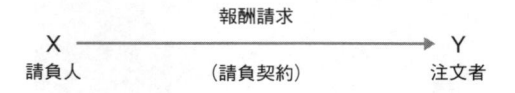

報酬請求

X ──────────────→ Y
請負人　　（請負契約）　　注文者

解答

(1)　訴訟物

　　請負契約に基づく報酬請求権　　１個

　　報酬債務の履行遅滞に基づく損害賠償請求権　　１個

　　　契約に基づいて発生する請求権の場合、訴訟物の個数は契約の個数による。また、債務不履行に基づく損害賠償請求権については債務不履行の個数によるから、訴訟物の個数はいずれも１個である。

　　　各請求権は、両立可能なものであるから単純併合である。

(2)　請求の趣旨

　　　Ｙは、Ｘに対し、2000万円及びこれに対する令和４年４月11日から支払済みまで年３分の割合による金員を支払え。

(3)　請求原因

　　㋐　Ｘは、Ｙとの間で、令和３年９月６日、代金2000万円でＹの自宅建物を建築する旨の請負契約を締結した。　　　　　　　　　　　　【○】

　　㋑　Ｘは、建物を完成させた。　　　　　　　　　　　　　　　　　【○】

　　㋒　Ｘは、建物についてＹに引渡しの提供をした。　　　　　　　　【○】

　　㋓　令和４年４月10日は経過した。　　　　　　　　　　　　　　　【顕】

(4)　抗弁

　　㋕　Ｘは、Ｙに対し、建物を引き渡した。　　　　　　　　　　　　【○】

　　㋖　建物の洋室のクロスにはイタリア製のクロスを張る合意であったが、実際に張られていたのは安価な日本製のものであった。　　　　【×】

　　㋗　Ｘがクロスを合意した物に張り替えるまで報酬の支払を拒絶する（権利主張）。

　　㋘　Ｙは、Ｘに対し、修補請求権を選択するとの意思表示をした。　【○】

(5)　典型的な抗弁・再抗弁

　　目的物の引渡しとの同時履行

契約不適合による修補との同時履行―請負人の担保責任の制限、注文者の帰責性

契約不適合による損害賠償との同時履行―請負人の担保責任の制限、信義則違反、請負人の帰責事由の不存在

契約不適合による損害賠償との相殺―請負人の担保責任の制限、請負人の帰責事由の不存在、期間制限

契約不適合による代金減額請求―履行の追完、請負人の担保責任の制限、注文者の帰責性

Ⅱ 解　説

1　請求の趣旨

　請求の趣旨は、判決の主文に対応する文言となるところ、請負契約の報酬請求は、金銭の給付訴訟であるため、端的に「〜円を支払え」という給付を命じる文言となる。請負代金であるといった権利の性質については記載しない。後段は、遅延損害金請求に係る部分であり、弁済期が令和4年4月10日であることから、その翌日である同月11日から支払ずみまでの遅延損害金の支払を命じる文言となる。ここでも権利の性質は記載しない。設例では遅延損害金の利率について特段の合意はないため、履行遅滞に陥った時点の法定利率である年3分の割合による金員の支払を求めることになる。

2　請求原因（類型別196頁）

(1)　請負契約に基づく報酬請求権の請求原因

民法632条（請負）

　　請負は、当事者の一方がある仕事を完成することを約し、相手方がその仕事の結果に対してその報酬を支払うことを約することによって、その効力を生ずる。

民法633条（報酬の支払時期）

　　報酬は、仕事の目的物の引渡しと同時に、支払わなければならない。ただし、物の引渡しを要しないときは、第624条第1項の規定を準用する。

> 民法624条（報酬の支払時期）
> ①　労働者は、その約した労働を終わった後でなければ、報酬を請求することができない。

　請負[1]は、冒頭規定である民法632条によれば、当事者の一方がある仕事の完成を約し、相手方がその仕事の結果に対して報酬を支払うことを約することによって、その効力を生ずる。したがって、請負人の報酬請求権は契約の成立と同時に発生するのであって（大判昭5.10.28民集9.1055）、仕事の完成により発生するものではない（請負契約締結後、仕事完成前でも報酬請求権の譲渡やそれに対する差押えが可能である）。もっとも、民法633条によれば、報酬は、目的物の引渡しと同時履行の関係にあるから、引渡しの前提となる仕事の完成は、報酬支払よりも先履行の関係にあるところ、報酬請求のため、請負契約の締結を主張すると、仕事の完成が先履行義務であることが当然に現れてしまうため、報酬を請求するためには、仕事の完成まで主張立証しなければならないことになる。仕事の完成とは、予定された最後の工程まで仕事が終了していることをいう。これに対し、引渡しについては、報酬の支払と同時履行の関係にあるため、被告から同時履行の抗弁権を主張されたときに、再抗弁として引渡しを主張すれば足り、請求原因で引渡しを主張立証する必要はない[2]。

【報酬請求の要件事実】
①　原告が被告との間で請負契約を締結したこと
②　原告が仕事を完成したこと

　請負契約を特定するためには、完成すべき仕事が確定していることと報酬額または報酬額の決定方法が確定していることが必要であり、この2点が請負契約の要素となる。実際の請負契約においては、目的物の引渡期限や報酬の支払期限を合意することが多いが、これらは請負契約の要素ではないか

1　請負には、①仕事の目的物の引渡しを要するもの（請負人が製造する場合と製造以外の行為をする場合がある）と、②物の引渡しを要しないもの（物以外の仕事の成果を引き渡す場合と仕事の成果が無形の場合がある）がある（中田・契約法503頁）。
2　類型別197頁。

ら、請求原因で主張立証する必要はない。

ア 報酬額

報酬額の定め方には、報酬額が契約時点で定まっている定額請負、契約時点では概算額を定め、実費等に応じて増額、減額またはその両方を認める概算請負、報酬額の定めがない場合がある。定額請負の場合には、原告は具体的な報酬額を主張し、概算請負の場合には、概算額を定めたことと請求額の相当性（増減額が相当であること）を主張することになる。なお、請負契約において報酬額は要素とみるべきであるから、報酬額の定めがない場合は、実費や仕事の内容、業界の慣行等に応じた相当額を支払う旨の合意であると理解すべきである。この場合には、請求額の相当性を主張することになる[3]。

なお、請負人が商人である場合には、商法512条により報酬を支払う旨の合意がなくても、営業の範囲内での仕事の結果については当然に相当の報酬を請求できるので、報酬合意にかえて請負人が商人であることを主張立証すれば足りる。営業の範囲内か否かについては、商法503条2項が商人の行為はその営業のためにするものと推定しているため、営業の範囲外であることが注文者の抗弁となる。

【請負人が商人である場合の要件事実】

① 原告は商人であること

② 原告は、被告との間で、当該仕事をすることを合意したこと

③ 原告が仕事を完成したこと

請負契約において仕事の完成後の報酬支払期限の合意がある場合には、注文者において、抗弁として支払期限を主張し、請負人において期限の到来を再抗弁として主張することになる。これに対し、契約時、着工時、上棟時など完成前の時点で報酬の全部または一部を支払う旨の合意をしている場合には（通常多い形態である）、請負人は、仕事の完成にかえて、前払特約の合意があることと、合意で定められた支払時期の到来を主張立証し、報酬の全部または一部の支払を求めることができる。

---

3 類型別196頁。

【前払特約のある場合の要件事実】

① 原告が被告との間で請負契約を締結したこと

② 報酬の前払特約の合意

③ ②で定められた事実の発生

イ　危険負担の適用のある場合（仕事完成義務が履行不能になった場合）

　債権者の責めに帰すべき事由によって債務を履行することができなくなったときは、債権者は、反対給付の履行を拒むことができない（民536条2項）。請負に即していえば、請負人の債務である建物建築が注文者の責めに帰すべき事由によって履行不能となったときは、請負人は注文者に報酬全額の請求をすることができる。

【注文者に帰責事由のある履行不能の場合の要件事実】

① 原告が被告との間で請負契約を締結したこと

② 原告が仕事を完成することができなくなったこと

③ ②が被告の責めに帰すべき事由によること

　なお、このような場合、原告は、通常、仕事完成のために必要であった費用や労力等を免れたことにより利益を得ているところ、報酬全額の請求を認める以上、このような利益を請負人に認める必要はないから、原告は当該利益を被告に償還する義務を負っている（民536条2項）。したがって、被告は、利益償還請求権を自働債権として、報酬請求権と相殺する旨の抗弁を主張することができる。

【利益償還請求権による相殺の要件事実】

① 原告が仕事完成義務を免れたことによる利益の存在およびその数額（自働債権の発生原因事実）

② 報酬請求権につき被告が原告に対し一定額について相殺の意思表示をしたこと

(2) 遅延損害金請求権の請求原因

【報酬の遅延損害金請求の要件事実】

① 原告と被告との間で請負契約を締結したこと

② 原告が仕事を完成したこと

③ 報酬支払債務の履行期が経過したこと

④ 原告が被告に対して請負契約に基づき目的物の引渡しの提供をしたこと

⑤ 損害の発生とその数額

　遅延損害金は、債務不履行に基づくもので、元本（主たる債務）の存在を前提とするから、①②の主張立証が必要である。債務不履行（履行遅滞）の場合であるから、「履行期の到来」ではなく「履行期の経過」が要件事実となる。履行期の経過の要件事実は履行期の種類によって異なるが、設例では、確定期限の合意がされているので、履行遅滞となるためには確定期限の合意と確定期限の経過を主張立証する必要がある（民412条1項）。なお、引渡しを要する請負の場合で期限の定めのないときは、同時履行の抗弁権の存在効果がなくなる引渡日の翌日から履行遅滞に陥る。また、設例は、引渡しを要する請負契約の場合であるから、同時履行の抗弁権（民633条本文）の存在効果である違法性の阻却を障害するため、④の目的物の引渡しの提供の主張立証が必要である（50頁を参照されたい。なお、報酬の前払特約を主張する場合は同時履行の関係にないから不要である）。⑤については、設例では利息または遅延損害金の利率について合意はされておらず、法定利率による遅延損害金を請求するだけであるので、主張立証は不要である（民419条1項本文）。この場合、支払時期以降の期間の経過のみが要件事実となるが、実務では通常摘示していない。

　報酬請求の請求原因事実の具体的な摘示例は、以下のとおりである。

【請求原因事実①（目的物の引渡しを要する場合・確定期限）】

ⓐ　原告は、被告との間において、令和3年9月6日、別紙物件目録記載の建物（以下「本件建物」という）の建築工事を、代金2000万円で

請け負った。

- ⓘ　原告は、令和4年5月20日、上記ⓐの建築工事を完成させた。
- ⓤ　原告は、令和4年5月30日、本件建物を訪れた被告に対し、本件建物の受領を求めた。
- ⓔ　原告と被告は、上記ⓐの請負契約の際、報酬の支払期限を令和4年5月31日とするとの合意をした。
- ⓞ　令和4年5月31日は経過した。

【請求原因事実②（目的物の引渡しを要する場合・期限の定めなし）】

- ⓐ　原告は、被告との間において、令和3年9月6日、別紙物件目録記載の建物（以下「本件建物」という）の建築工事を、代金2000万円で請け負った。
- ⓘ　原告は、令和4年5月20日、上記ⓐの建築工事を完成させた。
- ⓤ　原告は、被告に対し、令和4年5月31日、本件建物を引き渡した。
- ⓔ　令和4年5月31日は経過した。

【請求原因事実③（目的物の引渡しを要しない場合）】

- ⓐ　原告は、被告との間において、令和3年10月1日、別紙企画書記載の講演の実施を、報酬20万円で請け負った。
- ⓘ　原告は、令和3年11月3日、上記ⓐの講演を行った。
- ⓤ　原告と被告は、上記ⓐの請負契約の際、報酬の支払期限を令和4年11月30日とするとの合意をした。
- ⓔ　令和4年11月30日は経過した。

　ところで、遅延損害金請求について売買と請負の両者を比較すると、売買の場合は「目的物の引渡し」の主張立証が必要となる一方、請負の場合は「目的物の引渡しの提供」の主張立証で足りるとされている。これは、売買の場合、民法575条2項本文の適用により、代金の利息（＝遅延損害金）を請求するためには目的物の引渡しが必要となる一方、請負の場合は、同条の準用が基本的には否定されると考えられるからである。

請負は有償契約であるため、その性質が許さないときを除き、民法575条を含む売買の規定が準用されることになる（民559条）。もっとも、民法575条は、売買契約により目的物の所有権が即時に移転することを前提に、代金の遅延損害金と簡易決済する趣旨で、売買の売主に目的物から生ずる果実の取得権を認めているが（同条１項）、請負契約においては、契約時に所有権が移転することはないから、民法575条の準用はないと解される。

　なお、民法575条２項本文が準用されない場合であっても、同時履行の抗弁権の存在効果を消滅させるため、目的物の引渡しの提供の主張立証は、なお必要となる。

売買の場合の要件事実
①　原告が被告との間で売買契約を締結したこと ②　履行期の経過 ③　目的物の引渡し ④　②③のより遅い時期以降の期間の経過

請負の場合の要件事実
①　原告と被告との間で請負契約を締結したこと ②　原告が仕事を完成したこと ③　履行期の経過 ④　目的物の引渡しの提供をしたこと ⑤　③④のより遅い時期以降の期間の経過

3　請負契約に基づく報酬請求訴訟における典型的な抗弁・再抗弁（類型別199頁）

(1)　総　　論

　抗弁は、請求原因事実と両立する事実で、かつ、請求原因事実によって発生した法律効果を障害・消滅・阻止する効果がある事実である。再抗弁は、抗弁事実と両立する事実で、かつ、抗弁によって発生した法律効果を障害・消滅・阻止する効果がある事実であり、これによって請求原因事実による法律効果が復活するものである。

(2)　同時履行１（引渡しとの同時履行）

　請負契約が目的物の引渡しを要する場合には、報酬の支払は目的物の引渡しと同時履行の関係に立つ（民633条本文）。

【引渡しとの同時履行の抗弁の要件事実】

① 請負契約が目的物の引渡しを要するものであること

② 原告が目的物の引渡しをするまで報酬の支払を拒絶する（権利主張）。

なお、①については、請求原因で現れている場合は主張が不要であり、②の権利主張のみとなる。

これに対し、原告は、同時履行の抗弁権を障害ないし消滅するため、目的物の引渡し前に報酬を支払う旨の先履行の合意があることまたは目的物の引渡しをしたことを再抗弁として主張することができる。同時履行の抗弁権は、反対給付の履行の提供が継続されない限り失われないから、同時履行の抗弁権の存在効果を障害させる場合と異なり、履行の提供では足りず、履行（引渡し）が必要である[4]。

(3) 同時履行２（契約不適合を理由とする修補との同時履行）

民法562条（買主の追完請求権）

① 引き渡された目的物が種類、品質又は数量に関して契約の内容に適合しないものであるときは、買主は、売主に対し、目的物の修補、代替物の引渡し又は不足分の引渡しによる履行の追完を請求することができる。ただし、売主は、買主に不相当な負担を課するものでないときは、買主が請求した方法と異なる方法による履行の追完をすることができる。

② 前項の不適合が買主の責めに帰すべき事由によるものであるときは、買主は、同項の規定による履行の追完の請求をすることができない。

請負契約は、有償契約であるから、売買の規定が準用されるため（民559条）、請負契約が目的物の引渡しを要するものであり、かつ、引渡しを受けた目的物が種類または品質に関して契約の内容に適合しない場合、注文者は目的物の修補を請求することができ（民562条１項本文）、その修補がされるまで報酬の支払を拒絶することができる（民533条）。

【修補との同時履行の抗弁の要件事実（設例の場合）】

① 原告が被告に対して請負契約に基づき目的物を引き渡したこと

---

4 類型別８〜９頁。

② 引渡し当時、目的物が種類または品質に関して請負契約の内容に適合しないものであったこと

③ 原告が目的物の契約不適合について修補するまで報酬の支払を拒絶する（権利主張）。

①と②は、民法562条から主張立証が必要である。なお、仕事の完成は、請求原因で現れているが、仕事の完成とは、予定された工程を一応終了することであるから、仕事の完成と契約内容の不適合とは両立する事実である[5]。

Basic 仕事の完成と契約不適合の関係について

仕事が完成したか否かは、工事が最後の工程まで一応終了したか否かによって決せられる。したがって、最後の工程が終了するまでは、仕事は完成していないため、請負人は報酬を請求することができない（ただし、民634条の要件に該当する場合には、請負人は出来形についての報酬請求ができる）。また、未完成のまま放置され、請負人に帰責事由がある場合には、注文者は請負人に対し債務不履行により損害賠償を請求できる。これに対し、工事が最後の工程まで一応終了していれば、目的物に契約不適合があったとしても、請負人は報酬を請求することができ、契約不適合の点は、請負人の報酬請求に対する注文者の抗弁となる。また、この場合、注文者から債務不履行による損害賠償を請求することもできる。

契約不適合を理由とする修補請求権と債務不履行に基づく損害賠償請求権との関係について、選択債権の関係にあると解した場合には、修補請求権を選択するとの意思表示（民407条1項）がされたことも要件事実となるが、仮にこのような立場に立ったとしても、「修補するまで報酬の支払を拒絶する」との権利主張には、修補請求権を選択するとの意思表示も含まれているとみることができるため、摘示すべき事実には変化は生じないこととなる[6]。

---

5 東京高判昭36.12.20判タ127.52。
6 類型別200頁。

具体的な摘示例は、以下のとおりである。

【請求原因事実】

あ　原告は、被告との間において、令和3年9月6日、別紙物件目録記載の建物（以下「本件建物」という）の建築工事を、代金2000万円で請け負った。

い　原告は、令和4年5月20日、上記あの建築工事を完成させた。

【抗弁事実（同時履行）】

カ　原告は、被告に対し、令和4年5月31日、本件建物を引き渡した。

キ　被告は、原告との間において、上記あの請負契約の際、本件建物の施工にあたり、その外壁に別紙材料目録記載の断熱塗料を塗布することを約した。

ク　引き渡された本件建物には、上記キの断熱塗料が塗布されていない。

ケ　被告は、原告が本件建物に上記キの断熱塗料を塗布するまで、報酬の支払を拒絶する（権利主張）。

　修補との同時履行の抗弁に対しては、請負人の担保責任の制限の再抗弁を主張立証することができる。

> 民法636条（請負人の担保責任の制限）
>
> 　請負人が種類又は品質に関して契約の内容に適合しない仕事の目的物を注文者に引き渡したとき（その引渡しを要しない場合にあっては、仕事が終了した時に仕事の目的物が種類又は品質に関して契約の内容に適合しないとき）は、注文者は、注文者の供した材料の性質又は注文者の与えた指図によって生じた不適合を理由として、履行の追完の請求、報酬の減額の請求、損害賠償の請求及び契約の解除をすることができない。ただし、請負人がその材料又は指図が不適当であることを知りながら告げなかったときは、この限りでない。

　請負人が種類または品質に関して契約の内容に適合しない仕事の目的物を引き渡したとしても、注文者は、注文者の供した材料の性質または注文者の与えた指図によって生じた不適合については、修補請求をすることができな

い（民636条本文）。

【請負人の担保責任制限の再抗弁の要件事実】

ⓐ　目的物の契約不適合が被告の提供した材料の性質により生じたこと

　　または

ⓑ　目的物の契約不適合が被告の与えた指図により生じたこと

　もっとも、請負人が、材料または指図が不適当であることを知りながら告げなかったときは、修補請求を妨げられない（民636条ただし書）。そこで、被告は、再々抗弁として、被告の提供した材料または被告の与えた指図が不適当であることを原告が材料または指図の変更可能な時期までに知っていたことを主張立証することができ、これに対しては、原告は、これを被告に告げたことを再々々抗弁として主張立証することができる。

　上記の契約内容の不適合が注文者の提供した材料または注文者の指図により生じた場合は、注文者に責めに帰すべき事由がある場合ということができるが、民法559条、562条2項は、契約内容の不適合が注文者の責めに帰すべき事由によるときは追完請求を認めていないため、注文者の提供した材料または注文者の与えた指図が不適当であるという場合に該当しない場合であっても、契約不適合について注文者に責めに帰すべき事由があれば、原告は、そのことを再抗弁として主張立証することができる。

(4)　同時履行3（契約不適合を理由とする損害賠償請求との同時履行）

　請負契約が目的物の引渡しを要するものであり、かつ、引渡しを受けた目的物が種類または品質に関して契約の内容に適合しない場合、注文者は債務不履行に基づく損害賠償を請求することができ（民559条、562条1項本文、564条、415条）、損害賠償がされるまで報酬全額の支払を拒絶することができる（民533条）。

【損害賠償との同時履行の抗弁の要件事実】

①　原告が被告に対して請負契約に基づき目的物を引き渡したこと

②　引渡し当時、目的物が種類または品質に関して請負契約の内容に適合しないものであったこと

> ③ 損害の発生およびその数額
> ④ 原告が①から③までに基づく損害賠償金の支払をするまで報酬の支払を拒絶する（権利主張）。

①ないし③は、債務不履行の発生原因事実であり[7]、④は、同時履行の抗弁権が権利抗弁であることから必要となる要件事実である。

被告は、契約不適合があれば、報酬額が損害賠償額を超える場合でも、報酬額全額の支払を拒絶できるのが原則であるが、契約不適合の程度や各契約当事者の交渉態度等に鑑み、報酬全額の支払を拒絶することが信義則に反すると認められるときは、同時履行の抗弁を主張することはできない（最判平9.2.14民集51.2.337）[8]。したがって、原告は、同時履行の抗弁に対して、被告が報酬全額の支払を拒絶することが信義則に反すること（規範的要件）の評価根拠事実を再抗弁として主張立証することができる[9]。なお、報酬額に比して損害賠償額があまりにも少額な場合には、原告の信義則違反の再抗弁を待つまでもなく、同時履行の抗弁自体が主張自体失当となることがある。

なお、請負契約がいくつかの目的の異なる仕事を含み、契約不適合がそのうちの一部の仕事の目的物にのみ存在する場合には、信義則上、同時履行関係は、契約不適合の存在する仕事部分に相当する報酬額についてのみ認められる（最判平9.2.14民集51.2.337）。複数の仕事とみるか否かは、仕事の内容、契約の目的等によることになる。

また、契約内容の不適合を理由とする損害賠償請求は、債務不履行に基づく損害賠償請求であるから（民564条参照）、債務不履行が債務者の責めに帰

---

7 修補にかわる損害賠償請求について民法415条2項が適用されると解すると（潮見・新契約各論Ⅱ235頁等）、損害賠償請求の前提として催告が必要となるが（同項3号、民541条）、端的に契約不適合自体について民法415条1項による損害賠償を認めれば足りるから、解除権の発生等を考慮する必要はなく催告は不要である（一問一答341頁、中田・契約法511頁）。

8 この事案は、請負代金1100万円余の請求に対し、瑕疵修補費用130万円余（認定額は82万円余）について損害賠償を請求するものであったが、訴訟前の交渉経緯もふまえて、請負代金全額について同時履行の抗弁を主張することは信義則に反しないと判断している。

9 類型別202頁。

することができない事由によるものであるときは、損害の賠償を請求することができない（民415条1項ただし書）。そのため、原告は、再抗弁として、原告の帰責事由の不存在の再抗弁を主張立証することができる。

さらに、損害賠償との同時履行の抗弁に対しては、修補との同時履行の抗弁と同様に、請負人の担保責任の制限の再抗弁を主張立証することができる。

(5) 相殺（類型別203頁）

ア 相殺の抗弁

請負契約が目的物の引渡しを要するものであり、かつ、引渡しを受けた目的物が種類または品質に関して契約の内容に適合しない場合、注文者は債務不履行に基づく損害賠償を請求することができるが（民559条、562条1項本文、564条、415条1項）、被告は、この損害賠償請求権を自働債権とし、原告の報酬請求権を受働債権として対当額で相殺することができる。

> **【損害賠償請求権による相殺の抗弁の要件事実】**
> ① 原告が被告に対して請負契約に基づき目的物を引き渡したこと
> ② 引渡し当時、目的物が種類または品質に関して請負契約の内容に適合しないものであったこと
> ③ 損害の発生およびその数額
> ④ 受働債権の一定額について自働債権をもって相殺する旨の意思表示

相殺の要件事実は、自働債権の発生原因事実と受働債権の一定額について自働債権をもって相殺する旨の意思表示であるところ（94頁を参照されたい）、①ないし③が自働債権である損害賠償請求権の発生原因事実である。なお、請負人の仕事の目的物の引渡義務と注文者の報酬支払義務は同時履行の関係にある（民633条）ところ、目的物の引渡義務と債務不履行による損害賠償債務とは同一性が認められるから、債務不履行による損害賠償債務と報酬支払義務も同時履行の関係に立つため、同時履行の抗弁権の存在効果により相殺が禁止されるのではないかという点が問題となる。しかし、請負人の報酬請求権と注文者の契約不適合を理由とする損害賠償請求権の相殺は、同一の請負契約をめぐる金銭のやりとりであり、それぞれ支払義務を負う金

銭について現実に金銭のやりとりをするよりも差引計算をして清算的調整を図ることが当事者双方にとって便宜であり、また、一方が履行した後、他方が履行しないのでは当事者間の公平に反することから許容されると解されている（最判昭53.9.21集民125.85参照）。

　また、請負人の報酬請求に対して、注文者が契約不適合を理由とする損害賠償請求権を自働債権とする相殺を主張した場合には、相殺後に残存する報酬支払義務は相殺の意思表示をした日の翌日から履行遅滞になると解される（最判平9.7.15民集51.6.2581）[10]。これは、注文者は信義則に反するような特段の事情がない限り、契約不適合による損害賠償がされるまで同時履行の抗弁権により報酬全額の支払を拒絶できるから、同時履行の抗弁権の存在効果により報酬支払義務全体について違法性が阻却され、履行遅滞に陥らないからである。相殺の意思表示後は報酬支払債務のみが残存し、同時履行の関係はなくなるから、注文者は遅滞の責任を負うことになる。したがって、遅延損害金の関係では、相殺の意思表示をするタイミングが重要になってくる。

　具体的な摘示例は、以下のとおりである。

【請負報酬請求と相殺の抗弁】

原告　建物建築工事の請負報酬2000万円およびこれに対する令和4年1月26日から支払ずみまでの遅延損害金を請求

被告　契約不適合を理由とする債務不履行に基づく500万円の損害賠償請求権を自働債権とする相殺を主張

【請求原因】

あ　X・Y　令和3年4月15日　建物建築工事を報酬2000万円で請け負う旨の合意

い　X　　　令和4年1月18日　上記工事完成

10　この点は、注文者の損害賠償請求に対して、請負人が報酬請求権を自働債権として相殺した場合も同様であって、相殺後に残存する損害賠償義務は相殺の意思表示をした日の翌日から履行遅滞になる。

⑤　X→Y　令和 4 年 1 月25日　上記建物引渡し

　⑥　令和 4 年 1 月25日経過

【抗　　弁】

　⑰　上記建物に約定の断熱材が使用されていない（契約不適合）。

　㋖　Y　断熱材追加工事に500万円を支出し同額の損害を被った。

　⑰　Y→X　令和 5 年 1 月23日　㋕㋖の損害賠償請求権をもって報酬請求権と相殺する旨の意思表示

　相殺の抗弁は、主たる請求（2000万円の報酬請求権）との関係では、500万円分の一部抗弁として機能する。一方、附帯請求（遅延損害金請求）との関係では、⑤㋕㋖の事実によって、契約不適合を理由とする請求権（修補請求権ないし損害賠償請求権）の存在が基礎づけられ、同時履行の抗弁権の存在効果が生ずることから、相殺により同請求権が消滅するまでの間、履行遅滞に陥らないとの効果をもたらす。すなわち、遅延損害金は、相殺後の1500万円について令和 5 年 1 月24日から生ずることとなり、相殺の抗弁は、その余の遅延損害金請求に対する一部抗弁として機能することになる。なお、ここで問題となっているのは、目的物引渡しとの同時履行ではなく、上記のとおり契約不適合を理由とする損害賠償請求との同時履行である。目的物引渡しとの同時履行関係は、⑤の事実により消滅している。

Advance

相殺の抗弁と重複起訴の禁止

　相殺の抗弁については、自働債権の成立または不成立の判断に対当額の限度で既判力が生じるため（民訴114条 2 項）、別訴で訴訟物とされている債権を自働債権として相殺することが重複起訴を禁止する民訴法142条に違反しないかが問題となる。この点に関する判例として、最判平3.12.17民集45.9.1435（以下「平成 3 年最判」という）がある。同最判は、民訴法142条（当時の231条）を類推して、係属中の別訴において

訴訟物となっている債権を自働債権として他の訴訟において相殺の抗弁を主張することは許されないと判示している。この事案は、控訴審段階で初めて別訴と本訴が併合され、相殺の抗弁主張後に分離されたという事案であるが、平成3年最判は、「抗弁が控訴審の段階で初めて主張され、両事件が併合審理された場合についても同様」と説示しており、同一手続内で訴訟物になっている債権を相殺の自働債権とする場合にも相殺は認められないとする立場である。同一手続内で審理されていても、弁論分離の可能性がある以上、重複起訴禁止の趣旨（既判力の抵触、審理の重複による不経済、被告の応訴の負担）に反するというものと解される。

また、この点について最判平18.4.14民集60.4.1497（以下「平成18年最判」という）は、注文者が瑕疵修補にかわる損害賠償を請求したのに対し、請負人が報酬請求の反訴を提起し、その後、本訴において報酬請求権を自働債権とする相殺の抗弁を提出した場合について、本訴において相殺の自働債権である損害賠償請求権につき既判力ある判断が示された場合には、反訴提起者の合理的な意思解釈として、反訴はその部分については反訴請求しない趣旨の予備的反訴に変更されると解することにより、既判力の抵触という重複起訴の問題は生じないとしている。平成18年最判は、予備的反訴となることにより弁論の分離が禁止されることを前提とするものである（一般に本訴と反訴を分離することは禁止されていない）。

他方、最判令2.9.11（民集74.6.1693）（以下「令和2年最判」という）は、請負人からの報酬請求に対し、注文者が瑕疵修補にかわる損害賠償請求の反訴を提起した場合に、請負人が反訴において報酬請求権を自働債権とする相殺の抗弁を主張した事案である。同最判は、瑕疵修補にかわる損害賠償請求権は、実質的、経済的には、請負代金を減額し、当事者が相互に負う義務につきその間の等価関係をもたらす機能を有するものであり、同時履行の関係にあるとはいえ相互に現実の履行をさせる特別の利益はなく、相殺による清算的調整を図るべき要請が強いから、本訴と反訴を分離することは許されないとしたうえ、併合して審

理、判断される限り、判断の矛盾抵触のおそれや審理の重複による訴訟上の不経済は生じないから、請負人が反訴に対し相殺の抗弁を主張することは重複起訴を禁止した民訴法142条の趣旨に反しないとしている。

　平成18年最判は、相殺の抗弁を提出した反訴原告の合理的意思解釈として予備的反訴への変更を認める（これにより弁論の分離は許されないことになる）という形式的、技術的な理由により重複起訴の禁止の趣旨に反しないとしたものであり、令和２年最判は、報酬請求権と瑕疵修補にかわる損害賠償請求権との実質的な関係から、弁論の分離は許されず、両者間の相殺は許されるとしたものである。これらの判例の関係が問題となるが、令和２年最判のように実質的な観点に立つと、平成18年最判のケースにおいても、反訴原告は、予備的反訴に変更せずとも相殺の抗弁を提出できることになるため、反訴原告が特に明示的に予備的反訴に変更する旨の意思表示をしていない限り、通常の反訴のままで相殺の抗弁を提出していると合理的意思解釈ができ、その場合でも相殺の抗弁は重複起訴の禁止の趣旨に反しないことになろう。

イ　帰責事由不存在の再抗弁、担保責任の制限の再抗弁

　被告の相殺の抗弁は、契約不適合（債務不履行）による損害賠償請求権を自働債権とするものであるから、通常の債務不履行と同様に、原告は、帰責事由の不存在の再抗弁を主張立証することができる（民415条１項ただし書）。また、契約不適合による修補との同時履行の抗弁の場合と同様に請負人の担保責任の制限の再抗弁を主張立証することができる。

ウ　期間制限の再抗弁

　また、請負人が種類または品質に関して契約の内容に適合しない仕事の目的物を引き渡した場合において、注文者がその不適合を知った時から１年以内にその旨を請負人に通知しないときは、注文者は、その不適合を理由として損害賠償の請求をすることができない（民637条１項）。民法637条１項は、「通知しないときは」と規定しているが、請負人に「通知しない」という消極的事実の主張立証責任を負わせるよりも、注文者に通知したという積極的事実の主張立証責任を負わせるほうが当事者間の公平に適うというべき

である。したがって、担保責任の期間制限の再抗弁の要件事実は以下のとおりである。

> **【期間制限の再抗弁の要件事実】**
> ①　被告が目的物の契約不適合を知ったこと
> ②　①の時期から１年が経過したこと（最終日が経過したこと）

　もっとも、不適合を知ってから１年が経過する前に報酬請求権と損害賠償請求権が相殺適状に達していたときは、民法508条の類推適用により、上記期間経過後も相殺が可能と解されている（最判昭51.3.4民集30.2.48）。そして、仕事の目的物の引渡しにより損害賠償請求権は発生するとともに、注文者は報酬を支払わなければならなくなるから、通常、請求原因および抗弁において相殺適状が生じていたことが現れているため、期間制限の抗弁は主張自体失当となる。したがって、期間制限の抗弁が機能するのは、報酬請求権について上記期間経過後を弁済期と定めていたような場合に限られることになる[11]。

　なお、期間制限の再抗弁が主張自体失当とならない場合には、被告は、再々抗弁として、被告が不適合を知った時から１年以内にその旨を通知したことを主張立証することができる。

> **【通知の再々抗弁の要件事実】**
> 　被告は、原告に対し、契約不適合を知った時から１年以内にその旨通知した。

　また、１年の期間制限の規定は、仕事の目的物を注文者に引き渡した時（その引渡しを要しない場合にあっては、仕事が終了した時）において、請負人が契約不適合を知り、または重大な過失によって知らなかったときは適用がないため（民637条２項）。したがって、被告は、請負人の悪意または重過失の再々抗弁を主張立証することができる。

11　類型別205頁。

【請負人の悪意または重過失の再々抗弁の要件事実】

ⓐ　原告は、仕事の目的物の引渡しの時に目的物の種類または品質に関する契約不適合を知っていたこと

　　　　または

ⓑ　原告は、仕事の目的物の引渡しの時に目的物の種類または品質に関する契約不適合を知らなかったことにつき重大な過失があったことを根拠づける評価根拠事実があること

Advance

住宅の品質確保の促進等に関する法律（品確法）

　品確法94条1項は、住宅を新築する建設工事の請負契約においては、請負人は、注文者に引き渡した時から10年間、住宅のうち構造耐力上主要な部分または雨水の浸入を防止する部分として政令で定めるものの瑕疵（品確法は瑕疵という文言を残しているが、その意味は契約不適合と同じである）については民法562条以下に規定する契約不適合責任を負うとして、新築住宅の品質の確保を図っている。

　したがって、抗弁で新築住宅の構造耐力上主要な部分または雨水浸入防止に関する政令指定部分の契約不適合であることが現れている場合には、契約不適合を知ってから1年の期間制限の再抗弁は主張自体失当となる。新築住宅の上記部分の契約不適合についての期間制限の再抗弁は以下のとおりとなる。

① 請負人が注文者に対し新築住宅を引き渡したこと（抗弁に現れる）

② ①の引渡しから10年が経過したこと

　これに対し、注文者は、再々抗弁として、「目的物の引渡しから10年以内に契約不適合による損害賠償請求権を行使したこと」を主張立証することができる。また、品確法96条は、一時使用のために建設されたことが明らかな住宅については品確法94条を適用しないとしているので、請負人は、再抗弁として、「住宅が一時使用のために建設されたこと」が明らかであることを基礎づける評価根拠事実を主張立証することができる。

(6)　代金減額請求（類型別206頁）

　請負契約が目的物の引渡しを要するものであり、かつ、引渡しを受けた目的物が種類または品質に関して契約の内容に適合しない場合、注文者は、相当の期間を定めて目的物の修補を請求し、その期間内に修補（履行の追完）がないときは、その不適合の程度に応じて代金の減額を請求することができる（民559条、563条1項、562条1項本文）。

【契約不適合を理由とする代金減額請求の要件事実】
① 　原告が被告に対して請負契約に基づき目的物を引き渡したこと
② 　引渡し当時、目的物が種類または品質に関して請負契約の内容に適合しないものであったこと
③ 　被告が原告に対して修補（履行の追完）をするよう催告したこと
④ 　③の催告後相当期間が経過したこと
⑤ 　被告が原告に対して②を理由とする代金減額の意思表示をしたこと
⑥ 　減額されるべき報酬額

　代金減額請求権は、形成権であるから、⑤のとおり注文者の請負人に対する代金減額請求の意思表示が必要である。催告に相当期間を定めることが不要であることや不相当な期間を定めても相当期間が経過すれば代金減額請求権が発生することは、債務不履行に基づく解除権の行使の場合と同様である。また、代金減額請求をする際には減額されるべき報酬額を主張立証する必要がある。

　代金減額請求に対しては、原告は、再抗弁として、修補（履行の追完）したことを主張立証することができる。

【修補（履行の追完）の再抗弁の要件事実】
　原告は、相当期間経過前に修補（履行の追完）をしたこと

なお、相当期間経過後であっても代金減額請求の意思表示がされる前に修補（履行の追完）がされれば、代金減額請求は認められないと解される。

また、原告は、請負人の担保責任を障害ないし消滅させるものとして、請負人の担保責任の制限の再抗弁（民636条本文）、注文者の帰責事由の再抗弁（民559条、563条3項）、担保責任の期間制限の再抗弁（民637条1項）などを主張立証することができる。

(7) 催告による解除（類型別208頁）

請負契約が目的物の引渡しを要するものであり、かつ、引渡しを受けた目的物が種類または品質に関して契約の内容に適合しない場合、注文者は、相当の期間を定めて目的物の修補を請求し、その期間内に修補（履行の追完）がないときは、契約を解除することができる（民559条、562条1項、564条、541条）。

【契約不適合を理由とする解除の要件事実】

① 原告が被告に対して請負契約に基づき目的物を引き渡したこと

② 引渡し当時、目的物が種類または品質に関して請負契約の内容に適合しないものであったこと

③ 被告が原告に対して修補（履行の追完）をするよう催告したこと

④ ③の催告後相当期間が経過したこと

⑤ 被告が原告に対して④の経過後に請負契約解除の意思表示をしたこと

⑥ 被告が原告に対して②の催告以前に報酬の弁済の提供をしたこと

---

⑥は、同時履行の抗弁権の存在効果として解除の前提となる債務不履行の違法性が阻却されるため、その効果の発生を障害または消滅させるべく反対給付である報酬の弁済の提供を主張するものである。催告は債務不履行に陥った後にされる必要があるので、催告以前の弁済の提供が必要である（時的要素）。⑤は、相当期間経過前に債務が履行されれば解除を認める必要はないから、解除の意思表示は相当期間経過後にされる必要がある（時的要素）。もっとも、催告と同時に相当期間の（末日の）経過を停止期限として解除の意思表示をする例は実務上少なくないが、その場合も解除の効果が発

生するのは相当期間経過後であるから許容されている。

　これに対し、原告は、請負人の担保責任を障害ないし消滅させるものとして、請負人の担保責任の制限の再抗弁（民636条本文）、注文者の帰責事由の再抗弁（民543条）、担保責任の期間制限の再抗弁（民637条1項）、不履行の軽微性の再抗弁（民541条ただし書）などを主張立証することができる。不履行の軽微性とは、催告後相当期間経過時（時的要素）における債務の不履行がその契約および取引上の社会通念に照らして軽微であるときは当事者間の公平の観点から解除権は発生しないとするものである。この軽微性の要件は、軽微か否かという評価にかかわるものであるから規範的要件であり、軽微性を基礎づける評価根拠事実が再抗弁となり、評価障害事実が被告の再々抗弁となる。

第2節　注文者が受ける利益の割合に応じた報酬請求権をめぐる要件事実等について（類型別209頁）

I　設例・解答

設例　　次の場合の訴訟物、請求の趣旨、請求原因、抗弁はどうなるか。

Xの言い分

　私は、Yとの間において、令和3年9月6日、Yの自宅建物の建築工事を代金2000万円で請け負う旨の契約を締結しました。しかし、建物建築中に経営状態が悪化し、建物を8割方完成させたところで事実上倒産してしまいました。私は、完成分に相当する報酬として1600万円を請求します。なお、Y主張の断熱材は入れています。

Yの言い分

　X主張のとおり請負契約を締結したこと、Xが建物を8割方完成させたところで、事実上倒産してしまったことは認めますが、出来形[12]が1600万円の価値を有するかは知りません。また、Xが完成させた1階の台所の壁には約

定の断熱材が入っていないため、その修補に200万円を要したため、その分
は相殺します。

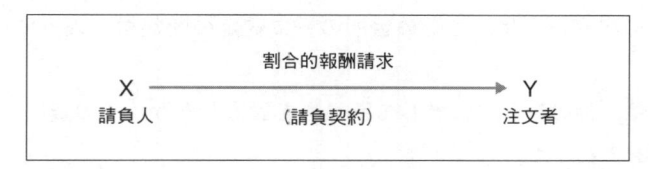

> 民法634条（注文者が受ける利益の割合に応じた報酬）
> 　次に掲げる場合において、請負人が既にした仕事の結果のうち可分な部
> 分の給付によって注文者が利益を受けるときは、その部分を仕事の完成と
> みなす。この場合において、請負人は、注文者が受ける利益の割合に応じ
> て報酬を請求することができる。
> 一　注文者の責めに帰することができない事由によって仕事を完成するこ
> 　とができなくなったとき。
> 二　請負が仕事の完成前に解除されたとき。

解　答

(1)　訴　訟　物

　請負契約に基づく報酬請求権　1個

　　契約に基づいて発生する請求権の場合、訴訟物は契約の個数によるか
　ら、訴訟物の個数は1個である。

(2)　請求の趣旨

　　Yは、Xに対し、1600万円を支払え。

(3)　請求原因

　㋐　Xは、Yとの間で、令和3年9月6日、代金2000万円で被告の自宅建
　　物を建築する旨の請負契約を締結した。　　　　　　　　　　【○】

　㋑　Xは、仕事を完成させることができなくなった。　　　　　【○】

　㋒　Xは、Yの自宅建物を8割完成させた。　　　　　　　　　【○】

　㋓　㋒に相当する報酬額は1600万円であり、この額はYが受ける利益の割
　　合に照らして相当である。　　　　　　　　　　　　　　　　【△】

12　出来形とは既施工部分をいい、既施工部分に応じた相当報酬額を出来高という。

(4) 抗　　弁

　㋕　Xは、Yに対し、Xが完成させた出来形を引き渡した。　　【○】

　㋖　その出来形では、1階の台所の壁に約定の断熱材が入っていなかっ
　　た。　　　　　　　　　　　　　　　　　　　　　　　　　　　　【×】

　㋗　Yは、他の業者に依頼して断熱材を設置したが、その費用として200
　　万円を支払った。　　　　　　　　　　　　　　　　　　　　　　【△】

　㋘　Yは、Xに対し、㋗について、損害賠償請求を選択するとの意思表示
　　をした。　　　　　　　　　　　　　　　　　　　　　　　　　　【△】

　㋙　Yは、Xに対し、本件口頭弁論期日において、Xの報酬債権と㋗の損
　　害賠償請求権とを対当額で相殺するとの意思表示をした。　　　　【顕】

(5) 典型的な抗弁・再抗弁

　　契約不適合による損害賠償との相殺―請負人の帰責事由の不存在、請負
　人の担保責任の制限

Ⅱ　解　　説

1　請求の趣旨

　注文者が受ける利益の割合に応じた報酬額の支払を求めることになる。設
例では、8割の完成であるため、本来の報酬額に8割を乗じた額を請求でき
る。訴訟物は、すでにした可分な部分について完成とみなして請求するもの
であり、この割合的報酬も仕事の結果に対する対価であるから、訴訟物は請
負契約に基づく報酬請求権である[13]。

2　請求原因

> 【割合的報酬請求の要件事実】
> ①　原告が被告との間で請負契約を締結したこと
> ②ⓐ　原告が仕事を完成することができなくなったこと
> 　　　　または

---

[13]　類型別210頁。

ⓑ　仕事完成前に請負契約が解除されたこと
③－1　原告が②までに仕事の一部をしたこと
③－2　原告がした仕事の結果が可分であること
③－3　可分な部分の給付によって被告が利益を受けたこと

　民法634条1号は、「注文者の責めに帰することができない事由によって仕事を完成することができなくなったとき」と規定しているが、原告は、完成不能（履行不能）が被告の責めに帰することができない事由によるものであることを主張立証する必要はない。完成ができなくなったのが被告の責めに帰すべき事由によるときは、民法536条2項により原告は報酬全額を請求することができる。要するに、被告の帰責事由の有無にかかわらず完成部分に対応する割合的報酬は請求でき、被告に帰責事由があるときは報酬全額を請求できるという構造になっている。したがって、報酬全額を請求する場合にのみ、請負人は、請求原因において注文者である被告の責めに帰すべき事由による完成不能（履行不能）であることを主張立証する必要がある[14]。
　なお、③－2の可分性の要件、③－3の利益性の要件も民法634条本文により割合的報酬を請求する場合の要件事実であるが、建物建築のような場合には、途中で工事が履行不能になり、または解除された場合、通常、施工部分について可分性および利益性の要件が認められるから、特に争われない限り、これらの要件について特段の主張をしないことが多い。

3　注文者が受ける利益の割合に応じた報酬請求訴訟における典型的な抗弁・再抗弁

　典型的な抗弁としては、設例のように、被告が引渡しを受けた部分についての契約不適合（債務不履行）による損害賠償請求権による相殺の抗弁がある。

【相殺の抗弁の要件事実】
①　原告が被告に対し出来形を引き渡したこと

14　類型別210～211頁。

② 出来形に契約不適合があること

③ 損害の発生と数額

④ 被告が原告に対し損害賠償請求権を選択するとの意思表示をしたこと

⑤ 被告が原告に対し相殺の意思表示をしたこと

　これに対する再抗弁としては、請負人の帰責事由の不存在（民415条1項ただし書）や請負人の担保責任の制限（民636条本文）などを主張立証することができる。このように一部完成部分（施工部分は民法634条により完成とみなされる）に契約不適合があった場合には、完成した建物に契約不適合があった場合と同様に処理されるのであるが、契約不適合の程度が著しく大きい場合には、むしろ民法634条の利益性の要件を欠くとみるべき場合もあるであろう。

第3節　契約不適合を理由とする債務不履行に基づく損害賠償請求権をめぐる要件事実等（類型別211頁）

Ⅰ　設例・解答

設例　次の場合の訴訟物、請求の趣旨、請求原因事実はどうなるか。また、抗弁以下についてどのようなものが考えられるか。

Xの言い分

　私は、Yとの間において、令和3年9月6日、私の自宅建物の建築工事について代金2000万円で請負契約を締結しました。Yは、約定の期日までに建物を完成させ、引き渡しましたが、知人の建築士に念のため引渡しを受けた建物を点検してもらったところ、約定の断熱材が使用されていないことが判明したため、同建築士に紹介された建築業者Zに修補工事を依頼し、300万円を支払いました。私は、Yに対し、損害賠償を求めます。

損害賠償請求

X ──────────────→ Y

注文者 （請負契約） 請負人

··

解 答

(1) 訴 訟 物

債務不履行に基づく損害賠償請求権　1個

債務不履行に基づく損害賠償請求権の個数は、債務不履行の個数によるから、訴訟物の個数は1個である。

(2) 請求の趣旨

Yは、Xに対し、300万円を支払え。

(3) 請求原因

ⓐ 被告は、原告との間で、令和3年9月6日、代金2000万円で原告の自宅建物を建築する旨の請負契約を締結した。

ⓘ 原告と被告は、ⓐに際し、建物外壁の下には別紙材料目録記載の断熱材を敷設することを合意した。

ⓤ 被告は、原告に対し、建築した建物を引き渡した。

ⓔ 引き渡された建物には約定の断熱材が使用されていなかった。

ⓞ 原告は、断熱材を施工したZに対し、300万円を支払った。

(4) 典型的な抗弁・再抗弁

期間制限―不適合通知、悪意・重過失

請負人の担保責任の制限―悪意―告知

請負人の帰責事由不存在

Ⅱ 解 説

1 請求の趣旨

断熱材の施工をしたZに支払った300万円が損害となるので、300万円の支払を求めることになる。なお、附帯請求として300万円の支払の遅滞に基づく遅延損害金も請求する場合は、「被告は、原告に対し、300万円及び訴状送

達の日の翌日から支払済みまで年3分の割合による金員を支払え」となる。訴訟物については、契約不適合による損害賠償請求は、債務不履行によるものと整理されている（民564条）から、訴訟物は債務不履行に基づく損害賠償請求権である。

2　請求原因

請負契約が目的物の引渡しを要するものであり、かつ、引渡しを受けた目的物が種類または品質に関して契約の内容に適合しない場合、注文者は債務不履行に基づく損害賠償を請求することができる（民559条、562条1項本文、564条、415条1項）。

【債務不履行による損害賠償請求の要件事実】
① 原告が被告との間で請負契約を締結したこと
② 被告が原告に対して請負契約に基づき目的物を引き渡したこと
③ 引渡し当時、目的物が種類または品質に関して請負契約の内容に適合しないものであったこと
④ 損害の発生およびその数額

3　契約不適合に基づく損害賠償請求訴訟における典型的な抗弁・再抗弁

(1)　期間制限の抗弁

注文者は、目的物の契約不適合を知った時から1年以内にその旨を請負人に通知しないときは、その不適合を理由として、損害賠償請求をすることができなくなる（民637条1項）。なお、新築建物の構造耐力上の不適合または雨水の浸入を防止する部分として政令で定めるものの瑕疵については、住宅の品質確保の促進等に関する法律94条1項により担保責任を負う期間は引渡し時から10年に伸長されているので、注意を要する。

【請負人の担保責任の期間制限の抗弁の要件事実】
① 原告が目的物の不適合を知ったこと

> ② ①の時期から1年が経過したこと（最終日の経過、民140条）

通知したことの主張立証責任は、当事者間の公平の見地等から原告が負うと解するのが相当であるから、原告は、再抗弁として、通知したことを主張立証することができる。

【通知の再抗弁の要件事実】
　原告は、不適合を知った時から1年以内にその旨を被告に通知した。

また、期間制限の規定は、仕事の目的物を注文者に引き渡した時（その引渡しを要しない場合にあっては、仕事が終了した時）において、請負人が不適合を知り、または重大な過失によって知らなかったときは適用されない（民637条2項）から、原告は、再抗弁として、契約不適合に対する被告の悪意または重過失を基礎づける評価根拠事実を主張立証することができる。

【悪意または重過失の再抗弁の要件事実】
ⓐ　被告が引渡しの時に不適合を知っていたこと
　　　または
ⓑ　被告が引渡しの時に不適合を知らなかったことにつき重大な過失があったことの評価根拠事実

ⓑに対しては、被告が引渡しの時に不適合を知らなかったことにつき重大な過失があったことの評価障害事実が再々抗弁となる。

(2) その他の典型的な抗弁

請負人の担保責任の制限の抗弁、請負人の帰責事由の不存在の抗弁などがある。

第4節 所有権に基づく建物保存登記抹消登記手続請求権をめぐる要件事実等（類型別213頁）

Ⅰ 設例・解答

設例 次の場合の訴訟物、請求の趣旨、請求原因事実、抗弁事実はどうなるか。

Xの言い分

　私は、Yとの間で、令和3年9月6日、自宅建物の建築工事について代金2000万円で請負契約を締結しました。代金は、建物完成、引渡し後1カ月後に支払う約定でした。Yは、建物を完成させ、私に引き渡しましたが、建物にはYの保存登記がされています。私は、代金を支払ったため、Yの保存登記の抹消を求めます。

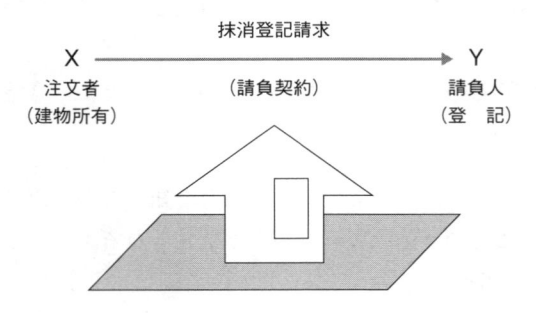

解答

(1) 訴訟物

　所有権に基づく妨害排除請求権としての建物保存登記抹消登記請求権　1個

　　物権的請求権の個数は、（物権の個数）×（侵害の個数）であるから、1×1で1個となる。

(2) 請求の趣旨

Ｙは、別紙物件目録記載の建物について別紙登記目録記載の所有権保存登記の抹消登記手続をせよ。

(3)　請求原因事実

　　あ　Ｘは、Ｙとの間で、令和3年9月6日、代金2000万円でＸの自宅建物を建築する旨の請負契約を締結した。

　　い　建物は完成した。

　　う　Ｙは、Ｘに対し、あの請負契約に基づき建物を引き渡した。

　　え　建物にはＹ名義の所有権保存登記がある。

(4)　典型的な抗弁・再抗弁

　　　注文者による契約解除（民641条）

　　　所有権喪失

Ⅱ　解　　説

1　請求の趣旨

　　登記自体は登記官が行うもので、当事者は登記申請をするにすぎないから、「登記せよ」ではなく「登記手続をせよ」とする。また、実務では、抹消登記の場合、移転登記と異なり「原告に対し」の記載はせず、登記原因も記載しないのが通例である。

　　訴訟物となる登記請求権には、物権的登記請求権、債権的登記請求権、物権変動的登記請求権があるが、設例では、登記に関する合意はないから債権的登記請求権を選択する余地はなく、物権的登記請求権と物権変動的登記請求権では、請求者が現に物権を有している場合には、前者が選択されるのが通例である。

2　請求原因

【所有権に基づく建物保存登記抹消登記請求権の要件事実】

①　Ｘがその建物を所有していること

②　被告名義の建物保存登記があること

①については、現所有について権利自白が成立しない場合には、原始取得ならば所有権の取得原因事実、承継取得ならば原始取得または権利自白の成立時点以降の所有権取得（移転）原因事実を主張立証する必要がある。設例は、建物建築請負契約に係る事案であるところ、建物建築請負契約の場合には、請負人が材料を調達して建築することにより建物の所有権を原始取得し、建物を注文者に引き渡すことによって所有権が注文者に移転すると解されている（最判昭40.5.25集民79.175）。そして、建物建築請負契約においては、請負人が材料を調達して建築するのが通例であるから、建物建築請負契約の締結、請負人による建物の完成（原始取得）、注文者への引渡しによって注文者の所有権が主張立証されたことになる。なお、ここでの建物の完成とは、民法632条の仕事の完成ではなく、建物所有権の成否の問題であるから、建築された物が屋根および周壁を有し、土地に定着する1個の建物として存在するに至ったことをいうものである[15]。

②は、原告の所有不動産について正当な権原に基づかない保存登記がされていることは、原告の所有権が占有侵奪以外の方法で侵害されていることにほかならないから、被告名義の保存登記の存在が要件事実として必要となる（登記保持権原は、占有正権限と同様に抗弁である）。

もっとも、請負契約において、注文者が完成した建物の所有権を取得するとの合意がある場合（最判昭46.3.5集民102.219）、注文者が材料の主要部分を調達した場合（大判昭7.5.9民集11.824）、注文者が建物完成前に請負人に報酬を支払った場合（最判昭44.9.12集民96.579）には、注文者が完成した建物の所有権を原始取得する。

【注文者が所有権を取得する場合の要件事実】

① 原告が被告との間で建物建築を目的とする請負契約を締結したこと

② 建物が完成したこと

---

15 類型別215頁。中田・契約法514頁は、着工後、①棟上げがされ建前となる段階、②屋根や周壁ができ、独立した不動産として所有権の対象となる段階、③床や天井も備わった段階、④内装や電気・ガスなどの設備も整った段階などがあるとしたうえで、請負における完成（製造完了）は④以降であるが、所有権の帰属の問題としては、工事中であっても②の段階で不動産となるため、②が基準時になるとする。

③ⓐ　被告が原告に対して請負契約に基づき建物を引き渡したこと

　　　　または

ⓑ　原告と被告との間で、建物の完成と同時に原告が建物の所有権を
　　取得するとの合意をしたこと

　　　　または

ⓒ　原告が建物の材料の主要部分を調達したこと

　　　　または

ⓓ　原告が被告に対して建物完成よりも前に報酬を支払ったこと

設例は、③のⓐの場合である。

Basic

完成した建物の所有権の帰属

　建物建築請負契約に基づいて完成した建物の所有権の帰属について
は、請負人帰属説と注文者帰属説が対立している。もっとも、請負人帰
属説も、契約で注文者に帰属することが合意されている場合、注文者が
材料の全部または主要な部分を提供している場合、注文者が施工の過程
で出来形に応じて代金を分割弁済している場合などは、完成時に注文者
に所有権が帰属することを肯定している。したがって、所有権帰属につ
いての合意のない場合や設例のように代金支払が建物完成後の場合が問
題となる。ポイントとしては、請負人帰属説は、請負代金の回収の担保
として所有権を請負人に帰属させる必要があることを強調するが、注文
者帰属説は請負代金の回収の担保は同時履行の抗弁権、留置権、不動産
工事の先取特権で十分であると反論している。また、注文者帰属説から
請負人には敷地利用権がないことが指摘されているが、請負人帰属説か
らは建物が一定の土地上に建築される以上、第三者所有の土地であって
も建物利用の範囲内では敷地を留置（占有）できると反論している。な
かなか決め手はないが、請負人が材料の全部または主要な部分を提供す
る通常の場合に、建物完成により当然に注文者の所有となる点について
注文者帰属説から十分な説明がされておらず、当事者間の公平という点

からは請負人帰属説が相当である。

3　所有権に基づく建物保存登記抹消請求訴訟における典型的な抗弁・再抗弁（類型別215頁）

⑴　注文者による契約解除の抗弁

> 民法641条（注文者による契約の解除）
>
> 　請負人が仕事を完成しない間は、注文者は、いつでも損害を賠償して契約の解除をすることができる。

　注文者は、仕事が完成しない間はいつでも損害を賠償して契約を解除できる（民641条）ところ、請負人である被告は、抗弁として、注文者である原告による契約解除があったことを主張立証することができる。建物が完成し、保存登記がされている以上、解除はできないのが通常であろうが、民法641条の仕事の完成は、民法632条の仕事の完成であり、建物として所有権の対象になるという意味での建物の完成とは異なる。したがって、所有権の対象としての建物の完成→請負人による保存登記→民法632条の仕事の完成という時系列のなかで仕事の完成前に保存登記のされた建物の建築請負契約が解除されるという事態は生じうる。

　なお、目的物が可分であって、完成した部分だけでも当事者にとって利益があるときは、未完成の部分についてのみ解除することができる（大判昭7.4.30民集11.780。民634条参照）。

⑵　所有権喪失の抗弁

　原告の請求は、物権的登記請求権に基づくものであるから、被告は、抗弁として、原告が完成した建物を売買することなどによりその所有権を喪失したことを主張立証することができる。これに対しては、売買契約についての無効、取消し、催告による解除等が再抗弁となる。

所有権に基づく
不動産明渡請求等

第 1 節　土地明渡請求権をめぐる要件事実等について（類型別53頁）

I　設例・解答

設例　次の場合の訴訟物、請求の趣旨、請求原因事実、抗弁事実はどうなるか。

Xの言い分

　私は、空き地となっている甲土地を所有していますが、最近、たまたま甲土地付近を通りかかったところ、Yが甲土地を全面的に資材置き場として無断で使用していることを知りました。私が甲土地をAに売ったことなどありません。私は、Yに対して、甲土地の明渡しを求めるとともに、甲土地の使用収益を妨げられたことにより賃料相当損害金として月4万円の損害賠償を求めます。

Yの言い分

　私がXの所有していた甲土地を資材置き場として全面的に占有していることは認めますが、賃料相当損害金が月4万円であることは知りません。Xは、令和5年2月5日、Aに甲土地を代金1000万円で売却していますから、Xの明渡請求に応じるつもりはありません。

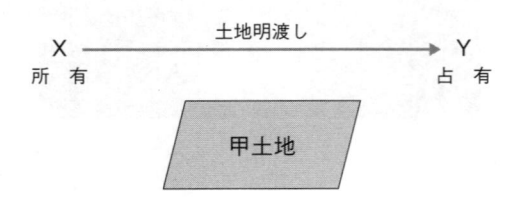

X ──────土地明渡し──────▶ Y
所 有   占 有

甲土地

....

（解 答）

(1) 訴 訟 物

　所有権に基づく返還請求権としての土地明渡請求権　　1個

　不法行為に基づく損害賠償請求権　　1個

(2) 請求の趣旨

　㋐　Yは、Xに対し、甲土地を明け渡せ。

　㋑　Yは、Xに対し、令和5年4月9日から前項の明渡済みまで1カ月4万円の割合による金員を支払え。

　　物権的請求権の訴訟物の個数は、（物権の個数）×（侵害の個数）により、不法行為による損害賠償請求権の訴訟物の個数は不法行為の個数によるため、いずれも1個である。

　　各請求権は、両立可能なものであるから単純併合である。

(3) 請求原因

　㋐　Xが令和5年2月5日当時、甲土地を所有していたこと（所有要件）

　　　　　　　　　　　　　　　　　　　　　　　　　　　　　【○】

　㋑　Yが甲土地を占有していること（占有要件）　　　　　　【○】

　㋒　甲土地の賃料相当損害金は月額4万円である。　　　　　【△】

(4) 抗　　弁

　　Xは、Aに対し、令和5年2月5日、代金1000万円で甲土地を売った。

　　　　　　　　　　　　　　　　　　　　　　　　　　　　　【×】

(5) 典型的な抗弁・再抗弁

　　所有権喪失―通謀虚偽表示、催告による解除、所有権留保特約

　　対抗要件―対抗要件具備

　　対抗要件具備による所有権喪失

Basic 物権的請求権の訴訟物とその個数

(1) 物権は、特定の物を直接に支配して利益を受ける排他的な権利である。この点は、債権が、債権者が債務者に対して特定の行為（給付）を請求することのできる権利であり、権利の実現のために債務者の行為を必要とするのとは対照的である。一般的に、物権は支配権であり、債権は請求権といわれている。もっとも、物権の内容を完全に実現することが他人によって妨げられ、あるいは妨げられるおそれがある場合には、物権者は、妨害者ないし妨害のおそれを生じさせている者に対してその妨害ないしそのおそれを排除するため、一定の行為を請求することができ、これを物権的請求権という。民法は、占有権については、占有権の行使が妨げられた場合には、占有回収の訴え（民200条）、占有保持の訴え（民198条）、占有保全の訴え（民199条）を認めているが、所有権については、特に規定を設けていない。しかし、所有権は、事実状態を保護する占有権よりも強力な権利であるし、民法202条1項も「本権の訴え」を予定しているから、占有権について認められているこれらの訴えに対応する物権的請求権が解釈上認められている。

① 返還請求権（占有回収の訴えに対応）

他人の占有によって物権が侵害されている場合（占有が侵奪されている場合）にその返還を請求する権利

② 妨害排除請求権（占有保持の訴えに対応）

占有侵奪以外の方法で他人によって物権が侵害されている場合にその妨害の排除を請求する権利

③ 妨害予防請求権（占有保全の訴えに対応）

他人によって物権侵害のおそれがある場合にその妨害の予防を請求する権利

(2) 物権的請求権の個数は、侵害されている物権の個数と侵害の個数

（かけ算）によって定まる。設例では、侵害されている物権の個数は
Xの所有権1個である。また、侵害の態様は、Yによる甲土地全体の
占有であり、侵害の個数は1個と評価できるため、訴訟物の個数は1
個となる（物権1個×侵害1個）。

(3)　物権的請求権は、人に対する請求権であり、物に対する支配権であ
る所有権そのものとは異なる。したがって、所有権に基づく返還請求
と所有権確認請求は、訴訟物を異にするものであって、所有権に基づ
く返還請求が認容されたとしても、所有権自体について既判力が生じ
るものではない[1]。

Ⅱ　解　説

1　請求の趣旨について（類型別53頁）

　設例では、Yは甲土地を全面的に資材置き場として使用しているため、甲
土地を占有しているとみることができる。物権的請求権は、伝統的に3類型
が認められてきたところ、占有が侵奪されている場合には、所有権に基づく
返還請求権が認められる（占有の侵奪に至らないが、占有が妨げられている
場合は所有権に基づく妨害排除請求権となる）。したがって、設例では、「甲
土地を明け渡せ」と返還を命じるかたちとなる。訴訟における審判の対象と
なるのは、甲土地についての明渡請求権の有無であるから、甲土地が特定さ
れていることが不可欠であり、そのためには甲土地を特定するに足りる事項
を記載することが必要である。土地は、登記簿において所在、地番、地目、
地積によって特定されているところ、訴訟においてもこれらによって特定す
るのが通常である。一般的に、これらの事項を記載した物件目録を作成し、
訴状に添付するため、請求の趣旨は、「被告は、原告に対し、別紙物件目録
記載の土地を明け渡せ」となる。なお、建物については、登記簿の記載に
従って、地番・種類・家屋番号・構造・床面積によって特定するのが通常で
あるから、これらの事項を記載した別紙物件目録を作成することになる。未

1　新問研56頁。最判昭44.6.24集民95.613。

登記の土地や建物については、これらに準じて特定することになる。

Basic　引渡しと明渡し

　民事執行法168条１項は、「不動産等（略）の引渡し又は明渡しの強制執行は、執行官が債務者の不動産等に対する占有を解いて債権者にその占有を取得させる方法により行う」と規定している。ここでは、引渡しと明渡しが区別されているところ、引渡しは、目的物の直接支配を債権者に移転することいい、明渡しは、引渡しの一態様であるが、特に、目的物が不動産である場合において、債務者が居住し、または物品を置いて占有している場合に、中の物品を取り除き、居住者を退去させて、債権者に完全な支配を移転することをいう（伊藤眞ほか編『条解民事執行法［第２版］』（弘文堂2022）1571頁）。したがって、動産の場合には、「引渡し」の用語が使用されることになる（民執169条１項）。

　附帯請求は、不法行為に基づいて甲土地の使用収益を妨げられたことによる損害として賃料相当損害金を請求するのが通常である。不当利得返還請求権と構成する余地もあるが、その場合には、法律上の原因に基づかないこと（占有権原のないこと）まで原告が主張立証しなければならなくなるため[2]、不法行為に基づく損害賠償請求権と構成するのが通常である。なお、所有権侵害の不法行為は、継続的不法行為（損害が時々刻々と発生し続けている）であるが、侵害態様は１個と評価されるため、占有期間の一部に限って損害賠償を求めることは一部請求となる[3]。設例においては、令和５年４月９日が被告による占有（不法行為）の始期であれば全部請求、同日より前に占有が開始されていれば一部請求である。一部請求である場合には、後訴を提起するために、その旨を訴状の「よって書」等で明示しておく必要がある。

　なお、口頭弁論終結日後の部分については将来の給付の訴えとなる（民

2　類型別54頁。なお、法律上の原因の主張立証責任の所在については争いがある（421頁を参照されたい）。

3　類型別54頁。

訴135条）から、「あらかじめその請求をする必要」が訴訟要件として必要となるが、口頭弁論終結日までの既発生の損害金が支払われていない場合には将来分も支払われないことが想定されることから、同要件は具備されていると解することができる。

2 主たる請求の請求原因について（類型別54頁）

(1) 請求の可否

Xは、所有権に基づいて甲土地の明渡しを求めることができる。

【所有権に基づく土地明渡請求権の請求原因】

① 原告が甲土地を所有していること（所有要件）

② 被告が甲土地を占有していること（占有要件）

物権的請求権についての民法の規定（冒頭規定に相当するもの）はないので、解釈により請求原因事実を導くことになるが、一般的に上記のように解されている。実体法上は、所有権に基づいて土地の明渡しを求めるためには、①②に加えて、③「被告が土地の占有権原を有しないこと」が必要となる。しかし、占有権原の不存在は、消極的事実であって原告がこれを立証することは困難であるのに対し、占有権原の存在は、被告に有利な事実であって被告にとっては通常立証が困難なものではない。また、所有権は完全な支配権として自由に目的物を使用収益できるのが原則であるから、例外的な事象である占有権原の存在については例外を主張する被告が主張立証すべきである。したがって、被告が占有権原の存在を主張立証するのが当事者間の公平に適うため、原告において③を主張立証する必要はない（最判昭35.3.1民集14.3.327は、特に理由はあげていないが、被告の正権原の主張については被告に立証責任があることは明らかであるとしている）。

ところで、民法188条は、「占有者が占有物について行使する権利は、適法に有するものと推定する」と規定しているため、占有者である被告の占有権原が法律上推定されないかが問題となるが、前掲最判昭35.3.1は、建物退去土地明渡しの事案について、被告（建物居住者）は民法188条を援用することはできないと判示している。この点について、学説は、登記されている不

動産については登記の推定力によるべきであり、占有の権利推定は働かないとすることで一致しているほか、有力学説は、これに加えて、占有の権利推定はその占有を伝来的に取得した前主に対してはその効力を有しないとしている[4]。

(2) 所有要件について

ア 権利継続の原則

観念的な存在である権利は、過去の一定時点において発生すると、消滅事由等がない限り、その後も存続するものとして扱われる（権利継続の原則）。したがって、所有権についても、過去の一定時点において所有権の発生原因事実が認められる場合には、相手方がその発生障害事実、消滅事実または行使阻止事実を抗弁として主張立証しない限り、その所有権は現在においても存続し、行使可能なものとして扱われる。これに対し、事実は、時々刻々と変化するものであるから、一定時点においてある事実が認められたとしても、その後もその事実が存在するものとして扱うことはできない。なお、民法186条2項は、その例外を規定するものである。

イ 権利自白

弁論主義の第2テーゼである自白の法則は、裁判所は当事者間に争いのない主要事実はそのとおり認定しなければならないとする原則であり、自白の対象は（主要）事実に限定されている。しかし、所有権は、代理権とともに身近な権利としてその内容については一般人もよく理解していることから、自白を成立させても自白者に不測の損害を与えるおそれはない。したがって、実務では、所有権と代理権については権利自白として自白の効力を認めている。なお、所有権について権利自白が認められることによって所有権の原始取得以来の所有権の取得原因事実を延々と主張立証する必要はないことになる。

現在（事実審の口頭弁論終結時）において成立した所有権の権利自白を「現所有」と表現し、それ以前の過去の一定時点において成立した所有権の権利自白を「もと所有」と表現する。現在の所有について権利自白が成立し

4　最高裁判所判例解説民事篇昭和35年度58頁参照。

なくとも、過去の一定時点において権利自白が成立すれば、原告は、権利自白成立以降の所有権取得原因事実を主張立証すれば足りることとなり、争いの範囲を明確にすることができる。

　以下の各事例において権利自白が成立する時点について検討する。

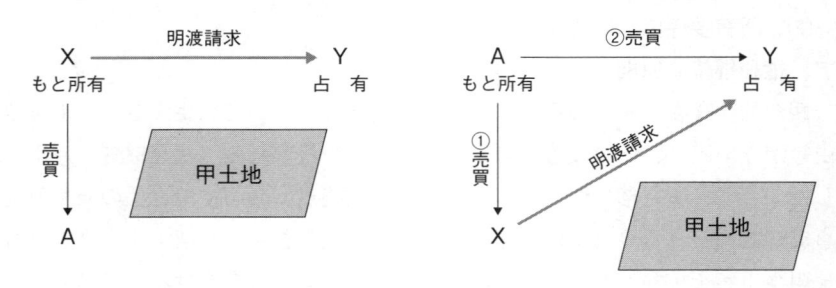

　左の事例は、Xから所有権に基づく明渡請求をされたYがXA間の売買を主張した場合である。Yは、XA間の売買によりXは所有権を喪失したと主張するものであるから、XA間の売買の当時にXが甲土地を所有していたことは認めているため、同時点で権利自白が成立する。設例では、Yは、XがAに対し令和5年2月5日に売却したと主張しているから、同日時点でのXの所有について権利自白が成立する。右の事例は、AからXとYに甲土地が二重に譲渡された場合にYがXの対抗要件の不具備（あるいはYが対抗要件を具備したことによるXの所有権の喪失）を主張するものである。この場合、Yは甲土地が二重譲渡されたことを前提に対抗要件に係る主張をするものであるから、二重譲渡のうち先に譲渡された時点においてAが甲土地を所有していたことを認めているため、同時点で権利自白が成立する[5]。

　また、被告が原告の現在の所有を認めたうえで、占有権原の抗弁を提出している場合には、原告の現所有について権利自白が成立する。

(3)　占有要件について

ア　占有の時点

　占有は事実概念であるため、過去の一定時点ではなく現在占有していることを主張立証しなければならない（現占有説）。

5　類型別55〜57頁、新問研60〜62頁。

物権的請求権における現占有説ともと占有説

　現占有説は、原告は現在の占有を主張立証しなければならないとする考え方であるが、これに対しては、過去の一定時点における占有を主張立証すれば足りるとするもと占有説という考え方がある。もと占有説は、過去の一定時点における占有を主張立証することにより、同時点における物権的請求権の発生が認められるから、相手方が抗弁として占有の喪失を主張立証しない限り、その物権的請求権は現在においても存在するものと扱われると解する立場である。しかし、物権的請求権は、物権の円満な実現を妨害する状態ないし妨害するおそれのある状態が存することにより不断に発生し、かつ、消滅していくものと解されているから、他の権利と異なり、過去の一定時点において発生したからといって、現在まで継続して存在しているとは認められないことから、もと占有説は妥当ではない。

イ　占有の摘示

　占有は、事実概念であるが、占有の要件である所持自体（民180条）が社会通念によってその有無が判断されるものであり、代理占有が認められるなど抽象度の高い概括的な事実概念である。したがって、争いがなければ「占有している」という事実摘示で足りるが、争いがある場合には、所持の具体的な事実（直接占有の具体的な態様）を摘示し、また、代理（間接）占有の場合には、代理占有の要件事実を具体的に摘示する必要がある[6]。

Next Level　占有について

　請求原因として現占有が必要であることについては、上記のとおりである。

　ここでは、相手方の占有を主張する場合の「占有」について掘り下げて考えてみる（伊藤茂夫「民事占有試論（上）（下）」（ジュリ1058号75

---

[6]　類型別58〜59頁、新問研63頁。

頁、1060号84頁）参照）。

　民法180条によると、占有（権）は、「自己のためにする意思」と「物を所持すること」により発生する。請求原因において必要とされる「相手方の占有」もこの民法180条の占有を指している。ここで、「自己のためにする意思」とは、所持という事実的支配関係からくる利益を自己に帰属させる意思であり、所持の事実から導かれる客観的なものである。そうすると、「物を所持すること」により「自己のためにする意思」を備えていることが通常であり、特段の事情のない限り、「自己のためにする意思」があるといえる。このような考え方に立つと、自己のためにする意思がないことは、占有権の発生障害事実と位置づけることができる。自己のためにする意思がない場合としては、占有補助者である場合や会社のために会社の代表者が占有する場合であり、このような場合には、被告において占有を否認するとともに、抗弁として「自己のためにする意思がないこと」を主張立証することになる。たとえば、Ａが経営する小規模な個人商店の店舗内において同店舗に陳列されている商品について、Ａに雇われている従業員Ｙに占有があると主張された場合である。Ｙについて、請求原因で、Ｙ占有と主張されている場合に（Ｘの側ではＹ側の事情はわからない）、抗弁として、①ＹはＡとの間で雇用契約を締結していること、②請求原因のＹの所持は、雇用契約に基づく所持であることを主張することによって、「自己のためにする意思」がないことを主張することになる。会社のための所持の場合も、抗弁として、①ＹがＡ会社の代表取締役であること、②請求原因のＹの所持は、Ａ会社の業務の遂行のためであることを主張することになる。

3　附帯請求の請求原因について （類型別59頁）

　原告は、附帯請求として不法行為による損害賠償請求をすることになる。

【不法行為による損害賠償請求権の要件事実】
①　権利または法律上保護される利益の存在

---

② 権利または法律上保護される利益の侵害行為（違法性）

③ ②について被告の故意または過失

④ 損害の発生とその数額

⑤ ②と④の因果関係

　設例でいうと、①は、原告の所有権、②は、被告による使用収益の妨害（占有の継続）となる。なお、占有の継続は、前後の両時点における占有を主張立証すれば、その間の占有の継続が推定される（民186条2項）。④は、賃料相当損害金をもって損害とするのが一般的である。なお、③と⑤については、①②④によって明らかであるため、実務上摘示しない場合が多い。

　具体的な摘示例は、以下のとおりである。

【請求原因事実（主たる請求のみ）】

ⓐ　原告は、現在、別紙物件目録記載の土地（以下「本件土地」という）を所有している。

ⓘ　被告は、現在、本件土地を占有している。

ⓤ　よって、原告は、被告に対し、所有権に基づき、本件土地の明渡しを求める。

【請求原因事実（附帯請求を含む）】

ⓐ　Aは、令和3年1月10日当時、別紙物件目録記載の土地（以下「本件土地」という）を所有していた。

ⓘ　Aは、同日、原告に対し、本件土地を1000万円で売った。

ⓤ　被告は、令和5年4月9日、本件土地を占有していた。

ⓔ　被告は、現在、本件土地を占有している。

ⓞ　本件土地の令和5年4月9日以降の相当賃料額は、1カ月4万円である。

ⓚ　よって、原告は、被告に対し、所有権に基づき、本件土地の明渡しを求めるとともに、不法行為に基づき、令和5年4月9日から本件土地の明渡しずみまで1カ月4万円の割合による損害金の支払を求め

る。

※ 先に記載したとおり、②故意過失および④因果関係は、実務上当然のこと（他の事実から現れている）として記載を省略することが多い。

4 所有権に基づく土地明渡請求訴訟における典型的な抗弁・再抗弁（類型別59頁）

(1) 所有権喪失の抗弁（設例の場合）

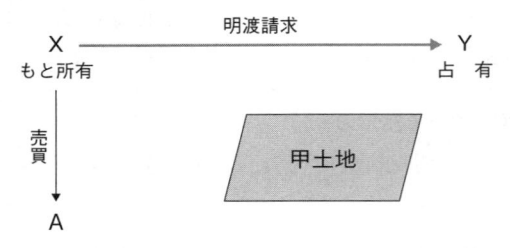

設例は、Yが、ＸＡ間の売買契約当時にＸが甲土地を所有していたこと（もと所有）を認めたうえで、ＸＡ間の売買契約によりＸが所有権を喪失したことを主張するものである。

【所有権喪失の抗弁の要件事実】
　ＸＡ間の売買契約の締結

所有者と第三者との売買契約の成立により特段の合意がない限り所有権移転の効果が生じる（民176条）から、Ｘは、Ａに対して甲土地を売却したことによって、甲土地の所有権を喪失する。目的物の引渡しや代金の支払は売買の要件事実ではない。なお、理論上は、売買契約という債権行為のほかに所有権の移転自体を目的とする物権行為を観念することができるが、物権行為を債権行為と別に観念する考え方（物権行為の独自性を認める考え方）は一般的にとられておらず、債権行為によって直接物権変動が生じると解されている。このＸＡ間の売買という事実は請求原因事実（Ｘもと所有、Ｙ現占有）と両立し、物権的請求権の発生を障害する事実であるから抗弁に当た

る。Xの所有権の喪失は、このような承継取得（売買、代物弁済）があった場合だけでなく、X以外の者（Yでも第三者でもいい）が甲土地を原始取得（時効取得）した結果、Xが所有権を喪失した場合であってもよい。

(2) 対抗要件の抗弁

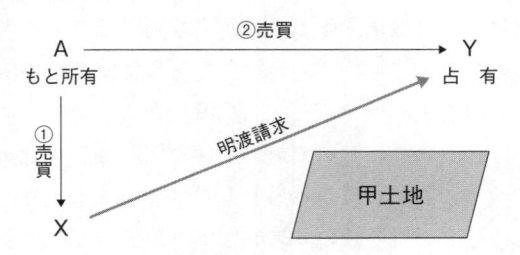

AからXとYに甲土地が二重に譲渡された事例である。物権変動は当事者の意思表示のみによって生じ（民176条）、不動産の登記は対抗要件にすぎない（民177条）から、Xは、Yに対して甲土地の明渡しを請求するに際して、請求原因で登記の具備を主張する必要はない。なお、民法177条の第三者とは、当事者およびその包括承継人以外の者であって、登記を経ていないことを主張する正当な利益を有する者をいい、不法占拠者のような無権利者等に対しては登記なくして所有権を対抗することができる（制限説という。大判明41.12.15民録14.1276）。二重譲渡の譲受人であることは「第三者」を基礎づける事実であるから、Yは「登記を経ていないことを主張する正当な利益を有する第三者」に当たる。

【対抗要件の抗弁の要件事実（権利抗弁説）】

① 対抗要件の不具備を主張できる正当な利益を有する第三者であることを基礎づける事実（二重譲渡の譲受人である事実）

② 対抗要件を具備するまでは物権変動を認めないとの権利主張

対抗要件の抗弁に対しては、対抗要件の具備が再抗弁となる。

Basic 　対抗要件の抗弁について

　対抗要件の抗弁の要件事実については、①第三者抗弁説、②事実抗弁説、③権利抗弁説の対立がある。①は、対抗要件の不具備を主張できる

正当な利益を有する第三者であることを基礎づける事実のみを主張すれば足りるとする見解である。②は、対抗要件の不具備を主張できる正当な利益を有する第三者であることを基礎づける事実に加えて、相手方が対抗要件を具備していないことを主張すべきであるとする見解である。③は、対抗要件の不具備を主張できる正当な利益を有する第三者であることを基礎づける事実に加えて、対抗要件を具備するまで物権変動を認めないとする権利主張を要するとする見解である。

　①については、当事者において対抗要件を問題としない場合であっても、第三者であることが基礎づけられるだけで直ちに抗弁として機能してしまうことから、対抗要件の本来的性質（第三者が対抗要件の不具備を不問に付すことは許される）に照らして妥当ではない。また、②については、対抗要件の不具備という消極的事実の主張立証を被告に求めることとなり、立証責任の公平な分配の見地から問題がある。権利抗弁説は、これらの問題点がいずれも解消されるため、相当である。

具体的な摘示例は、以下のとおりである。

【請求原因】

ⓐ　Aは、令和2年9月13日当時、甲土地を所有していた。

ⓘ　Aは、原告に対し、同日、甲土地を代金1800万円で売った。

ⓤ　被告は、現在、甲土地を占有している。

【抗弁（対抗要件）】

ⓚ　Aは、被告に対し、令和2年11月25日、甲土地を代金2000万円で売った。

ⓚ　原告が所有権移転登記を具備するまで、原告の所有権取得を認めない。

【再抗弁（対抗要件具備）】

ⓢ　Aは、原告に対し、令和2年9月13日、ⓘの売買契約に基づき、甲土地につき所有権移転登記手続をした。

ブロック・ダイアグラムは、以下のとおりである。

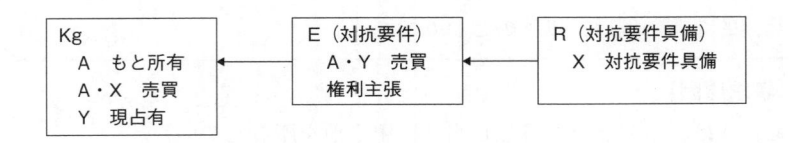

(3) 対抗要件具備による所有権喪失の抗弁

上記の事例において、Yが二重譲渡を受けたことのみならず、自己が対抗要件として所有権移転登記を具備した事実を主張立証した場合には、Yは確定的に所有権を取得し、その結果、Xは所有権を喪失することになるから、このような主張は所有権喪失の抗弁として機能することになる。

【対抗要件具備による所有権喪失の抗弁の要件事実】

① 対抗要件の不具備を主張できる正当な利益を有する第三者であることを基礎づける事実（二重譲渡の譲受人である事実）

② 被告が対抗要件を具備した事実

---

②は、被告が売買契約に基づいて所有権移転登記手続をしたことであるが、厳密にいうと、所有権移転登記手続が売買契約の義務の履行としてされたことと、同手続が手続的に適法であることを意味している。

なお、対抗要件の抗弁と対抗要件具備による所有権喪失の抗弁とは、別個独立の抗弁であり、並列的に摘示すべきものであるが、被告が対抗要件を具備していることを主張し、原告もこれを争っていない場合には、被告の合理的意思解釈としては、原告の所有権を認めたうえで対抗要件の不具備を主張するのではなく、対抗要件を具備したことにより自己が所有者であると主張しているものと解されるから、対抗要件の抗弁ではなく、対抗要件具備による所有権喪失の抗弁のみを主張していると解すべきである[7]。不動産については登記簿という明確な公示制度があるから対抗要件の具備の有無自体が争いになることがないから、このように解することができるのであるが、動産や債権の二重譲渡の場合については同様に解することはできない（322頁および351頁参照）。

7 　類型別65頁。

具体的な摘示例は、以下のとおりである。

【請求原因】

㋐　Aは、令和２年９月13日当時、甲土地を所有していた。

㋑　Aは、原告に対し、同日、甲土地を代金1800万円で売った。

㋒　被告は、現在、甲土地を占有している。

【抗弁（対抗要件具備による所有権喪失）】

㋕　Aは、被告に対し、令和２年11月25日、甲土地を代金2000万円で売った。

㋖　Aは、被告に対し、同月30日、㋕の売買契約に基づき、甲土地につき所有権移転登記手続をした。

ブロック・ダイアグラムは、以下のとおりである。

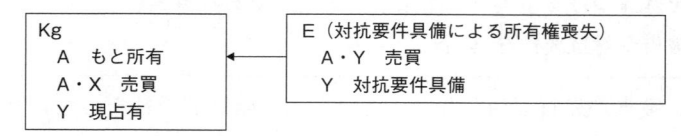

(4)　占有権原（占有正権原）の抗弁

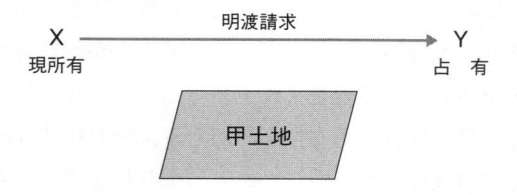

　Yは、甲土地を無断で占有しているところ、上記のとおり、「無断で」については、Xが主張立証しなければならないものではなく、Yが、自分に占有権原があることについて主張立証すべきである。Yは、地上権、賃借権、使用借権など甲土地を占有する権原を有することを障害の抗弁として主張することができる。

【占有権原（賃借権の場合）の抗弁の要件事実】

①　ＸＹ間の賃貸借契約の締結

> ② ①の契約に基づく引渡し

②は、請求原因で現れたＹの占有が①の賃貸借契約に基づくことを主張するものであるが、これによりＹの現在の占有が賃貸借契約と紐づけられ、適法なものであることが示される。

具体的な摘示例は、以下のとおりである。

> **【請求原因】**
> ㋐ 原告は、現在、甲土地を所有している。
> ㋑ 被告は、現在、甲土地を占有している。
>
> **【抗弁（占有権原）】**
> ㋕ 原告は、被告に対し、令和３年10月１日、甲土地を、賃料１カ月５万円、賃貸期間同日から30年間の約定で賃貸した。
> ㋖ 原告は、被告に対し、同日、上記賃貸借契約に基づき、甲土地を引き渡した。

(5) 所有権喪失の抗弁に対する再抗弁

ア 通謀虚偽表示

所有権喪失の抗弁に対しては、所有権喪失の原因となった契約の取消し、無効、解除事由が障害や消滅の再抗弁となる。たとえば、抗弁としてＸからＡへの売買が主張されたのに対し、Ｘは、再抗弁として通謀虚偽表示（民94条１項）を主張することができる。通謀虚偽表示は無効であるため、抗弁である売買に対して障害の抗弁として機能することになる。

> **【通謀虚偽表示の要件事実】**
> 真意とは異なった意思表示を相手方と通謀して行うこと

具体的な摘示例は、以下のとおりである。

> **【抗弁（所有権喪失）】**
> ㋕ 原告は、Ａに対し、令和２年９月13日、甲土地を代金2000万円で売った。

③　原告とAは、㋕の売買の際、いずれも売買の合意をする意思がない
のに、その意思があるもののように仮装することを合意した。

イ　催告による解除（履行遅滞による解除）

　Xは、再抗弁としてXからAへの売買契約がAの債務不履行（履行遅滞）
を理由に解除（民541条）したことを主張することができる。解除により甲
土地の所有権がXに復帰するため、所有権喪失の抗弁による効果を消滅さ
せ、請求原因の効果を復活させるものであるから再抗弁として機能する。

【売買代金の支払の履行遅滞による解除の要件事実】
①　XがAに対して代金の支払を催告したこと
②　①の催告後相当期間が経過したこと
③　XがAに対して②の期間経過後に売買契約の解除の意思表示をした
こと
④　XがAに対して①の催告以前に甲土地の引渡しおよび移転登記手続
の提供をしたこと（引渡しと移転登記がいずれも代金支払と同時履行
の関係にあるとする立場に立った場合）

　①は、民法541条によって求められるものである。弁済期の定めがない場
合には、付遅滞のための催告（民412条3項）と解除のための催告を一つの
催告で兼ねることができる。なお、民法541条は、相当の期間を定めた催告
を要求しているように読めるが、相当期間は債務者に履行の機会を与えるた
めのものであるから、催告後相当期間が経過すれば解除できるのであり、催
告で相当期間を定める必要はない。

　③の解除の意思表示は、民法541条の定めるとおり相当期間経過後にしな
ければならない（時的要素である）。なお、実務では、催告と同時に、催告
期間内に履行がないときは売買契約を解除するとの解除の意思表示をする例
が多い。なお、履行については債務者が主張立証すべきであるから、この意
思表示は、停止期限付解除の意思表示とみるべきである。

　④は、売買による代金支払債務については同時履行の抗弁権が付着してお

り、同時履行の抗弁権の存在効果として違法性が阻却され、そのままでは解除できないので、その存在効果を失わせるため、反対給付について催告以前に履行の提供をしたことを主張するものである[8]。民法541条によれば、催告の時点で債務不履行に陥っている必要があるから、反対給付の提供は催告以前（催告と同時を含む）に行われる必要がある（時的要素である）。

　具体的な摘示例は、以下のとおりである。

【再抗弁（催告による解除・弁済期の定めがない場合）】

Ⓢ　原告は、Aに対し、令和2年10月20日、甲土地の売買代金2000万円を支払うよう催告した。

Ⓛ　令和2年10月27日は経過した。

Ⓢ　原告は、Aに対し、令和2年10月31日、甲土地の売買契約を解除するとの意思表示をした。

Ⓢ　被告は、令和2年10月15日、甲土地を引き渡せる状態にし、かつ、所有権移転登記手続に必要な書類を用意して、A方に赴いた。

ウ　所有権留保特約

　Xは、再抗弁としてXA間の売買契約について代金完済時に甲土地の所有権を移転するとの所有権留保特約が付されていることを主張することができる。この場合の要件事実は、たとえば「XA間で所有権移転時期を代金完済時とする旨合意した」となる。これにより売買契約により直ちに甲土地の所有権はAに移転することはなく、Xのもとにとどまることになる。これに対し、Yは、再々抗弁として「売買代金の完済」を主張することができる。所有権留保の合意は、売買代金の支払が契約後になる場合や割賦弁済の場合について行われることが多い。

　具体的な摘示例は、以下のとおりである。

【請求原因】

ⓐ　原告は、令和2年9月13日当時、甲土地を所有していた。

ⓘ　被告は、現在、甲土地を占有している。

8　類型別62頁。

【抗弁（所有権喪失）】

⑰　原告は、Aに対し、令和2年9月13日、甲土地を代金2000万円で売った。

【再抗弁（所有権留保特約）】

⑱　原告とAは、⑰の売買の際、代金完済時に所有権を移転するとの合意をした。

【再々抗弁（弁済）】

⑲　Aは、原告に対し、令和2年10月10日、⑰の売買代金債務につき、2000万円を弁済した。

　このように、所有権移転時期を代金支払時とする旨合意した場合には、所有権喪失の抗弁として売買契約の成立が主張されても、再抗弁として上記合意が主張立証されれば、所有権喪失の抗弁の効果の発生が障害され、請求原因が認められることに争いはない。これに対し、当事者が、特に代金債権を担保する趣旨で所有権留保特約を締結した場合については、売主が売却して買主に移転した目的物に担保権を設定する旨合意したと解する担保権的構成説と、代金完済を停止条件とする売買であり、所有権が代金完済まで売主に留保されると解する所有権的構成説の対立がある。判例の立場は必ずしも明らかではなく、所有権的構成をとるような説示をするものもあるが（最判昭49.7.18民集28.5.743）、近時は、事案に応じて担保としての性質をふまえた判断がされている（最判平21.3.10民集63.3.385、最判平22.6.4民集64.4.1107など）[9]。

　担保権的構成を採用すると、所有権留保特約は担保権設定の合意であるか

---

[9]　最判平30.12.7民集72.6.1044は、種類物の継続的な売買契約において目的物の所有権が売買代金の完済まで売主に留保される旨が定められた場合に、買主が保管する当該種類物を含む在庫製品につき集合動産譲渡担保権の設定を受けた者は、売買代金が完済されていない当該種類物につき買主に譲渡担保権を主張することができないと判示している。この判例は、売買代金債権とそれに対応する目的物との間に一定の牽連性が認められることを理由に所有権的構成をとったものと理解されているが（一定の期間ごとに、その間に納品された種類物について代金を支払うという合意であった）、この牽連性が弱まると担保権的構成をとることにつながる（最高裁判所判例解説民事篇平成30年度336頁参照）。

ら、所有権喪失の抗弁に対する再抗弁となる余地はないことになり、売買の抗弁に対する否認の理由と位置づけられる。

第2節　建物収去土地明渡請求権をめぐる要件事実等について（類型別66頁）

Ⅰ　設例・解答

設例　次の場合の訴訟物、請求の趣旨、請求原因事実、抗弁事実はどうなるか。

<u>Xの言い分</u>

私は、居住地から離れた場所に甲土地を所有していますが、たまたま甲土地の付近を通りかかったところ、Yが甲土地上に私に無断で乙建物を建築して居住していることを知りました。私は、Yに対して、乙建物を収去して甲土地を明け渡すことを求めます。

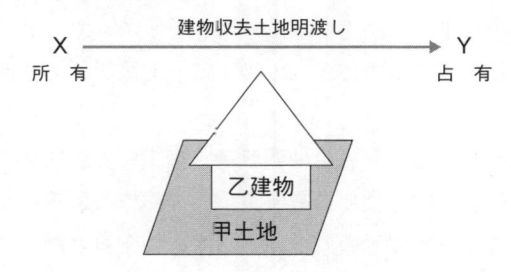

解答

(1) 訴訟物

　　所有権に基づく返還請求権としての土地明渡請求権　1個

(2) 請求の趣旨

　　Yは、Xに対し、乙建物を収去して甲土地を明け渡せ。

(3) 請求原因

　あ　Xが甲土地を所有していること（所有要件）

ⓘ　Yが甲土地上に建物を所有している（甲土地を占有している）こと
　　（占有要件）
(4)　典型的な抗弁・再抗弁
　　建物所有権の喪失

Basic　**建物収去土地明渡請求の訴訟物**

　土地所有権に基づいて建物収去土地明渡しを求める場合の訴訟物については以下の見解がある。

①　旧1個説

　　土地所有権に基づく返還請求権としての土地明渡請求権1個と解する。この立場は、土地明渡しの債務名義では別個独立の不動産である建物の収去執行ができないという執行法上の制約があるため、判決主文に執行方法を明示するものであり、土地明渡請求権とは別個に、建物収去の実体法上の請求権が存在するものではないと解する。

②　2個説

　　土地所有権に基づく妨害排除請求権としての建物収去請求権と土地所有権に基づく返還請求権としての土地明渡請求権の2個と解する。

③　新1個説

　　所有権に基づく建物収去土地明渡請求権1個と解する。

　②については、建物につき占有侵奪以外の態様による所有権侵害と評価し、土地につき占有侵奪の態様による所有権侵害と評価するものであるが、現実の侵害の態様に照らし、このような態様の異なる侵害の併存を認めることができるか疑問がある。これに対し、③は物権的請求権が侵害の態様に応じて発生するという理解になじむものではあるが、なお伝統的な3類型以外の請求権を認めることになる点で疑問があるから、①が妥当である。通説は①旧1個説であり、判例も明確に判示したものはないが、同様の立場と解される（最判昭33.6.6民集12.9.1384、最判昭36.2.28民集15.2.324、最判昭54.4.17集民126.585）。

Ⅱ 解　説

1　請求の趣旨について

　甲土地の明渡請求権が審判の対象であり、土地明渡しの履行ないし執行の態様として乙建物の収去がされることになるから、甲土地および乙建物が特定されていることが必要である。土地については所在・地番・地目・地積を記載した別紙物件目録を作成し、建物については所在・家屋番号・種類・構造・床面積を記載した別紙物件目録を作成して特定するのが実務の通例である。

　土地明渡しの強制執行は、執行官が債務者の占有を解いて債権者にその占有を取得させる方法により行われるが、その際、土地上の動産を取り除くことができる（民執168条1項・5項）。しかし、建物は、土地とは別個の不動産であるから、土地の明渡しを命じる債務名義のみでは、土地上の建物を収去する強制執行はできない。そのため、建物収去土地明渡しの債務名義を得て、代替執行（執行裁判所の授権決定を得て、債務者の費用で第三者が債務者の作為義務をかわって履行する執行方法。民執171条1項1号）の手続をとる必要がある。したがって、請求の趣旨は、「土地を明け渡せ」ではなく「建物を収去して土地を明け渡せ」となる。

2　請求原因について

　原告は、土地所有権に基づいて建物の収去と土地の明渡しを求めることができる。

【所有権に基づく建物収去土地明渡請求権の請求原因事実】
①　原告が甲土地を所有していること（所有要件）
②　甲土地上に建物が存在し、被告がその建物を所有している（甲土地を占有している）こと（占有要件）

　土地の占有は、原則として土地上の建物の所有者にあると解されている。もっとも、当該土地のうち建物の敷地となっている部分が一部であり、社会通念に照らすと、建物の敷地以外の部分について別個の占有が成立しうると

みれる場合には、建物の敷地と通常認められる範囲を超える部分については建物所有者以外の者の占有が認められる余地がある。しかし、そのような例外的な場合でない限り、土地の占有は地上建物の所有者にある。したがって、占有要件は、被告が建物を所有して土地を占有していると摘示することになる。上記のところから明らかなように、要件事実としては建物を所有していることを摘示すれば土地占有を摘示したことになる。建物の所有について争いがある場合には、原告において所有権取得原因事実を主張立証する必要がある。

　上記のとおり、建物について債務名義を得る必要があるために、主文（請求の趣旨）に「建物収去」を明示することになるが、この場合、建物収去部分も訴訟物に準じて審判の対象になり、確定すれば既判力に準じる効力が生じることになる（最判平5.11.11民集47.9.5255は、給付訴訟において不執行の合意が主張された場合には、その点も訴訟物に準じて審判の対象になり、裁判所がこの主張を認めて強制執行ができないと判断したときは、執行段階における当事者間の紛争を未然に防止するため、給付請求権については強制執行をすることができないことを判決主文において明らかにするのが相当であると判示している）。

3　所有権に基づく建物収去土地明渡請求訴訟における典型的な抗弁・再抗弁（類型別68頁）

　土地明渡請求と基本的に同一であり、土地に関する所有権喪失の抗弁、対抗要件の抗弁、対抗要件具備による所有権喪失の抗弁、占有権原の抗弁が典型的であり、所有権喪失の抗弁に対しては、通謀虚偽表示や催告による解除等が再抗弁となる。

　また、土地の占有が建物の所有によるため、建物の所有権の喪失が抗弁となる。

【建物収去土地明渡請求の請求原因事実（被告が建物のもと所有を認める場合）】
①　Xは、甲土地を所有していること

② 甲土地上に乙建物が存在していること

③ Yは、令和3年4月5日（Yが建物を売買したと主張する時点）当時、乙建物を所有していたこと

③は、Yは、建物について売却をしたと主張するのであるから、売却時点での建物所有を認めていると解されるからである（権利自白）。そして、土地の占有は、建物の所有によることから、建物のもと所有を主張することで、権利継続の原則から所有権喪失事由がない限り建物の所有が継続するものと認められ、結局、土地の現占有が認められることになる。これに対して、Yは、抗弁として建物の所有権を喪失したことを主張立証することになる。

【Yの建物所有権喪失の抗弁事実】
Yは、令和3年4月5日、Aに対し、乙建物を1000万円で売却した。

これによりYの土地の現占有が認められないことになる。そして、抗弁で主張された乙建物の売買契約の効力を障害、消滅させる通謀虚偽表示や催告による解除等が再抗弁となる。

なお、この点に関して、注意を要するのは、被告が建物の所有権を取得し、自らの意思に基づいてその旨の登記をした場合には、建物を他に譲渡した場合でも、被告が引き続き登記名義を保有する限り、建物収去土地明渡しの義務を免れることはできないとされている点である（最判平6.2.8民集48.2.373）。物権的請求権の相手方は現に物権の円満な支配を妨げている者であるから、土地上の建物の現在の所有者を相手方とするのが大原則である。しかし、原告は、建物の所有権が自己に帰属すると主張するものではないから、建物所有権の帰属について建物の譲渡人と民法177条の対抗関係に立つものではないものの、建物所有権の帰属に関する判断によって建物収去土地明渡しの請求が認められるか否かが決せられるため、建物の物権変動について対抗関係と似た関係にあるといえる。また、登記とは関係なく現在の所有者が相手方になるとすると、土地所有者はその探求の困難を強いられるし、相手方はたやすく建物所有権を移転して明渡しの義務を免れることが可

能になる。そこで、自己の意思に基づいて建物について登記をした譲渡人については、登記を移転しなければ所有権の喪失を土地所有者に対抗できないとしたものである。したがって、所有権喪失の抗弁に対しては、原告は、再抗弁として、建物にY名義の登記が存在すること、および建物についてAへの所有権移転登記がされるまでYの所有権喪失を認めないという権利主張ができることになる。そして、これに対する被告の再々抗弁としてYの登記はYの意思に基づかないことを主張できることになる[10]。なお、この点については、所有権喪失の抗弁に対して、①Yもと所有当時、乙建物にY名義の建物登記が存在したこと、②同登記はYの意思に基づく登記であること、③乙建物にY名義の登記が存在していることを再抗弁とする見解[11]もある。

Advance

建物退去土地明渡請求について

建物は、その敷地を離れて存在できないものであるから、建物を占有、使用する者は、これを通じて敷地をも占有するものと解される（最判昭34.4.15訟月5.6.733）。したがって、地上建物が建物所有者（Y）によって第三者（Z）に賃貸され、その第三者が地上建物に居住している場合には、その第三者も建物使用に必要な限度で土地を占有していると認められる。このような第三者に対して土地の明渡しを求める場合は、建物退去土地明渡請求をすることになる。

請求の趣旨は、「被告は、原告に対し、建物を退去して土地を明け渡せ」となる。建物退去部分は、土地明渡しの履行または執行の態様にすぎないから、訴訟物は、建物収去土地明渡請求の場合と同様に、所有権に基づく返還請求権としての土地明渡請求権である。

請求原因は、

① 原告が甲土地を所有していること

② 甲土地上に乙建物が存在すること

③ 被告が乙建物を占有している（甲土地を占有している）こと

である。

10　近藤「ひも解く民訴」33頁注45。
11　大島眞一「完全講義民事裁判実務要件事実編」261頁。

これに対する抗弁として、被告が建物所有者からの建物賃貸借を主張する場合には、抗弁は以下のとおりである。

① 　ＸＹ間の甲土地の賃貸借契約の締結

② 　ＸからＹへの①に基づく引渡し

③ 　その後のＹによる乙建物の建築

④ 　ＹＺ間の乙建物の賃貸借契約

⑤ 　ＹからＺへの④に基づく乙建物の引渡し

　ＹＺ間の乙建物賃貸借契約だけでは、適法な甲土地の占有権原とはならないから、④⑤に加えて①②の主張立証が必要である。そして、①や④の賃貸借契約の解除事由などが再抗弁となる。

第 **6** 講

不動産登記手続請求訴訟

　本講では、不動産登記手続請求訴訟を取り扱っていく。わが国において、不動産に関する権利関係は、登記により公示されているが、現在の実体的な権利関係と登記とが不一致をきたした場合、これを解消するため登記の抹消や移転を請求していく必要が生ずる。こうした観点から提起されることになる不動産登記手続請求訴訟は、民事訴訟における最もポピュラーな訴訟類型の一つであるが、不動産登記制度固有の問題がかかわるためか、理解が不十分になりやすい訴訟類型でもある。そこで、まず、理解に必要な不動産登記制度と登記請求権についての基礎事項を確認したうえで、典型的な不動産登記手続請求訴訟の要件事実を検討していくことにしたい。理解することに軸足をおいて読み進めていってほしい。

第 **1** 節　不動産登記制度と登記請求権

Ⅰ　不動産登記制度

　不動産登記制度とは、不動産の表示および不動産に関する権利を公示するための登記に関する制度であり、権利の保全を図り、もって取引の安全と円滑に資することを目的としている（不動産登記法（以下「不登法」という）1条）。現代社会において、さまざまな事柄が登記の対象とされているが、単に「登記」といった場合、不動産の登記を指すことが多い（不動産以外の

登記としては、法人に関する登記、後見等の登記、動産譲渡登記、債権譲渡登記などが存在する）。以下、要件事実論を学ぶうえで最低限必要となる不動産登記制度に関する基本事項を確認していこう。

1 登記記録

　不動産登記とは、不動産の客観的状況と不動産上の権利関係を不動産登記簿に記録することをいう。文脈によっては、登録された記録（登記記録）そのものを意味することもある。登記事務は、登記所（不登6条1項、具体的には法務局等）において登記官（9条）が取り扱うこととされている。

　登記記録は、1筆（いっぴつ）の土地または1個の建物ごとに電磁的記録により作成される（不登2条5号、物的編成主義）。登記記録として登記すべき事項を**登記事項**といい（同条6号）、登記記録が記録された帳簿（磁気ディスクをもって調整される）を登記簿という（同条9号）。登記記録の内容（登記情報）は、登記所において登記官から**登記事項証明書**（登記記録に記録されている事項の全部または一部を証明した書面。不登119条1項）の交付を受けることで確認することができる。登記事項証明書の具体例は、土地について図表5-1、建物について図表5-2のとおりである。

> **Next Level**
> ### 登記情報提供サービス
>
> 　登記情報は、一般財団法人民事法務協会が提供する登記情報提供サービスを利用することにより、オンラインで閲覧することも可能である（同サービスを利用したその他の民間オンラインサービスも存在する）。もっとも、登記事項証明書とは異なり、証明文や公印等は付加されないことから、閲覧画面をプリントアウトしたとしても、登記事項の証明が必要なシーンにおいて、これを登記事項証明書の代替として用いることはできない。

2 表示に関する登記と権利に関する登記

　登記記録は、**表示に関する登記**が記録される**表題部**（不登2条3号・7

図表5−1

<table>
<tr><td colspan="5">東京都特別区南都町1丁目101</td><td>全部事項証明書</td><td>（土地）</td></tr>
<tr><td colspan="2">表　題　部　（土地の表示）</td><td>調製</td><td>余 白</td><td></td><td>不動産番号</td><td>0000000000000</td></tr>
</table>

地図番号	余 白		筆界特定	余 白	

所　在	特別区南都町一丁目		余 白

① 地番	②地目	③　地　積　㎡	原因及びその日付〔登記の日付〕
101番	宅地	300：00	不詳〔平成20年10月14日〕

所　有　者	特別区南都町一丁目1番1号　甲　野　太　郎

権　利　部　（甲区）　（所有権に関する事項）

順位番号	登　記　の　目　的	受付年月日・受付番号	権　利　者　そ　の　他　の　事　項
1	所有権保存	平成20年10月15日第637号	所有者　特別区南都町一丁目1番1号　甲　野　太　郎
2	所有権移転	令和1年5月7日第806号	原因　令和1年5月7日売買　所有者　特別区南都町一丁目5番5号　法　務　五　郎

権　利　部　（乙区）　（所有権以外の権利に関する事項）

順位番号	登　記　の　目　的	受付年月日・受付番号	権　利　者　そ　の　他　の　事　項
1	抵当権設定	令和1年5月7日第807号	原因　令和1年5月7日金銭消費貸借同日設定 債権額　金4000万円 利息　年2・60％（年365日日割計算） 損害金　年14・5％（年365日日割計算） 債務者　特別区南都町一丁目5番5号　法　務　五　郎 抵当権者　特別区北都町三丁目3番3号 　株　式　会　社　南　北　銀　行 　（取扱店　南都支店） 共同担保　目録（あ）第2340号

共　同　担　保　目　録

記号及び番号	（あ）第2340号			調製	令和1年5月7日

番　号	担保の目的である権利の表示	順位番号	予　　備	
1	特別区南都町一丁目　101番の土地	1	余 白	
2	特別区南都町一丁目　101番地　家屋番号　101番の建物	1	余 白	

＊　下線のあるものは抹消事項であることを示す。

整理番号　D12445　（ 1／3 ）　　1／2

図表5−2

| 東京都特別区南都町1丁目101 | | 全部事項証明書 | (建物) |

<table>
<tr><td colspan="4">表　題　部　（主である建物の表示）</td><td>調製</td><td>余白</td><td>不動産番号</td><td>0000000000000</td></tr>
<tr><td colspan="2">所在図番号</td><td colspan="6">余白</td></tr>
<tr><td colspan="2">所　在</td><td colspan="4">特別区南都町一丁目　101番地</td><td colspan="2">余白</td></tr>
<tr><td colspan="2">家屋番号</td><td colspan="4">101番</td><td colspan="2">余白</td></tr>
<tr><td>① 種　類</td><td colspan="2">② 構　造</td><td colspan="2">③ 床　面　積　㎡</td><td colspan="3">原因及びその日付〔登記の日付〕</td></tr>
<tr><td>居宅</td><td colspan="2">木造かわらぶき2階建</td><td colspan="2">1階　　80：00
2階　　70：00</td><td colspan="3">令和1年5月1日新築
〔令和1年5月7日〕</td></tr>
</table>

<table>
<tr><td colspan="6">表　題　部　（附属建物の表示）</td></tr>
<tr><td>符　号</td><td>①種　類</td><td>② 構　造</td><td>③ 床　面　積　㎡</td><td colspan="2">原因及びその日付〔登記の日付〕</td></tr>
<tr><td>1</td><td>物置</td><td>木造かわらぶき平家建</td><td>30：00</td><td colspan="2">〔令和1年5月7日〕</td></tr>
<tr><td colspan="2">所 有 者</td><td colspan="4">特別区南都町一丁目5番5号　法　務　五　郎</td></tr>
</table>

<table>
<tr><td colspan="4">権　利　部　（甲区）　（所 有 権 に 関 す る 事 項）</td></tr>
<tr><td>順位番号</td><td>登 記 の 目 的</td><td>受付年月日・受付番号</td><td>権 利 者 そ の 他 の 事 項</td></tr>
<tr><td>1</td><td>所有権保存</td><td>令和1年5月7日
第805号</td><td>所有者　特別区南都町一丁目5番5号
　　　　法　務　五　郎</td></tr>
</table>

<table>
<tr><td colspan="4">権　利　部　（乙区）　（所 有 権 以 外 の 権 利 に 関 す る 事 項）</td></tr>
<tr><td>順位番号</td><td>登 記 の 目 的</td><td>受付年月日・受付番号</td><td>権 利 者 そ の 他 の 事 項</td></tr>
<tr><td>1</td><td>抵当権設定</td><td>令和1年5月7日
第807号</td><td>原因　令和1年5月7日金銭消費貸借同日設定
債権額　金4,000万円
利息　年2・60％（年365日日割計算）
損害金　年14・5％（年365日日割計算）
債務者　特別区南都町一丁目5番5号
　　　　法　務　五　郎
抵当権者　特別区北都町三丁目3番3号
　　　　株　式　会　社　南　北　銀　行
　　　　（取扱店　南都支店）
共同担保　目録(ぬ)第2340号</td></tr>
</table>

<table>
<tr><td colspan="5">共　同　担　保　目　録</td></tr>
<tr><td colspan="2">記号及び番号</td><td colspan="2">(ぬ)第2340号</td><td>調製　令和1年5月7日</td></tr>
<tr><td>番　号</td><td colspan="2">担保の目的である権利の表示</td><td>順位番号</td><td>予　　備</td></tr>
<tr><td>1</td><td colspan="2">特別区南都町一丁目　101番の土地</td><td>1</td><td>余白</td></tr>
<tr><td>2</td><td colspan="2">特別区南都町一丁目　101番地 家屋番号 101番の建物</td><td>1</td><td>余白</td></tr>
</table>

＊　下線のあるものは抹消事項であることを示す。　　　　整理番号　D12445　（ 2/3 ）　　1／2

号）と、**権利に関する登記**が記録される**権利部**（同条4号・8号）に区分される。

(1) **表示に関する登記（表題部）**

表題部に記録される表示に関する登記は、不動産の基本情報（不動産の客観的・物理的な現況等）を整備して記録し、公示することを役割とする。具体的な登記事項は、土地であれば、所在、地番、地目（土地の主たる用途）、地積等であり（不登34条1項）、建物であれば、所在、家屋番号、種類・構造・床面積に関する情報等である（不登44条1項）。図表5−1と図表5−2をみてもらうと具体的なイメージが湧くだろう。

(2) **権利に関する登記（権利部）**

権利部に記録される権利に関する登記とは、①所有権、②用益権（地上権、永小作権、地役権、賃借権、配偶者居住権および採掘権）ならびに③担保権（先取特権、質権および抵当権）に関する登記をいう。権利部は、甲区と乙区に区分され、甲区には①所有権に関する事項が、乙区には所有権以外の権利（すなわち②用益権および③担保権）に関する事項がそれぞれ記録される。図表5−1、図表5−2では、甲区において所有権に関する事項が、乙区において抵当権に関する事項がそれぞれ記録されているので確認してほしい。

3 登記の種類

不動産登記には、種々のものがあり、講学上、記録される内容に応じ、記入登記、変更登記、更正登記、抹消登記、回復登記に分類されている。要件事実論を学ぶうえで押さえておいてほしいのは、記入登記と抹消登記である。

記入登記とは、新たに生じた登記原因に基づいて、ある事項を新たに登記簿に記録する登記であり、後に取り上げる「**所有権移転登記**」や「**抵当権設定登記**」などがその代表例である。**抹消登記**とは、既存の登記を抹消する登記であり、所有権移転登記を抹消する登記であれば、「**所有権移転登記抹消登記**」と表現される。

4　登記の効力

(1)　対 抗 力

　対抗力とは、すでに成立している権利関係を他人に対して主張することができる法律上の力をいう。不動産に関する物権の得喪および変更は、登記をしなければ第三者に対抗することができないとされているから（民177条）、不動産の登記は、対抗力を有することになる。ここでいう「物権の得喪および変更」には、意思表示による物権変動のほか、相続や取得時効による物権変動も含まれる。また、「第三者」とは、すべての第三者ではなく、登記を経ていないことを主張する正当な利益を有する第三者をいうと解されている（制限説・大判明41.12.15民録14.1276）。

(2)　推 定 力

　不動産の登記は、その記載事項につき、事実上の推定力を有しているが、法律上の推定力は有していない（最判昭46.6.29判タ264.197。やや明瞭を欠くが同旨を述べるものとして最判昭34.1.8民集13.1.1、最判昭38.10.15民集17.11.1497）。なお、不動産の登記には、公信力も認められていない。

Basic　　推定力と公信力

　本文中に登場した用語について、あらためて整理をしておこう。

　事実上の推定力とは、登記の記載事項の存在を推認させる力をいう。登記の記載事項を争う反対当事者は、反証をもって推定を覆すことができる。これに対し、法律上の推定力とは、登記の記載事項の存在について証明されたものと取り扱わせる力をいい、記載事項につき主張立証責任の転換をもたらすことになる。これを争う反対当事者は、その不存在を本証しなければならない。

　次に、公信力とは、真実の権利が存しない場合にも、外形を信頼して取引する者に対し、真実の権利が存在するのと同様の法律的効果を生じさせる効力をいう。本文で触れたとおり、不動産の登記には公信力が認められていないが、動産の占有には公信力が認められているため、動産の占有を信頼して取引をした者は、真実の権利を即時取得（民192条）

することができる（即時取得については314頁参照）。

5　登記の手続

(1)　当事者共同申請主義

　不動産の登記は、原則として、当事者の申請を受けて行われる（**当事者申請主義**・不登16条１項）。そして、権利に関する登記の申請は、**登記権利者**（登記上、直接に利益を受ける者）と**登記義務者**（登記上、直接に不利益を受ける者）が共同してしなければならない（**共同申請主義**・60条）。不登法が共同申請主義を採用しているのは、登記により直接不利益を受ける登記義務者を手続に関与させることが、登記の真正の確保につながると考えられるからである。

　もっとも、不登法は、一定の場合において、登記権利者が単独で登記を申請することも許容している。その代表例が、次に触れる判決による登記（不登63条１項）である。また、相続や法人の合併など、登記義務者（被相続人や合併前の法人）が存在しない場合にも、登記権利者は単独で登記を申請することができる（同条２項）。

Advance

代位申請

　不動産の登記において、申請権者（登記権利者および登記義務者）と実際の申請者が異なる場合があり、その一例が代位申請の場合である。代位申請とは、申請の権限を有しない者が、申請権者との間に一定の関係があることに基づいて、申請権者にかわってする登記の申請をいう（不登59条７号、不登令３条４号参照）。典型例は、登記請求権を保全するための債権者代位権（民423条の７、373頁参照）のケースであり、たとえば、Ａ→Ｂ→Ｃと不動産の所有権が移転したが、登記がなおＡのもとに残っている場合、ＡからＢへの所有権移転登記について、ＣはＢに代位して登記の申請をすることができる。

(2) 判決による登記

登記の当事者の一方は、他の当事者（通常は登記義務者）が申請に協力しない場合、他の当事者に対して登記手続をすべきことを命ずる確定判決を得て、単独で登記を申請することができる（不登63条1項）。同項にいう「確定判決」には、和解調書、請求の認諾調書、調停調書など確定判決と同一の執行力を有する債務名義も含まれると解される（民執177条1項参照）。

やや細かいが、ここで一方当事者が他の当事者に求めるのは、登記それ自体ではなく、登記申請に協力すべきこと、すなわち登記官に対して登記申請という公法上の意思表示をすべきことである（登記の主体は登記官であり、登記官に対して登記申請することを、一般に「登記手続」と呼んでいる）。登記申請をすべきことを命ずる判決が確定した場合、その確定時に登記申請がされたものとみなされることになる（民執177条1項・意思表示の擬制）。

それでは、登記義務者に登記手続をするよう求める実体法上の請求権（登記請求権）の根拠については、どのように考えればよいであろうか。項を改め検討してみよう。

Ⅱ 登記請求権（類型別71頁以下）

登記請求権は、伝統的な民法の理解によれば、①物権的登記請求権、②債権的登記請求権および③物権変動的登記請求権の3類型に整理される。以下、各登記請求権についての考え方を概観してみよう。

1 物権的登記請求権

物権的登記請求権とは、現在の実体的な物権関係と登記とが一致しない場合に、この不一致を除去するため、物権そのものの効力として発生する登記請求権である。所有権に基づく抹消登記請求権や移転登記請求権がその代表例であり、その法的性質は、妨害排除請求権に当たると解される。このように解されるのは、所有権に基づく物権的請求権は、返還請求権、妨害排除請求権および妨害予防請求権の3種類に整理されるところ（167頁参照）、不実の登記の存在は、他人の占有以外の方法による物権の侵害（このような侵害を排除する請求権が妨害排除請求権である）と評価できるからである。

2 債権的登記請求権

債権的登記請求権とは、物権の移転を目的とする契約（不動産の売買契約など）や、当事者間で一定の登記手続をするとの合意ないし特約（賃貸借契約とともにされた賃借権設定登記手続をするとの特約など）の効力として発生する登記請求権である。なお、民法560条は、売主は、買主に対し、登記、登録その他の売買の目的である権利の移転についての対抗要件を備えさせる義務を負うと規定しており、同規定は、他の有償契約にも準用されている（民559条）。

3 物権変動的登記請求権

物権変動的登記請求権とは、物権変動の過程、態様と登記とが一致しない場合に、その不一致を除去するために、物権変動それ自体から発生する登記請求権である。講学上、積極的な物権変動（権利の設定、移転など）に伴うものと、消極的な物権変動（解除や取消しなどについて観念される復帰的物権変動）に伴うものに分類される。

物権変動的登記請求権は、その発生原因事実において、物権的請求権や債権的請求権を内包していることが多いため、訴訟物として選択されることは少ない。裏を返せば、物権変動的登記請求権は、物権的登記請求権と債権的登記請求権の双方が機能しない場合において、意味をもつことになる。たとえば、下図の事例において、YがXに所有権移転登記手続を求める場合、物権的登記請求権は所有権を喪失しているため行使できず、債権的登記請求権も消滅時効にかかっている場合には行使できないが、物権変動的登記請求権であれば行使することが可能となる。

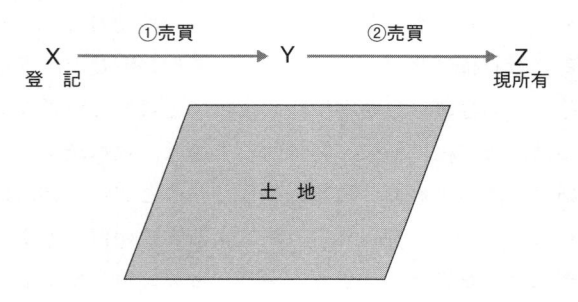

Basic 訴訟物相互間における「a＋b」

　上図の事例について、物権変動的登記請求権と債権的登記請求権それぞれの発生原因事実を考えてみると（債権的登記請求権については、消滅時効にかかっていないものとする）、前者は、①「Xによる土地もと所有」と②「ＸＹ土地売買」となるのに対し、後者は、②のみで足りることとなり（241頁参照）、前者の発生原因事実は後者のそれを包摂することになる。

　このような構造自体は、攻撃防御方法における「a＋b」の関係と同様であるため、物権変動的登記請求権を訴訟物とすることは許されないのではとの質問を受けることがある。しかし、攻撃防御方法の場合と異なり、訴訟物の選択は原告の専権事項であり、裁判所は原告の主張する訴訟物に拘束されることになるから（民訴246条）、原告が物権的登記請求権を訴訟物として選択したのであれば、裁判所は当該訴訟物の存否について審理判決しなければならない。このように、訴訟物相互間において「a＋b」の問題は生じないが、現実的には、立証の便宜の観点から、請求原因事実の少ない訴訟物（上図の事例でいえば債権的登記請求権）が選択されることが一般的であろう。

第2節　物権的登記請求権①（所有権移転登記に関する請求）

　それでは、第1節で確認した基礎知識に基づき、物権的登記請求権のうち、所有権移転登記に関するものをみていくことにしよう。

Ⅰ　所有権移転登記抹消登記手続請求

　実際の権利状態と登記簿上に示されている権利状態が一致していない場合、実際の権利者は、その権利に基づき、その登記の抹消登記手続を登記名義人（登記簿に権利者として氏名が記載されている者）に求めていくことが

できる（大判大7.5.13民録24.957等）。以下、その代表例である所有権移転登記抹消登記手続請求について検討してみよう。

1 設例・解答

設例Ⅰ　　<u>Ｘの言い分</u>

　私は、甲土地の所有者です。先日、Ａから甲土地を買いたいという申出を受けたことから、甲土地の登記事項証明書を取り寄せたところ、知らぬ間に、Ｙに対する所有権移転登記がされていました。このままでは、甲土地をＡに売買できないので、Ｙに対し、所有権移転登記の抹消登記手続をするよう求めたいと思います。なお、Ｙは、甲土地を私から買ったと主張しているようですが、そのような事実はありません。

<u>Ｙの言い分</u>

　私は、令和元年5月7日、所有者であるＸから、甲土地を2000万円で購入し、同日、所有権移転登記手続をすませました。甲土地の現在の所有者は私ですので、Ｘの請求には理由がありません。

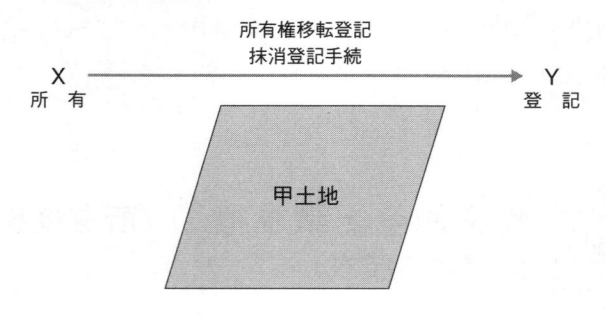

(解 答)

(1) **訴 訟 物**

　所有権に基づく妨害排除請求権としての所有権移転登記抹消登記請求権　1個

(2) **請求の趣旨**

　　Ｙは、別紙物件目録記載の土地について別紙登記目録記載の所有権移転

登記の抹消登記手続をせよ。

(3)　請求原因

　あ　Ｘは、令和元年5月7日当時、別紙物件目録記載の土地を所有していた。【○】

　い　同土地について、別紙登記目録記載の所有権移転登記（Ｙ名義の登記）がある。【○】

(4)　抗弁（所有権喪失）

　か　Ｘは、Ｙに対し、令和元年5月7日、甲土地を代金2000万円で売った。【×】

2　解　　説

(1)　訴訟物（類型別73頁）

　Ｘは、自身が甲土地の所有者であり、Ｙに対する所有権移転登記は不実のものであるとして、その抹消を求めているから、訴訟物としては、物権的登記請求権を選択するのが合理的である。なお、ＸからＹに対する売買が現に存在し、その後に解除されたような事案であれば、（消極的）物権変動的登記請求権によることも可能であるが、請求原因事実が複雑になるため、通常は物権的登記請求権が選択される。そして、物権的請求権としての抹消登記請求権の性質は、妨害排除請求権に当たると解されるから（199頁参照）、本設例の訴訟物は、「所有権に基づく妨害排除請求権としての所有権移転登記抹消登記請求権」となる。

　次に、訴訟物の個数だが、物権的請求における訴訟物の個数は、侵害されている物権の個数と侵害の個数（物権の個数×侵害の個数）により定まることになる（167頁参照）。物権の個数が1個で侵害の個数も1個である本設例において、訴訟物の個数は「1個」となる。

(2)　請求の趣旨

　請求の趣旨は、「Ｙは、別紙物件目録記載の土地について別紙登記目録記載の所有権移転登記の抹消登記手続をせよ」とすべきである。抹消登記とは、既存の登記を抹消する登記であって、相手方の存在は観念できないか

ら、「Xに対し」との記載は不要である（新問研87頁。もっとも、実務においては、「Xに対し」との記載を含む請求の趣旨、判決主文は相当数存在する）。また、登記をするのは登記官であって、登記義務者は登記官に対して登記申請という公法上の意思表示をするにすぎないことから（199頁参照）、「抹消登記をせよ」ではなく「抹消登記手続をせよ」と記載すべきである。なお、不登法61条は、登記申請にあたって登記原因（登記の原因となる事実または法律行為。所有権移転登記における「売買」「贈与」など）を明らかにするよう求めているが、実務上、抹消登記手続を求める請求においては、登記原因を示さないのが通例である。

　不動産は、表示に関する登記事項（196頁(1)記載の各事項）を用いて特定することになり、これらは物件目録にまとめて記載するのが実務の通例である。また、抹消の対象となる登記は、登記所の名称、登記の名称、受付年月日、受付番号等によって特定することになり、これらは登記目録にまとめて記載するのが同じく実務の通例である。物件目録と登記目録の具体例については、以下を参照してほしい。

物 件 目 録
所　在　特別区南都町一丁目
地　番　１０１番
地　目　宅地
地　積　３００㎡

登 記 目 録
東京法務局○○出張所令和元年５月７日受付第８０６号所有権移転
原　因　令和元年５月７日売買
所有者　被告

(3)　請求原因（類型別73頁以下）

ア　要件事実

　本設例の訴訟物は、「所有権に基づく妨害排除請求権としての所有権移転登記抹消登記請求権」である。所有権に基づく妨害排除請求権の実体的要件は、①原告による物件の所有、②被告が占有以外の方法により原告の所有権行使を妨げている事実、③②の事実が正当な権原に基づかないことと解されるが、③については、被告において「②の事実が正当な権原に基づくものであること」を立証させるほうが公平であるといえるから、原告は①②のみを主張立証すれば足りる。以上をふまえ、登記の存在が原告の所有権行使を妨げている場合を考えれば、「所有権に基づく妨害排除請求権としての所有権

移転登記抹消登記請求権」の発生原因事実は、以下のように整理することができる。

> ① 原告がその不動産を所有していること
> ② その不動産について被告名義の所有権移転登記が存在すること

①の主張立証にあたっては、過去の一定時点における所有権の発生原因事実を主張立証するか、所有権について権利自白を成立させることで主張立証をまかなう必要がある。

また、②について、被告名義の所有権移転登記は、現在（事実審の口頭弁論終結時）において存在することが必要である。物権的請求権は、妨害状態の存する限り不断に発生し、かつ、絶えず消滅し続けるものと解されるから、妨害の主体である登記は、現在において存在していなければならない（以上につき172頁参照）。

なお、不動産の登記には推定力があるが、この推定力は事実上のものであって、法律上のものではないから（197頁参照）、登記の推定力は、要件事実の整理に影響を及ぼすものではない。

イ　設例における請求原因事実

㋐　原告がその土地を所有していること

ＸとＹの各言い分によれば、Ｘが甲土地をもと所有していたことに争いはなく、争いない直近の時点は、Ｙが甲土地を購入したと主張する令和元年5月7日の時点である。したがって、①については、「Ｘは、令和元年5月7日当時、別紙物件目録記載の土地を所有していた」と摘示することになる。

㋑　その土地について被告名義の所有権移転登記が存在すること

具体的な摘示例は、請求原因㋑のとおりである。

(4)　抗弁以下の攻撃防御方法（類型別74頁）

原告が所有権を喪失した場合、原告の物権的請求権は認められないことになるから、原告と被告間における売買など、被告（被告以外の者でもよい）による所有権取得原因事実は、請求原因から生ずる法律効果の発生を障害する抗弁となる（所有権喪失の抗弁。176頁参照）。本設例では、ＹがＸから甲土地を購入したと主張しているため、所有権喪失の抗弁として、「Ｘは、Ｙ

に対し、令和元年5月7日、甲土地を代金2000万円で売った」と摘示することになる。売買の要件事実については、第2講を参照されたい。

Ⅱ 時効取得を原因とする所有権移転登記手続請求

権利変動が生じたにもかかわらず、その登記がされていない場合、新たに権利者となった者は、その権利に基づき、その登記（移転登記や設定登記）を求めていくことができる（大判大5.4.1民録22.674等）。以下、所有権を時効取得した者が、登記名義人に対して所有権移転登記手続を求める場合を例に、検討してみよう。

1 設例・解答

設例Ⅱ

Xの言い分

私は、林業を営んでいるのですが、材木置場として使用している乙土地の登記名義人が、私ではなくYであることが判明しました。乙土地の使用を開始したのは、製材工場の稼働を開始した平成14年6月1日のことだと思います。製材工場用地として購入した複数の土地のなかに乙土地も含まれていた記憶ですが、20年以上前のことのため、資料が残っていません。そこで、令和5年9月5日、Yに対し、乙土地を時効取得したと伝えたうえで、所有権移転登記手続への協力を求めたのですが、Yからは拒絶されていました。なお、Yは、乙土地を私に貸したと主張しているようですが、そのような事実はありません。

Yの言い分

私は、乙土地の所有者です。もっとも、乙土地は随分と田舎にあるため、特に使用していませんし、経済的価値もほとんどないかと思います。そのため、Xに乙土地を貸してほしいと頼まれた際は、期限も定めず無償で使用してよいと返事をしました。30年以上欠かさずつけている日記によれば、以上のやりとりは平成14年2月5日のことのようです。Xは、時効などというよくわからない理由を突きつけ、私に登記を要求してきました。乙土地の価値にかかわらず、恩知らずのXの請求など、断じて認めることができません。

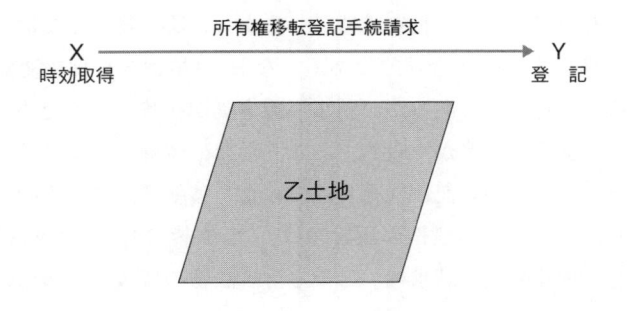

所有権移転登記手続請求

X ——————————————→ Y
時効取得　　　　　　　　　　　　　　登　記

乙土地

解　答

(1)　訴 訟 物

　所有権に基づく妨害排除請求権としての所有権移転登記請求権　　1個

(2)　請求の趣旨

　　Yは、Xに対し、別紙物件目録記載の土地について平成14年6月1日時効取得を原因とする所有権移転登記手続をせよ。

(3)　請求原因

　㋐　Xは、平成14年6月1日、別紙物件目録記載の土地を占有していた。

【○】

　㋑　Xは、令和4年6月1日経過時、同土地を占有していた。　　　【○】

　㋒　Xは、Yに対し、令和5年3月5日、同土地について取得時効を援用するとの意思表示をした。　　　【○】

　㋓　同土地について別紙登記目録記載の所有権移転登記（Y名義の登記）がある。　　　【○】

(4)　抗弁（他主占有権原）

　㋕　Yは、Xに対し、平成14年2月5日、別紙物件目録記載の土地を、期間の定めなく、無償で貸し渡した。　　　【×】

2　解　説

(1)　訴訟物（類型別76頁）

　Xは、自身が乙土地の所有権を時効取得したとして、登記名義人であるY

に対し、所有権移転登記手続を求めているから、訴訟物としては、物権的登記請求権を選択するのが合理的である。なお、（積極的）物権変動的登記請求権によることも可能であるが、請求原因事実が複雑になるため、物権的登記請求権を選択することが一般的である。なお、時効による不動産取得は原始取得であるが、その登記は保存登記ではなく移転登記によるのが登記実務である。したがって、本設例の訴訟物は、「所有権に基づく妨害排除請求権としての所有権移転登記請求権」となる。訴訟物の個数は、物権の個数が1個、侵害の個数も1個であるから、「1個」ということになる。

　なお、実務においては、1筆の土地の一部についての時効取得が問題となるケースが少なくない（たとえば、隣地に越境してフェンスを設置していたような事案では、越境していた部分のみの時効取得が問題となる）。このような場合には、測量図等の図面を用いて問題となる部分を特定する必要がある。また、1筆の土地の一部について所有権移転登記をすることはできないため、別途、分筆登記（1筆の土地を数筆に分けるための登記）を行う必要がある。

(2)　**請求の趣旨**

　請求の趣旨は、「Yは、Xに対し、別紙物件目録記載の土地について平成14年6月1日時効取得を原因とする所有権移転登記手続をせよ」とすべきである。抹消登記の場合と異なり、移転登記の場合には、登記をすべき相手方が誰であるかを明示する必要があるから、「Xに対し」との記載が必須となる。また、登記申請にあたっては登記原因を明らかにする必要があるから（不登61条）、「平成14年6月1日時効取得を原因とする」との記載も必要となる。なお、時効の効力は、その起算日にさかのぼることから（民144条）、登記原因の日付は時効完成の日ではなく、時効の起算日（占有開始日）となる。

(3)　**請求原因**（類型別76頁以下）

　本設例の訴訟物は、「所有権に基づく妨害排除請求権としての所有権移転登記請求権」であり、権利の性質は、設例Ⅰで検討した抹消登記請求権の場合と異なるところはないため、その発生原因事実は、①「原告がその不動産を所有していること」および②「その不動産について被告名義の所有権移転

登記が存在すること」の二つとなる。本設例では、①の要件について、取得
時効の主張がされていることから、以下、取得時効の要件事実について考え
てみることにしよう。

ア 長期取得時効の要件事実

民法は、所有権の取得時効について、長期取得時効と短期取得時効の二つ
の規定を設けている（民162条）。まずは、長期取得時効の要件事実について
みていこう。

> 民法162条（所有権の取得時効）
> ①　20年間、所有の意思をもって、平穏に、かつ、公然と他人の物を占有
> した者は、その所有権を取得する。

上記規定において、長期取得時効の要件は、⑦所有の意思をもって、①平
穏かつ公然に、⑦他人の物を、①20年間占有したこととされている。また、
時効の援用（民145条）の法的効果について、不確定効果説のうちの停止条
件説を前提とすれば、②時効の援用についても、取得時効の実体法上の要件
ということになる（100頁参照）。

もっとも、民法186条1項が「占有者は、所有の意思をもって、善意で、
平穏に、かつ、公然と占有をするものと推定する」と規定していることか
ら、①の事実が主張立証されれば、⑦および①の事実が法律上推定されるこ
とになるため、⑦および①の事実を積極的に主張立証する必要はない。

また、時効取得の対象物は自己の所有物であってもよいと解されるから
（継続した事実状態の尊重という取得時効の制度趣旨は、自己の所有物につ
いても妥当する）、⑦（他人の物）は要件とならない（最判昭42.7.21民集
21.6.1643、最判昭44.12.18民集23.12.2467等）。

さらに、①（20年間占有したこと）についても、前後両時点における占有
の事実があれば、その間占有が継続したものと法律上推定されるから（民
186条2項）、「ある時点で占有していたこと」と「その時から20年経過した
時点で占有していたこと」を主張立証すれば足りることになる。なお、時効
援用者において時効の起算点を任意に選択することは許されないとする判例
があるが（最判昭35.7.27民集14.10.1871）、これは、実際の占有開始時を主
張立証しなければならないという趣旨ではない（正確な占有開始時を把握す

ることが困難であるケースも少なくない）。時効援用者は、「ある時点」における占有を主張立証すれば足りる[1]。

　以上によれば、長期取得時効の要件事実については、以下のとおり整理することができる。

【長期取得時効】

① 　ある時点で占有していたこと

② 　①の時から20年経過した時点で占有していたこと

③ 　援用権者が相手方に対し時効援用の意思表示をしたこと

> **Basic**
>
> ### 暫定真実
>
> 　ある法律効果を導くための主要事実として、甲および乙という事実が求められており、甲という事実があるならば乙という事実の存在が法律上推定されるという構造になっている場合、甲について主張立証できてしまえば、乙については暫定的に真実と取り扱うことができてしまう。このような推定について定める規定を「暫定真実を定める規定」と呼ぶことがある。要件事実論の観点からは、暫定真実を定める規定は、法律要件の一部について主張立証責任を転換する機能を有していることとなる。
>
> 　長期取得時効を例にあげれば、民法186条1項が暫定真実を定める規定に当たり、同規定により、長期取得時効の要件のうち、⑦「所有の意思をもって」および①「平穏かつ公然に」との2要件について、主張立証責任が転換されることになる。

イ　短期取得時効の要件事実

続いて、短期取得時効の要件事実についてみていこう。

┃ 民法162条（所有権の取得時効）

---

[1]　この点は、いわゆる時効完成後の第三者の論点との関係で問題となる。反対当事者は、自身が時効完成後の第三者であること（民法177条の「第三者」に該当すること）を基礎づけるため、占有開始がより前の時点であることを主張立証することができる。

② 10年間、所有の意思をもって、平穏に、かつ、公然と他人の物を占有した者は、その占有の開始の時に、善意であり、かつ、過失がなかったときは、その所有権を取得する。

　上記規定において、短期取得時効の要件は、㋐所有の意思をもって、㋑平穏かつ公然に、㋒他人の物を、㋓10年間占有したこと、㋔占有開始時に善意であり、㋕㋔について無過失であったこととされている。また、長期取得時効の場合と同様に、㋖時効の援用についても実体法上の要件ということになる。

　民法186条1項が「占有者は、所有の意思をもって、善意で、平穏に、かつ、公然と占有をするものと推定する」と規定していることから、㋓の事実が主張立証されれば、㋐および㋑の事実に加え、㋔の事実についても法律上推定されることになる。したがって、㋐、㋑および㋔の事実を積極的に主張立証する必要はない。

　㋒が要件とならないこと、㋓について「ある時点で占有していたこと」と「その時から10年経過した時点で占有していたこと」を主張立証すれば足りることは、長期取得時効の場合と同様である。

　他方、㋕（無過失）については、推定規定が存在しないため、原則どおり主張立証が必要である（最判昭46.11.11集民104.227）。ここでいう「無過失」とは、占有開始時において、自己に所有権があると信じるにつき過失がないこと（所有権が自己に属すると信ずべき正当の理由があること）を意味している（最判昭43.12.24民集22.13.3366、この点については第8講も参照されたい）。なお、無過失は規範的要件であるから、その評価根拠事実を主張立証しなければならない。

　以上によれば、短期取得時効の要件事実については、以下のとおり整理することができる。

【短期取得時効】
① ある時点で占有していたこと
② ①の時から10年経過した時点で占有していたこと
③ ①の時点で自己に所有権があるものと信じることについて無過失で

あったこと

④　援用権者が相手方に対し時効援用の意思表示をしたこと

ウ　設例における請求原因事実

(ア)　原告がその土地を所有していること

　Xは、乙土地を時効取得したと主張しているところ、乙土地の占有開始から20年以上が経過していることから、法律構成としては、主張立証が容易な長期取得時効を選択することになる。長期取得時効の要件事実は、先にみたとおり、①「ある時点で占有していたこと」、②「①の時から20年経過した時点で占有していたこと」、③「援用権者が相手方に対し時効援用の意思表示をしたこと」であるから、これらに該当する具体的事実を摘示すればよい。具体的な摘示例は、請求原因ぁ〜ぅのとおりである。

　なお、時効期間は、起算日（占有開始日）の翌日から計算し（民140条・初日不算入の原則）、最終日の終了（経過）により満了することになる（141条）。

(イ)　その土地について被告名義の所有権移転登記が存在すること

　具体的な摘示例は、請求原因ぇのとおりである。

(4)　抗弁以下の攻撃防御方法（類型別78頁以下）

　これまでみてきたように、取得時効の実体法上の要件は、その多くが法律上の事実推定の規定により、主張立証責任の転換が図られている。具体的には、①所有の意思をもってする占有（自主占有）であること、②占有が平穏に、かつ、公然と行われたこと、さらに、短期取得時効については、③占有者が占有開始時に善意であったことがそれぞれ推定されるため、被告は、①′所有の意思をもってするものでない占有（他主占有）であること、②′占有が暴行、脅迫または隠匿（窃盗等）により始まったものであること、③′占有者が占有開始時に悪意であったことをそれぞれ主張立証することで、取得時効の成立を争うことができる（いずれも障害の抗弁として機能する）。ここでは、①′と②′について詳しくみておこう。

ア　他主占有権原・他主占有事情の抗弁

　被告は、障害の抗弁として、原告の占有が他主占有であることを主張立証

することができる。ここで、民法162条にいう「所有の意思」の有無は、占有者の内心の意思によってではなく、外形的客観的に決せられるべきと解されるから（最判昭45.6.18集民99.375ほか）、被告は、以下のいずれかの事実を主張立証すれば足りることとなる（最判昭58.3.24民集37.2.131、最判平7.12.15民集49.10.3088）。

> ① **他主占有権原の抗弁**
>   占有者がその性質上所有の意思のないものとされる権原（賃借権や使用借権など）に基づき占有を取得したこと
> ② **他主占有事情の抗弁**
>   外形的客観的にみて占有者が他人の所有権を排斥して占有する意思を有していなかったものと解される事情（真の所有者であれば通常はとらない態度を示したこと、所有者であれば当然とるべき行動に出なかったことなど）

なお、どの程度の具体的事実があれば他主占有事情ありといえるのかは、ケースバイケースである。所有権移転登記手続を求めないことや、固定資産税（土地、家屋等の固定資産の所有者に課される地方税）を負担していないことは、一つの考慮要素とはなるものの、これらの事情をもって直ちに他主占有事情ありと判断されるものではない。

イ　悪意の抗弁（短期取得時効に対する抗弁）

被告は、障害の抗弁として、原告が占有開始時に悪意であったことを主張立証することができる。民法162条にいう「善意」とは、自己に所有権があると信じていたことをいうと解されている（前掲最判昭43.12.24）。したがって、ここで主張立証すべき悪意とは、「自己が権利者であるとは信じていなかったこと」であり、自己が権利者であるか半信半疑である状態も、悪意に含まれることになる。

ウ　設例における抗弁事実

本設例では、YはXに対して乙土地を無償で貸していたと主張している。この主張は、他主占有権原として、Xが使用借権に基づき占有を取得したことをいうものであり、請求原因と両立し、かつ、取得時効の成立を障害する

法律効果を有するから、障害の抗弁として機能する。抗弁事実の具体的な摘示例は、抗弁㋕のとおりである。

Basic　　占有の承継と相続

取得時効が完成するまでには、10年ないし20年という相応に長い期間を要することから、その間に占有者が交代することがある。交代した占有者、すなわち占有の承継人は、自己の占有のみを主張するか、前の占有者の占有をあわせて主張するかを選ぶことができる（民187条）。

占有は、相続によって承継することもできる（相続の要件事実については第7講参照）。すなわち、被相続人が死亡して相続が開始したときは、特別の事情のない限り、被相続人の占有に属したものは相続人の占有に移ることとなる（最判昭44.10.30民集23.10.1881）。一方で、相続人は、新たに対象物を事実上支配することにより、独自の占有を開始することもできる。相続人の占有には、このような二面性（被相続人から承継した占有と相続人独自の占有）があるため、先に触れた民法187条は、相続の場合にも適用され（最判昭37.5.18民集16.5.1073）、相続によって占有を取得した者は、自己の占有のみを主張するか、被相続人の占有をあわせて主張するかを選ぶことができる。

ところで、相続人が被相続人の占有を承継した場合、占有の性質は、被相続人の占有の性質によって当然に定まる。被相続人の占有が他主占有であれば、相続人が承継した占有の性質も他主占有ということになる。一方で、相続人の独自の占有によって、占有の性質が自主占有へと転換する余地があり（最判昭46.11.30民集25.8.1437）、具体的には、取得時効を主張する相続人が、自身の開始した事実的支配が外形的客観的にみて独自の所有の意思に基づくものと解される事情を主張立証したときは、自主占有への転換を認めることができると解されている（最判平8.11.12民集50.10.2591）。

Ⅲ 真正な登記名義の回復を原因とする所有権移転登記手続請求

　ここまで、所有権について、実際の権利状態と登記簿上に示されている権利状態が一致していない場合や、権利変動が生じたにもかかわらず、その登記がされていない場合において、抹消登記手続請求や移転登記手続請求ができることを学んできた。もっとも、抹消登記手続が事実上困難な場合や、真正な登記名義を回復するために抹消登記手続と移転登記手続を複数回繰り返さなければならず、その実現に多くの時間、費用、労力を要する場合がある。そこで、このような場合を念頭に、判例は、所有権者が登記名義人に対して自己へ所有権移転登記手続をするよう請求することを認めている。このときの移転登記の原因は、「真正な登記名義の回復」とされていることから、このような移転登記手続請求のことを、「真正な登記名義の回復を原因とする所有権移転登記手続請求」と呼んでいる。

　真正な登記名義の回復を原因とする所有権移転登記手続請求がいかなる場合に許容されるかは、種々の議論があるが、ここでは、現在の判例・実務において認められている典型的な二つのケースについてみてみることにしよう。

1　設例・解答

設例Ⅲ
　　Xの言い分

　私は、先日、Yに丙土地を売り、所有権移転登記手続もすませたのですが、その後、事情があって売買契約を合意解約しました。ところが、Yは、所有権移転登記手続の抹消に協力してくれません。また、Yに登記が移った後、丙土地にはZを債権者とする抵当権設定登記がされており、Zから所有権移転登記を抹消することの承諾を得ることもむずかしい状態です。そこで、Yに対して、丙土地について所有権移転登記手続を求めることにし、Zに対する抵当権の負担がついた状態ではありますが、登記名義の回復を図りたいと思います。

　Xとは丙土地の売買をめぐってトラブルになりました。Xの言い分は、すべて認めますが、登記手続に任意で協力する気にはなりません。

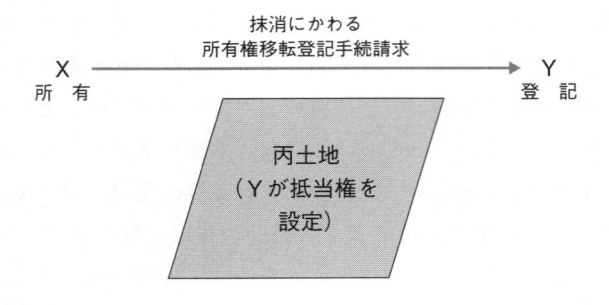

設例Ⅳ　Xの言い分

　私は、令和2年9月13日、Aから丙土地を1800万円で買ったのですが、なぜか、所有権移転登記はYに対してされてしまいました。現在、Aとはまったく連絡がつきません。仕方がないので、Yに対して、丙土地について所有権移転登記手続を求めたいと思います。Yも、Aから丙土地を買ったと主張しているようですが、そんなことはないはずです。

Yの言い分

　私は、令和2年11月25日、Aから丙土地を2000万円で購入し、同日、所有権移転登記手続を行いました。Xも、Aから丙土地を購入したと主張していますが、そのようなことはAから聞かされておりません。

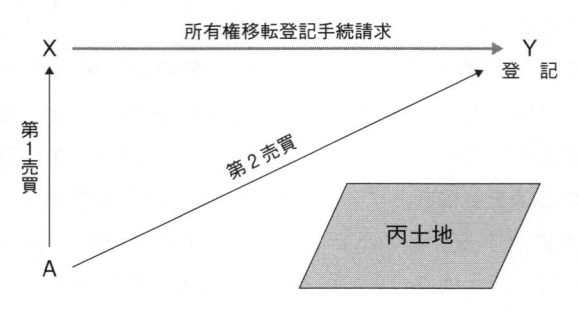

解答（設例Ⅲ）

(1) 訴 訟 物

　　所有権に基づく妨害排除請求権としての所有権移転登記請求権　　1個

(2) 請求の趣旨

　　　Yは、Xに対し、別紙物件目録記載の土地について真正な登記名義の回復を原因とする所有権移転登記手続をせよ。

(3) 請求原因

　　⓪　Xは、別紙物件目録記載の土地を所有している。　　　　　　　　　【○】

　　ⓘ　同土地について、別紙登記目録記載の所有権移転登記（Y名義の登記）がある。　　　　　　　　　　　　　　　　　　　　　　　　　　　　【○】

解答（設例Ⅳ）

(1) 訴 訟 物

　　所有権に基づく妨害排除請求権としての所有権移転登記請求権　　1個

(2) 請求の趣旨

　　　Yは、Xに対し、別紙物件目録記載の土地について真正な登記名義の回復を原因とする所有権移転登記手続をせよ。

(3) 請求原因

　　⓪　Aは、令和2年9月13日当時、別紙物件目録記載の土地を所有していた。　　　　　　　　　　　　　　　　　　　　　　　　　　　　　　　　【○】

　　ⓘ　Aは、Xに対し、同日、同土地を1800万円で売った。　　　　　　【×】

　　ⓤ　同土地について、別紙登記目録記載の所有権移転登記（Y名義の登記）がある。　　　　　　　　　　　　　　　　　　　　　　　　　　　　【○】

(4) 抗弁（対抗要件具備による所有権喪失の抗弁）

　　㋕　Aは、Yに対し、令和2年11月25日、同土地を代金2000万円で売った。　　　　　　　　　　　　　　　　　　　　　　　　　　　　　　　　【×】

　　㋖　Aは、Yに対し、同日、㋕の売買契約に基づき、同土地につき所有権移転登記手続をした。　　　　　　　　　　　　　　　　　　　　　　　【○】

2 解 説

(1) 訴訟物 (類型別75頁、91頁)

ア 訴訟物の考え方

設例Ⅲについては、本来であれば、Ｙに対し、所有権移転登記の抹消登記手続を求めていくべきである。しかし、第3節以下で詳しく説明するとおり、Ｙから抵当権の設定を受けたＺが「登記上の利害関係を有する第三者」に当たることから、その承諾なくして所有権移転登記を抹消することはできず（不登68条）、Ｚの承諾を得ることがむずかしい本設例においては、真正な登記名義の回復を原因とする抹消にかわる所有権移転登記手続を請求していかざるをえない。

また、設例Ⅳについても、本来であれば、Ａに代位してＹに所有権移転登記の抹消登記手続を請求するとともに、Ａに対して所有権移転登記手続を請求しなければならないが、手続的に煩瑣であり、要する費用も馬鹿にならない。そこで、同設例の場合も、真正な登記名義の回復を原因とする所有権移転登記手続を請求していくことが考えられる。

訴訟物は、設例Ⅲ・Ⅳのいずれについても、設例Ⅱの場合と同様に、「所有権に基づく妨害排除請求権としての所有権移転登記請求権」となり、訴訟物の個数は、物権の個数が1個、侵害の個数も1個であるから、「1個」ということになる。

イ 真正な登記名義の回復を原因とする所有権移転登記手続請求の問題点

判例および登記実務は、設例Ⅲのような「抹消にかわる所有権移転登記手続請求」（最判昭30.7.5民集9.9.1002など）や、設例Ⅳのような「二重譲渡の一方の譲受人から他方の譲受人への所有権移転登記手続請求」（最判昭34.2.12民集13.2.91）を、真正な登記名義の回復を登記原因として、特段の制約なしに認めている。もっとも、このような登記は、物権変動の過程を忠実に公示するとの不動産登記の要請に反するうえ、設例Ⅳのように中間省略登記を許す結果となる場合がある。平成16年の不登法の改正により、中間省略登記をすることが手続上不可能となったことも相まって、真正な登記名義の回復を原因とする所有権移転登記手続請求を無制約に認めることには、異論が少なくない。

なお、現在の登記名義人からの権利承継人（所有権が $\alpha \rightarrow \beta$ と移転した場合の β）は、真正な登記名義の回復を原因とする所有権移転登記手続を請求することができないと解されている。権利承継の原因による所有権移転登記手続を請求すれば足りるからである。また、最判平22.12.16民集64.8.2050は、さらに進んで、所有権が $\alpha \rightarrow \beta \rightarrow \gamma$ と順次移転したにもかかわらず、登記名義がなお α のもとに残っている場合において、 γ が α に対して真正な登記名義の回復を原因とする所有権移転登記手続を請求することは許されないと判示している。あわせて押さえておくとよいであろう。

費用面からみた抹消登記と移転登記の違い

　所有権移転登記の抹消登記と、抹消登記にかわる移転登記の双方が可能なのであれば、どちらの手続を選択してもよいのではないか。実務経験のない読者のなかには、そのように思う方が少なくないかもしれない。しかし、両者には費用面で大きな差がある。登記をする場合、登録免許税という税金（実質的には登記の手数料）を収める必要がある。抹消登記に要する登録免許税は、不動産ごとに1000円ですむが、所有権移転登記に要する登録免許税は不動産価額（固定資産評価額）の1000分の20であり、5000万円の不動産であれば、100万円もの登録免許税を納めなければならないことになる（もっとも、租税特別措置法によって種々の軽減措置がとられているため、実際の税額はこれよりも少ない額となることが多い。たとえば住宅用家屋であれば、少なくとも不動産価額の1000分の3まで減額される）。そのため、抹消登記と抹消にかわる移転登記の双方が可能である場合、特段の事情のない限り、前者を優先して選択することになる。

(2) 請求の趣旨

　移転登記の原因は、「真正な登記名義の回復」とされていることから、請求の趣旨は、設例Ⅲ・Ⅳいずれについても、「Yは、Xに対し、別紙物件目録記載の土地について真正な登記名義の回復を原因とする所有権移転登記手続をせよ」となる。

(3) 請求原因（類型別75頁以下、91頁以下）

ア 要件事実

設例Ⅲ・Ⅳの訴訟物は、「所有権に基づく妨害排除請求権としての所有権移転登記請求権」であるから、設例Ⅱの場合と同様に、その発生原因事実は、①「原告がその土地を所有していること」および②「その土地について被告名義の所有権移転登記が存在すること」の二つとなる。

なお、真正な登記名義の回復を原因とする所有権移転登記手続請求に一定の制約を課すべきとの立場に立てば、③真正な登記名義の回復を原因とする登記を必要とする理由（設例Ⅲを例にあげれば、登記上の利害関係を有する第三者であるZの承諾が得られないこと）についても要件事実になると解していくことになろうか。

イ 設例Ⅲ・Ⅳにおける請求原因事実

(ア) 設例Ⅲについて

具体的な摘示例は、請求原因あいのとおりである。

(イ) 設例Ⅳについて

①「原告がその土地を所有していること」については、Aによる令和2年9月13日当時の丙土地所有について権利自白が成立することから、その旨を摘示するとともに、AからXへの所有権移転原因として、AX間の売買契約の成立を摘示する必要がある。具体的な摘示例は請求原因あいのとおりである。②「その土地について被告名義の所有権移転登記が存在すること」の具体的な摘示例は、請求原因うのとおりである。

(4) 抗弁以下の攻撃防御方法（設例Ⅳについて、類型別92頁）

設例Ⅳは、Aを起点とした二重譲渡の事案であるから、抗弁以下の攻撃防御方法の構造は、不動産が二重譲渡された場合の不動産明渡請求訴訟とほぼ同様となり、対抗要件の抗弁や、対抗要件具備による所有権喪失の抗弁などが典型的な抗弁となる（第5講参照）。

設例Ⅳでは、YがAから丙土地を購入し、所有権移転登記手続を行ったと主張している。Yが丙土地の二重譲渡を受け、かつ、対抗要件として所有権移転登記を具備したことを主張立証した場合、Yは確定的に所有権を取得し、その結果、Xは所有権を失うことになるから、Yの主張は、対抗要件具

備による所有権喪失の抗弁をいうものと解することができる。なお、Ｙの主張のうち、二重譲渡の部分のみを切り出せば、対抗要件の抗弁をいうものとの理解も可能ではあるが、Ｙが売買契約に基づく登記具備を明確に主張し、Ｘも実質的にこれを争っていないとみられる以上、Ｙにおいては、対抗要件具備による所有権喪失の抗弁のみを主張しているものと理解すべきであろう。抗弁事実の具体的な摘示例は、抗弁㋕㋖のとおりである。

第3節 物権的登記請求権②（抵当権設定登記に関する請求）

Ⅰ 抵当権設定登記抹消登記手続請求

　これまでみてきたとおり、所有者は、実際の権利状態と登記簿上に示されている権利状態が一致していない場合、所有権に基づきその登記の抹消登記手続を請求することができる。そして、その対象は、その不動産に設定された用益物権や担保物権に関する登記にも及ぶことになる。ここでは、実務上重要となる抵当権設定登記の抹消登記手続請求について考えてみることにしよう。

1 設例・解答

設例Ⅴ

Ｘの言い分
　私は、丁土地の所有者です。先日、丁土地の登記記録を確認したところ、身に覚えのない抵当権設定登記がされていました。そこで、抵当権者として登記されているＹに対し、抵当権設定登記の抹消登記手続を請求したいと思います。Ｙは、私から借金の担保として抵当権の設定を受けたと主張しているようですが、そのような事実はいっさいありません。

Ｙの言い分
　私は、令和元年5月7日、Ｘに対し、4000万円を利息5％、損害金10％の約定で貸し付けましたが、その際、担保として、Ｘ所有の丁土地に抵当権の

設定を受けました。抵当権設定登記手続も、同日中にすませています。貸した4000万円はまだ返ってきていませんので、抹消登記の要求には応じることができません（注：抵当権設定登記には利息および損害金の利率についても表示されているものとする）。

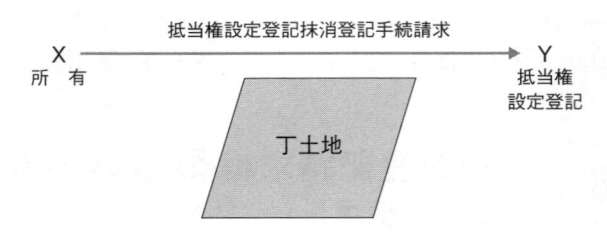

....

(解 答)

(1)　訴　訟　物

　　所有権に基づく妨害排除請求権としての抵当権設定登記抹消登記請求権

　　1個

(2)　請求の趣旨

　　　Ｙは、別紙物件目録記載の土地について、別紙登記目録記載の抵当権設定登記の抹消登記手続をせよ。

(3)　請求原因

　　あ　Ｘは、別紙物件目録記載の土地を所有している。　　　　　　　　【○】

　　い　同土地について、別紙登記目録記載の抵当権設定登記（Ｙ名義の登記）がある。　　　　　　　　　　　　　　　　　　　　　　　　　　　　【○】

(4)　抗　　　弁

　　カ　Ｙは、Ｘに対し、令和元年5月7日、4000万円を利息5％、損害金10％の約定で貸し付けた。　　　　　　　　　　　　　　　　　　　　　　【×】

　　キ　ＸとＹは、同日、Ｘのカの債務を担保するため、別紙物件目録記載の土地に抵当権を設定するとの合意をした。　　　　　　　　　　　　　　【×】

　　ク　Ｘは、同日当時、同土地を所有していた。　　　　　　　　　　　【○】

　　ケ　別紙登記目録記載の抵当権設定登記は、キの抵当権設定契約に基づ

く。   【×】

2　解　　説

(1)　訴訟物（類型別80頁）

　Xは、自身が丁土地の所有者であり、Yに対する抵当権設定登記は不実の
ものであるとして、その抹消を求めているから、訴訟物は、「所有権に基づ
く妨害排除請求権としての抵当権設定登記抹消登記請求権」となる。また、
訴訟物の個数は、物権の個数が1個で侵害の個数も1個であるから、「1
個」となる。

(2)　請求の趣旨

　請求の趣旨は、「Yは、別紙物件目録記載の土地について、別紙登記目録
記載の抵当権設定登記の抹消登記手続をせよ」とすべきである。抹消登記手
続請求において、相手方の存在は観念できないから、「Xに対し」との記載
は不要である。不動産および抹消の対象となる登記は、それぞれ物件目録と
登記目録を用いて特定していくことになる。抵当権設定登記に関する登記目
録の具体例については、以下を参照してほしい。

> ### 登　記　目　録
>
> 東京法務局○○出張所令和元年5月7日受付第807号抵当権設定
> 　　　原　因　　令和元年5月7日金銭消費貸借同日設定
> 　　　債権額　　金4,000万円
> 　　　利　息　　年5%
> 　　　損害金　　年10%
> 　　　債務者　　特別区南部町一丁目5番5号
> 　　　　　　　　原告
> 　　　抵当権者　特別区北斗町三丁目3番3号
> 　　　　　　　　被告

(3)　請求原因（類型別80頁以下）

ア　要件事実

　本設例の訴訟物は、「所有権に基づく妨害排除請求権としての抵当権設定
登記抹消登記請求権」である。設例Ⅰの際にも触れたが、所有権に基づく妨
害排除請求権の実体的要件は、①原告による物件の所有、②被告が占有以外

の方法により原告の所有権行使を妨げている事実、③②の事実が正当な権原に基づかないことと解されるが、③については、被告において障害の抗弁として「②の事実が正当な権原に基づくものであること」を主張立証責任すべきと解されるから、原告は①②のみを主張立証すれば足りる。以上をふまえれば、本設例の訴訟物の発生原因事実は、以下のように整理することができる。

> ① 原告がその土地を所有していること
> ② その土地について被告名義の抵当権設定登記が存在すること

イ　設例における請求原因事実

① 原告がその土地を所有していること

　　XとYの各言い分によれば、Xが現在丁土地を所有していることに争いはないから、Xの現所有について権利自白が成立する。具体的な摘示例は、請求原因⑥のとおりである。

② その土地について被告名義の抵当権設定登記が存在すること

　　具体的な摘示例は、請求原因⑪のとおりである。

(4)　抗弁以下の攻撃防御方法（類型別82頁以下）

ア　登記保持権原の抗弁

　先に触れたとおり、被告は、障害の抗弁として、所有権の侵害が正当な権原に基づくものであることについて主張立証することができる。侵害が抵当権設定登記の存在によって生じていることをふまえれば、被告は、「被告名義の登記が正当な権原に基づくこと」、すなわち、抵当権設定登記が有効であることを主張立証していくことになる。この抗弁を、**登記保持権原**の抗弁と呼ぶ。

　抵当権設定登記が有効であるためには、⑦実体的有効要件（登記の記載に符合する実体上の権利関係があること）と⑦手続的有効要件（登記が法律の定めるところに従い行われたこと）の双方を具備しなければならない。⑦の要件は、具体的には、以下の①〜③の事実に整理することができる。⑦については、手続上特段の問題がない場合には、以下の④の事実を摘示すれば足りるとされている。

【登記保持権原の抗弁】
① 原告と被告との間の被担保債権の発生原因事実
② 原告が被告との間で①の債権を担保するためその不動産につき抵当権設定契約を締結したこと
③ 原告が②の当時、その不動産を所有していたこと
④ その登記が②の抵当権設定契約に基づくこと

㋐ 被担保債権の発生原因事実

抵当権は、従たる権利であり、主たる権利である被担保債権がないと成立しないから（成立における附従性）、被担保債権の発生原因事実を主張立証する必要がある。なお、債権額、利息・損害金の定めなど、登記に表示されたものと一致する実体関係を漏れなく主張立証しなければならない。

㋑ 抵当権設定契約

抵当権は設定契約によって発生するから、抵当権設定契約を締結したことを主張立証しなければならない。なお、抵当権設定契約は、講学上の物権契約（物権の設定・移転・消滅を直接に目的とする契約）に当たる。

㋒ 抵当権設定契約時の処分権（抵当権設定契約時における不動産の所有）

抵当権が物権契約であることをふまえると、設定者は抵当権設定契約時において不動産の処分権を有している必要がある。契約時に処分権を有していないと、契約により抵当権を発生させることができないからである。

㋓ 登記が㋑の抵当権設定契約に基づくこと

抵当権設定登記が有効であるためには、手続的有効要件として、登記が法律の定めるところに従い行われたことが必要である。もっとも、ある登記が不登法その他の法令に違反したことにより直ちに無効となるものではなく、本質的な手続的瑕疵があってはじめて登記は無効となる。手続的有効要件が問題となる典型的なケースとしては、偽造文書による登記が疑われるなど、登記が登記義務者である抵当権設定者の意思に基づいてされたか（共同申請主義に違反していないか）が争点となる場合があげられる。このような争点がない限り、手続的有効要件については、「抹消の対象となっている抵当権設定登記が主張立証された抵当権設定契約に基づくこと」を摘示すれば足り

るとされている[2]。

Next Level 偽造文書による登記申請

　偽造文書によってされた登記は、直ちに無効となりそうだが、判例は、「登記の記載が実体的法律関係に符合し、かつ、登記義務者においてその登記を拒みうる特段の事情がなく、登記権利者において当該登記申請が適法であると信ずるにつき正当の事由があるとき」は、登記の無効を主張することができないと判示する（最判昭41.11.18民集20.9.1827、最判昭54.4.17集民126.579等）。

　したがって、偽造文書による登記申請が疑われる事案において、登記の有効性を主張する場合、登記の手続的有効要件としては

①　その登記が登記義務者の登記申請意思に基づくこと

　　または

②　登記申請時に、登記義務者においてその登記を拒みうる特段の事情がなく、かつ、登記権利者においてその登記申請が適法であると信ずるにつき正当な事由があること

のいずれかを主張立証すればよいということになる。

Basic 所有権移転登記抹消登記手続請求訴訟における登記保持権原の抗弁

　登記保持権原の抗弁は、本文中でみてきたとおり、原告の所有権が認められることを前提に、被告が登記を保持することのできる権原を有するとの主張である。したがって、所有権移転登記抹消登記手続請求訴訟のような、所有権の帰属自体が争いになる場合において、登記保持権原

2　類型別は、登記の実体的有効要件と手続的有効要件のほかに、登記と実体関係との関連性要件（登記が私法上の義務の履行としてされたこと）が必要であると解し、この関連性要件についても「登記が抵当権設定契約に基づくこと」との事実摘示に含まれるとする。もっとも、登記の有効要件としては、実体的有効要件と手続的有効要件の二つに分けて論ずるのがポピュラーであり、関連性要件なるものを手続的有効要件と別個に観念する必要があるかは、いささか疑問が残る。

イ　登記保持権原の抗弁に対する再抗弁

先にみたとおり、従たる権利である抵当権は、主たる権利である被担保債権がないと成立せず、被担保債権が消滅した場合には、抵当権もあわせて消滅することになる（成立および消滅における附従性）。そのため、被担保債権の発生障害事実や消滅事実は、登記保持権原の抗弁に対する障害ないし消滅の再抗弁として機能することになる。

ウ　設例における抗弁事実

(ア)　被担保債権の発生原因事実

本設例における被担保債権は、消費貸借契約に基づく貸金返還請求権であるから、その発生原因事実を摘示する必要がある。また、抵当権設定登記には、利息および損害金の利率が表示されていることから、これらと一致する実体関係として、利息の合意と遅延損害金の利率の合意についてもあわせて摘示する必要がある。これらの要件事実の考え方は、第3講を参照されたい。具体的な摘示例は、抗弁⑰のとおりである。

(イ)　抵当権設定契約

具体的な摘示例は、抗弁⑱のとおりである。

(ウ)　抵当権設定契約時の処分権（抵当権設定契約時における不動産の所有）

原告が、抵当権設定契約当時、丁土地を所有していたことを摘示する必要がある。原告が丁土地を現在所有していることについては、請求原因段階で権利自白が成立しているが、抵当権設定契約とは時点が異なるため、抗弁においてあらためて摘示しなければならない。具体的な摘示例は、抗弁⑲のとおりである。

なお、登記保持権原の抗弁を主張している被告の意思を合理的に解釈し、請求原因段階において、「原告が抵当権設定契約当時に丁土地を所有していたこと」について権利自白が成立していると整理することも考えられる。このような整理をした場合、抗弁段階で丁土地の所有関係について摘示する必要はなくなる（後掲の参考摘示例を参照）。

具体的な摘示例は、抗弁⑦のとおりである。

(参考)　請求原因段階における権利自白の成立時点を抵当権設定契約締結当時とした場合の摘示例

(3)　請求原因

　　あ　Xは、令和元年 5 月 7 日当時、別紙物件目録記載の土地を所有していた。　　　　　　　　　　　　　　　　　　　　　　　　　　　　【○】

　　い　同土地について、別紙登記目録記載の抵当権設定登記（Y名義の登記）がある。　　　　　　　　　　　　　　　　　　　　　　　　【○】

(4)　抗　　弁

　　⑦　Yは、Xに対し、令和元年 5 月 7 日、4000万円を利息 5 ％、損害金10％の約定で貸し付けた。　　　　　　　　　　　　　　　　　　【×】

　　⑦　XとYは、同日、Xの⑦の債務を担保するため、別紙物件目録記載の土地に抵当権を設定するとの合意をした。　　　　　　　　　【×】

　　⑦　別紙登記目録記載の抵当権設定登記は、⑦の抵当権設定契約に基づく。　　　　　　　　　　　　　　　　　　　　　　　　　　　　【×】

Ⅱ　登記上利害関係を有する第三者に対する承諾請求

　ある不動産について、所有権移転登記がされ、その後さらに抵当権設定登記がされている場合において、その双方の抹消を求めようとするとき、どのような請求をすればよいだろうか。具体的な事例を通じて考えてみよう。

1　設例・解答

設例Ⅵ　　Xの言い分

　私は、個人でコンサルタント業を営んでいるのですが、クライアントとの間でトラブルとなり、1000万円以上の損害賠償請求を受けてしまいました。その際、褒められたことではないのですが、資産を隠さなければとの衝動にかられ、旧知のYに頼み込み、私の所有する戊土地を売却したことにして登

記名義Yに移させてもらいました。その後、トラブルが無事に解決したことから、Yに対して登記名義をもとに戻すよう求めたのですが、思いがけず拒絶されてしまいました。不審に思って戊土地の登記事項証明書を取得したところ、戊土地にはZを抵当権者とする抵当権設定登記がされていました。YZ間でどのようなやりとりがあったかは知りません。身から出た錆といわれればそのとおりですが、何とかして、抵当権の負担のないかたちで戊土地の登記を取り戻したいと思います。

Yの言い分

私は、令和元年4月10日、Xから戊土地を2000万円で購入し、同日、所有権移転登記手続を行いました。Xは仮装譲渡であると主張をしているようですが、そんなことはありません。Xの主張には理由がないと思います。

Zの言い分

私は、令和元年11月17日、Yに対し、4000万円を利息5％、損害金10％の約定で貸し付け、その担保として、同日、戊土地に抵当権の設定を受け、登記もすませました。Yからは、連帯保証していた知人の事業債務を弁済しなければならず、急遽資金が必要になったと聞いています。Xは、同年4月10日、Yに対して2000万円で戊土地を売却しているのですから、今回の抵当権設定に何の文句もいえないはずです。Xは、戊土地の譲渡は仮装されたものであると主張しているようですが、そんなはずはありません。仮に仮装譲渡だとしても、そのような言い分はYに対しては通じても、私には通じないはずです（注：抵当権設定登記には利息および損害金の利率についても表示されているものとする）。

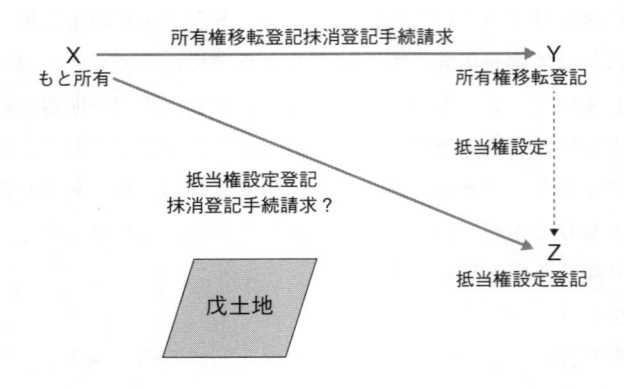

所有権移転登記抹消登記手続請求

X → Y
もと所有

所有権移転登記

抵当権設定

抵当権設定登記
抹消登記手続請求？

↓ Z
抵当権設定登記

戊土地

....

解 答

(1) 訴 訟 物

① Yに対し

所有権に基づく妨害排除請求権としての所有権移転登記抹消登記請求
権 1個

② Zに対し

所有権に基づく妨害排除請求権としての承諾請求権 1個

(2) 請求の趣旨

① Yは、別紙物件目録記載の土地について、別紙登記目録記載の所有権
移転登記の抹消登記手続をせよ。

② Zは、Xに対し、上記抹消登記手続を承諾せよ。

(3) 請求原因（ＸＹ両名に対し）

あ Xは、令和元年4月10日当時、別紙物件目録記載の土地を所有してい
た。　　　　　　　　　　　　　　　　　　　　　　　　　　　　【○】

い 同土地について、別紙登記目録記載1の所有権移転登記（Y名義の登
記）がある。　　　　　　　　　　　　　　　　　　　　　　　　【○】

う 同土地について、同目録記載2の抵当権設定登記（Z名義の登記）が
ある。　　　　　　　　　　　　　　　　　　　　　　　　　　　【○】

え 令和元年11月17日当時、Yが同土地の所有名義人であった。【○】

(4) 抗　　弁

① ＸＹ両名の抗弁（所有権喪失）

　　㋕　Ｘは、Ｙに対し、令和元年4月10日、別紙物件目録記載の土地を代金2000万円で売った。　　　　　　　　　　　　　　　　　　　　【〇】

② Ｚの抗弁（登記保持権原・抗弁①と再抗弁を前提にした予備的抗弁）

　　㋖　Ｚは、Ｙに対し、令和元年11月17日、4000万円を利息5％、損害金10％の約定で貸し付けた。　　　　　　　　　　　　　　　　　　　【△】

　　㋗　ＹとＺは、令和元年11月17日、Ｙの㋖の債務を担保するため、同土地に抵当権を設定するとの合意をした。　　　　　　　　　　　　　【△】

　　㋘　Ｚは、㋗の契約の際、㋕の売買が仮装されたものであることを知らなかった。　　　　　　　　　　　　　　　　　　　　　　　　　　【△】

　　㋙　別紙登記目録記載の抵当権設定登記は、㋗の抵当権設定契約に基づく。　　　　　　　　　　　　　　　　　　　　　　　　　　　　　　【△】

⑸　再抗弁（抗弁①に対し・通謀虚偽表示）

　　㋛　ＸとＹは、㋕の売買の際、いずれも売買の合意をする意思がないのに、その意思があるもののように仮装することを合意した。　　　【×】

2　解　説

⑴　訴訟物（類型別86頁）

ア　考えうる訴訟物

　本設例における訴訟物の選択肢としては、以下の三つのパターンが考えられる。いずれのパターンも、所有権に基づく妨害排除請求権として、登記の抹消等を求めるものであるが、必要となる登記申請の内容や登録免許税の点で違いがあり、通常であれば、パターンＡが最善の策となる。

【パターンＡ】（Ｙに対し抹消登記手続請求、Ｚに対し承諾請求）

　Ｙに対し　所有権に基づく妨害排除請求権としての所有権移転登記抹消登記請求権

　Ｚに対し　所有権に基づく妨害排除請求権としての承諾請求権

【パターンＢ】（ＹＺ双方に対し抹消登記手続請求）

Ｙに対し　　所有権に基づく妨害排除請求権としての所有権移転登記抹
　　　　　　　　消登記請求権
　　Ｚに対し　　所有権に基づく妨害排除請求権としての抵当権設定登記抹
　　　　　　　　消登記請求権（Ｙに代位して登記を申請することが必要）
【パターンＣ】（Ｙに移転登記手続請求、Ｚに対し抹消登記手続請求）
　　Ｙに対し　　所有権に基づく妨害排除請求権としての所有権移転登記請
　　　　　　　　求権
　　Ｚに対し　　所有権に基づく妨害排除請求権としての抵当権設定登記抹
　　　　　　　　消登記請求権

　㈎　パターンＡについて
　パターンＡを検討するうえで重要となるのは、以下の不登法の理解である。

　①　権利に関する登記の抹消は、登記上の利害関係を有する第三者があ
　　る場合には、当該第三者の承諾があるときに限り、申請することがで
　　きる（不登68条）。
　②　登記官は、権利の登記を抹消する場合において、抹消に係る権利を
　　目的とする第三者の権利に関する登記があるときは、当該第三者の権
　　利に関する登記の抹消をしなければならない（不登規則152条2項前
　　段）。

　今回のケースでいえば、Ｙの所有権移転登記の抹消については、Ｚが「登
記上の利害関係を有する第三者」に当たることから、Ｚの承諾があるときに
限り申請することができる（上記①）。そして、適式に申請がされた場合に
は、Ｙの登記を抹消する過程において、Ｚの抵当権設定登記もあわせて抹消
されることになる（上記②）。裏を返せば、Ｚの承諾がない限りはＹの登記
の抹消を申請することはできないことになる。これは、ＸがＹと共同で所有
権移転登記の抹消を申請する場合と、Ｙに対する確定判決を得たＸが単独で
申請する場合とで、異なるところはない。
　そして、Ｚが任意に承諾をしない場合、Ｘは、Ｚに対し、その登記により

自己の所有権行使が妨げられていることを理由に、所有権に基づく妨害排除請求として、Yの所有権移転登記の抹消登記手続を承諾するよう求めることができる。なお、誤解しないでほしいのが、ここでいう「承諾」とは、Ｙの登記を抹消することへの承諾であって、Ｚの登記を抹消することへの承諾ではない。そのため、Ｚに対して抵当権設定登記の抹消登記手続を命ずる判決は、ここでいう「承諾」に該当しないと解されている。

パターンＡにおける訴訟物の選択は、不登法の規定に最も沿うものであり、確定判決を得て登記申請を行う段階においても、手続が最も簡潔となり、登録免許税も1000円と低額ですむことになる。そのため、本設例のようなケースにおいては、パターンＡが選択されるのが一般的である。

(イ) パターンＢについて

パターンＢは、一見すると、直感的でわかりやすい手段である。すなわち、Ｘからみれば、Ｙの所有権移転登記とＺの抵当権設定登記は、いずれも不実の登記ということになるから、ＹとＺそれぞれに対し、所有権に基づく妨害排除請求権としての抹消登記請求権を訴訟物とするというものである。

もっとも、パターンＡでみたとおり、Ｚの承諾がないままＹの登記を抹消することはできない（Ｚに抵当権設定登記の抹消を命ずる判決は「承諾」に該当しない）ため、登記申請にあたっては、Ｙに代位してＺの登記を抹消し、そのうえでＹの登記を抹消するという迂遠な手続を踏む必要が生ずる。

(ウ) パターンＣについて

パターンＣは、真正な登記名義の回復を原因とする所有権移転登記を利用する方法である。Ｘは、Ｙに対する抹消にかわる所有権移転登記手続請求により、Ｚの登記を残したまま戊土地の所有権に関する登記を回復し、そのうえで、Ｚに対する抵当権設定登記抹消手続請求により、Ｚの登記を抹消することができる。もっとも、移転登記は抹消登記に比べて登録免許税の点でデメリットを抱えることになる（219頁の「費用面からみた抹消登記と移転登記の違い」参照）。

イ　本設例の訴訟物

以上のとおり、本設例のようなケースにおいては、パターンＡによるのが最善の策と考えられることから、本設例の訴訟物は、Ｙにつき「所有権に基

づく妨害排除請求権としての所有権移転登記抹消登記請求権　1個」、Zに
つき「所有権に基づく妨害排除請求権としての承諾請求権　1個」となる。

⑵　請求の趣旨

　Yに対する請求の趣旨は、設例Iの場合と同様である。また、Zに対する
請求の趣旨は、「Zは、Xに対し、上記抹消登記手続（Yに対して求めてい
る抹消登記手続）を承諾せよ」と記載するのが通例である。

⑶　請求原因（類型別87頁）

ア　要件事実

　Yに対する訴訟物は、「所有権に基づく妨害排除請求権としての所有権移
転登記抹消登記請求権」であり、その要件事実は、設例Iの場合と同様に、
①「原告がその不動産を所有していること」と②「その不動産について被告
Y名義の所有権移転登記が存在すること」である。

　次に、Zに対する訴訟物である「所有権に基づく妨害排除請求権としての
承諾請求権」の要件事実についてであるが、その基本的な構造は、Zの登記
がXの所有権行使を妨げていると考える点で、設例Vの場合と同様であり、
「原告がその不動産を所有していること」と「その不動産について被告Z名
義の抵当権設定登記が存在すること」が必要となる（下記ⓐⓒ）。もっと
も、Yの登記の抹消を承諾するよう求めていることとの関係から、ZがYの
登記について「登記上の利害関係を有する第三者」（不登68条）に当たるこ
とについても主張立証する必要がある。具体的には、「その不動産について
被告Y名義の所有権移転登記が存在すること」と「被告Z名義の抵当権設定
登記は、被告Yがその不動産の所有名義人となっているときにされたこと」
（下記ⓑⓓ）が必要となる。

【要件事実（被告Z関係）】

ⓐ　原告がその不動産を所有していること

ⓑ　その不動産について被告Y名義の所有権移転登記が存在すること

ⓒ　その不動産について被告Z名義の抵当権設定登記が存在すること

ⓓ　ⓒの抵当権設定登記は、被告Yがその不動産の所有名義人となって
　いるときにされたこと

イ　設例における請求原因事実（①～②がYとの関係、ⓐ～ⓓがZとの関係での請求原因事実である）

①ⓐ　原告がその不動産を所有していること

　　　　ＸＹＺの各言い分によれば、Ｘが甲土地をもと所有していたことに争いはなく、争いない直近の時点は、Ｙが甲土地を購入したとされる令和元年４月10日の時点である。したがって、①ⓐについては、請求原因ⓐのとおり「Ｘは、令和元年４月10日当時、別紙物件目録記載の土地を所有していた」と摘示することになる。

②ⓑ　その不動産について被告Ｙ名義の所有権移転登記が存在すること

　　　　具体的な摘示例は、請求原因ⓘのとおりである。

ⓒ　その不動産について被告Ｚ名義の抵当権設定登記が存在すること

　　　　具体的な摘示例は、請求原因ⓙのとおりである。

ⓓ　ⓒの抵当権設定登記は、被告Ｙがその不動産の所有名義人となっているときにされたこと

　　　　具体的な摘示例は、請求原因ⓔのとおりである。

(4)　抗弁以下の攻撃防御方法（類型別88頁以下）

ア　所有権喪失の抗弁と通謀虚偽表示の再抗弁

　ＹおよびＺは、それぞれ、ＸがＹに対して戊土地を売却した旨主張している。Ｘが所有権を喪失した場合、Ｘの物権的請求権は認められないことになるから、ＹおよびＺの上記主張は、請求原因と両立し、請求原因から生ずる法律効果の発生を障害する抗弁となる（所有権喪失の抗弁）。

　これに対し、Ｘは、Ｙとの売買はかたちだけのものであったと主張している。ＸとＹとの売買が仮装されたものであった場合、ＸＹ間の売買は無効であるから（民94条１項）、Ｘの上記主張は、所有権喪失の抗弁と両立し、その法律効果の発生を障害することで、請求原因の法律効果を復活させるものとして、所有権喪失の抗弁に対する再抗弁となる（通謀虚偽表示の再抗弁・181頁参照）。

　以上の攻撃防御方法の構造をまとめると、次のブロック・ダイアグラムのとおりとなる。また、本設例における具体的な摘示例は、抗弁ⓕ、再抗弁ⓖのとおりである。

Kg 　X　土地所有 　Y・Z　登記 　Z　登記上利害関係ある 　　　第三者	←	E（所有権喪失） X・Y　売買	←	R（通謀虚偽表示） X・Y　仮装の合意

イ　被告Zにおける予備的抗弁としての登記保持権原の抗弁

　Zは、XY間の売買が仮装されたものであっても、そのような言い分は自身に通用しないと主張している。これは、自身が民法94条2項の「第三者」に当たる旨をいうものと考えられるが、このようなZの主張は、攻撃防御方法の構造上どのように位置づけられるであろうか。以下、民法94条2項の法律効果をふまえて考えてみよう。

㈠　法定承継取得説と順次取得説

　民法94条2項によれば、通謀虚偽表示による意思表示の無効は、善意の第三者に対抗することができず、その結果、善意の第三者は、前主との取引によって権利を取得することができる。ここで、善意の第三者の権利の取得過程について、**法定承継取得説と順次取得説**という二つの考え方がある。

　法定承継取得説は、第三者が虚偽表示者たる権利者から直接権利を所得すると考える。判例も、この考え方に立っているのではないかといわれている（最判昭42.10.31民集21.8.2232）。本設例でいえば、XとYとの仮装譲渡はあくまで無効であるが、「善意の第三者」であるZは、民法94条2項の法律効果によりXから直接抵当権を取得すると考えることになる。

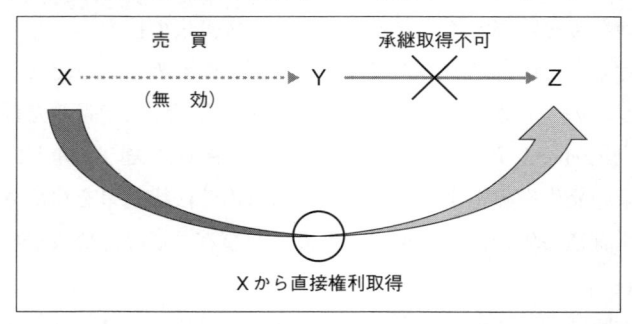

　これに対し、順次取得説は、虚偽表示者たる権利者から相手方がまず権利を取得し、これに次いで、第三者がその相手方から権利を取得すると考え

る。本設例でいえば、Ｚが「善意の第三者」であることから、民法94条２項の法律効果によりＸとＹとの仮装譲渡が有効として扱われ、その結果、ＺはＹから抵当権を取得すると考えることになる。

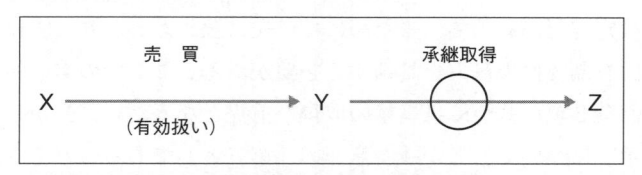

㈠　法定承継取得説を前提とした攻撃防御方法の位置づけ

法的承継取得説を前提にすると、Ｚが「善意の第三者」であったとしても、ＸＹ間の売買はあくまで無効のままであるから、通謀虚偽表示の再抗弁の法律効果は覆らず、所有権喪失の抗弁の法律効果は復活しない。すなわち、善意の第三者の主張は、通謀虚偽表示の再抗弁に対する再々抗弁としては機能しないこととなる。他方、ＺはＸから直接抵当権を取得することになるから、Ｚは、「Ｚ名義の登記が正当な権原に基づくこと」、すなわち登記保持権原の抗弁を、別途主張することができる。

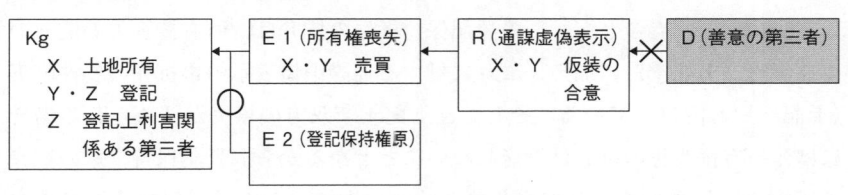

そこで、この登記保持権原の抗弁の要件事実を考えてみると、以下のとおりとなる。

【民法94条２項の第三者による登記保持権原の抗弁の要件事実】

① 　原告と被告Ｙとの売買

② 　原告と被告Ｙとの売買が通謀虚偽表示であること

③ 　被告Ｙと被告Ｚとの間の被担保債権の発生原因事実

④ 　被告Ｙが被告Ｚとの間で③の債権を担保するためその不動産につき抵当権設定契約を締結したこと

⑤ 　被告Ｚが④の際、①の売買契約が通謀虚偽表示であることを知らな

　抵当権設定登記が有効であるためには、先に触れたとおり、実体的有効要件と手続的有効要件の双方を具備する必要がある。ここでの実体的有効要件は、民法94条2項に基づく抵当権の取得が前提となるため、Xがした「虚偽の意思表示」について、Zが「善意」の「第三者」であることを主張立証する必要がある。上記①②が「虚偽の意思表示」の存在を、また、Zについて、上記③④が「第三者」であることを、上記⑤が「善意」であることをそれぞれ基礎づけることになる。

　このように、Zの登記保持権原の抗弁は、上記①〜⑥の要件事実に整理することができるが、上記①の事実は単独で所有権喪失の抗弁として機能するものである。そうすると、この登記保持権原の抗弁は、所有権喪失の抗弁の要件事実を内包する点で、所有権喪失の抗弁といわゆる「a＋b」の関係に立ち、主張自体失当であるようにも思われる（「a＋b」の考え方については105頁参照）。もっとも、この登記保持権原の抗弁は、所有権喪失の抗弁の要件事実（上記①）に加え、これに対する通謀虚偽表示の再抗弁の要件事実（上記②）も内包している。そして、上記①②双方の事実が認められる場合には、所有権喪失の抗弁は機能しないこととなるから、登記保持権原の抗弁の成否を別途審理する必要が生ずる。そのため、この登記保持権原の抗弁は、失当とはならないが、論理的に、所有権喪失の抗弁とこれに対する通謀虚偽表示の抗弁を審理し、その双方が認められた場合に予備的に審理すべきものということになる。このようなかたちで、性質上当然に「予備的」な主張となる抗弁を、**予備的抗弁**と呼ぶ。

　以上の攻撃防御方法の構造をまとめると、次のブロック・ダイアグラムのとおりとなる。また、本設例における登記保持権原の抗弁の具体的な摘示例は、抗弁②のとおりである。予備的抗弁の記載にあたっては、その抗弁が内包する抗弁および再抗弁を掲記すべきであり（「抗弁1と再抗弁を前提にした予備的抗弁」との記載がそれに当たる）、この掲記をした場合には、内包する抗弁および再抗弁の事実（上記①②に該当する事実）の摘示は省略して

さしつかえない。抗弁②の(キ)〜(コ)は、上記③〜⑥に該当する事実の摘示例である。

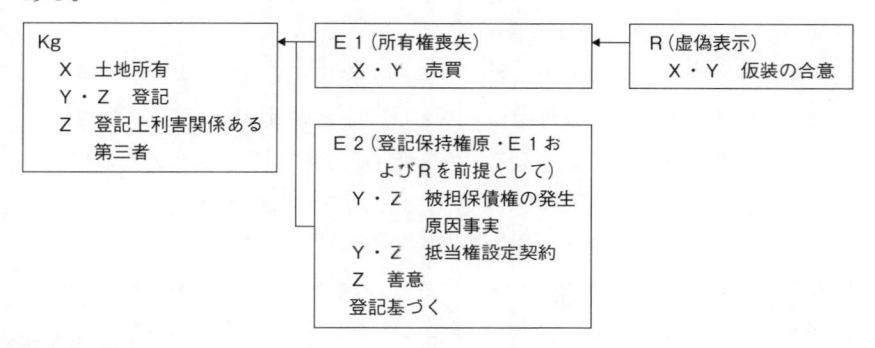

Advance 異なる意味の予備的主張

　本文中でみた民法94条 2 項のケースのように、審理の順序が論理的に拘束され、必ず予備的な位置づけとなる主張を、「性質上の予備的主張」と呼ぶことがある。

　一方で、実務においては、論理的な先後関係のない複数の主張に当事者が「主位的」「予備的」、「第一次的」「第二次的」などと順序をつけることがある（主位的に有権代理、予備的に表見代理を主張するような場合がその典型例である）。このような主張を、「当事者の意思による予備的主張」と呼ぶことがある。当事者の意思による予備的主張は、審理の順序を拘束するものではないが、実際の審理にあたっては、当事者の意思を尊重し、当事者の付した順序に従って判断することが多い。

　要件事実論の世界において予備的主張といった場合には、性質上の予備的主張を指すことが通常だが、実務において予備的主張といった場合には、当事者の意思による予備的主張を指していることがほとんどである。

本設例で登記保持権原の抗弁に理由があると判断された場合の法律関係

本設例で登記保持権原の抗弁（予備的抗弁）まで判断が及んだ場合、通謀虚偽表示の再抗弁は理由があるということになるから、Yに対する請求は、認容されることとなる。もっとも、Zに対する請求が登記保持権原の抗弁により棄却されてしまうと、Zの承諾を得られないことから、Yの所有権移転登記の抹消登記手続を申請することができない結果となる。このような場合、Xは、抵当権の負担付きであっても所有権に関する登記を自身へ戻したいと考えるのが通常であるから（設例Ⅲ参照）、裁判所としては、Yに対する請求を、抹消登記手続請求から真正な登記名義の回復を原因とする所有権移転登記手続請求へ変更するようXに促していくことになろう（設例Ⅲ参照）。

(ウ) **順次取得説を前提とした攻撃防御方法の位置づけ**

順次取得説を前提にすると、Zが「善意の第三者」であった場合、XY間の売買は有効として扱われ、その結果、通謀虚偽表示の再抗弁の法律効果が覆り、所有権喪失の抗弁の法律効果が復活することになる。すなわち、善意の第三者の主張は、通謀虚偽表示の再抗弁に対する再々抗弁として機能することとなる。

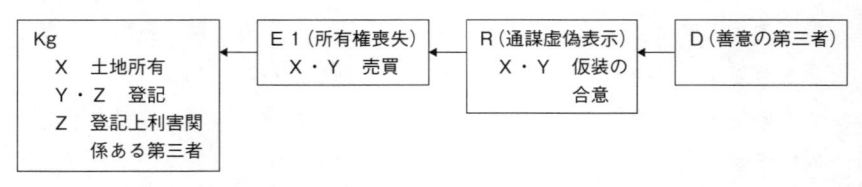

【**順次取得説を前提とした「善意の第三者の抗弁」の要件事実**】

① 被告Yと被告Zとの間の被担保債権の発生原因事実

② 被告Yが被告Zとの間で①の債権を担保するためその不動産につき抵当権設定契約を締結したこと

③ 被告Zが②の際、XY間の売買契約が通謀虚偽表示であることを知

らなかったこと

　上記①②は、Ｚが「第三者」であることを、上記③はＺが「善意」である
ことをそれぞれ基礎づける事実である。本設例における具体的な摘示例は、
以下のとおりである。

【(参考) 順次取得説をとった場合の再抗弁記載例】

5　被告Ｚの再々抗弁（善意の第三者）

　㋣　被告Ｚは、被告Ｙに対し、令和元年11月17日、4000万円を利息
　　　５％、損害金10％の約定で貸し付けた。　　　　　　　　【△】

　㋤　被告Ｙと被告Ｚは、令和元年11月17日、被告Ｙの㋣の債務を担保
　　　するため、同土地に抵当権を設定するとの合意をした。　　【△】

　㋥　被告Ｚは、㋣の契約の際、㋕の売買が仮装されたものであること
　　　を知らなかった。　　　　　　　　　　　　　　　　　　　【△】

第4節　債権的登記請求権

最後に、債権的登記請求権を簡単にみておこう。

Ⅰ　設例・解説

設例Ⅶ

　　Ｘの言い分

　私は、令和５年７月10日、Ｙから己土地を代金2500万円で購入したのです
が、Ｙは所有権移転登記手続に協力してくれません。そこで、Ｙに対し、売
買契約に基づき、己土地について所有権移転登記手続を請求したいと思いま
す。

Ｙの言い分

　省略。

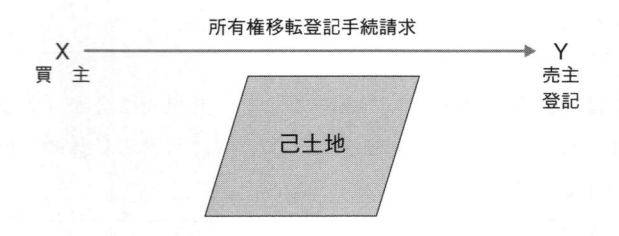

所有権移転登記手続請求

X → Y
買 主　　　　　　　売主
　　　　　　　　　　登記

己土地

・・

解 答

(1)　訴 訟 物

　　売買契約に基づく所有権移転登記請求権　　1個

(2)　請求の趣旨

　　　Yは、Xに対し、別紙物件目録記載の土地について令和5年7月10日売買を原因とする所有権移転登記手続をせよ。

(3)　請求原因

　　㋐　Yは、Xに対し、令和5年7月10日、別紙物件目録記載の土地を代金2500万円で売った。

Ⅱ　解　　説

1　訴訟物（類型別93頁）

　先に説明したとおり、不動産の売買契約など物権の移転を目的とする契約をした場合、その契約の効力として登記請求権が発生する。後述の理由から、本設例のような事案においては、訴訟物として「売買契約に基づく所有権移転登記請求権」が選択されることが多い。訴訟物の個数は、契約の個数に基づき「1個」ということになる。

2　請求の趣旨

　請求の趣旨は、物権的登記請求権の場合（設例Ⅱ～Ⅳ）と基本的に同様であるが、登記原因は「売買」とすべきである。本設例においては、「Yは、Xに対し、別紙物件目録記載の土地について令和5年7月10日売買を原因と

する所有権移転登記手続をせよ」となる。

3 請求原因（**類型別94頁**）

売買の売主は、売買契約の効果として、買主に対して登記を備えさせる義務を負うことから（民560条、177条）、売買契約に基づく所有権移転登記請求権の請求原因としては、売買契約の締結のみを主張立証すれば足りる。具体的な摘示例は、請求原因⑥のとおりである。

なお、本設例において物権的登記請求権（所有権に基づく妨害排除請求権としての所有権移転登記請求権）を訴訟物とした場合、請求原因としては「売買契約の締結」のほか、「Yによる己土地もと所有」が必要となる。主張立証においてより簡便なのは、債権的登記請求権であり、訴訟物として債権的登記請求権が選択されることが多いのも、このためである。

賃貸借契約の終了に基づく
不動産明渡請求訴訟

　不動産は、所有者によって使用される以上に、賃貸に供され賃借人や転借人によって使用されることが多い。不動産の賃貸借契約は、われわれの生活や仕事に密着した契約類型の一つであり、賃貸借契約をめぐる紛争は、われわれに最も身近な民事紛争の一つとなっている。本講では、賃貸人と賃借人の紛争が最も先鋭化する、賃貸借契約の終了に基づく不動産明渡請求訴訟を取り扱っていく。賃貸借契約が土地にかかわるものか、建物にかかわるものか、また、民法の特別法に当たる借地借家法の適用があるかどうかによって、要件事実はさまざまに変化する。条文の知識・理解が不十分だと混乱しやすい訴訟類型でもあるので、「いまどのような不動産について、どのような法律の規定の適用を問題にしているのか」を常に意識しながら、以下の解説を読み進めていってほしい。

第 **1** 節　概　　説

　以下、賃貸借契約の終了に基づく不動産明渡請求訴訟一般に通用する基本的な知識を確認していこう。

Ⅰ　関係法令

　賃貸借契約の終了に基づく不動産明渡請求訴訟について検討していくためには、民法のほか、建物所有目的の土地賃借権と建物賃貸借に適用される借

地借家法の存在を意識しておく必要がある。

　また、賃貸借契約は、その存続期間が長期にわたることがあるため、旧法令の適用が問題となる場合がある。具体的には、民法における賃貸借契約の規律は、債権法改正（平成29年法律第44号による改正）の前後で一部異なっている。また、平成4年8月1日よりも前に生じた契約関係については、借地借家法ではなく借地法または借家法が適用されることになる（下図参照）。実務においては、賃貸借関係にかかわらず、このような適用法令の問題が生ずることが少なくない。「適用法令は現行法で問題ないか」との視点を常にもっていてほしい。

> 民法
　・現行民法
　・平成29年法律第44号による改正前の民法
　（令和2年4月1日よりも前に締結した賃貸借に適用、同改正法附則34条参照）

　　　平成29年改正により賃貸借の存続期間の上限が20年から50年に伸長された（民604条）。これは、太陽光パネルの敷設用地の賃貸借など存続期間を20年以上とする現実的なニーズがあると考えられたためである。

> 特別法
　・借地借家法（建物の所有を目的とする土地の賃借権・地上権、建物の賃貸借に適用）
　・借地法（平成4年8月1日〔借地借家法の施行日〕よりも前に生じた契約関係におおむね適用）
　・借家法（同上）

　なお、類型別では、借地法の解説にも相応の頁数を割いているが、要件事実を学ぶうえでの重要性は高いと言いがたい（かえって混乱を招く可能性もある）ことから、本書での解説は割愛することとする。

Ⅱ 訴訟物（類型別99頁以下）

1 主たる請求

(1) 訴訟物と賃貸借契約の終了原因

　賃貸借契約の終了に基づく不動産明渡請求の訴訟物は、「**賃貸借契約の終了に基づく目的物返還請求権としての不動産明渡請求権　1個**」であるとされている。賃貸借契約において、賃借人は、契約が終了したときに目的物を賃貸人に返還する義務を負うことから（民601条）、終了原因が複数あったとしても訴訟物は常に1個である（一元説）。終了原因ごとに訴訟物が異なるとの見解（多元説）もあるが、一般的ではない。なお、賃貸借契約はしばしば更新されるが、更新前後を通じて同一性を失わないと解されているため、更新前の契約終了に基づく請求と更新後の契約終了に基づく請求とで訴訟物が異なることはない。

(2) 建物収去土地明渡しを請求する場合の訴訟物

　土地賃貸人が土地上に建物を所有する土地賃借人に対して建物収去土地明渡しを請求する場合の訴訟物について、どのように考えればよいだろうか。賃借人は、賃貸借契約に基づく契約終了時の義務として、目的物の返還義務（民601条）と目的物に附属させた物の収去義務（民法622条が準用する民法599条1項本文）を負う。これらは賃貸借契約の終了により目的物を原状に修復したうえで賃貸人に返還するという1個の義務であると観念できるから、建物収去土地明渡しを請求する場合の訴訟物は、「**賃貸借契約の終了に基づく目的物返還請求権としての建物収去土地明渡請求権　1個**」ということになる。訴訟物を賃貸借契約の終了に基づく建物収去請求権と土地明渡請求権の2個であると解する見解もあるが、一般的ではない。

(3) 物権的請求との関係

　賃貸人が不動産の所有者でもある場合は、所有権に基づく返還請求権としての不動産明渡請求権を訴訟物とすることも可能であるが、実務感覚としては、賃貸借契約の終了に基づく請求が選択されることが通常であるように思われる。これは、所有権に基づく返還請求権を選択したとしても、賃貸借契約の終了に争いがある場合は、抗弁以下の攻撃防御方法として、賃貸借契約

に関する主張立証が避けられないことや、附帯請求として賃料請求をする場合には、請求原因において賃貸借契約の成立に触れざるをえないことに起因するものと思われる。

　なお、建物収去を伴う場合、上記いずれの訴訟物を選択するかによって、以下のような違いが生ずる。意識して覚えておいてほしい。

> **【建物収去を伴う場合の訴訟物の相違点】**
> ○所有権に基づく返還請求の場合（第5講参照）
> 　　所有権に基づく返還請求権としての<u>土地明渡請求権</u>
> 　　（建物収去は執行方法の明示にすぎないと解する・旧1個説）
> ○賃貸借契約の終了に基づく返還請求の場合
> 　　賃貸借契約の終了に基づく目的物返還請求権としての<u>建物収去土地明渡請求権</u>
> 　　（契約終了により目的物を原状に復して返還するという1個の義務が生ずると解する）

2　附帯請求（類型別101頁）

　賃貸借契約の終了に基づく不動産明渡請求訴訟では、附帯請求として、未払賃料の支払を求めたり、契約終了から明渡しまでの遅延損害金（賃料相当損害金）の支払を求めたりすることが少なくない。

　未払賃料の支払を請求する場合の訴訟物は、「**賃貸借契約に基づく賃料請求権　1個**」とされている。賃料は、賃貸借契約が終了する日まで発生することになる。

　他方、賃料相当損害金の支払を請求する場合の訴訟物は、「**目的物返還債務の履行遅滞に基づく損害賠償請求権　1個**」とするのが一般的である。賃借人は、賃貸借契約が終了した日の翌日から返還義務の遅滞に陥るため、賃料相当損害金は、賃貸借契約が終了した日の翌日から発生することになる。なお、この場合の訴訟物としては、不法行為に基づく損害賠償請求権や不当利得に基づく利得返還請求権を選択することも考えられるが、目的物返還債務の履行遅滞に基づく損害賠償請求権を選択するのが主張立証の点において

最も簡便である。

Ⅲ 請求の趣旨

　主たる請求の趣旨は、以下のように記載するのが一般的である。

（一般形）
　被告は、原告に対し、別紙物件目録記載の土地／建物を明け渡せ。
（建物収去土地明渡しの場合）
　被告は、原告に対し、別紙物件目録記載 2 の建物を収去して、同目録記載 1 の土地を明け渡せ。

　附帯請求については、たとえば、賃貸借契約が令和 3 年12月31日に終了し、同日までの未払賃料が30万円、賃料相当額が月 5 万円というケースを想定すれば、以下のような記載となる。

　被告は、原告に対し、30万円及び令和 4 年 1 月 1 日から前項の明渡済みまで 1 カ月 5 万円の割合による金員を支払え。

Ⅳ 請求原因（類型別101頁以下）

1　主たる請求

> 民法601条（賃貸借）
> 　賃貸借は、当事者の一方がある物の使用及び収益を相手方にさせることを約し、相手方がこれに対してその賃料を支払うこと及び引渡しを受けた物を契約が終了したときに返還することを約することによって、その効力を生ずる。

　賃貸借契約は典型契約であるから、その成立要件としては、冒頭規定である民法601条の規定内容に従い、①**賃貸借契約を締結したこと**が必要となる。契約の締結にあたっては、同条に規定された賃貸借の目的物と賃料の額が確定していなければならない。なお、目的物の返還時期の合意は付款ではなく、契約の成立要件であるとの見解（貸借型理論・85頁参照）に立った場合には、賃貸借契約が成立するためには、目的物と賃料の額に加え、目的物

の返還時期（賃貸期間）についても確定している必要があると考えることになる。

　次に、賃貸借契約の目的物の返還を請求するには、賃貸人が賃借人に対して契約に基づいてその目的物を引き渡したこと（使用収益可能な状態に置いたこと）が前提になると解されるから、**②賃貸借契約に基づいて目的物を引き渡したこと**についても主張立証する必要がある。

　さらに、賃借人が目的物の返還義務を負うのは、賃貸借契約が終了したときであるから、**③賃貸借契約の終了原因事実**についても主張立証する必要がある。賃貸借契約の終了原因としては、下記のようなさまざまなものがある。これらについては、具体的な設例に基づいて学んでいくことにしよう。

【賃貸借契約の終了原因】

(1)　合意解約

(2)　解約申入れ（民617条）

(3)　債務不履行解除（賃料不払い、特約違反等）

(4)　無断賃借権譲渡・転貸による解除（民612条）

(5)　目的物の全部滅失等による終了（民616条の2）

(6)　信頼関係破壊による無催告解除（判例）

(7)　期間満了（民604条、借地借家3条）

　加えて、建物収去土地明渡しの場合には、賃借人が附属物の収去義務を負うのは、「賃貸物を受け取った後にこれに附属させた物がある場合において、賃貸借が終了したとき」であるから（民法622条において準用する民法599条1項本文）、**④土地の引渡しから契約までの間に建物が附属させられ、契約終了時においても附属していたこと**についても主張立証する必要がある。

　以上をまとめると、主たる請求の要件事実は次のように整理することができる。

【要件事実（一般形）】

①　原告が被告との間で、不動産の賃貸借契約を締結したこと

---

② 原告が被告に対し、①の契約に基づいて不動産を引き渡したこと

③ ①の契約の終了原因事実

【要件事実（建物収去土地明渡しの場合）】

① 原告が被告との間で、土地の賃貸借契約を締結したこと

② 原告が被告に対し、①の契約に基づいて土地を引き渡したこと

③ ①の契約の終了原因事実

④ ②の引渡し後、③の契約終了までの間に、土地上に建物が附属させられ、③の契約終了時にその建物が土地に附属していたこと

なお、所有権に基づく返還請求の場合とは異なり、賃借人の占有は要件事実とはならない。賃借人である以上、目的物を占有しているか否かにかかわらず、賃貸人に対しては明渡義務を負うことになる。

2　附帯請求

(1)　賃　　料

一定期間の賃料を請求するためには、賃貸借契約の成立が前提となるから、ⓐ賃貸借契約を締結したことを主張立証する必要がある。また、賃料は、目的物を一定期間賃借人の使用収益が可能な状態に置いたことに対する対価として発生するものであるから、ⓑ賃貸借契約に基づいて目的物を引き渡したこと（使用収益が可能な状態に置いたこと）を主張立証するとともに、ⓒ請求する賃料に対応する期間の経過についても主張しなければならない。さらに、賃料には支払時期の定めがあるから（民614条）、ⓓ賃料の支払時期が到来したことも主張しなければならない。

なお、賃料については、前払特約がある場合も多く（賃貸マンションに住んでいる読者は、ご自身の賃貸借契約書を確認してみてほしい）、その場合は、ⓒにかえて、ⓒ′原告が被告との間で、ⓐの契約について賃料前払いの合意をしたことを主張立証することになる。

【賃料請求の要件事実】

ⓐ　原告が被告との間で、不動産の賃貸借契約を締結したこと

ⓑ 原告が被告に対し、ⓐの契約に基づいて不動産を引き渡したこと

ⓒ 請求する賃料に対応する期間が経過したこと

ⓓ 賃料の支払時期が到来したこと

※ 附帯請求として主張する場合、要件事実ⓐⓑは主たる請求の要件事実①②と重複する。

(2) 賃料相当損害金

賃料相当損害金の支払を請求する場合の訴訟物は、目的物返還債務の履行遅滞に基づく損害賠償請求権であるから、目的物返還債務の履行遅滞の事実を主張立証する必要がある。もっとも、履行遅滞の事実は、主たる請求の要件事実①～③により明らかとなるから、これらに加えて損害の発生と数額、具体的には、不動産を他に賃貸した場合に得られたであろう賃料相当額（目的物の返還が果たされないため、他に賃貸することで得られたであろう賃料を得ることができなかったと考える）を主張立証すればよい。

【賃料相当損害金請求の要件事実】

主たる請求の要件事実①～③に加え

ⓔ 不動産の賃料相当額

第2節　土地明渡請求訴訟

Ⅰ 終了原因として存続期間満了が主張された場合

1 民法上の存続期間満了①（土地上に建物が存在しない場合）

(1) 設例・解答

設例Ⅰ

Xの言い分

私は、令和4年4月1日、Yに対して、甲土地を賃料月額3万円、賃貸期間を同日から令和6年12月31日までと定めて賃貸し、引き渡しました。ところが、Yは、令和6年分の賃料を滞納したうえ、賃貸期間満了後も甲土地を

返してくれません。本来であれば、甲土地を他の賃借人に賃貸し、月額3万円の賃料収入を得られていたはずです。そこで、Yに対し、賃貸借契約の終了に基づいて甲土地の明渡しを求めるとともに、滞納賃料と明渡しまでの賃料相当損害金の支払を求めたいと思います。

Yは、私が期間満了後の土地使用を半年以上も黙認していたと主張をしていますが、事実に反します。私は、令和7年1月15日に、Yによる土地の使用継続を知り、その翌々日に当たる同月17日、息子であるAを通じてYに甲土地の明渡しを求めていますので、Yの主張は認められないと思います。

Yの言い分

私は、Xから甲土地を賃借し、現在まで資材置き場として使用しています。賃貸条件はXの主張するとおりです。賃料は、年に1度、Xの息子であるAが回収に来るので、Aに支払っています。令和6年分の36万円は、同年12月28日に支払った記憶です。なお、賃料の額は、令和7年現在においても適正な範囲に収まっていると思います。Xは、飼い犬の散歩で甲土地を通りかかることがあり、私や他の作業員を見かけるとよく声をかけてくれました。日報を見返したところ、令和7年1月15日に甲土地前でXと1時間ほど話し込んだことを思い出しました。Xは、甲土地が以前と変わらず資材置き場として使用されているようすを、そのとき目にしていると思います。もっとも、Xが、最初に甲土地の明渡しを求めてきたのは、それから半年以上が経過してからのことでした。私は、Xが賃貸借契約の継続を黙認したものと思っていたので、Xから請求を受け大変に驚きました。

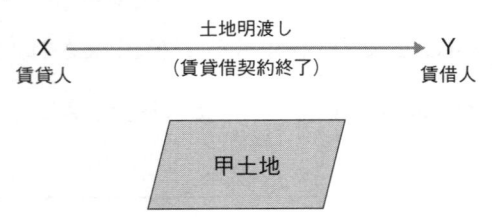

解 答

(1) 訴 訟 物

　賃貸借契約の終了に基づく目的物返還請求権としての土地明渡請求権　　1

個

賃貸借契約に基づく賃料請求権　1 個

目的物返還債務の履行遅滞に基づく損害賠償請求権　1 個

　合計 3 個

(2)　請求の趣旨

　①　Yは、Xに対し、別紙物件目録記載の土地を明け渡せ。

　②　Yは、Xに対し、36万円及び令和 7 年 1 月 1 日から前項の明渡済みまで 1 か月 3 万円の割合による金員を支払え。

(3)　請求原因

　あ　Xは、Yとの間で、令和 4 年 4 月 1 日、別紙物件目録記載の土地を、賃料月額 3 万円で賃貸するとの合意をした。　　　　　　　　　　　【○】

　い　Xは、Yに対し、同日、あの賃貸借契約に基づき、同土地を引き渡した。　　　　　　　　　　　　　　　　　　　　　　　　　　　　　　【○】

　う　XとYは、あの際、賃貸期間を同日から令和 6 年12月31日までと合意した。　　　　　　　　　　　　　　　　　　　　　　　　　　　　　　【○】

　え　令和 6 年12月31日は経過した。　　　　　　　　　　　　　　　【顕】

　お　同土地の令和 7 年 1 月 1 日以降の賃料相当額は、 1 カ月 3 万円である。　　　　　　　　　　　　　　　　　　　　　　　　　　　　　　　【○】

(4)　抗　　弁

　①　黙示の更新（主たる請求について）

　　カ　Yは、令和 7 年 1 月 1 日以降も、別紙物件目録記載の土地を資材置き場として使用を継続している。　　　　　　　　　　　　　　　　　【○】

　　キ　Xは、同月15日、カの事実を知った。　　　　　　　　　　　　【○】

　　ク　同年 3 月15日は経過した。　　　　　　　　　　　　　　　　　【顕】

　　ケ　Xは、クの期間内に異議を述べなかった。　　　　　　　　　　【×】

　②　弁済（附帯請求について）

　　コ　Yは、令和 6 年12月28日、Xに対し、あの賃貸借契約の賃料として36万円を支払った。　　　　　　　　　　　　　　　　　　　　　　　【×】

(2) 解　説

ア　訴　訟　物

　Xは、甲土地の明渡しのほか、未払賃料と賃料相当損害金の支払を求めていることから、「賃貸借契約の終了に基づく目的物返還請求権としての土地明渡請求権」に加え、「賃貸借契約に基づく賃料請求権」および「目的物返還債務の履行遅滞に基づく損害賠償請求権」についても訴訟物とすべきである。訴訟物の個数は、3個となる。

イ　請求の趣旨

　主たる請求については、先に解説したとおりである。

　附帯請求については、令和6年分の未払賃料として36万円（月額3万円×12カ月）の支払を求めるとともに、Yが土地明渡義務の履行遅滞に陥った令和7年1月1日以降の遅延損害金の支払を求める必要がある。具体的な記載例は、請求の趣旨②記載のとおりとなる。

ウ　請求原因（類型別103頁以下）

㈎　賃貸借契約の存続期間

　賃貸借契約は存続期間の満了により終了する。もっとも、賃貸借契約の存続期間については、複数の規定が置かれているため、建物に関するものも含め、ここで一度整理をしておこう。

a　民法の規律

　賃貸借契約の存続期間は、当事者がこれを定めたときは、その合意による。ただし、存続期間は、50年を超えることは許されず、50年を超えて定めたときも存続期間は50年となる（民604条1項。なお、改正前民法下の契約の場合は20年が上限となる）。

　当事者が賃貸借の存続期間を定めなかったときは、各当事者は、いつでも解約の申入れをすることができ、賃貸借は、解約申入れの日から

　　土地については　　1年

　　建物については　　3カ月

　　動産については　　1日

の経過により終了する（民617条1項）。

b 借地借家法の規律

借地借家法は、建物所有目的の土地賃借権と建物賃貸借に適用され（同法1条）、賃貸借契約の存続期間は、以下のとおり修正される。

【土地の賃貸借契約（借地借家3条）】

1 存続期間を定めた場合

  (1) 30年を超える期間を定めたとき　　約定どおり

  (2) 30年以下の期間を定めたとき　　30年

2 存続期間を定めなかった場合　　30年

【建物の賃貸借契約（借地借家29条）】

1 存続期間を定めた場合

  (1) 1年以上の期間を定めたとき　　約定どおり

  (2) 1年未満の期間を定めたとき　　期間の定めがないものとみなされる

2 存続期間を定めなかった場合　　原則どおり期間の定めなし

(イ) 存続期間満了による賃貸借契約の終了

Xは、甲土地を資材置場として賃貸した、その賃貸期間は満了したと述べている。このことからすると、Xの言い分は、賃貸借契約の終了原因として民法上の存続期間満了を主張するものである。民法上の存続期間満了を主張する場合の要件事実は、以下のように整理することができる。なお、賃貸借契約は、存続期間の満了、すなわち存続期間の最終日の経過をもって終了し、これにより賃借人の返還義務が生ずることになる。消費貸借契約における弁済期の到来とは考え方が異なるため、注意が必要である。

【存続期間満了の要件事実】

① 賃貸借契約に存続期間を定めたこと

②ⓐ 賃貸借契約において定められた存続期間の経過（契約上の存続期間が50年以下の場合）

    または

  ⓑ 50年の経過（契約上の存続期間が50年を超える場合）

以上を前提にすれば、本設例における主たる請求の要件事実は、①賃貸借契約の締結、②賃貸借契約に基づく土地の引渡し、③存続期間の合意、④存続期間の経過ということになる。具体的な摘示例は、請求原因あ〜えのとおりである。

㈢　**本設例における附帯請求の請求原因事実**

賃料請求権の要件事実は、先にみたとおりであり、主たる請求の要件事実とは別に主張立証を要するのは、⑤請求する賃料に対応する期間が経過したこと、⑥賃料の支払時期が到来したことの2要件である。賃料の支払時期は、特約のない限り、動産、建物および宅地については毎月末、その他の土地については毎年末ということになるから（民614条）、その他の土地について令和6年分の未払賃料の支払を求める本設例においては、令和6年12月31日の到来を主張することになる。また、同日の到来の主張をもって、請求する賃料に対応する期間が経過したことの主張も尽くされると考えられる。もっとも、本設例では、主たる請求の請求原因事実として、令和6年12月31日の経過がすでに主張されていることから、同日の到来を別途主張する必要はない。

賃料相当損害金の要件事実は、主たる請求の要件事実に加え、⑦土地の賃料相当額を主張立証すれば足りる。本設例では、Yが土地明渡債務の履行遅滞に陥った令和7年1月1日以降の賃料相当損害額が1カ月3万円である旨を主張立証することになる。具体的な摘示例は、請求原因おのとおりである。

エ　**抗弁以下の攻撃防御方法**（類型別108頁以下）

本設例において、Yは、主たる請求について黙示の更新の抗弁を、附帯請求については弁済の抗弁をそれぞれ主張している。以下、黙示の更新について検討したうえで、本設例における抗弁以下の攻撃防御方法をみていくことにしよう。

㈠　**黙示の更新の抗弁**

民法619条（賃貸借の更新の推定等）
　①　賃貸借の期間が満了した後賃借人が賃借物の使用又は収益を継続する

> 場合において、賃貸人がこれを知りながら異議を述べないときは、従前の賃貸借と同一の条件で更に賃貸借をしたものと推定する。この場合において、各当事者は、第617条の規定により解約の申入れをすることができる。

　民法619条１項は、法律上の事実推定を定めた規定と解されており、同項の前提事実をすべて満たすことによって、賃貸借契約の更新の合意が推定されることになる。したがって、上記前提事実は、存続期間満了による賃貸借契約の終了に基づく不動産明渡請求に対する抗弁として機能する。

　同項の定める要件は、①賃借人による賃貸物の使用収益の継続のほか、「賃貸人がこれを知りながら異議を述べない」ことである。「賃貸人がこれを知りながら異議を述べない」との部分は、②賃貸人がこれ（賃借人による使用収益の継続）を知ったこと、③知った時から異議を述べるために相当な期間が経過したこと、④原告がその期間内に異議を述べなかったことの３要件に分けて考えることができる。なお、これらはいずれも事実推定の前提事実であるから、そのすべてを被告において主張立証する必要がある。

【黙示の更新の要件事実】

①　被告が期間満了以後土地の使用を継続したこと

②　原告が①の事実を知っていたこと

③　②から起算して相当期間が経過したこと

④　原告が③の期間内に異議を述べなかったこと

　これに対し、原告は、更新合意の不成立を再抗弁として主張立証することができる（**更新合意の不成立の再抗弁**）。具体的には、賃貸借契約締結時や存続期間満了時に、契約を更新しない旨が明確に合意されていたことなどを主張立証していくことになる。

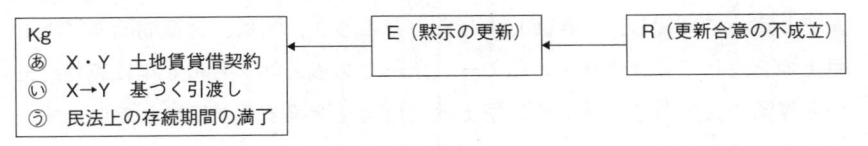

Kg
- ㋐　X・Y　土地賃貸借契約
- ㋑　X→Y　基づく引渡し
- ㋒　民法上の存続期間の満了

E（黙示の更新）　　R（更新合意の不成立）

(イ)　**本設例における抗弁以下の攻撃防御方法**

a　**黙示の更新の抗弁**

　本設例において、Yは、Xが令和7年1月15日にYによる甲土地の使用継続を知ったにもかかわらず、その後半年間にわたり甲土地の明渡しを求めなかったと主張している。この主張は、甲土地の賃貸借契約が黙示に更新されたことが、民法619条1項により推定された旨を述べるものであるから、同項の定める前提事実が、障害の抗弁として機能する。要件事実については、先にみたとおりであり、具体的な摘示例は、抗弁①の(カ)～(ケ)のとおりである。なお、異議を述べるために相当な期間については、本設例ではひとまず2カ月として摘示しているが、当該事案において異議を述べるため必要な期間であればさしつかえなく、何か絶対の基準があるものではない。

b　**弁済の抗弁**

　本設例において、Yは、令和6年12月28日に、令和6年分の賃料を弁済したと主張している。弁済の要件事実は、一定の給付およびその給付が当該債務の履行としてされたことであり（民473条・41頁参照）、設例における具体的な摘示例は、抗弁㊂のとおりである。

2　民法上の存続期間満了②（土地上に建物が存在する場合）

(1)　設例・解答

設例Ⅱ

Xの言い分

　私は、知人であるYから、令和3年夏頃、私の所有する甲土地周辺で大規模商業施設の開発プロジェクトがあるので、甲土地を臨時の倉庫用地として貸してほしいとの申入れを受けました。そこで、私は、令和3年10月1日、Yに対し、甲土地を賃料月額5万円、賃貸期間を同日から令和5年9月30日までと定めて賃貸し、引き渡しました。ところが、Yは、賃貸期間満了後も甲土地を返してくれません。私の一人息子であるZは、令和6年に海外赴任から帰国予定であり、帰国後は甲土地に新居を建築する予定にしています。Yには、賃貸時にその旨を伝え、賃貸借の存続期間を2年間に限るとの確約も得ています。一時的な賃貸借であるため、建設する倉庫はあくまで簡易な

ものという話でしたし、敷金の交付も求めていません。Ｙには、賃貸後に建設した乙倉庫を収去して、甲土地を明け渡してもらいたいと思います。

Ｙの言い分

　私がＸから甲土地を倉庫用地として賃借したことは事実です。ただし、賃貸期間の点については、Ｘと何の合意もしていません。私は、大規模商業施設の開発プロジェクトが持ち上がったことを商機と感じ、開発予定地からほど近い甲土地に物流倉庫を建設しようと考えたのであって、臨時の倉庫用地として甲土地を賃借したものではありません。Ｙの長男の話は、今回初めて聞きました。敷金を交付していないのはたしかにそのとおりですが、簡易な倉庫を建築するなどと述べた覚えはありません。私は、建物所有目的で甲土地を賃借したのですから、少なくとも30年間は甲土地を使用することができるはずです。

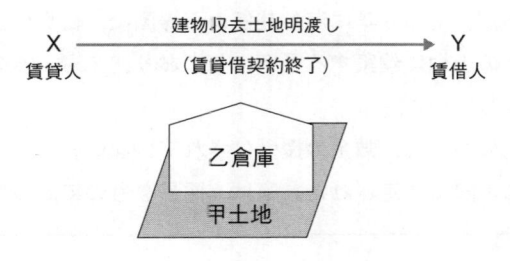

....

解　答

(1)　訴　訟　物

　　賃貸借契約の終了に基づく目的物返還請求権としての建物収去土地明渡請求権　　1個

(2)　請求の趣旨

　　Ｙは、Ｘに対し、別紙物件目録記載２の建物を収去して、同目録記載１の土地を明け渡せ。

(3)　請求原因

　　あ　Ｘは、Ｙとの間で、令和３年10月１日、別紙物件目録記載１の土地を、賃料月額５万円で賃貸するとの合意をした。　　　　　　　　　　【○】

　　い　Ｘは、Ｙに対し、同日、あの賃貸借契約に基づき、同土地を引き渡し

た。　　　　　　　　　　　　　　　　　　　　　　　　　　　　【○】

③　ＸとＹは、あの際、賃貸期間を同日から令和5年9月30日までと合意した。　　　　　　　　　　　　　　　　　　　　　　　　　　【×】

②　令和5年9月30日は経過した。　　　　　　　　　　　　　　　【顕】

③　①の引渡し後、②の契約終了までに、同土地上に、同目録記載2の建物が建築され、②の契約終了時に、同建物が存在していた。　　【○】

(4)　抗弁（建物所有目的）

⑦　ＸとＹは、あの契約に際し、同土地を、Ｙが建築する予定の倉庫の敷地として使用することを合意した。　　　　　　　　　　　【○】

(5)　再抗弁（一時使用）

③　Ｘは、Ｙとの間で、あの契約に際し、賃貸借の存続期間を2年間に限るとの合意をした。　　　　　　　　　　　　　　　　　　　【×】

②　Ｘの長男が、令和6年に海外赴任から帰国後、自身の住居を別紙物件目録記載1の土地に建築する予定にしており、Ｙも、あの契約時にそのことを承知していた。　　　　　　　　　　　　　　　　　　　【×】

③　あの契約について、敷金の授受はされていない。　　　　　　　【○】

③　⑦の合意の際に予定された倉庫は、簡易なものであった。　　　【×】

---

(2)　解　　説

ア　訴　訟　物

　Ｘは、Ｙとの賃貸借契約を前提に、乙倉庫を収去して甲土地を明け渡すよう求めていることから、訴訟物は、「賃貸借契約の終了に基づく目的物返還請求権としての建物収去土地明渡請求権　1個」となる。

イ　請求の趣旨

　請求の趣旨は、建物収去土地明渡しの場合であるから、単に「明け渡せ」とするのではなく、「建物を収去して……明け渡せ」とすべきである。具体的な記載例は、解答記載のとおりである。

ウ　請求原因

　本設例の請求原因の考え方は、設例Ⅰと基本的に同様である。ただし、建物収去土地明渡しの場合であるから、①賃貸借契約の締結、②賃貸借契約に

基づく土地の引渡し、③存続期間の合意、④存続期間の経過に加え、⑤「②の引渡し後、④の契約終了までの間に、土地上に建物が附属させられ、④の契約終了時にその建物が土地に附属していたこと」を主張立証する必要がある。具体的な摘示例は、請求原因あ〜おのとおりである。

エ　抗弁以下の攻撃防御方法（建物所有目的の抗弁と一時使用の再抗弁）

本設例においては、Ｙは建物所有目的の抗弁を、Ｘは一時使用の再抗弁を主張していると解される。それぞれの抗弁について、以下検討していこう。

(ア)　建物所有目的の抗弁（類型別105頁以下）

a　攻撃防御方法の位置づけ

民法上の存続期間満了の主張について、合意された存続期間が⑦借地借家法の定める最短期間（30年）を下回る場合、または①民法の許容する最長期間（50年）を超える場合は、借地借家法が適用されれば、⑦の場合は30年に、①の場合は合意の期間まで存続期間が伸長されることになる。伸長された存続期間を前提として、いまだ期間満了に至っていないのであれば、賃貸人の明渡請求権は未発生ということになるから、借地借家法の適用を基礎づける事実は、存続期間満了による賃貸借契約終了の効果を障害する抗弁として機能することになる（建物所有目的の抗弁）。具体的な抗弁事実としては、借地借家法１条に従い、「原告が被告との間で、賃貸借契約につき建物の所有を目的とする合意をしたこと」を主張立証していくことになる。

b　建物の意義

建物とは、土地の定着物（民86条１項）のうち、住居・営業・物の貯蔵等の用に供される独立性および永続性のある建造物を広く含むと解されている。他方、地上権の対象となる工作物（民265条）よりは範囲が狭いとされ、工作物に含まれる橋、広告塔、電柱、記念碑等は、建物に含まれないと解されている。

c　建物所有目的

建物所有目的とは、土地の賃貸借の主たる目的が、その土地上に建物を所有することにあることをいう。そのため、主たる目的が建物の所有を前提とした事業を行うことにある場合には、賃貸人から、その事業のために必要な附属の事務所・倉庫等の建物を建築し、所有することについての承諾を得て

いたとしても、建物所有目的を有するとはいえない。以下に建物所有目的について判断された判例を掲げているが、①〜③において建物所有目的が否定されたのは、これらの事業の主たる目的が建物の所有を前提としていないためであると思われる。他方、④の自動車学校のケースにおいては、校舎の存在が事業を行うにあたり不可欠であることから、建物所有目的が肯定されたものと思われる。

【否 定 例】

① 資材置場（最判昭38.9.26集民67.669）

② ゴルフ練習場（最判昭42.12.5民集21.10.2545）

③ バッティング練習場（最判昭49.10.25集民113.83）

【肯 定 例】

④ 自動車学校の校舎・事務室（最判昭58.9.9集民139.481）

(イ) 一時使用の再抗弁（類型別106頁以下）

a 攻撃防御方法の位置づけと一時使用の意義

土地賃貸借契約について、建物の所有が目的とされた場合であっても、その賃貸借契約が一時使用のために締結されたときは、借地借家法の規定の大部分の適用が除外されることとなり、存続期間についても民法の原則どおりとなる（借地借家25条）。そのため、一時使用の賃貸借であることを基礎づける事情は、建物所有目的の抗弁に対する障害の再抗弁として機能する。

ここで、一時使用の意義については、以下の三つの見解がある。

① **主観説**：賃貸借契約を短期間に限って存続させるとの合意があれば足りるとの見解

② **客観説**：賃貸借契約に借地借家法の関係規定の適用を必要としない客観的合理的事情があるときに限るとの見解

③ **折衷説**：①の合意と②の客観的合理的事情の双方を必要とする見解

この点について、判例は、一時使用の賃貸借であったといえるためには、「土地の利用目的、地上建物の種類、設備、構造、賃貸期間等諸般の事情を考慮し、賃貸借当事者間に、短期間に限り賃貸借を存続させる合意が成立したと認められる客観的合理的理由が存する」ことが必要であると説示してい

る（最判昭43.3.28民集22.3.692、最判昭45.7.21民集24.7.1091）。上記説示について、折衷説の立場からは、主観的な合意に加え、客観的合理的事情を要求する趣旨であるとの理解が、主観説の立場からは、主観的な合意の認定方法について説示した趣旨であるとの理解がされている。

b　一時使用の再抗弁の要件事実

本書では、類型別に従いひとまず折衷説の立場から要件事実を考えてみることにしたい。折衷説の立場においては、主観的な合意に加え、客観的合理的事情が必要となるから、要件事実は以下のように整理することができる。

【一時使用の要件事実】

①　原告が被告との間で、賃貸借契約を短時間に限って存続させるとの合意をしたこと

②　賃貸借契約が借地借家法等にいう一時使用のためのものであるとの評価を根拠づける事実

---

②について、客観的合理的事情は規範的要件であり、原告は、上記のとおり、賃貸借契約が一時使用のためのものであることの評価根拠事実を主張立証することになる。これに対し、被告は、原告の主張する評価根拠事実を否認するほか、再々抗弁としてその評価障害事実（評価根拠事実と両立し、その評価を障害する事実）を主張立証することができる。規範的要件については、58頁を参照してほしい。

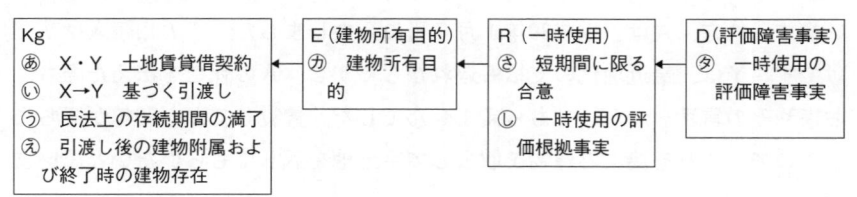

なお、一時使用かどうかが問題となる賃貸借としては、①臨時設備（博覧会や祭典等の開催期間があらかじめ決まっている事業のために使用される建物）や、仮設的建築物（バラックや簡易な構造のプレハブ建物）、③収去を一時的に猶予された建物（和解や調停等での合意によるもの）などが考えられるであろう。

(ウ) 本設例における抗弁以下の攻撃防御方法

本設例において、Xは、民法上の存続期間の満了を前提に建物収去土地明渡しを求めているが、Yは、建物所有目的の賃貸であるとして借地借家法の定める30年の存続期間が適用されると主張している。この主張は、建物所有目的の抗弁をいうものである。具体的な摘示例は、抗弁㋕のとおりである。

これに対し、Xは、甲土地を「臨時の倉庫用地として」賃貸した旨を主張しており、この主張については、一時使用の再抗弁と整理するのが相当である。①賃貸借契約を短時間に限って存続させるとの合意の具体的な摘示例は、再抗弁㋚のとおりである。②賃貸借契約が一時使用のためのものであることの評価根拠事実としては、再抗弁㋛〜㋝などの事情を摘示していくことになる。なお、Yの言い分において、評価障害事実となるべきものは特段見当たらないであろう。

3 借地借家法上の存続期間満了（相続の要件事実を含む）

(1) 設例・解答

設例Ⅲ

<u>Xの言い分</u>

私の父であるAは、平成6年8月25日、Yに対し、甲土地を月額3万円で賃貸し、引き渡しました。賃貸の目的は、住宅用地であったと聞いています。Yは、その後、甲土地上に乙建物を建築し、現在まで甲土地を使用しています。他方、Aは、平成30年1月7日に死亡しました。Aの相続人は私だけです。Yは、最近地代の支払も遅れがちですし、Aの死亡を伝えた際も、お悔やみの言葉一つかけてもらえませんでした。賃貸してから30年が経ちましたので、これを機に乙建物を収去して甲土地を返してもらいたいと思います。

<u>Yの言い分</u>

私は、Xが主張しているとおり、平成6年にAから甲土地を住宅用地として借りました。私は、甲土地に乙建物を建て、現在に至るまで家族とともに乙建物で生活をしており、今後も乙建物に住み続けたいと思っています。なお、Aが亡くなった際は、私の妻が葬儀に出向き、喪主を務めていたXに挨

拶をしています。

....

解 答

(1) 訴 訟 物

　賃貸借契約の終了に基づく目的物返還請求権としての建物収去土地明渡請求権　1個

(2) 請求の趣旨

　Yは、Xに対し、別紙物件目録記載2の建物を収去して、同目録記載1の土地を明け渡せ。

(3) 請求原因

　あ　Aは、Yとの間で、平成6年8月25日、別紙物件目録記載1の土地を、賃料月額3万円で賃貸するとの合意をした。　　　　　　　　　【○】

　い　Aは、Yに対し、同日、あの賃貸借契約に基づき、同土地を引き渡した。　　　　　　　　　　　　　　　　　　　　　　　　　　　　【○】

　う　AとYは、あの際、同土地を、Yが建築する予定の自宅の敷地として使用することを合意した。　　　　　　　　　　　　　　　　　　　【○】

　え　Aは、平成30年1月7日、死亡した。　　　　　　　　　　　【○】

　お　Xは、Aの子である。　　　　　　　　　　　　　　　　　　　【○】

　か　令和6年8月25日は経過した。　　　　　　　　　　　　　　【顕】

　き　いの引渡し後、かの契約終了までに、同土地上に、同目録記載2の建物が建築され、かの契約終了時に、同建物が存在していた。　　　【○】

(4) 抗弁（法定更新）

　サ　Yは、かの期間満了以降も、別紙物件目録記載2の建物を所有して同目録記載1の土地を使用している。　　　　　　　　　　　　　　【○】

---

(2) 解　　説

ア　訴訟物および請求の趣旨

設例Ⅱと同様である。

イ　請求原因

(ア)　借地借家法上の存続期間満了

　本設例において、Ｘは、ＡＹ間で締結された賃貸借契約が、建物所有を目的とするものであり、借地借家法の適用を受けることを前提に、借地借家法の存続期間の満了を主張している。この場合の要件事実は、以下のように整理することができる。

【借地借家法上の存続期間満了の要件事実】

①　原告が被告との間で、賃貸借契約につき建物の所有を目的とする合意をしたこと

②ⓐ　賃貸借契約において存続期間を定めたことと、その経過（契約上の存続期間が30年を超える場合）

　　　または

　ⓑ　30年の経過（契約上の存続期間が30年以下もしくは存続期間を定めなかった場合）

　まず、借地借家法の適用があることを基礎づけるため、①建物所有目的の合意があったことを主張立証する必要がある。次に、借地借家法の適用下において、借地権の存続期間は最短30年となるから（借地借家３条）、30年を超える合意がある場合には、その合意と経過を（②ⓐ）、それ以外の場合には、30年の経過を（②ⓑ）、それぞれ主張立証する必要がある。

Basic

民法上の存続期間満了と借地借家法上の存続期間満了

　設例Ⅱでは、民法上の存続期間満了が主張される一方、本設例では、借地借家法上の存続期間満了が主張されている。いずれを選択するかは事案ごとの判断となるが、その双方が登場することもある。たとえば、設例Ⅱにおいて、建物所有目的の抗弁が認められた（借地借家法の適用が認められた）場合に備え、借地借家法上の存続期間が満了しているのであれば、そちらについても別個の請求原因として主張していくことが考えられるであろう。なお、民法上の存続期間満了の請求原因と借地借家法上の存続期間満了の請求原因は、選択的な関係に立ち、いわゆるａ

(イ)　相続の要件事実

　本設例において、Xは、Aから甲土地の賃貸人たる地位を相続したことを前提に、Yに対して建物収去土地明渡しを求めているため、相続の要件事実についても検討する必要がある（賃貸借契約などの継続的契約が問題となる事案においては、相続についての検討を要することがしばしばある）。

　相続人は、相続開始の時から、被相続人の財産に属したいっさいの権利義務を承継することになる（民896条本文）。相続の一般的効力について定める同条の規定によれば、相続の要件は①相続開始と②主張者が相続人であることとなる。①相続は被相続人の死亡により開始することから（民882条）、相続開始については被相続人の死亡を主張立証すればよい。②主張者が相続人であることは、相続人の要件について定める民法887条以下の規定に従い主張立証すればよい。ところで、自身が相続人であると主張する者は、自身以外に同順位の相続人がいないこと（ほかに相続人がいれば、主張者の相続割合が小さくなる）についても主張立証しなければならないのだろうか。この点については、自身の・み・が相続人であることの主張立証まで要すとの立場（「の・み・説」と呼ばれる）と、自身が相続人であることを主張立証すれば足り、ほかに相続人がいることは抗弁に回るとの立場（「非のみ説」と呼ばれる）との対立があるが、実務は非のみ説によっている。非のみ説をとった場合の要件事実は、以下のように整理することができる。

【相続の要件事実】
［配偶者または第1順位の相続人の場合］
　㋐　Aは、令和3年10月10日、死亡した。
　㋑　原告は、Aの子（夫／妻）である。
［第2順位の相続人（直系尊属）の場合］
　㋐　Aは、令和3年10月10日、死亡した。
　㋑　原告は、Aの「父／母」である。
　㋒　Aに子はいない。

[第3順位の相続人（兄弟姉妹）の場合]

 ⓐ　Aは、令和3年10月10日、死亡した。

 ⓘ　原告は、Aの兄弟姉妹である。

 ⓤ　Aに子および直系尊属はいない。

　なお、第2順位、第3順位の要件事実ⓤは、原告が相続人であること（原告よりも先順位の相続人がいないこと）を基礎づけるために必要な事実であり、のみ説と非のみ説の対立とは関係がない。非のみ説に立つことで不要となるのは、原告と同順位で相続人となりうる者がほかにいないことの主張立証である。

　㋦　**本設例における請求原因事実**

　本設例は、建物収去土地明渡しの事案であるから、①賃貸借契約の締結と、②賃貸借契約に基づく土地の引渡し、③賃貸借契約の終了原因、④「②の引渡し後、③の契約終了までの間に、土地上に建物が附属させられ、③の契約終了時にその建物が土地に附属していたこと」の主張立証が必要となる。③については、Xが借地権の最短存続期間（30年）の満了を主張していることから、具体的には、③−a建物所有目的の合意と、③−b30年の経過を主張立証することになる。さらに、Xは、Aから甲土地の賃貸人たる地位を相続したと主張していることから、⑤Aの死亡と、⑥XがAの子であることを主張立証する必要がある。

　具体的な摘示例は、①について請求原因ⓐ、②について同ⓘ、③abについて同ⓤとⓚ、④について同ⓖ、⑤と⑥についてⓔとⓞのとおりである。

ウ　抗弁以下の攻撃防御方法（法定更新の抗弁と遅滞なき異議の再抗弁）

　本設例においては、Yは法定更新の抗弁を主張していると解される。また、Xは主張していないものの、法定更新の抗弁に対しては、再抗弁として遅滞なき異議の主張をすることが考えられる。それぞれの抗弁について、以下検討していこう。

　㋐　**法定更新の抗弁（類型別109頁以下）**

　借地借家法5条（借地契約の更新請求等）

 ①　借地権の存続期間が満了する場合において、借地権者が契約の更新を

> 　請求したときは、建物がある場合に限り、前条の規定によるもののほか、
> 従前の契約と同一の条件で契約を更新したものとみなす。ただし、借地
> 権設定者が遅滞なく異議を述べたときは、この限りでない。
> ②　借地権の存続期間が満了した後、借地権者が土地の使用を継続すると
> 　きも、建物がある場合に限り、前項と同様とする。

　借地借家法の適用下においては、借地権の存続期間が満了した場合であっ
ても、賃借人が土地の使用を継続し、かつ、建物がある場合には、賃貸借契
約（借地契約）を更新したものとみなされる（借地借家5条2項・1項本
文）。設例Ⅰで登場した黙示の更新の抗弁（民619条1項）は、更新の合意を
推定するにとどまる（賃貸人は更新合意の不成立を再抗弁として主張可能で
ある）のに対し、法定更新の抗弁は、更新の合意を擬制する法律効果を有し
ており、賃借人（借地人）の保護がより強化されている（そのため、借地借
家法適用下において、黙示の更新の抗弁を主張することは通常想定されな
い）。法定更新の抗弁の要件事実は、以下のように整理することができる。

【法定更新の要件事実】
①　被告が期間満了以後土地の使用を継続したこと
②　期間満了後にその土地上に建物が存在すること

(イ)　遅滞なき異議の再抗弁（類型別110頁以下）

借地借家法5条（借地契約の更新請求等）
> ①　借地権の存続期間が満了する場合において、借地権者が契約の更新を
> 　請求したときは、建物がある場合に限り、前条の規定によるもののほか、
> 従前の契約と同一の条件で契約を更新したものとみなす。ただし、借地
> 権設定者が遅滞なく異議を述べたときは、この限りでない。

借地借家法6条（借地契約の更新拒絶の要件）
> 　前条の異議は、借地権設定者及び借地権者（転借地権者を含む。以下こ
> の条において同じ。）が土地の使用を必要とする事情のほか、借地に関する
> 従前の経過及び土地の利用状況並びに借地権設定者が土地の明渡しの条件
> として又は土地の明渡しと引換えに借地権者に対して財産上の給付をする
> 旨の申出をした場合におけるその申出を考慮して、正当の事由があると認
> められる場合でなければ、述べることができない。

強力な法律効果を要する法定更新だが、賃貸人（借地権設定者）が遅滞なく異議を述べたときは、その法律効果の発生が障害されることになる（借地借家５条１項ただし書）。もっとも、この場合の異議については、借地借家法６条所定の「正当の事由」があると認められる場合でなければ述べることができない。そして、この「正当の事由」は、規範的要件であると解されている。以上から、原告が、遅滞なき異議の再抗弁を主張する際の要件事実は、以下のように整理することができる。

【遅滞なき異議の要件事実】
① 　原告が被告の土地使用の継続に対し、遅滞なく異議を述べたこと
② 　更新を拒絶するにつき正当の事由があることの評価根拠事実

　正当な事由の判断要素は借地借家法６条に記載されているが（前掲条文の点線部分）、第一次的な判断要素となるのは、当事者双方の土地使用の必要性であって、借地に関する従前の経過および土地の利用状況、立退料その他の財産上の給付の提供・支払については、副次的な要素として機能することになる。

　なお、被告は、正当な事由があることの評価障害事実を再々抗弁として主張立証することで、正当な事由の有無を争うことができる。

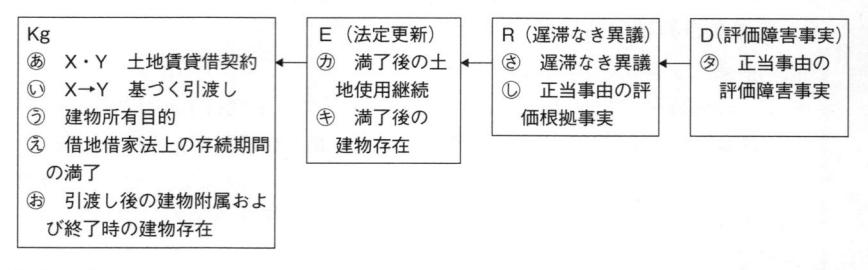

Basic

正当の事由の判断方法

　正当事由の有無は、賃貸人（借地権設定者）と賃借人（借地人）それぞれの土地使用の必要性を比較、斟酌しながら判断をしていくことになる。借地権設定者にとって土地使用がその生活・生計の維持にとって欠くことのできないものである一方、借地人の土地使用の必要性がさほど

高くない場合には、副次的な要素を考慮することなく正当の事由が認められるだろう。一方で、必要性の程度が双方同程度である場合には、副次的な要素もふまえて正当の事由の有無を判断していくことになるし、借地人の使用の必要性が借地権設定者のそれを上回る場合には、副次的な要素を考慮しても正当の事由は認められにくいであろう。なお、借地人の土地使用の必要性を検討するにあたり、建物賃借人（借地上に建築された建物の賃借人）の事情を借地人側の事情として斟酌することは、特段の事情（借地契約が当初から建物賃借人の存在を容認している、建物賃借人を借地人と同一視することができるなどの事情）のない限り、許されないと解されている（最判昭58.1.20民集37.1.1）。

(ウ) 本設例における抗弁以下の攻撃防御方法

本設例では、Yが乙建物による甲土地の使用継続を主張しており、この主張は、法定更新の抗弁をいうものと解される。具体的な摘示例は、抗弁㋔のとおりである。

これに対し、Xは、遅滞なき異議の再抗弁を主張しているようすがみられない。抗弁㋔の事実に争いがないことから、Xの請求は棄却されることになろう。

Ⅱ 終了原因として解約の申入れが主張された場合

1 設例・解答

設例Ⅳ Xの言い分

私は、令和2年6月1日、Yに対して、甲土地を賃料月額3万円、賃貸期間を同日から令和4年5月31日までと定めて賃貸し、引き渡しました。令和5年に入り、賃貸期間が満了していたことを思い出したことから、Yに甲土地を返してほしいと求めたところ、Yから、賃貸期間終了後に何の連絡もなかったため、契約は更新になったものと考えていたといわれてしまいました。Yの言い分ももっともだと思ったため、私は、令和5年2月12日、Yに対し、あらためて賃貸借契約の解約を申し入れました。それからすでに1年

が経過しているので、Yに対し、あらためて甲土地の返還を求めたいと思います。

Yの言い分

　省略。

....

（解　答）

(1)　訴　訟　物

　　賃貸借契約の終了に基づく目的物返還請求権としての土地明渡請求権　1個

(2)　請求の趣旨

　　Yは、Xに対し、別紙物件目録記載の土地を明け渡せ。

(3)　請求原因

　　あ　Xは、Yとの間で、令和2年6月1日、別紙物件目録記載の土地を、賃料月額3万円で賃貸するとの合意をした。

　　い　Xは、Yに対し、同日、あの賃貸借契約に基づき、同土地を引き渡した。

　　う　Xは、Yに対し、令和5年2月12日、あの賃貸借契約の解約申入れの意思表示をした。

　　え　令和6年2月12日は経過した。

2　解　説

(1)　訴訟物および請求の趣旨

設例Ⅰの主たる請求と同様である。

(2)　請求原因（類型別111頁以下）

ア　解約の申入れによる賃貸借契約の終了

本設例において、Xは、甲土地の賃貸借契約が黙示に更新されたことを前提に、解約の申入れによる賃貸借契約の終了を主張しているものと思われる。

┃　民法617条（期間の定めのない賃貸借の解約の申入れ）

> ① 当事者が賃貸借の期間を定めなかったときは、各当事者は、いつでも解約の申入れをすることができる。この場合においては、次の各号に掲げる賃貸借は、解約の申入れの日からそれぞれ当該各号に定める期間を経過することによって終了する。
> 一　土地の賃貸借　1年
> 二　建物の賃貸借　3箇月
> 三　動産及び貸席の賃貸借　1日

　賃貸借契約において存続期間の定めがない場合、賃貸人はいつでも解約の申入れをすることができ、賃貸借契約は、申入れ後所定の期間（土地の賃貸借であれば1年）の経過により終了することになる。また、本設例のように、存続期間の定めのある土地の賃貸借契約について黙示の更新がされた場合も、更新後の賃貸借契約が期間の定めのないものとなるため、解約の申入れをすることが可能である（民619条1項後段）。なお、借地借家法の適用がある場合（建物所有目的の土地の賃貸借の場合）は、先にみたとおり、存続期間の定めがないときであっても、存続期間が30年となることから（借地借家3条）、解約の申入れにより賃貸借契約を終了させることはできない。

> 【解約申入れの要件事実（土地の場合）】
> ①　原告が被告に対し、賃貸借契約の解約申入れの意思表示をしたこと
> ②　①の後、1年が経過したこと

イ　本設例における請求原因事実

　本設例は、建物の収去を伴わない単純な土地明渡しの事案であるから、要件事実としては、①賃貸借契約の締結と、②賃貸借契約に基づく土地の引渡し、③賃貸借契約の終了原因の主張立証が必要となる。③については、Xが解約申入れの主張をしていることから、具体的には、③－a解約申入れと、③－b1年の経過を主張立証することになる。なお、本設例に現れている存続期間の満了および黙示の更新の事実は、本設例における賃貸借契約の終了原因とかかわらないからこれらを主張立証する必要はない。

　請求原因事実の具体的な摘示例は、①について請求原因あ、②について同い、③ab について同うとえのとおりである。

(3) 抗弁以下の攻撃防御方法（類型別112頁）

請求原因の説明においても触れたとおり、借地借家法の適用がある場合は、解約の申入れにより契約を終了させることができないことから、被告は、解約申入れの請求原因に対し、建物所有目的の合意があったことを抗弁として主張立証することができる（建物所有目的の抗弁）。これに対し、原告は、再抗弁として、賃貸借が一時使用のために締結されたことを主張立証することができる（一時使用の再抗弁）。建物所有目的の抗弁や一時使用の再抗弁についての詳しい説明は、設例Ⅱを参照されたい。

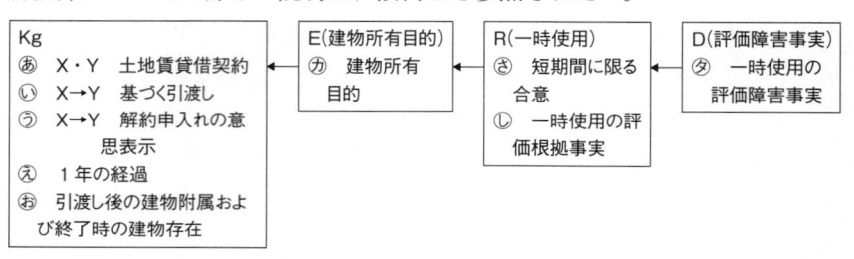

なお、本設例において、抗弁以下の攻撃防御方法は、特段主張されていない。

Basic

黙示の更新の抗弁と解約の申入れ

本設例では、Xは、甲土地の賃貸借契約について黙示の更新がされたことを自認したうえで、解約の申入れによる賃貸借契約の終了のみを主張している。もっとも、Xとしては、存続期間の満了（令和4年5月31日の経過）による賃貸借契約の終了を主張したうえで、Yが黙示の更新の抗弁を主張してきた場合には、別途、解約の申入れによる賃貸借契約の終了を主張していくことも考えられる。存続期間満了の請求原因と解約申入れの請求原因は、選択的な関係に立ち、いわゆるa＋bの問題は生じないと考えられている。

なお、解約の申入れについて、黙示の更新の抗弁に対する再抗弁に位置づけるべきではないかとの質問を受けることがあるが、解約の申入れは、黙示の更新の効果を覆滅するものではないから、再抗弁に位置づけるのは誤りである（抗弁の法律効果を覆滅し、請求原因の法律効果を復

活させるのが再抗弁の定義である）。

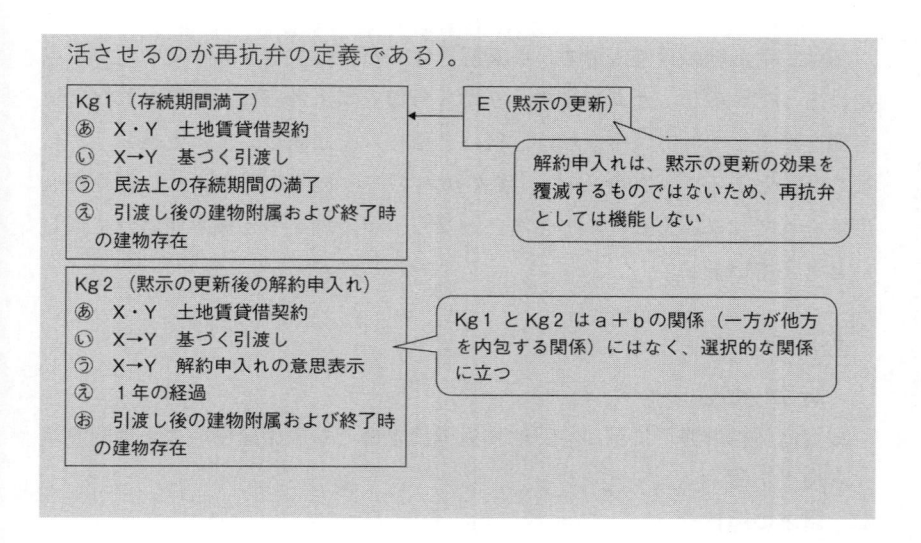

Ⅲ 終了原因として解除が主張された場合

1 賃料不払解除

(1) 設例・解答

設例Ⅴ

Xの言い分

　私は、平成28年4月1日、Yに対し、甲土地を宅地として、賃料月額5万円（翌月分を前月末日払い）、賃貸期間を30年間の約定で賃貸し、引き渡しました。Yは、甲土地に建てた乙建物において、現在も生活しています。ところが、Yは、令和4年以降、賃料の支払を怠るようになりました。そこで、やむをえず、Yに対し、令和6年1月8日、令和4年分と5年分の賃料合計120万円を支払うよう催告し、さらに、同月25日、賃貸借契約を解除すると通知しました。以上の次第ですので、Yに対し、甲土地の返還を求めたいと思います。

　Yは、未払賃料を持参して私に受領を求めたなどと主張していますが、そのようなことはありません。Yが拙宅を訪ねて来たことはありますが、支払の繰延べを求めるばかりであったため、怒って追い返しました。

Yの言い分

私は、甲土地の賃借人です。事実経過はＸが主張するとおりですが、１点だけ違っていることがあります。私は、令和６年１月15日、催告された賃料全額を持参してＸ方（東京都○○区△△所在）を訪問し、Ｘに支払おうとしました。ところが、Ｘからは、「突然訪ねてこられても困る」として受領を拒絶されてしまいました。できることなら、甲土地を引き続き使わせてほしいと考えています。

解 答

(1)　訴 訟 物

　　賃貸借契約の終了に基づく目的物返還請求権としての建物収去土地明渡請求権　１個

(2)　請求の趣旨

　　　Ｙは、Ｘに対し、別紙物件目録記載２の建物を収去して、同目録記載１の土地を明け渡せ。

(3)　請求原因

　　㋐　Ｘは、Ｙとの間で、平成28年４月１日、別紙物件目録記載１の土地を、賃料月額５万円で賃貸するとの合意をした。　　　　　　　　【○】

　　㋑　Ｘは、Ｙに対し、同日、㋐の賃貸借契約に基づき、同土地を引き渡した。　　　　　　　　　　　　　　　　　　　　　　　　　　　【○】

　　㋒　令和５年12月末日は経過した。　　　　　　　　　　　　　【顕】

　　㋓　Ｘは、Ｙに対し、令和６年１月８日、令和４年１月分から令和５年12月分までの賃料合計120万円の支払を催告した。　　　　　　　【○】

　　㋔　令和６年１月22日は経過した。　　　　　　　　　　　　　【顕】

　　㋕　Ｘは、Ｙに対し、同月25日、㋐の賃貸借契約を解除するとの意思表示をした。　　　　　　　　　　　　　　　　　　　　　　　　　　【○】

　　㋖　㋑の引渡し後、㋕の契約終了までに、同土地上に、同目録記載２の建物が建築され、㋕の契約終了時に、同建物が存在していた。　　【○】

(4)　抗弁（弁済の提供）

　　㋚　Ｙは、Ｘに対し、令和６年１月15日、㋐の賃貸借契約に係る令和４年１月分から令和５年12月分までの賃料合計120万円を持参して、東京都

○○区△△所在のＸ方に赴き、Ｘに対しその受領を求めた。　　　【×】

---

(2)　解　　説

ア　訴訟物と請求の趣旨

設例Ⅱと同様である。

イ　請求原因（類型別113頁以下）

㋐　賃貸借契約の解除と信頼関係破壊法理

本設例における賃貸借契約の終了原因は、賃料不払を理由とする賃貸借契約の解除である。ところで、不動産（借地・借家）の賃貸借契約の解除を考えるにあたっては、信頼関係破壊法理（信頼関係破壊理論）を意識しておく必要がある。詳細は各自の教科書に譲るが、簡潔に述べると、賃貸借契約が当事者間の信頼関係を基礎とする継続的契約であることに鑑み、①賃借人に当事者間の信頼関係を破壊するに至る程度の不誠意がない限り、賃貸人の解除権の行使は許されず（最判昭39.7.28民集18.6.1220等）、他方、②信頼関係の破壊が甚だしい場合には、賃貸人は催告することなく契約を解除することができる（最判昭43.11.21民集22.12.2741等）という考え方である。不動産の賃貸借契約の解除に関する攻撃防御方法は、信頼関係破壊法理によって、一定の修正を受けることになる。

賃料不払いについてみれば、賃料債務の履行遅滞は、信頼関係の破壊を一応基礎づけるものであるが、それ自体で直ちに賃貸借の継続を困難ならしめるような債務不履行に当たらず、かつ、賃借人の意思次第で履行をすることも容易であるから、催告を行う必要性は大きいといえる。このような価値判断から、賃料不払いがあれば、賃貸人は、催告をしたうえで契約を解除することができるが[1]、催告することなく契約を解除していくためには、賃貸借契約に無催告解除特約（78頁参照）が付されていたとしても、「契約を解除するに当たり催告をしなくても不合理とは認められないような事情」（賃借人の背信性）を賃貸人において別途主張立証する必要があると解されている

1　賃料不払期間がきわめて短い（1〜2カ月程度にとどまる）場合は、賃借人の背信性を基礎づける事情（これまでも賃料の不払いを繰り返していた事実など）を付加しなければ信頼関係の破壊が認められない可能性がある。

（前掲最判昭43.11.21）。

　以上ふまえて、催告による場合と催告によらない場合、それぞれの解除の要件事実について考えてみよう。

　㈠　**催告による解除**

　賃料請求の要件事実は、250頁でみたとおり、①賃貸借契約の締結、②賃貸借契約に基づく不動産の引渡し、③不払いである賃料に対応する期間の経過、④賃料の支払時期の到来であるから、賃料債務が履行遅滞であるというためには、①～③に加え、④賃料の支払時期の経過を主張立証すればよい。

　次に、催告による解除の手続的要件は、⑤履行の催告、⑥相当期間の経過、⑦相当期間経過後の解除の意思表示であるから（民541条、47頁参照）、これらについても主張立証する必要がある。以上をまとめると、以下のように整理することができる。

【賃料不払解除の要件事実（催告による解除の場合）】

①　原告が被告との間で、不動産の賃貸借契約を締結したこと

②　原告が被告に対し、①の契約に基づいて不動産を引き渡したこと

③　不払いである賃料に対応する期間が経過したこと

④　賃料の支払時期が経過したこと

⑤　原告が被告に対し、不払賃料の支払を催告したこと

⑥　催告後相当期間が経過したこと

⑦　原告が被告に対し、⑥の期間経過後に賃貸借契約を解除するとの意思表示をしたこと

※　要件事実①②は、目的物返還請求権の発生原因事実であるとともに（第1節Ⅳの1参照）、賃料債務の履行遅滞を基礎づける事実である。

　㈡　**催告によらない解除**

　不動産の賃貸借契約においては、無催告解除特約が付されることが少なくない（無催告解除特約も契約自由の原則から一般に有効と解されている。78頁参照）。もっとも、無催告解除特約が付されているからといって、直ちに無催告解除が許容されるものではなく、先に述べたとおり、「契約を解除するに当たり催告をしなくても不合理とは認められないような事情」（賃借人

の背信性）を賃貸人において別途主張立証する必要がある。この賃借人の背信性は、規範的要件と解されるから、実際には、賃借人の背信性を基礎づける評価根拠事実を主張立証していくことになる。以上をふまえると、催告によらない解除の要件事実は、以下のように整理することができる。

【賃料不払解除の要件事実（催告によらない解除の場合）】

① 原告が被告との間で、不動産の賃貸借契約を締結したこと

② 原告が被告に対し、①の契約に基づいて不動産を引き渡したこと

③ 不払いである賃料に対応する期間が経過したこと

④ 賃料の支払時期が経過したこと

⑤ 原告が被告との間で、賃料の支払時期が経過したときは賃貸人は催告を要しないで賃貸借契約を解除することができるとの特約を締結したこと

⑥ 被告の背信性の評価根拠事実

⑦ 原告が被告に対し、④の支払期間経過後に賃貸借契約を解除するとの意思表示をしたこと

なお、賃貸借契約に無催告解除特約が付されていない場合であっても、賃貸人は、民法542条1項2号や5号に基づく無催告解除をすることが可能である。この場合、同各号の事由として主張立証すべき具体的事実は、上記⑥の事実と多くの部分で重なり合うものと思われる。

　㋑　**本設例における請求原因事実**

本設例では、Ｘが催告による解除の主張をしていることから、前記イでみた①〜⑦の要件事実を主張立証するほか、建物収去土地明渡しの事案であることから、⑧「②の引渡し後、⑦の契約終了までの間に、土地上に建物が附属させられ、⑦の契約終了時にその建物が土地に附属していたこと」を主張立証する必要がある。

　①②についての具体的な摘示例は、請求原因あいのとおりである。

　④（賃料の支払時期の経過）については、本設例では賃料前払特約があるため、その特約と特約所定の支払時期の経過を主張してもよいが、民法614条所定の支払時期（宅地の場合は毎月末）についてもすでに経過しているた

め、こちらを摘示するほうが簡便である。Ｘが不払いであると主張する賃料は、令和４年分および５年分であるから、請求原因⑤のとおり、令和５年12月分の賃料の支払時期である同月末日の経過を摘示すればよい（厳密にいえば、令和４年１月から令和５年12月の各末日の経過ということになるが、これらの事実は令和５年12月末日の経過に包摂されると考えることが可能である）。また、③（不払賃料に対応する期間の経過）についても、⑤の事実摘示に包摂されることになる。

　⑤（催告）〜⑧（建物の建築と存在）についての具体的な摘示例は、請求原因え〜きのとおりである。⑥（催告後相当期間の経過）については、おのとおり２週間を相当期間として摘示している。

Basic
賃料の支払時期に関する主張立証

　賃料の支払時期について定める民法614条は、任意規定であるため、特約でこれと異なる合意をすることも可能である。現実問題として、実際の賃貸借契約においては、特約が存する場合がほとんどである。

　一方、賃料の支払時期の到来や経過を摘示するにあたり、特約による支払時期（たとえば前払いの合意）と民法614条所定の支払時期の双方が到来ないし経過している場合には、民法614条所定の支払時期の到来ないし経過を摘示すれば足り、特約の摘示は要しない。これは、要件事実最小限の原則（６頁参照）に基づき、主張立証の対象を絞り込んだ結果であり、特約の存否が争点化すること（特約について被告が否認し、裁判所が証拠に基づきその存否を判断しなければならない事態）を避ける意味がある。

　もっとも、実際の訴状や判決文においては、特約についても言及するのが一般的であり、特約の存否を要件事実に含めて考えるかどうかで、審理の負担や裁判の結論が異なることもほとんどないであろう。

ウ　抗弁以下の攻撃防御方法

㈎　弁済の提供（類型別114頁）

　本設例において、Ｙは、Ｘによる賃料支払の催告後、相当期間が経過する

前に、賃料をXに持参して支払おうとしたと主張している。この主張は、弁済の提供（52頁参照）をいうものと解される。債務者は、弁済の提供の時から、債務を履行しないことによって生ずべき責任を免れることができるから（民492条）、弁済の提供は、解除権の発生を障害することで、賃貸借契約の終了に基づく目的物返還請求権の発生を障害する抗弁として機能する。

　本設例における具体的な摘示例は、抗弁㋬のとおりである。なお、弁済を提供すべき場所については、特約がないことから、債権者であるXの現在の住所ということになる（民484条1項）。

(イ)　信頼関係に関する抗弁

　本設例において特に主張はされていないが信頼関係に関する抗弁についても触れておく。

a　催告による解除に対して

　先に述べたとおり、信頼関係破壊法理によれば、賃借人に当事者間の信頼関係を破壊するに至る程度の不誠意がない限り、賃貸人の解除権の行使は許されないのであるから、被告（賃借人）は、催告による解除に対し、抗弁として、背信性の不存在の評価根拠事実を主張立証することができる。

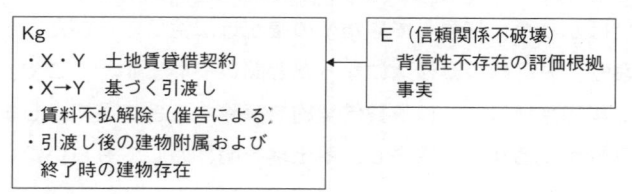

b　催告によらない解除に対して

　被告（賃借人）は、原告が請求原因において主張する背信性を争うため、抗弁として、背信性の評価障害事実を主張立証することができる。

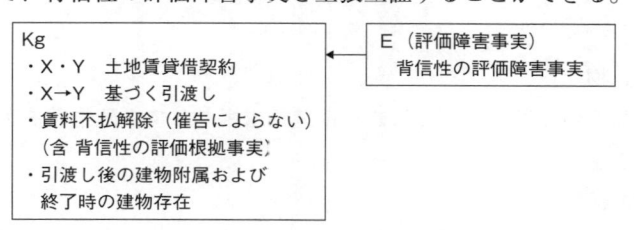

2 増改築禁止特約違反による解除

(1) 設例・解答

Xの言い分

　私は、平成24年6月27日、Yに対し、甲土地を宅地として、賃料月額6万円、賃貸期間を30年間の約定で賃貸し、引き渡しました。賃貸にあたっては、建物の増改築を行う場合には賃貸人の承諾を得ること、承諾を得ずに増改築をしたときは催告をすることなしに賃貸借契約を解除できることを契約書上で合意しています。

　Yは、平成24年10月、甲土地の東半分に乙建物を建築し、そこで暮らすようになりました。甲土地の西半分については、家庭菜園として利用していたようです。ところが、Yは、令和5年2月、私に無断で、建蔽率一杯となるかたちで甲土地の西半分に乙建物を増築しました。聞き及んだことによると、東京で生活していたYの娘とその子が帰郷したため、急きょ乙建物を増築したとのことです。

　少々のことで目くじらは立てたくないのですが、増築についてその後何の連絡もないばかりか、転居してきたYの娘が近隣住民とたびたびトラブルを起こしており、先日は警察沙汰になったと聞いています。そこで、やむをえず、令和5年10月14日、Yに賃貸借契約を解除する旨の通知をしました。Yには、すみやかに乙建物を収去し、甲土地を明け渡してもらいたいと思います。

Yの言い分

　省略。

解答

(1) 訴訟物

　　賃貸借契約の終了に基づく目的物返還請求権としての建物収去土地明渡請求権　1個

(2) 請求の趣旨

　　Yは、Xに対し、別紙物件目録記載2の建物を収去して、同目録記載1

の土地を明け渡せ。

(3) 請求原因

あ　Ｘは、Ｙとの間で、平成24年6月27日、別紙物件目録記載1の土地を、賃料月額6万円で賃貸するとの合意をした。

い　ＸとＹは、あの賃貸借契約の際、被告が建物の増改築をしないことおよびその特約に違反したときは原告が賃貸借契約を催告なしに解除できることを合意した。

う　Ｘは、Ｙに対し、同日、あの賃貸借契約に基づき、同土地を引き渡した。

え　Ｙは、平成24年10月、同土地上に、同目録記載2の建物を建築した。

お　Ｙは、令和5年2月、同建物を増築した。

か　Ｘは、Ｙに対し、同年10月14日、あの賃貸借契約を解除するとの意思表示をした。

き　かの契約終了時に、同建物は存在していた。

---

(2) 解　説

ア　訴訟物と請求の趣旨

設例Ⅱと同様である。

イ　請求原因（類型別115頁以下）

賃借人（借地人）は、その用法に従い自由に土地を使用することができるから、建物の増改築自体は本来適法な行為である。もっとも、建物の増改築は、賃貸借契約の存続期間に事実上の影響を及ぼすものであることから、賃貸借契約に際し、賃借人が土地上に建築される建物を無断で増改築した場合には、賃貸人が催告なしに賃貸借契約を解除できるとの合意（**増改築禁止特約**）がされることが多い。増改築禁止特約は、一見すると借地借家法9条（「この節の規定に反する特約で借地権者に不利なものは、無効とする」）に違反するようにも思われるが、同条は借地権の存続保障に関する条件（借地借家3条〜8条）を規制する規定であるから、賃借人の使用収益権を制限する増改築禁止特約にその規制は及ばないと解される（最判昭41.4.21民集20.4.720参照）。

そこで、増改築禁止特約違反による解除の要件事実について考えてみよう。まず、増改築禁止特約に基づく債務は増改築をしないという不作為債務であるから、原告は、①増改築禁止特約があることのほか、②被告が建物の増改築をしたこと（被告の債務不履行）についても主張立証する必要があると考えられる。他方で、増改築が「無断で」されたことについては、原告は主張立証責任を負わず、被告が「原告が承諾したこと」について主張立証責任を負うと解するのが、公平の見地から相当といえよう。

　また、信頼関係破壊法理によって要件事実が修正されないかについても検討しておく必要がある。増改築禁止特約は、一般に無催告での契約解除を念頭に置くものであるが、賃料不払解除の場合と異なり、増改築はそれ自体直ちに賃貸借の継続を困難ならしめる可能性があり、また、不履行状態の除去（増改築部分の除却）も容易でないため、催告の必要性は賃料不払いの場合と比べて大きくないといえる。そのため、賃貸人は、催告をすることなく契約を解除するにあたり、賃借人の背信性を別途主張立証する必要はない。もちろん、増改築が信頼関係を破壊するおそれがあると認めるに足りないときは、信頼関係破壊法理により解除権の行使が制限されることになるが、この「信頼関係を破壊するおそれがあると認めるに足りない」ことを基礎づける事実については、賃借人が、抗弁として主張立証すべきであると解されている（前掲最判昭41.4.21）。

　以上をまとめると、要件事実を以下のように整理することができる。

【増改築禁止特約違反による解除の要件事実】

①　原告が被告との間で、被告が建物の増改築をしないことおよびその特約に違反したときは原告が賃貸借契約を催告なしに解除できることを合意したこと

②　被告が建物の増改築をしたこと

③　原告が被告に対し、賃貸借契約を解除するとの意思表示をしたこと

　そうすると、増改築禁止特約違反による解除を原因とする賃貸借契約終了に基づく不動産明渡請求権の発生原因事実は、ⓐ賃貸借契約の締結、ⓑ賃貸借契約に基づく土地の引渡し、ⓒ賃貸借契約の終了原因事実として上記①〜

③の事実、ⓓ土地の引渡し後、契約終了までの間に、土地上に建物が附属させられ、契約終了時にその建物が土地に附属していたこと、ということになる。

　本設例における摘示例は、ⓐが請求原因あ、ⓑが同③、ⓒの①〜③がそれぞれ同いおか、ⓓがきのとおりである。なお、え建物の建築ときき契約終了時の建物の存在については、これまで一文で摘示していたが、今回は建物の増改築を別途摘示する都合上、二つに分けて摘示している。

ウ　抗弁以下の攻撃防御方法

　請求原因の説明で触れたとおり、被告（賃借人）は、増改築特約違反による解除に対する抗弁として、①被告が建物の増改築をすることを原告が承諾したこと（**増改築の承諾**）、②信頼関係を破壊するおそれがあると認めるに足りないことを基礎づける事実（**信頼関係不破壊の評価根拠事実**）を主張立証することができる。また、原告（賃貸人）は、信頼関係不破壊の評価根拠事実に対し、信頼関係不破壊の評価障害事実を再抗弁として主張立証して、信頼関係が不破壊であることを争うことができる。

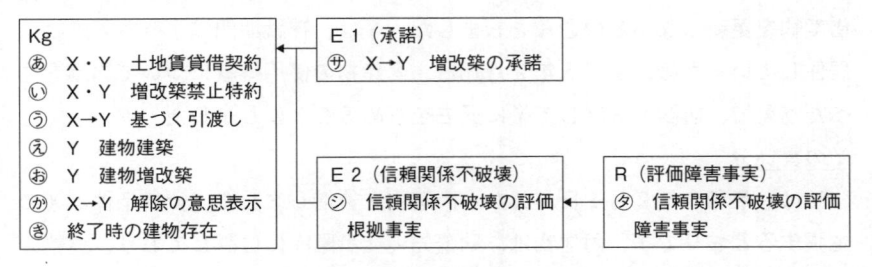

　本設例において、抗弁以下の攻撃防御方法は、特には見当たらない。

第3節　建物明渡請求訴訟

　建物明渡請求訴訟については、類型別に記載はないものの、実務では頻出の訴訟類型であることから、ここで取り上げておくこととしたい。

Ⅰ 終了原因として存続期間満了が主張された場合

1 設例・解答

Ｘの言い分

　私は、令和3年2月1日、Ｙに対し、丙建物を賃料月額10万円、賃貸期間を同日から2年間の約定で賃貸し、引き渡しました。ところが、令和4年1月、私の息子であるＡが配偶者と死別し、シングルファーザーとなってしまいました。私は夫と協力して毎日のようにＡ方を訪ね、孫2人の世話をしておりますが、自宅からＡ方までは電車を乗り継いで90分ほどかかるため、老齢にある私たちにとって大きな負担となっています。Ａらに近隣へ越してきてもらうことも考えましたが、小学校低学年の孫2人に転校を強いることになるため断念しました。丙建物は、Ａ方まで徒歩で10分弱の位置にあり、Ａ方に無理なく通うことができます。そこで、Ｙには大変恐縮ですが、存続期間満了をもって丙建物から退去していただきたく、令和4年7月3日、賃貸借契約を更新しないとの通知をしました。Ｙは、存続期間満了後も丙建物に居住しているため、令和5年2月18日、丙建物の使用継続について異議を述べたうえで、訴訟を提起してＹに退去を求めることにしました。

Ｙの言い分

　私は、令和3年2月1日、Ｘから丙建物を賃借しました。賃貸条件はＸの主張するとおりです。丙建物は、勤務先の徒歩圏内に位置しており、賃料も近隣相場に照らし安価であるため、大変気に入っています。賃貸借契約を更新しないとの通知を受け取ったときは大変驚きました。Ｘから「なるべく長く住んでほしい」といわれていたため、賃貸借契約を当然更新できるものと思っていました。存続期間満了後も丙建物を使い続けておりますが、訴状の送達を受けるまでは、特に異議を述べられたことはありません。弁護士さんのアドバイスで、賃料は供託していますし、Ｘから求められれば更新料もお支払いたします。Ｘは、孫の面倒をみるため丙建物を使用したいとのことですが、Ｘ側の事情についてはいっさい知りません。

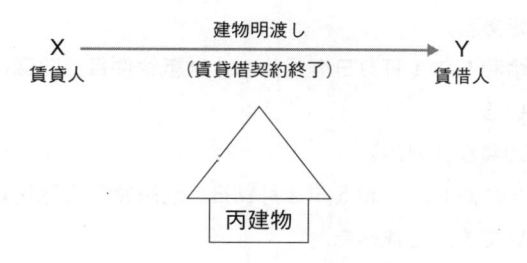

X — 建物明渡し → Y
賃貸人　（賃貸借契約終了）　賃借人

丙建物

....

解 答

(1) 訴 訟 物

　賃貸借契約の終了に基づく目的物返還請求権としての建物明渡請求権　1個

(2) 請求の趣旨

　　Yは、Xに対し、別紙物件目録記載の建物を明け渡せ。

(3) 請求原因

　㋐　Xは、Yとの間で、令和 3 年 2 月 1 日、別紙物件目録記載の建物を、賃料月額10万円で賃貸するとの合意をした。　【○】

　㋑　Xは、Yに対し、同日、㋐の賃貸借契約に基づき、同建物を引き渡した。　【○】

　㋒　XとYは、㋐の際、賃貸期間を同日から令和 5 年 1 月31日までと合意した。　【○】

　㋓　令和 5 年 1 月31日は経過した。　【顕】

　㋔　Xは、Yに対し、令和 4 年 7 月 3 日、㋐の賃貸借契約を更新しないとの通知をした。　【○】

　㋕- 1　Xの息子Aは、Xの家から電車を乗り継いで90分ほどかかるところに住んでいる。　【△】

　㋕- 2　Aは、配偶者と死別し、 1 人で子ども 2 人を育てている。　【△】

　㋕- 3　Xおよびその夫は、毎日のようにA方を訪れ、Aの子（原告の孫） 2 名の世話をしている。　【△】

　㋕- 4　同建物はAの住んでいるマンションから徒歩10分弱の地点にある。　【△】

(4) 抗弁（法定更新）

　　㉛　Yは、令和5年1月31日経過後も、別紙物件目録記載の建物の使用を継続している。　　　　　　　　　　　　　　　　　　　　　　　【○】

(5) 再抗弁（遅滞なき異議）

　　㉜　Xは、Yに対し、令和5年2月18日、別紙物件目録記載の建物の使用継続について異議を述べた。　　　　　　　　　　　　　　　　　　　【×】

2　解　説

(1) 訴　訟　物

　Xは、賃貸借契約の終了を理由として、丙建物の明渡しを求めていると解されることから、訴訟物は、「賃貸借契約の終了に基づく目的物返還請求権としての建物明渡請求権」となり、個数は1個となる。

(2) 請求の趣旨

　請求の趣旨は、「Yは、Xに対し、別紙物件目録記載の建物を明け渡せ」となる。

(3) 請求原因

借地借家法26条（建物賃貸借契約の更新等）

　　①　建物の賃貸借について期間の定めがある場合において、当事者が期間の満了の1年前から6月前までの間に相手方に対して更新をしない旨の通知又は条件を変更しなければ更新をしない旨の通知をしなかったときは、従前の契約と同一の条件で契約を更新したものとみなす。ただし、その期間は、定めがないものとする。

　　②　前項の通知をした場合であっても、建物の賃貸借の期間が満了した後建物の賃借人が使用を継続する場合において、建物の賃貸人が遅滞なく異議を述べなかったときも、同項と同様とする。

　　③　略

借地借家法28条（建物賃貸借契約の更新拒絶等の要件）

　　建物の賃貸人による第26条第1項の通知又は建物の賃貸借の解約の申入れは、建物の賃貸人及び賃借人（転借人を含む。以下この条において同じ。）が建物の使用を必要とする事情のほか、建物の賃貸借に関する従前の

経過、建物の利用状況及び建物の現況並びに建物の賃貸人が建物の明渡しの条件として又は建物の明渡しと引換えに建物の賃借人に対して財産上の給付をする旨の申出をした場合におけるその申出を考慮して、正当の事由があると認められる場合でなければ、することができない。

　先にみた土地明渡しのケースでは、民法上の存続期間満了と借地借家法上の存続期間満了とを分けて考える必要があった。他方、建物明渡しのケースでは、賃貸借契約締結の事実を摘示するにあたり、賃貸借契約の要素として目的物が建物であることを摘示せざるをえないため、借地借家法の適用があることが当然に現れてしまう（借地借家1条）。そして、借地借家法の適用を前提とすると、存続期間満了の1年前から6月前までの間に賃借人に対して更新拒絶の通知をしない限り、賃貸借契約は法定更新されることになるから（借地借家26条1項）、法定更新の効果を妨げるため、更新拒絶の通知をしたことを請求原因段階で主張立証しておかなければならない。また、更新拒絶の通知は、正当の事由があると認められる場合でなければすることができないから（借地借家28条）、更新を拒絶するにつき正当の事由があることの評価根拠事実についてもあわせて主張立証しておく必要がある。なお、同じ借地借家法下においても、土地賃貸借の場合には、更新拒絶の通知をしなくとも当然に法定更新となるものではない（264頁参照）。借地と借家で条文の建付けが異なっているので、よく見比べて違いを把握しておいてほしい。

　借地借家法下における建物賃貸借契約の存続期間については、255頁のとおりであり、1年未満の期間を定めたときに期間の定めがないものとみなされるほかは、約定どおりの存続期間となる。

　以上をふまえると、存続期間満了による賃貸借契約終了に基づく建物明渡請求権の発生原因事実は、以下のように整理することができる。

> 【存続期間満了による賃貸借契約終了に基づく建物明渡請求権の要件事実】
> ①　原告が被告との間で、建物賃貸借契約を締結したこと
> ②　原告が被告に対し、①の賃貸借契約に基づいて建物を引き渡したこと

③ 存続期間の合意

④ 存続期間の経過

⑤ 原告が被告に対し、④の存続期間満了の1年前から6カ月前までの間に更新拒絶の通知をしたこと

⑥ 更新を拒絶するにつき正当の事由があることの評価根拠事実

⑤および⑥の主張立証を欠いた場合には、法定更新の法律効果が現れてしまうため、請求原因が主張自体失当となってしまう。

本設例における摘示例は、①〜⑤がそれぞれ請求原因あ〜おのとおりである。⑥については、同かの1〜4として四つの事実を摘示している。規範的要件の考え方については、58頁を参照してほしい。

Basic いわゆる「せり上がり」

　存続期間満了による賃貸借契約の終了に基づく建物明渡しのケースのように、請求原因に含まれる特定の要件事実が、請求原因の法律効果の発生を障害し、消滅させまたはその行使を阻止する法律効果を生ずる（すなわち抗弁として機能する）ことがある。このような場合、この特定の要件事実から生ずる法律効果の発生を障害し、消滅させまたはその行使を阻止する法律効果を生ずる事実（すなわち再抗弁として機能する事実）を、請求原因に含めて主張しなければ、請求原因は主張自体失当となってしまう。このように、本来では再抗弁に位置づけられるべき事実を、請求原因として主張しなければならない場合（再々抗弁に位置づけられるべき事実を、抗弁として主張しなければならない場合等も同様）を、一般に「せり上がり」と呼んでいる。

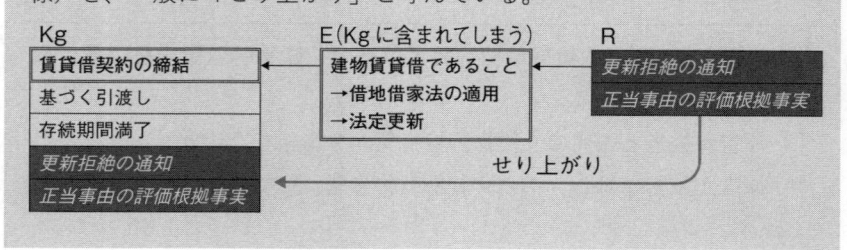

290

(4) 抗弁以下の攻撃防御方法

　被告（賃借人）は、存続期間満了による賃貸借契約の終了を争うため、①更新を拒絶するにつき正当の事由があることの評価障害事実を抗弁として主張立証することができる。また、原告（賃貸人）が更新拒絶の通知をしていたとしても、被告が存続期間満了後も建物の使用を継続する場合において、原告が遅滞なく異議を述べなかったときも、賃貸借契約は法定更新されることになる（借地借家26条2項）。そこで、被告は、②存続期間満了後も建物の使用を継続したことを抗弁として主張することができる。原告が遅滞なく異議を述べなかったことは、消極的事実であることから、原告が再抗弁として、遅滞なく異議を述べたことを主張立証すべきであると解される。

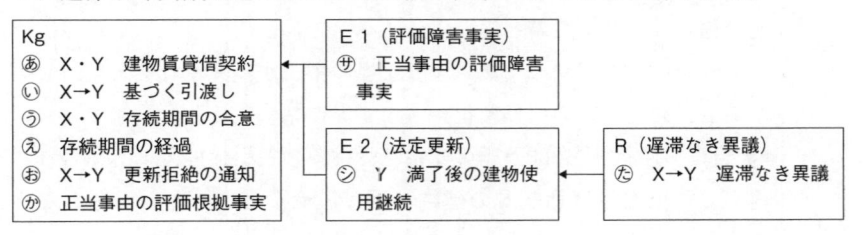

　本設例では、Yが法定更新の抗弁を、Xが遅滞なき異議の再抗弁をそれぞれ主張しているものと解される。それぞれの摘示例は、抗弁㋚、再抗弁㋣のとおりである。

> **Advance**
>
> ## 正当の事由の補完要素としての立退料
>
> 　借地借家法6条、28条は、借地と借家それぞれについて、賃貸借契約を終了させるべき「正当の事由」の判断要素を定めている。正当の事由の第一次的な判断要素となるのは、条文の筆頭に掲げられている「土地／建物の使用を必要とする事情」である（270頁参照）。その一方で、判断要素の最後に掲げられた「財産上の給付をする旨の申出」（いわゆる立退料）についても、正当の事由の補完要素として重要な役割を果たしている。ここでは、立退料について、実務上重要なポイントに絞ってみてみよう。
>
> (1) 立退料の意義

立退料は、一般に、移転費用の補償や、土地／建物の明渡しにより事実上失う利益や消滅する権利の補償の意味合いを有し、賃貸人と賃借人の利害調整のための重要な要素として機能する。

(2)　申出時期

　正当の事由は、少なくとも賃貸借契約が終了すべき時点において具備されている必要があるが、立退料については、補完要素との性質に照らし、その申出時期はかなり柔軟に解されている。すなわち、正当の事由を補完する立退料等金員の提供ないしその増額の申出は、事実審の口頭弁論終結時までにされたものについては、原則としてこれを考慮することができるとされている（最判平6.10.25民集48.7.1303）。

(3)　処分権主義・弁論主義との関係

① 　裁判所は、立退料の支払により正当の事由が補完されると判断した場合、立退料との引換給付判決をすることになる。具体的には、「被告は、原告から300万円の支払を受けるのと引き換えに、原告に対し、別紙物件目録記載の建物を明け渡せ」といったかたちとなる。

② 　原告が引換給付判決を求めていない場合であっても、裁判所は一部認容判決として引換給付判決をすることができる。もっとも、原告がそもそも立退料の給付を申し出ていない場合は、引換給付判決は弁論主義に反し許されないこととなる。

③ 　裁判所は、賃貸人の申出額と格段の相違のない範囲内で、申出額を超える立退料の提供を命ずることができる（最判昭46.11.25民集25.8.1343）。他方、当該範囲を超える額の提供を命ずることや、申出額を下回る立退料の提供を命ずることは、処分権主義（民訴246条）に反し許されない。

1 設例・解答

設例Ⅷ　（設例Ⅶの続き）

Ｘの言い分

私は、Ｙに対し、賃貸借契約の期間満了後も丙建物の使用を継続していることへの異議を述べたものと認識していました。ところが、こちらの手違いで、Ｙに対する異議の通知が発出されていなかったことが判明しました。そこで、令和5年4月10日、Ｙに対して賃貸借契約の解約申入れを行いました。そこから6カ月の経過をもって賃貸借契約は終了しているはずです。引き続き丙建物の使用を継続しているＹに対しては、同年10月20日に今度こそ間違いなく異議を述べています。そこで、Ｙに対し、あらためて丙建物の明渡しを求めたいと思います。

Ｙの言い分

Ｘから解約申入れを受けたこと、その後に丙建物の使用を継続していることに対する異議を受けたことは間違いありません。もっとも、丙建物には引き続き住みたいと考えています。

解　答

(1) 訴 訟 物

　賃貸借契約の終了に基づく目的物返還請求権としての建物明渡請求権　1個

(2) 請求の趣旨

　　Ｙは、Ｘに対し、別紙物件目録記載の建物を明け渡せ。

(3) 請求原因

　　あ　Ｘは、Ｙとの間で、令和3年2月1日、別紙物件目録記載の建物を、賃料月額10万円で賃貸するとの合意をした。　　　　　　　　　　【○】

　　い　Ｘは、Ｙに対し、同日、あの賃貸借契約に基づき、同建物を引き渡した。　　　　　　　　　　　　　　　　　　　　　　　　　　　【○】

③　Xは、Yに対し、令和5年4月10日、あの賃貸借契約の解約申入れの意思表示をした。　　　　　　　　　　　　　　　　　　【○】

え　同年10月10日は経過した。　　　　　　　　　　　　　　　　　【顕】

お－1　Xの息子Aは、Xの家から電車を乗り継いで90分ほどかかるところに住んでいる。　　　　　　　　　　　　　　　　　　　　　　【△】

お－2　Aは、配偶者と死別し、1人で子ども2人を育てている。　【△】

お－3　Xおよびその夫は、毎日のようにA方を訪れ、孫2名の世話をしている。　　　　　　　　　　　　　　　　　　　　　　　　　　　【△】

お－4　同建物はAの住んでいるマンションから徒歩10分弱の地点にある。　　　　　　　　　　　　　　　　　　　　　　　　　　　　　　【△】

2　解　説

(1)　訴訟物と請求の趣旨

設例Ⅶと同様である。

(2)　請求原因

借地借家法27条（解約による建物賃貸借の終了）
　　①　建物の賃貸人が賃貸借の解約の申入れをした場合においては、建物の賃貸借は、解約の申入れの日から6月を経過することによって終了する。
　　②　前条第2項及び第3項の規定は、建物の賃貸借が解約の申入れによって終了した場合に準用する。

借地借家法28条（建物賃貸借契約の更新拒絶等の要件）
　　建物の賃貸人による第26条第1項の通知又は建物の賃貸借の解約の申入れは、建物の賃貸人及び賃借人（転借人を含む。以下この条において同じ。）が建物の使用を必要とする事情のほか、建物の賃貸借に関する従前の経過、建物の利用状況及び建物の現況並びに建物の賃貸人が建物の明渡しの条件として又は建物の明渡しと引換えに建物の賃借人に対して財産上の給付をする旨の申出をした場合におけるその申出を考慮して、正当の事由があると認められる場合でなければ、することができない。

　建物の賃貸借契約において、契約締結当初から存続期間の定めがない場合はもちろんのこと、存続期間が1年未満の場合（借地借家29条により存続期

間の定めがないものとみなされることになる）や、賃貸借契約が法定更新された場合も、存続期間の定めがない契約となる。存続期間の定めがない場合、原告（賃貸人）は、被告（賃借人）に対し、解約の申入れをすることができるが（借地借家27条1項）、解約の申入れは、正当の事由があると認められる場合でなければすることができないから（借地借家28条）、原告は、建物賃貸借契約の終了原因として解約の申入れを主張立証する場合、解約の申入れをするにつき正当の事由があることの評価根拠事実についてもあわせて主張立証する必要がある。建物賃貸借契約は、解約の申入れの日から6カ月が経過することによって終了することになる（借地借家27条1項）。

　以上をふまえると、解約の申入れによる賃貸借契約終了に基づく建物明渡請求権の発生原因事実は、以下のように整理することができる。

【解約の申入れによる賃貸借契約終了に基づく建物明渡請求権の要件事実】

① 　原告が被告との間で、建物賃貸借契約を締結したこと

② 　原告が被告に対し、①の賃貸借契約に基づいて建物を引き渡したこと

③ 　原告が被告に対し、賃貸借契約の解約申入れの意思表示をしたこと

④ 　③の後、6カ月が経過したこと

⑤ 　解約の申入れをするにつき正当の事由があることの評価根拠事実

　本設例において、Xは、丙建物の賃貸借契約が法定更新された（設例Ⅶ）ことを前提に、Yに対して解約の申入れをしている。請求原因事実の摘示例は、①〜④につき請求原因あ〜えのとおりである。⑤については、同おのとおりであり、設例Ⅶにおける評価根拠事実と同内容となっている。

(3)　抗弁以下の攻撃防御方法

　被告（賃借人）は、解約の申入れによる建物賃貸借契約の終了を争うため、①解約の申入れをするにつき正当の事由があることの評価障害事実を抗弁として主張立証することができる。また、被告（賃借人）が存続期間満了後も建物の使用を継続する場合において、原告が遅滞なく異議を述べなかったときも、賃貸借契約は法定更新されることになる（借地借家27条2項にお

いて準用する借地借家26条2項）。そこで、被告は、②存続期間満了後も建物の使用を継続したことを抗弁として主張立証することができ、これに対し、原告は、使用継続について遅滞なく異議を述べたことを再抗弁として主張立証することができる。

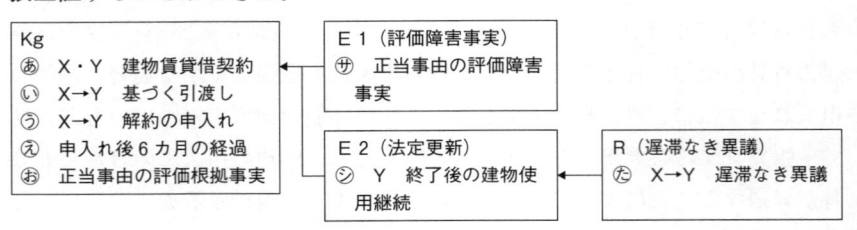

　本設例において、Yは、解約の申入れ後6カ月が経過して以降も、丙建物の使用を継続しているが、XがYに対して遅滞なき異議を述べていること（遅滞なき異議の再抗弁）に争いがないことから、法定更新の抗弁は主張自体失当であって、摘示することを要しない。本設例において、その他は特段の抗弁は主張されていない。

Ⅲ　賃借人が賃貸人に敷金の返還を請求する場合（参考）

　不動産明渡請求訴訟そのものではないが、これと密接に関連する敷金返還請求訴訟についても、ごく簡単に取り上げておくこととしたい。

1　設例・解答

設例Ⅸ　Xの言い分

　私は、令和3年2月1日、Yから丁建物を賃料月額10万円で賃借し、引渡しを受けました。このとき、敷金として20万円をYに交付しています。令和5年3月31日に、Yとの賃貸借契約を合意解約し、丁建物を明け渡したので、敷金として交付した20万円を返してもらいたいと思います。Yに対する賃料は期限に遅れることなく全額を支払っています。

　Yは、丁建物の壁に陥没があったと主張しているようですが、私が退去時に確認した限り、そのような陥没はありませんでした。仮に陥没があったと

しても些細なものでしょうから、修理に30万円もの金額はかからないはずです。

<u>Yの言い分</u>

　Xに丁建物を賃借した経緯は、Xの主張するとおりです。Xから返還を受けた丁建物には、洋室西側の壁面に直径15cm大の陥没がありました。このような陥没は、Xに賃借した時点ではありませんでした。業者に見積りをとったところ、壁の修理には30万円がかかるとのことでした。敷金は壁の修理費に充当することになりますので、Xにお返しすることはできません。

解答

(1) 訴訟物

　敷金契約の終了に基づく敷金返還請求権　1個

(2) 請求の趣旨

　　Yは、Xに対し、20万円を支払え。

(3) 請求原因

　　㋐　Xは、Yとの間で、令和3年2月1日、別紙物件目録記載の建物を、賃料月額10万円で賃貸するとの合意をした。　　　　　　　　【○】

　　㋑　Yは、Xに対し、同日、㋐の賃貸借契約に基づき、同建物を引き渡した。　　　　　　　　　　　　　　　　　　　　　　　　【○】

　　㋒　Xは、同日、Yとの間で、㋐の賃貸借契約に際し、敷金として20万円を交付する旨合意し、Yに対し、敷金として20万円を交付した。【○】

　　㋓　XとYは、令和5年3月31日、㋐の賃貸借契約を合意解除した。【○】

　　㋔　Xは、Yに対し、同日、同建物を明け渡した。　　　　　　　【○】

　　㋕　Xは、Yに対し、令和3年2月から令和5年3月までの賃料をいずれも各月末日までに支払った。　　　　　　　　　　　　　　　　【○】

(4) 抗弁（敷金から控除されるべき債務の存在）

　　㋙　㋔の当時、別紙物件目録記載の建物の洋室西側の壁面に直径15cm大の陥没があった。　　　　　　　　　　　　　　　　　　　【×】

　　㋚　㋑の当時、㋙の陥没は存在しなかった。　　　　　　　　　【○】

ス　サの原状回復費として30万円を要する。　　　　　　　　【×】

2　解　説

(1)　訴 訟 物

　敷金とは、賃料債務等（賃貸借に基づいて生ずる賃借人の金銭の給付を目的とする債務）を担保する目的で、賃借人が賃貸人に交付する金銭のことをいう（民622条の2第1項）。敷金に関する法律関係は、賃貸借契約とは別個の敷金契約によって発生する。この敷金契約は、賃貸借契約の従たる契約であり、敷金を交付することによって契約が成立する要物契約であると解されている。

　賃貸人は、「賃貸借が終了し、かつ、賃貸物の返還を受けたとき」（同項1号）に、受け取った敷金の額から賃料債務等の額を控除した残額を賃借人に返還しなければならないとされている。そのため、敷金返還請求権は、目的物が返還されてはじめて発生する。目的物の返還が完了した時に賃借人に未履行の債務がある場合は、敷金は当然にその弁済に充当され、その全部が充当されてしまったときは、敷金返還請求権は発生しないこととなる。

　このような敷金の法的性質に照らし、敷金返還請求権の訴訟物は、「敷金契約の終了に基づく敷金返還請求権」であると解される。

(2)　請求の趣旨

　金銭給付を求める請求であるため、請求の趣旨は、「Yは、Xに対し、20万円を支払え」となる。

(3)　請求原因

　敷金契約の終了に基づく敷金返還請求権の要件事実は、以下のように整理される。

【敷金返還請求権の要件事実】
① 　原告（賃借人）が被告（賃貸人）との間で、賃貸借契約を締結したこと
② 　被告が原告に対し、①の賃貸借契約に基づいて目的物を引き渡した

こと

③　原告が被告との間で、敷金契約を締結したこと

④　原告が被告に対し、③の敷金契約に基づいて敷金を交付したこと

⑤　①の賃貸借契約の終了原因事実

⑥　原告が被告に対し、①の賃貸借契約の終了に基づいて目的物を返還
　　したこと

⑦　原告が被告に対し、②から⑤までの期間の賃料および⑤から⑥まで
　　の期間の賃料相当損害金の全額を弁済したこと

　敷金契約は、賃貸借契約の従たる契約であるから、主たる契約の成立のために①の事実が必要となる。また、要物契約たる敷金契約の成立のために、③および④の事実が必要となる。次に、敷金返還請求権は、賃貸借が終了し、かつ、目的物を返還してはじめて発生するから、⑤および⑥の事実も必要となり、また、⑥の前提として②の事実も必要となる。

　敷金から控除されるべき債務の発生原因事実は、賃貸人の抗弁として機能することになるが、①②⑤⑥の事実から、②から⑤までの期間の賃料および⑤から⑥までの期間の賃料相当損害金の発生が基礎づけられてしまう（必ずしも明確ではないが、賃料等に対応する期間の経過と賃料の支払時期の到来についても、⑤によって明らかとなるものと思われる）。そのため、本来は再抗弁として主張立証すべきこれらの債務に係る弁済の事実を、請求原因において主張立証しておく必要があるから（先にみた「せり上がり」）、⑦の事実についても必要となる。

　本設例の摘示例は、①②が請求原因あ○い○、③④が同う○、⑤〜⑦がえ○〜か○のとおりである。

(4)　抗弁以下の攻撃防御方法

　先に触れたとおり、敷金から控除されるべき債務（請求原因において現れるものを除く）の発生原因事実は、抗弁として機能する。また、同債務の発生を障害または消滅させる事実は、再抗弁として機能することになる。

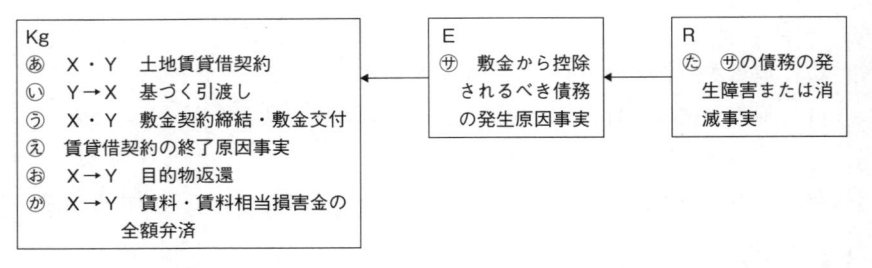

　本設例では、Ｙが、丁建物の壁面に陥没があり、修理費として30万円が必要であると主張している。これは、敷金から控除される債務として、ＸのＹに対する30万円の原状回復債務が存在する旨をいうものと解される。具体的な摘示例は、Ｘが賃借している間に丁建物に損傷が生じたことにつき抗弁㉝㉝、修理に要する費用につき抗弁㉜のとおりである。

第 **8** 講

動産引渡請求等

| 第 **1** 節 | 動産引渡請求権をめぐる要件事実等について |

I 設例・解答

設例　次の場合の訴訟物、請求の趣旨、請求原因、抗弁およびそれぞれの認否について検討せよ。

Xの言い分

　私が所有しているドラム（動産）をYが占有しています。私は、Yに対して、令和 2 年 3 月31日までに引き渡すように請求しましたが、Yは一向に引渡しに応じようとしません。Yに対して本件ドラムの引渡しと本件ドラム 1 カ月分の賃料相当額が 5 万円なので、同額の遅延損害金の賠償を求めます。また、Yに対して勝訴判決を得てもYが返還しない可能性が高いと思いますので、その場合には、本件ドラムの価格相当額である120万円の損害金の請求をしたいと思います。Yは、［Yの言い分］の①および②を主張しているようですが、売買の事実も代物弁済の事実もいっさいありません。

Yの言い分

　本件ドラムをXが所有していたこと、Xから令和 2 年 3 月31日までに引き渡すように請求を受けたことおよび私が令和 2 年 2 月 1 日本件ドラムを占有

していたことならびに現在も占有していることは認めますが、本件ドラムの賃料相当額は知りませんし、本件ドラムの価格相当額は100万円であると思います。①私は、令和2年2月10日、Xとの間で代金100万円で本件ドラムを買い受けるとの売買契約を締結しましたので、本件ドラムは私の物です。これが認められないとしても、②私は、令和元年6月27日、Xに対して、100万円を貸し付けました。Xは100万円の貸金債務を負担していたので、令和2年2月10日、Xとの間において、その債務について本件ドラムの所有権を移転することで、弁済にかえる旨の合意をしましたので、ドラムは私の物です。いずれにしても、Xの主張は理由がないと思います。

X ――――引渡請求――――→ Y
所　有　　　　　　　　　　　　占　有

（動　産）

（解　答）

(1)　訴　訟　物

　　①　所有権に基づく返還請求権としての動産引渡請求権　　1個

　　②　①の附帯請求

　　　　所有権侵害の不法行為に基づく損害賠償請求権　　1個

　　③　①が執行不奏功の場合の代償請求

　　　　所有権侵害の不法行為に基づく損害賠償請求権　　1個

(2)　請求の趣旨

　　1　Yは、Xに対し、別紙物件目録記載の動産を引き渡せ。

　　2　Yは、Xに対し、令和2年4月1日から前項の引渡済みまで1カ月5万円の割合による金員を支払え。

　　3　第1項の強制執行が不能になったときは、Yは、Xに対し、120万円を支払え。

(3) 請求原因

あ X は、令和 2 年 2 月10日当時、別紙物件目録記載の動産（以下「本件ドラム」という）を所有していた。　　　　　　　　　　【○】

い Y は、同年 4 月 1 日、本件ドラムを占有していた。　　　　【○】

う Y は、現在、本件ドラムを占有している。　　　　　　　　　【○】

え 本件ドラムの同日以降の賃料相当額は、 1 カ月 5 万円である。【△】

お 同動産の時価は120万円である。　　　　　　　　　　　　　【×】

(4) 抗弁 1 （売買）

か X は、同年 2 月10日、Y との間で X が Y に対し、本件ドラムを100万円で売り渡すとの売買契約を締結した。　　　　　　　　　　　【×】

(5) 抗弁 2 （代物弁済）

き Y は、X に対し、令和元年 6 月27日、100万円を貸し付けた。　【×】

く X は、Y との間で、令和 2 年 2 月10日、きの貸金の弁済にかえて、本件ドラムの所有権を移転するとの合意をした。　　　　　　　　　【×】

Ⅱ 解 説

1 訴訟物（類型別119頁）

(1) 所有権に基づく返還請求権としての動産引渡請求権　1 個

　主たる請求は、所有権に基づき不動産の明渡しを請求する場合と同様に考えることができる（167頁の「物権的請求権の訴訟物とその個数」参照）。

(2) (1)の附帯請求

所有権侵害の不法行為に基づく損害賠償請求権　1 個

　附帯請求としては、動産の使用収益を妨げられたことによる損害金（賃料相当損害金）を請求するのが通常である。動産の占有による不当利得に基づく返還請求権と構成する余地もある。しかし、実務上、主たる請求が契約の終了に基づく返還請求権を主張する場合は別として、所有権侵害の不法行為に基づく損害賠償請求権を選択することが多い（類型別54頁）。

(3) (1)が執行不奏功の場合の代償請求（類型別120頁）

> **所有権侵害の不法行為に基づく損害賠償請求権　1個**

　所有権に基づく動産引渡請求訴訟においては、強制執行不奏功の場合に備えてあらかじめ目的物の時価相当額の金銭の支払を請求することができる（最判昭30.1.21民集9.1.22、民執31条2項参照）。

　なお、併合形態については、①〜③は単純併合である。

(4)　引渡請求と執行不奏功の場合の代償請求との関係

　目的物の給付請求が不奏功の場合には、目的物の時価相当額の金銭の支払を請求することができる（前掲最判昭30.1.21）。このような請求を、**執行不奏功の場合の代償請求**という。

　執行不奏功の場合の代償請求は、本来の給付請求に併合された、同請求の強制執行不奏功を条件とする将来の給付の訴えである。本来の給付請求が口頭弁論終結時点における給付請求権の存在を主張するもの（現在給付の訴え）であるのに対し、執行不奏功の場合の代償請求は、執行不能時点における給付請求権の存在を主張するもの（将来給付の訴え）である。口頭弁論終結時において存在していた本来請求権が、その後執行不能になることにより、代償請求権が生ずるという関係にある。このことから、口頭弁論終結時においては両請求権が両立する関係に立つ。したがって、①と③の請求も単純併合である。

(5)　履行不能の代償請求との関係

　履行不能の際の代償請求とは異なることにも注意すべきである。債務者が、その債務の履行が不能となったのと同一の原因により債務の目的物の代償である権利または利益を取得したときは、債権者は、その受けた損害の額の限度において、債務者に対し、その権利の移転またはその利益の償還を請求することができるとされている（民422条の2）。これは、**履行不能の場合の代償請求**と呼ばれ、執行不奏功の場合の代償請求と区別される。この場合は、口頭弁論終結時において本来の請求と履行不能の代償請求とは不両立の関係となる。

2　請求の趣旨（代償請求の主文）

　請求の趣旨3項。民事執行法31条2項に規定されている「強制執行の目的を達することができない場合に、他の給付に代えてすべきものであるとき」に該当する。執行不能の条件が成就したことを執行機関に証明しなければならないが、本来の給付について強制執行が行われ、強制執行が奏功しなかった旨の執行不能調書（民執規13条1項7号）によって証明されることが多い。

3　請求原因（類型別120頁）

(1)　所有権に基づく返還請求権としての動産引渡請求権

> ①　Xがその動産を所有していること（所有要件）
> ②　Yがその動産を現在占有していること（占有要件）

　①所有要件については、過去の一定時点における所有権の発生原因事実を主張立証し、その後、原告の所有権取得の事実を主張立証をすることになるが、原告の前所有者の所有権取得事実、さらにその前所有者の所有権取得事実と被告との間で権利自白が成立するまでさかのぼることになる。設例では、YがXY間の売買等による所有権喪失の抗弁を主張しているので、Xのもと所有について権利自白が成立することになる。Yがいつの時点のXの所有権を認めていたのかに注意すべきである。

　②占有要件については、現在（口頭弁論終結時）において存在することが必要である。現占有説は、物権的請求権の性質から導かれる結論である（173頁の「物権的請求権における現占有説ともと占有説」参照）。

(2)　附帯請求（所有権侵害の不法行為に基づく損害賠償請求権）（類型別122頁）

> ①　Xがその動産を所有していること
> ②　Yが過去のある時点でその動産を占有していたこと
> ③　Yがその動産を占有していること
> ④　損害の発生および数額

　不法行為の要件事実は、民法709条から、⑦権利または法的利益の存在、

⑦違法性（侵害行為）、⑦ ⑦について被告の故意または過失、⑦損害の発生とその数額、⑦ ⑦と⑦の因果関係と整理することができる（詳しくは、430頁参照）。

そして、⑦（権利の存在）として、原告の所有権が存在すること、⑦（違法性）として、被告による使用収益の妨害（＝占有の継続）を主張立証する必要がある。違法性としては、厳密には、被告による占有継続は始期と終期における占有を主張立証することになる（民186条2項）。しかし、実務においては民法186条2項の推定を意識せず「〜から占有している」と摘示することが多い。そして、⑦（故意過失）および⑦（因果関係）については実務上本設例のような場合には当然のこと（他の事実から現れている）として摘示を省略することが多い。⑦（損害の発生とその数額）については、賃料相当額をもって損害とするのが一般的である。口頭弁論終結後（引渡しまで）の損害金を請求する部分については、将来の給付の訴えとなる。したがって、「あらかじめその請求をする必要」（将来の訴えの利益）があることが要件（訴訟要件）となる（民訴135条）。

この類型（権利発生の基礎の事実関係に変動がない類型）の附帯請求については、既発生部分について履行がない（＝現在までの損害金発生が認められるが弁済がない）場合には、通常、将来の訴えの利益が認められる（将来の訴えの利益は定型的に具備されるものと考えられる）。

Advance

将来の訴えの利益

　大阪国際空港事件（最判昭56.12.16民集35.10.1369）は、将来の訴えの利益が認められるのは、理論的にはむしろ例外的な場合であって、①民訴法135条は、主として、いわゆる期限付請求権や条件付請求権のように、すでに権利発生の基礎をなす事実上および法律上の関係が存在し、ただ、これに基づく具体的な給付義務の成立が将来における一定の時期の到来や債権者において容易に立証しうる別の一定の事実の発生にかかっているにすぎない場合を念頭に置いた規定である。すなわち、将来具体的な給付義務が成立したときにあらためて訴訟によりこの請求権成立のすべての要件の存在を立証することを必要としないと考えられる

場合である。②たとえば不動産の不法占有者に対して明渡義務の履行完了までの賃料相当額の損害金の支払を訴求する場合のように、請求権の基礎となるべき事実関係および法律関係がすでに存在し、その継続が予測されるとともに、この請求権の成否およびその内容につき債務者に有利な影響を生ずるような**将来における事情の変動としては、債務者による占有の廃止、新たな占有権原の取得等のあらかじめ明確に予測しうる事由に限られ、しかもこれについては請求異議の訴えによりその発生を証明してのみ執行を阻止しうるという負担を債務者に課しても格別不当とはいえない場合**には、前記の期限付債権等と同視しうるといえ、これにつき将来の給付の訴えを許しても格別支障があるとはいえない。③しかし、たとえ同一態様の行為が将来も継続されることが予測される場合であっても、それが**現在と同様に不法行為を構成するか否かおよび賠償すべき損害の範囲いかん等が流動性をもつ今後の複雑な事実関係の展開とそれらに対する法的評価に左右されるなど**、損害賠償請求権の成否およびその額をあらかじめ一義的に明確に認定することができず、具体的に請求権が成立したとされる時点においてはじめてこれを認定することができるとともに、その場合における権利の成立要件の具備については当然に債権者においてこれを立証すべく、**事情の変動をもっぱら債務者の立証すべき新たな権利成立阻却事由の発生として捉えてその負担を債務者に課するのは不当であると考えられる場合**には、前記の不動産の継続的不法占有の場合とは同一に論ずることはできず、将来の訴えの利益を認めることはできないと判断している。

　将来の訴えの利益を認めるということは、将来請求部分についても判決で判断し、その部分も債務名義となることを意味している。そうすると、将来の事情変動の事実の有無については、請求異議訴訟により是正することになる。請求異議訴訟では、異議事由は債務名義の債務者が主張立証責任を負担することになる。そのような構造を前提として、前記最判は、将来の事情変動の事由が明確であり、限定的である場合は別として、そうでない場合には、将来の事情変動の事由の主張立証責任を被告に負担させるのは相当ではないから、将来の訴えの利益がないと判断

したものである。将来の事情変動の事由が明確で、かつ、限定的かどうかが、将来請求の訴えの利益を認めるかどうかの判断基準とされている。

(3) 執行不奏功の場合の代償請求（所有権侵害の不法行為に基づく損害賠償請求権（類型別122頁））

① Xがその動産を所有していること
② Yがその動産を占有していること
③ 口頭弁論終結時の目的物の時価

不法行為の要件事実は、民法709条から、㋐権利または法的利益の存在、㋑違法性（侵害行為）、㋒㋑について被告の故意または過失、㋓損害の発生とその数額、㋔㋑と㋓の因果関係と整理することができる。

㋐権利の存在（原告の所有権）および㋑の違法性は、返還請求権の請求原因事実（原告所有＋被告占有）と執行不奏功の事実（この事実は強制執行開始を前提とする要件である）によって基礎づけられる。ただし、執行不奏功時の原告の所有権と被告の占有および執行不奏功の事実は執行手続で明らかになる将来の事実のため、訴訟における主張立証の対象とはならない。

㋒故意または過失も、執行不奏功時において必要とされる。もっとも、返還義務（返還請求権の発生原因事実で基礎づけられる）と執行不奏功の事実によって、少なくとも過失が基礎づけられるため、別途主張立証することを要しない。

㋓損害の発生については、本来は執行不奏功時における動産の時価を主張立証する必要があるが、将来の時価を主張立証することは不可能であるため、事実審の口頭弁論終結時を基準時として時価を主張立証していくことになる（前掲最判昭30.1.21）。

㋔因果関係については、実務上当然あるとして摘示を省略することが多い。

また、将来の給付の訴えであるため、「あらかじめその請求をする必要」があることが要件となるが（民訴135条）、返還義務の履行が遅滞している場

合、同要件は類型的に満たされていると考えられる。なお、意思表示を求める請求のように、本来、請求に執行不奏功がありえず、代償請求の可能性が存在しない場合もある。そのような場合には、「あらかじめその請求をする必要」は認められず、代償請求に係る訴えは不適法として却下されることになる（最判昭63.10.21集民155.55は、①株式譲渡承認の申請の請求と②この承認を条件とする株券の指図による占有移転を命じる請求とともに、③ ①および②の執行不能を条件とする代償請求につき、①および②はともに意思表示を求める請求であり、不能はありえないとして将来の給付の訴えとしての訴訟要件を欠くと判断している）。

4　抗弁以下の攻撃防御方法（類型別123頁）

(1)　所有権喪失の抗弁

　原告が、過去のある時点から現在までの間に、所有権を喪失した場合（権利継続の原則が破られる）、口頭弁論終結時に所有権が存在しないことになるので、所有権に基づく返還請求権は認められない。したがって、原告以外の者（被告である必要はない）の所有権取得原因事実は、所有権喪失の抗弁として機能する。設例では、Ｙが自分に所有権があると主張しているようであるが、要件事実的には、権利消滅事実として、Ｘの所有権の喪失を問題とすることになる。

ア　売　　買

(ア)　売買による所有権喪失の抗弁

ＸがＹ（または第三者）との間で売買契約を締結したこと

　民法555条により、原告所有の物については、売買契約を締結すると、締結時に所有権喪失の効力が生じる。売買契約自体は、債権契約であるが、売主に所有権がある場合には、売買契約時に即時に所有権も買主に移転するものであり（最判昭33.6.20民集12.10.1585）、他人物売買で、売主が所有権を有していないときには、特段の約定のない限り、売主が所有権を取得したと同時に買主に所有権が移転するものと解されている（最判昭40.11.19民集19.8.2003）。

売買による所有権喪失の抗弁に対する再抗弁としては、さまざまなものが考えられるが、典型的なものを示しておく。

a 虚偽表示（民94条1項）

> XとY（売買の当事者が第三者の場合には当該第三者）は、令和6年8月1日、本件売買契約の際、いずれも本件ドラムを売買する意思がないのに、その意思があるもののように仮装することを合意した。

b 錯誤（民95条）

> ㋐ 本件ドラムがビートルズのリンゴスターが使用していた事実はないにもかかわらず、Yは、本件売買契約当時、本件ドラムがビートルズのリンゴスターが使用していたものと信じていた。
>
> ㋑ 本件売買契約の際、リンゴスターが本件ドラムを使用していた事情があるので、Yが本件ドラムを買い受けることにしたことが表示されていた。
>
> ㋒ Yは、Xに対し、令和6年8月1日、本件売買契約を取り消すとの意思表示をした。

上記は、動機の錯誤の場合の要件事実である。

c 詐欺（民96条1項）

> ㋐ Yが本権売買契約を締結したのは、本件ドラムがリンゴスターとなんの関係がないにもかかわらず、Xが本件ドラムはリンゴスターが使用していたものであると告げてYを欺き、そのように信じさせたためである。
>
> ㋑ Yは、Xに対し、令和6年8月1日、本件売買契約を取り消すとの意思表示をした。

d 催告による解除（民541条1項）

> ㋐ XがYに対して代金支払の催告をしたこと

ⓛ　ⓐの催告後相当期間が経過したこと

ⓢ　XがYに対してⓛの経過後に売買契約解除の意思表示をしたこと

ⓣ　XがYに対してⓐの催告以前に目的物の引渡しの提供をしたこと

e　所有権移転時期に関する特約

> 売買契約の際、XとYは、代金完済時に所有権を移転するとの合意を
> したこと

　いわゆる所有権留保の合意について、担保権と解する見解によれば、所有権留保の合意には、所有権移転時期についての特約の場合と担保権としての合意とがあることになる。両者の差異は、被担保債権の存在を前提として清算義務があるか否かであろう。また、担保権としての所有権留保の合意は、当該合意によって所有権が移転するものではないから、かかる合意であることは再抗弁ではなく売買（抗弁）の否認と整理される。

イ　代物弁済（類型別124頁）

> 民法482条（代物弁済）
> 　弁済をすることができる者（以下「弁済者」という。）が、債権者との間で、債務者の負担した給付に代えて他の給付をすることにより債務を消滅させる旨の契約をした場合において、その弁済者が当該他の給付をしたときは、その給付は、弁済と同一の効力を有する。

㈠　代物弁済の意義

　代物弁済は、民法上、債務消滅の原因事由として規定されている。代物弁済は債務者の負担した給付にかえて他の給付をすることにより債務を消滅させる旨の契約である。そして、当該給付をしたときに債務消滅の効力が生じると規定されている。平成29年改正前は「債務者が、債権者の承諾を得て、その負担した給付に代えて他の給付をしたときは、その給付は、弁済と同一の効力を有する」と規定されており、文言上は要物契約と解するのが自然であった。しかし、最判昭57.6.4集民136.39、最判昭60.12.20集民146.355は、代物弁済の合意があれば所有権移転の効力が生じるとしており、諾成的な代物弁済契約であることを前提として判断されていた。そこで、平成29年

改正により代物弁済契約が諾成契約であることを明確にするとともに、債務消滅の効果は、債務者の負担した給付にかえて他の給付をしたときに生じることを明らかにしている。そうすると、債務者と債権者とが、債務者所有の物の所有権を債権者に移転することによって、債務の弁済にかえる旨の契約した場合には、売買契約と同じように契約締結時に直ちに、物の所有権が債務者から債権者に移転する。そして、「給付をした」時、すなわち、給付のための債務の履行を完了した時に債務が消滅する。具体的には、その物の移転について対抗要件を備えさせたときに、現実の給付を行ったといえ、その時に債務消滅の効果が生じることになる。

(イ) 債務の消滅原因としての代物弁済の法律要件

債務消滅原因として代物弁済を主張する場合の法律要件（抗弁）は次のようになる。

① 債務の弁済にかえて物の所有権を移転するとの合意がされたこと
② 債務者が①の当時その物を所有していたこと
③ ①の合意に基づき、その物の対抗要件が具備されたこと

代物弁済契約は、債務の消滅を目的とする契約であるから、本来債務の発生原因事実が必要となるが、通常は、請求原因で現れている。

債務消滅の効果が発生するためには、「当該他の給付をした」（民482条）ことが必要となる。そして、「他の給付」があったといえるためには、動産の所有権が確定的に移転したことが必要となるから、②債務者が代物弁済契約締結当時に目的物を所有していたこと、さらに、③所有権の移転の完了として対抗要件が具備されたことが必要となる（最判昭39.11.26民集18.9.1984、最判昭40.4.30民集19.3.768）。

なお、目的物が動産であり、かつ、対抗要件が占有改定や指図による占有移転による引渡し[1]以外の方法によって具備された場合（③の主張にかかわる）には、債権者は即時取得によって目的物の所有権を原始取得することができるから、②の要件（債務者が①の当時その動産を所有していたこと）は不要になる（大江忠『第４版　要件事実民法(4)債権総論［補訂版］』（第一法規2018）451頁参照）。なお、類型別124頁には、動産を前提とする代物弁済

が債務消滅原因として主張される場合にも、②の要件が必要であるとの趣旨のようにも読める。もしそうであるとすれば疑問である。

(ウ)　所有権の移転原因としての代物弁済の法律要件

① 　代物弁済により消滅する債務の発生原因事実
② 　債務の弁済にかえて物の所有権を移転するとの合意がされたこと
③ 　債務者が②の当時その物を所有していたこと

代物弁済契約は、債務の消滅を目的とする契約であるから、本来債務の発生原因事実が必要となる（債務の消滅原因として抗弁で主張する場合と異なり、通常、請求原因では現れていない）。

目的物の所有権が移転するためには、代物弁済契約締結当時、債務者が目的物を所有していたことが必要となる（③について）。

所有権移転の効果は、諾成契約である代物弁済契約時に生じるのであって、対抗要件の具備は不要である（最判昭40.3.11集民78.259、最判昭57.6.4集民136.39）。これは、売買契約によって所有権移転の効果が生じるのと同じである（民176条）。

設例の場合は、代物弁済による所有権喪失の抗弁事実の主張である。そうすると、次のようになる。

【抗弁（代物弁済による所有権喪失）】
⑰ 　Yは、Xに対し、令和元年6月27日、100万円を貸し付けた。
⑱ 　Xは、Yとの間で、令和2年2月10日、⑰の貸金の弁済にかえて、本件ドラムの所有権を移転するとの合意をした。
⑲① 　Xは、令和2年2月10日当時、本件ドラムの動産を所有していた。

1　指図による占有移転の方法により即時取得の効果が発生するかは争いがある。最判昭57.9.7民集36.8.1527は、指図による占有移転によって即時取得を肯定したものと評価することもできなくはないが、寄託者台帳の寄託者名義の変更により占有が移転するものとされていた取引慣行を前提とする特殊な事情がある事例であり、指図による占有移転一般について、即時取得の占有に指図による占有移転が含まれると解することには疑問がある（316頁の「動産の対抗要件」参照）。

または

② 　㋖に基づき、Ｘは、本件ドラムをＹに引き渡した。

　抗弁の㋖は、①か②である。①は、目的物の所有者が代物弁済契約を締結すると、契約締結時点で所有権が移転することから、所有権喪失の抗弁となるものである。②は、即時取得を前提とする主張である。即時取得の要件（①取引行為、②取引行為に基づく占有移転）を満たす場合に被告が原始取得するので、その反射として、Ｘは所有権を喪失する。設例の解答は①による（請求原因でＸの所有は表れている）。

ウ　即時取得（類型別125頁）

㋐　即時取得による所有権喪失の抗弁（類型別125頁）

> 民法192条（即時取得）
>
> 　取引行為によって、平穏に、かつ、公然と動産の占有を始めたものは、善意であり、かつ、過失がないときは、即時にその動産について行使する権利を取得する。

　動産を即時取得した者は、その所有権を原始取得し、その反射として、従来の所有者が有していた所有権は消滅することになる。

【即時取得（権利喪失）の抗弁】

① 　Ｙが第三者（売主・占有者）との間で売買契約を締結したこと（取引行為）

② 　売主が①に基づいてその動産の占有をＹに移転したこと

　条文に掲げられた即時取得の要件は、㋐取引行為、㋑㋐に基づく動産の占有取得、㋒平穏、㋓公然、㋔善意、㋕無過失である。

　即時取得は前主が動産を占有していることにより、これを真の権利者と信頼した取引の相手方を保護する制度であるから、㋖前主の占有も必要であり、これを含めて㋑の取引行為による占有取得となる。その結果、㋐（取引行為）として①を、㋑（取引行為による占有取得）として②を主張立証する必要がある。

　そして、㋑の事実が主張立証されれば、占有者の㋒～㋔（平穏公然善意）

はいずれも推定されるから（民186条1項。暫定真実）、これらを主張立証する必要はない。占有者が占有物について行使する権利は、適法に有するものと推定されることから（民188条）、処分権（本権）があると称して取引をする動産の占有者（売買の売主）は、その処分権（本権）があるものと推定される（法律上の権利推定）。ただし、民法188条によって権利推定されるのは、即時取得の場合に限定される[2]。

　民法186条1項により善意が推定されるので、再抗弁として「悪意」を主張することになる。即時取得の「善意」は、**取引の相手方が権利者であると誤信したことである**（最判昭41.6.9民集20.5.1011）。したがって、「**悪意**」は、**取引の相手方が権利者であると信じていなかったことである**。「権利者であると信じていなかった」とは、無権利者であることを知っていた場合はもとより、無権利者であるかもしれないと疑っていた場合も入ることに注意すべきである。即時取得の成立を否定する、この悪意は、占有取得時に存在することを要する。

　また、動産の占有取得者（売買の買主）の過失についても、民法188条により**前占有者（売主）に所有権があると信ずることについて過失がないものと推定される**（前掲最判昭41.6.9）。したがって、占有取得者は㋕自己に過失がないことを抗弁として主張立証する必要はない（過失があることの具体的事実である評価根拠事実は再抗弁となり、過失がないことの評価障害事実は再々抗弁となる）。所有権があると誤信したことを要件としているので、所有権があるかどうか疑念が生じれば調査確認すべき義務があるといえ、調査確認のために相当な措置をとったかどうかで、過失の有無が判断される。

　登録自動車や登記された船舶など、公示が図られている動産については、民法192条の「動産」に含まれない。建設機械など高価な動産の取引におい

2　民法188条の権利推定が即時取得に限定されないと、たとえば、土地について所有権に基づく返還請求をする場合に、請求原因として、①所有、②現占有のほか、占有の正権原として想定される（賃借権、地上権、地役権、質権など）あらゆる権利が存在しないことをも主張立証しなければならないことになる。この結論が相当でないことについては共通認識があり、取引の安全が強く要請される即時取得に関してのみ、民法188条により権利が推定されるものと考えられている。

て、即時取得の過失の有無が再抗弁、再々抗弁として問題となることが多い（最判昭42.4.27集民87.317参照）。

　①の占有取得（②の引渡し）に、占有改定は含まれない。即時取得のためには、一般外観上従来の占有状態に変更を生ずる態様で占有を取得する必要があると解されている（最判昭32.12.27民集11.14.2485、最判昭35.2.11民集14.2.168）。指図による占有移転により即時取得するかは争いがある。

動産の対抗要件

　争いがなければ、「引渡しをした」と主張すれば足りる。

　指図による占有移転により即時取得が成立するか否かについては争いがある。最判昭57.9.7民集36.8.1527については、寄託台帳の存在から、外部的に占有移転が明示されていたため、即時取得を認めたものである。外部から客観的に占有の移転が明らかでない「指図による占有移転」の一般の場合まで即時取得を認めたものではないとの評価も有力である。占有移転のそれぞれの要件事実について、厳密に考えると次のようになる（ただし、占有移転の合意は明示になされる必要はない（最判昭30.6.2民集9.7.855など）とされている）。

1　現実の引渡し（民182条1項）
①　占有移転の合意
②　①の合意に基づく事実的支配の移転

2　簡易の引渡し（民182条2項）
［意義：占有の譲受人が物の占有をしている場合に、当事者間の合意によって占有を移転すること］
①　占有移転の合意
②　①の際に占有譲受人が物を所持していたこと

3　占有改定（民183条）
［意義：占有の譲渡人が引き続き物を所持するが、以後、譲受人のために占有することを承諾したこと］
①　占有の譲渡人が譲受人の占有代理人として物を所持することの合意

② ①の際、譲渡人が物を所持していたこと

③ ①以降、譲受人と譲渡人との間に占有代理関係が存在すること

4 指図による占有移転（民184条）

[意義：譲渡人が占有代理人よって占有している場合に、譲渡人が占有代理人に対し、以後、譲受人のために占有することを命じること]

① 譲渡人と譲受人との占有移転の合意

② ①の際、譲渡人の占有代理人が所持していること

③ ①の際、譲渡人と占有代理人との間に占有代理関係があること

④ 譲渡人が占有代理人に対し、以後、譲受人のために占有するように通知したこと

⑤ ④の際、占有代理人が物を所持していたこと

⑥ ④以後、譲受人と占有代理人との間に占有代理関係があること

(イ) **再抗弁①—悪意**

Ｙが<u>占有取得時に売主の無権利について悪意であったこと</u>
（売主が権利者であると信じていなかったこと）

　前記に記載したとおりであるが、再論するに、民法186条による暫定真実とされる「善意」を覆すため、抗弁として占有所得時に売主の無権利について「悪意」であったことを主張立証することができる。ここでいう善意とは、売主（取引の相手方）がその動産の権利者であると誤信したことをいう（最判昭26.11.27民集5.13.775、前掲最判昭41.6.9）。したがって、この場合の「悪意」とは、無権利者であることを知っていた場合のほか、無権利者であるかもしれないと権利者であることを疑っていたことも含む。その意味で、厳密には、無権利者であることを知らなかっただけでなく、権利者であることを疑っていた場合も、即時取得の「悪意」となる（類型別126頁の図表がわかりやすい）。

(ウ) **再抗弁②—過失があったことの評価根拠事実**

Ｙが<u>占有取得時に売主が権利者であると信じたことにつき過失があっ</u>

　善意とは、売主がその動産の権利者であると誤信したことをいうから、ここでいう過失とは、上記のように信じたことについて過失があったことをいう（前掲最判昭26.11.27、前掲最判昭41.6.9）。そして、民法188条から無過失が推定されるので、即時取得が抗弁で主張されている場合には、原告は、再抗弁として、被告に過失があったことの評価根拠事実を主張立証することができる。そして、これに対し、被告は評価障害事実を再々抗弁として主張することができる。

　過失の有無の判断は、通常以下のステップで行うことになる。

①　調査確認義務が存在したか

　　　売主の処分権限につき疑念が生じなければならなかったかどうか。

②　調査確認義務の懈怠があったかどうか

　　　正しい認識を得るために相当と認められる措置を講じたかどうか。

　①および②については、不審事由の有無のほか、取引の実情ないし慣行、商慣習、従来の当事者間の諸関係などを総合的に考慮して判断していくことになる。このような判断枠組みは、「善意」が単に不知でなく、信じたことにあるとされる他の場合の過失の判断も同様である。たとえば、民法110条の善意無過失は、代理権がありと信じ、そう信じたことに過失がないかどうかであり（法文上は「正当な理由」）、調査義務が問題となる（最判昭35.10.18民集14.12.2764、最判昭39.12.11民集18.10.2160、最判昭51.6.25民集30.6.665、最判昭53.5.25集民124.31など）また、取得時効の善意無過失でも権利が自分に属すると信じたことに過失がないことであり、登記簿を調査しなかったのは過失があるとされる（大判大5.3.24民録22.657）。

【抗弁（即時取得）】

　㋕　Yは、令和2年2月10日、Bから本件ドラムを代金100万円で買った。

　㋖　Yは、同日、Bから㋕に基づき本件ドラムの引渡しを受けた。

【再抗弁（悪意）】

 さ Yは、㋖の当時、Bが所有者であると信じていなかった（Bが所有者でないことを知っていた、または疑っていた）。

【再抗弁（過失）】

 し Yが、㋖の当時、Bが所有者であると信じたことに過失があった具体的事実（評価根拠事実）。

【再々抗弁（過失）】

 す Yが、㋖の当時、Bが所有者であると信じたことに過失がなかった具体的事実（評価障害事実）。

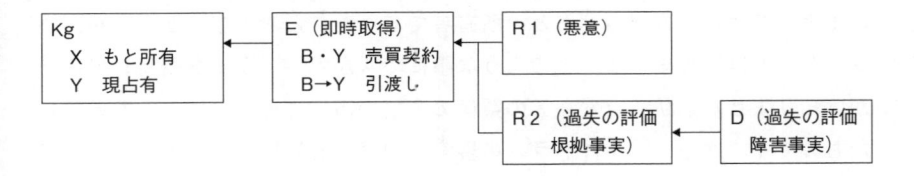

第2節　動産の二重譲渡の場合の対抗要件の抗弁等

Ⅰ　設例・解答

設例 XのYに対する本件動産の引渡請求訴訟の請求原因、抗弁、再抗弁およびそれぞれの認否について検討せよ。

<u>Xの言い分</u>

 私は、令和7年3月1日、ドラムの所有者である楽器店を営むAとの間で、本件ドラムを300万円で買い受けるとの契約を締結しました。しかし、自分のアパートを引っ越し、防音設備のある部屋に移る予定であったので、4月末日まで保管しておいてほしいとお願いしたところ、Aもこれを快く承

知してくれました。Ａは、本件ドラムに売却ずみという張り紙をして、以後私が引き取るまで私にかわってＡ店舗で保管してくれることになった（占有改定）のです。Ｙが私の本件ドラムを持ち帰って占有しているとのことなので、所有権に基づき引渡しを求めたいと思います。なお、ＹがＡから購入したかどうかは知りません。

<u>Ｙの言い分</u>

　私は、同年３月20日頃、Ａ楽器店でドラムを探していたのですが、本件ドラムがどうしてもほしいと思い、Ａに対して高額でもよいから売ってほしいとお願いしました。Ａは、すでに300万円でほかに売却していると最初は躊躇していたのですが、最終的には、900万円であれば売却すると応じてもらい、同年４月１日、Ａとの間で買い受ける合意が成立しました。同日、本件ドラムの引渡しも受けました。Ｘは本件ドラムが自分の物であると主張しているようですが、Ａがもともとの所有者であったことおよびＡからＸが買い受けたことは認めますが、どのような事情でＡが本件ドラムを所持していたかは知りません。私もＡからＸの買値の３倍の値段で買い受け、Ａも承諾したものです。さらに、本件ドラムの現実の引渡しも受けているのは、私ですので、本件ドラムの所有者は私です。

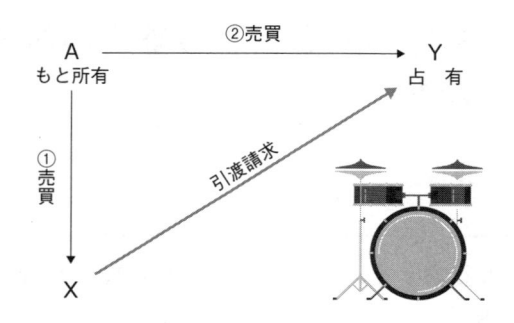

（ 解　答 ）

(1)　請求原因

　　あ　別紙物件目録記載のドラム（以下「本件ドラム」という）は、令和７年３月１日、Ａがもと所有していた。　　　　　　　　　　　　　【○】

ⓘ　ＡＸは、同日、本件ドラムを代金300万円で売買する合意をした。

【○】

Ⓤ　Ｙが現在、本件ドラムを所持している。　　　　　　　【○】

(2)　抗　　弁

ⓚ　ＡＹは、同年４月１日、本件ドラムを代金900万円で売買する合意を
した。　　　　　　　　　　　　　　　　　　　　　　　　【△】

ⓚ　Ａは、ⓚの売買に基づきＹに本件ドラムを引き渡した。　【△】

(3)　再　抗　弁

ⓢ　Ａは、同年３月１日、本件ドラムを占有していた。　　　【○】

ⓛ　ＡおよびＸは、同日以後、本件ドラムをＡがＸのために占有すること
を合意し、Ａは、同日以降、Ｘのために占有する旨の意思表示をした。

【△】

Ⅱ　解　　説

　設例では、売却ずみという「張り紙」があり、少なくともＡに所有権があ
ると信じたことに過失があるので、Ｙは即時取得していない。その前提で対
抗要件具備による所有権喪失の抗弁について検討することになるが、その前
に、対抗要件の抗弁について触れておく。

1　対抗要件の抗弁（類型別128頁）

　請求原因としては、Ｘ所有とＹ占有であるが、「Ｘの所有」を基礎づける
主張としては、①Ａもと所有、②ＡＸ売買となる。

> 【対抗要件の抗弁（法律要件）】
> ①　ＡがＹとの間でその動産の売買契約を締結したこと
> ②　Ｘが対抗要件を具備するまではＸの所有権取得を認めない（権利主
> 張）

　物権変動は当事者の意思表示のみによって生ずる（民176条）。設例のよう
に動産が二重に譲渡されたとき、ＸとＹは対抗関係に立つから、ＹはＸに対

し、Xが対抗要件たる引渡しを受けるまで、Xの所有権取得を認めないとの権利主張をすることができる（民178条）。

なお、設例のようにYが対抗要件を具備している場合、Yとしては、次の対抗要件具備による所有権喪失の抗弁を主張するのが普通である（類型別65頁）。

対抗要件の抗弁に対して、Xは**対抗要件具備の再抗弁（法律要件）**を主張することとなる。

> **AがAXの売買契約に基づいて動産をXに引き渡したこと**

引渡しには先に述べた四つの態様があることから、引渡しの有無が争点とされている場合には、いずれの態様の引渡しであるかを具体的に主張立証していく必要がある。

2　対抗要件具備による所有権喪失（類型別129頁）

二重譲渡の場合において、Yが先に対抗要件を備えると、Xはもはやに対抗できなくなるので、確定的に所有権を喪失することになる。

(1)　抗　　弁

> **【所有権喪失の抗弁】**
> ㋕　AがYとの間でその動産の売買契約を締結したこと
> ㋖　Aが①に基づいてその動産をYに引き渡したこと

なお、この抗弁事実は、即時取得の抗弁としても機能する。設例では、Yに過失（再抗弁）が成立することが明らかであり、即時取得は成立しない。このことを前提とする。

不動産の場合と異なり、動産の二重譲渡の譲受人は、原告および被告は、いずれも対抗要件を具備することが可能であるから、原告は、自身が対抗要件を具備しており、かつ、自身の対抗要件具備が被告に先立つことを、再抗弁として主張立証することができる。

⑵ 再 抗 弁

> **【先立つ対抗要件具備（再抗弁）】**
> ⓐ AがXとの間の売買契約に基づいてその動産をXに引き渡したこと
> ⓑ XへのXがYへの引渡しに先立つこと

　設例の場合には、ＡＸ売買とＡＹ売買の二重譲渡であり、抗弁でＹが対抗要件を備えたことを主張し、所有権喪失の抗弁が成立するが、動産売買であり、再抗弁の主張が可能である。すなわち、Ｘの占有取得が占有改定によるものであり、これがＹの占有取得に先立つことを再抗弁として主張しうる。

第3節　解除と第三者（類型別130頁）

Ⅰ　設例・解答

設 例　　ＸのＹに対する本件動産の引渡請求訴訟の訴訟物、請求原因、抗弁、再抗弁およびそれぞれの認否を検討せよ。

Ｘの言い分

　私は、別紙物件目録のドラムを所有していました。令和6年8月1日、Ａとの間で、本件ドラムを代金300万円で売却し、同日、引き渡しました。しかし、Ａは代金をまったく支払わないので、同年10月1日、代金の支払を催告しました。しかし、Ａは支払わないので、同月8日に売買契約を解除する旨の意思表示をしました。後日、本件ドラムを引き取りにＡ宅に行ったところ、Ａは、Ｙに売却し、現在、本件ドラムは、Ｙが占有しているとのことです。私は、所有権に基づき、Ｙに対して本件ドラムの引渡しを求めます。

Ｙの言い分

　Ｘが本件ドラムのもと所有者であり、ＸがＡに本件ドラムを売り渡したことは認めますが、Ａが代金を支払わないので解除したとの点は、私にはまったく預かり知らないことです。

⑴　私は、同年9月1日、Ａから本件ドラムを400万円で買い受け、同日、

引渡しを受けました。

【解除前の第三者】

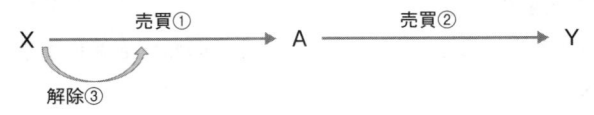

(2) 私は、同年11月 1 日、Aから本件ドラムを400万円で買い受け、同日、引渡しを受けました。

【解除後の第三者】

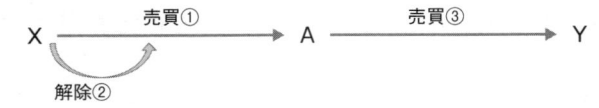

....

（解 答）

訴訟物は、所有権に基づく返還請求権としての目的物引渡請求権である。

1　Xの解除がAYの売買契約の後の場合（解除前の第三者）

(1)　請求原因

　　㋐　Xは、令和 6 年 8 月 1 日、本件ドラムを所有していた。　　　　【○】

　　㋑　Yが現在占有している。　　　　　　　　　　　　　　　　　　【○】

(2)　抗弁（所有権喪失の抗弁）

　　㋕　Aは、Xとの間で同日、本件ドラムを代金300万円で買い受ける合意をした。　　　　　　　　　　　　　　　　　　　　　　　　　　　　　　【○】

(3)　再抗弁（履行遅滞による解除）

　　㋔　Xは、同年10月 1 日、Aに対して代金300万円の支払を催告した。

　　　　　　　　　　　　　　　　　　　　　　　　　　　　　　　　　【△】

　　㋛　同月 5 日（相当期間）が経過した　　　　　　　　　　　　　　【顕】

　　㋜　Xは、同月 8 日、㋐の売買契約を解除する旨の意思表示をした。【△】

　　㋝　Xは、同年 8 月 1 日、Aに対し、本件ドラムを㋕の売買契約に基づき引き渡した。　　　　　　　　　　　　　　　　　　　　　　　　　　　【△】

(4)　再々抗弁（解除前の第三者）

　　㋟　Yは、（解除に先立つ）同年 9 月 1 日、Aから本件ドラムを代金400万

円で買い受けた。【△】

㋠　Ｙは、同日、㋟に基づき、Ａから本件ドラムの引渡しを受けた。【△】

2　Ｘの解除がＡＹの売買契約の前の場合（解除後の第三者）

(1)　請求原因

　㋐　Ｘは、令和 6 年 8 月 1 日、本件ドラムを所有していた。【○】

　㋑　Ｙが現在占有している。【○】

(2)　抗弁（所有権喪失の抗弁）

　㋕　Ａは、Ｘとの間で、同日、本件ドラムを代金300万円で買い受ける合意をした。【○】

(3)　再抗弁（履行遅滞による解除）

　㋛　Ｘは、同年10月 1 日、Ａに対して代金300万円の支払を催告した。【△】

　㋘　同月 5 日（相当期間）が経過した。【顕】

　㋜　Ｘは、同月 8 日、㋕の売買契約を解除する旨の意思表示をした。【△】

　㋝　Ｘは、同年 8 月 1 日、Ａに対し、本件ドラムを㋐の売買契約に基づき引き渡した。【△】

(4)　予備的抗弁（抗弁、再抗弁を前提として）（解除後の第三者）

　㋖　Ｙは、（解除後である）同年11月 1 日、本件ドラムを代金400万円で買い受けた。【△】

　㋙　Ｙは、同日、㋖に基づき、Ａから本件ドラムの引渡しを受けた。【△】

Ⅱ　解　　説

1　前　　提

　請求原因、抗弁（売買による所有権喪失）についての説明は省略する。再抗弁（解除）は、売買について、代金債務の履行遅滞に基づく解除を主張することによって、抗弁の売買の効力が遡及的に消滅するので、抗弁事実と両立する事実であり、再抗弁として機能することになる。なお、履行遅滞による解除の法律要件は、①弁済期の経過、②催告、③相当期間の経過、④解除

の意思表示、⑤反対債務の弁済の提供である。③は、催告の日時と解除の日時から主張されているとして、省略することもできる。⑤は、弁済の提供であるが、設例では、事実としては弁済（ドラムの引渡し）されているので、弁済の事実を主張している。

2　解除前の第三者の場合

　民法545条による解除の効力について、判例は直接効果説を採用している（最判昭34.9.22民集13.11.1451）。したがって、契約は遡及的無効となり、買主に移転していた所有権も解除によって遡及的に売主に復帰すると解されている。そうすると、本来、解除によって、解除前に買主から第三者に目的物の所有権が移転していた場合であっても、遡及的（はじめから）に売主に所有権が復帰し、買主に所有権が移転していなかったものと扱われることになる。そうすると、買主と第三者が売買契約を締結しても買主に所有権が帰属していなかったので、第三者が所有権を取得することもできないはずである。しかし、そのような結論は、取引の安全を著しく害することになるので、民法545条1項ただし書において「第三者の権利を害することはできない」と規定し、遡及効を制限したものである。この「第三者」については争いがある[3]が、後記の「解除後の第三者」との平仄を考えると、対抗要件を具備した第三者を指すと解する**「権利保護要件説」**が相当である[4]。なお、遡及的無効となる場合の第三者保護については、民法93条2項、94条2項、95条4項および96条3項もある。そこでは、善意ないし善意無過失の第三者とされており、法律行為の瑕疵について、善意ないし善意無過失を要求する

3　この第三者について、対抗要件等を必要とせず、常に第三者が優先するとする「第三者優位説」、権利保護要件として対抗要件の具備が必要であるとする「権利保護要件説」、解除者と第三者との関係は対抗関係であり、対抗要件を先に備えた者が優先するとする「対抗要件説」がある（類型別130頁）。第三者優位説では、解除者との利益衡量において疑問があり、また、対抗要件説は、民法545条1項ただし書は、遡及効の制限規定と解するべきであり、対抗問題と解するべきではないとの批判が可能である。したがって、権利保護要件説が相当である。類型別131頁は、判例が対抗要件説に立っていると指摘するが、次の注のとおり判例が対抗要件説を立脚しているとの理解は一般的ではない（潮見・債権各論I61頁も判例が権利資格保護要件説（権利保護要件説のこと）であると指摘する）。

ことによって、その場合には遡及効を制限して、瑕疵ある法律行為をした者の利益（静的安全）と取引の安全との調整を図っている。民法545条も、法定解除による契約の解消であり、遡及効を制限すべき場面と捉えるべきである。そして、制限する「第三者」については、買主が契約を守って履行するかどうかは取引上の注意義務の問題（Xの注意義務の問題）であるから、誠実に取引行為を行った第三者を保護すれば足りるので、登記等対抗要件を備えた第三者を保護すれば足りると考えられる[5]。

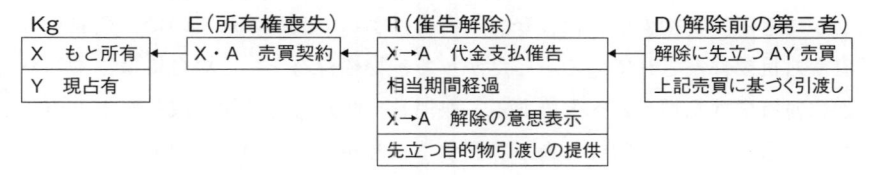

Kg	E（所有権喪失）	R（催告解除）	D（解除前の第三者）
X　もと所有	X・A　売買契約	X→A　代金支払催告	解除に先立つ AY 売買
Y　現占有		相当期間経過	上記売買に基づく引渡し
		X→A　解除の意思表示	
		先立つ目的物引渡しの提供	

4　類型別131頁は、権利保護要件説について、「第三者が解除後に対抗要件を取得しても保護されないとするのであれば、解除後の第三者との不均衡が生ずるから相当でない」と批判する。しかし、権利保護要件説は、必ずしも「第三者が解除後に対抗要件を取得しても保護されない」と解するものではない（中田・契約法238頁など）。対抗要件説と権利保護要件説との本質的な違いは、解除者と第三者がいずれも対抗要件を具備していない場合、いずれも自己の権利を主張できないと考えるか（対抗要件説）、解除者が優位するか（権利保護要件説）という点に現れる。解除の効果について直接効果説を前提とすると、取消し前の第三者の場合と基本的には利益衡量は似ており、意思表示の場合には善意無過失の第三者に対しては取消しの遡及効が制限されて保護されるとしている（民95条4項、96条3項）。民法545条1項後段は「第三者の権利を害することができない」と規定されており、同様に遡及効の制限されるべき場合と解釈するのが自然である。そして、この「第三者」については登記を備えた第三者を指すとする権利保護要件説も十分に理由がある。なお、類型別131頁で指摘されている、大判大10.5.17民録27.929は、木材の売買のケースで、解除前の第三者が対抗要件を具備していなかった事案について、解除の遡及効をそのまま認めたものであり、権利保護要件説と矛盾するものではない。さらに、類型別131頁で指摘する他の二つの判例（最判昭33.6.14民集12.9.1449および最判昭58.7.5集民139.259）は合意解除の事案であり、民法545条1項の問題に関する判例ではない。

5　直接関係するものではないが、貸金返還請求権に対して、売買契約に基づく代金支払債権を自働債権として相殺をしたとしても、その後、売買契約が解除された事案において、大判大9.4.7民録26.458は、売買契約解除前に相殺によって代金債権が消滅しているので、解除はなんの影響もないとの上告理由を退け、契約の解除によって遡及的に代金支払債権が発生していなかったことになるので、相殺もまた効力を失うと判示している。第三者ではないからである。

3 解除後の第三者の場合

解除後の第三者の場合の考え方について説明する。Xの解除がAYの売買契約の前の場合には、Yは解除後の第三者ということになる。

最判昭35.11.29民集14.13.2869は、契約解除後に土地を買主から取得した第三者に対しては登記がなければ売主の所有権の復帰について対抗できないと判断している。

この判例の理解については、さまざま見解があるが、次のように解することができる。物権の所在は、登記や占有によって公示されるので、登記や占有が対抗要件とされている。したがって、物権行為をした場合には、すみやかに対抗要件を備えるべきである。取消しや解除も目的物を取り戻すためにされるものであり、物権行為と評価することができるので、取消し・解除をしたXとしては、すみやかに対抗要件を具備すべきであった。それにかかわらず、Xは対抗要件を具備しない状況にあったといえる。Aの対抗要件の存在によりAの所有権の存在を信じて取引行為に入った第三者であるYとの間では、二重譲渡同様の利益状況といえ、対抗要件具備の早い者勝ちとして処理するのが相当である。そうすると、XとYとの間では、対抗要件を早期に備えた者の権利を優先すべきである。したがって、Xが対抗要件を具備するまで権利者と認めないとの権利主張を認めるべきであるし、Yが先に対抗要件を備えたことを主張立証することによって、確定的にYの所有権を認めるべきである。

このことを要件事実的に落とし込むと、請求原因としてXが元所有を主張し、抗弁としてXA売買により所有権喪失が主張され、再抗弁として売買が解除されたと主張され、これによりAからXに対して復帰的に所有権が移転していると主張されていることになる。そして、YがAY売買を主張することで対抗問題の第三者であることを主張し、ここで前記の対抗要件の抗弁または対抗要件具備による所有権喪失を主張することになる。このYの主張は、再抗弁の解除の効力を障害して、抗弁であるXA売買の効力を復活させるものではないことに留意すべきである。Aを起点とした二重譲渡関係にあるという法律関係である。したがって、請求原因、抗弁（XA売買）、再抗弁（解除）によるAからXへの所有権移転の効力に対して、甲が正当な利益

を有する第三者として権利発生の阻止（対抗要件の抗弁）または消滅（所有権喪失の抗弁）を主張するものである。そうすると、再抗弁R1の催告解除に対する再々抗弁と位置づけることはできず、抗弁E1（XA売買）、再抗弁R1（XA売買の解除）を前提とする、AからXへの物権行為（解除による復帰的物権変動）に対して、AからYへの物権行為があり、Yが第三者であることを主張するものである。したがって、抗弁E1と再抗弁R1を前提とする予備的抗弁（E2ないしE3）として位置づけられることになる。具体的には、次のようになる。

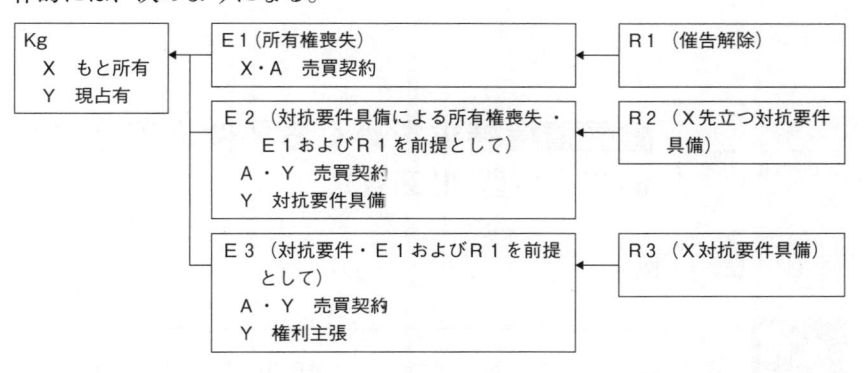

譲受債権の請求

譲受債権請求をめぐる要件事実等について（類型別135頁）

Ⅰ　設　例

設 例　次の場合の訴訟物、請求の趣旨、請求原因事実、抗弁事実はどうなるか。

Xの言い分

　Aは、Yに対し、令和3年8月8日、弁済期を令和4年12月1日と定めて2000万円を貸し付けました。Aは、資金繰りが苦しくなったようで、私に対して、Yに対する本件貸金債権を買うように依頼してきました。私は、Aとは古くからの知り合いであったため、Aの申入れを受けることにし、令和4年1月15日、1800万円で本件貸金債権を買いました。私は、弁済期が経過したため、Yに対して、本件貸金債権の元本と遅延損害金の支払を求めます。Yの主張するような特約がされたとは認められませんし、仮にそんな特約があったとしても本件貸金債権を譲り受ける際、特約の存在など知りませんでした。

Yの言い分

　Aから弁済期を令和4年12月1日と定めて2000万円を借り受けたこと、A

がXに対して1800万円で本件貸金債権を売却したことは認めますが、Aと私の間では、本件貸金債権を第三者に譲渡しないとする特約をしていました。そして、Xは、この特約が存在することをAから本件貸金債権を譲り受ける際に知っていましたから、Xには支払いません。

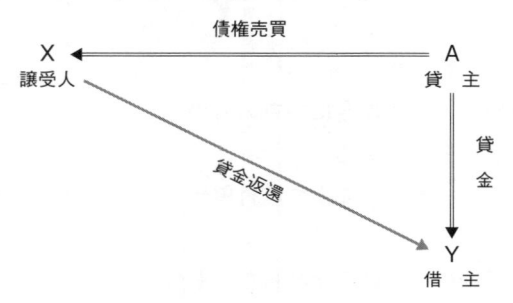

....

（解 答）

(1) 訴 訟 物

　ＡＹ間で締結された消費貸借契約に基づく貸金返還請求権　１個

　債務不履行（履行遅滞）に基づく損害賠償請求権　１個

　　契約に基づいて発生する請求権の場合、訴訟物の個数は契約の個数による。また、債務不履行に基づく損害賠償請求権については債務不履行の個数によるから、①および②の訴訟物の個数はいずれも１個である。

　　各請求権は、両立可能なものであるから単純併合である。

(2) 請求の趣旨

　　Ｙは、Ｘに対し、2000万円及びこれに対する令和４年12月２日から支払済みまで年３分の割合による金員を支払え。

(3) 請求原因事実

　　あ　Ａは、Ｙに対し、令和３年８月８日、弁済期を令和４年12月１日と定めて2000万円を貸し付けた。　　　　　　　　　　　　　　　　　【○】

　　い　令和４年12月１日は経過した。　　　　　　　　　　　　　　【顕】

　　う　Ａは、Ｘに対し、令和４年１月15日、あの貸金債権を1800万円で売った。　　　　　　　　　　　　　　　　　　　　　　　　　　　　　【○】

(4) 抗弁事実

㋕　ＡとＹは、㋐の際に、本件貸金債権につき譲渡制限特約を締結した。

【×】

㋖　Ｘは、本件貸金債権を譲り受けた際、㋕の特約を知っていた。　【×】

㋗　ＡＹ間の消費貸借契約に基づく貸金返還債務の履行を拒絶する（権利
主張）。

(5)　典型的な抗弁・再抗弁

ア　譲渡制限特約がある場合に特有のもの

履行拒絶─履行催告、承諾

譲渡人に対する弁済等─先立つ履行催告

供託

イ　譲渡制限特約の有無にかかわらないもの

債務者対抗要件─債務者対抗要件具備

譲渡人に対する弁済等─先立つ債務者対抗要件具備、抗弁放棄

第三者対抗要件─第三者対抗要件具備

第三者対抗要件具備による債権喪失─第三者対抗要件具備

債権の二重譲受人に対する弁済─弁済に先立つ第三者対抗要件具備

受領権者としての外観を有する者に対する弁済

Ⅱ　解　　説

1　訴訟物（類型別135頁）

譲受債権請求訴訟の訴訟物は、ＹＡ間の消費貸借契約に基づく貸金返還請求権である。請求される債権は、訴訟の当事者であるＸＹ間で発生したものではないから、訴訟物の特定のため、ＡＹ間で発生したものであることを明記する必要がある。また、債権譲渡の経路、原因によって債権の同一性は変わらないから、債権譲渡の経路や原因は訴訟物の特定とは無関係である。

2　請求の趣旨

債権譲渡とは、債権が同一性を変えることなく、その帰属主体を変更することであり、債権譲渡は、その性質が許す限り自由に行うことができる。性

質が債権譲渡を許さない場合としては、債権者が変わることによって給付の内容がまったく変質してしまうような場合であり、債権者の肖像画を描く債務や債権者を治療する債務などがこれに当たる。譲渡制限のある場合としてはほかに法律によって譲渡が制限されている場合（民法881条の扶養請求権など）および当事者の特約により譲渡が制限される場合がある。

　譲受債権を債務者に請求する場合の訴訟物は、もとの債権者（A）と債務者（Y）間の契約に基づいて発生した債権であるが、譲受人は当然に自己に対する支払を請求できるため、請求の趣旨は、通常の場合と異なるものではない。

3　請求原因（類型別136頁）

【譲受債権を請求する場合の請求原因事実】
① 譲受債権の発生原因事実
② 譲受債権の取得原因事実

　消費貸借契約に基づく貸金返還請求権であるため、譲受債権の発生原因事実は、金銭の返還合意、金銭の交付、弁済期の合意および弁済期の到来が要件事実となる。設例では、遅延損害金も請求するため、弁済期の経過となる（「弁済期の経過」と摘示すれば当然に「弁済期の到来」も主張したことになる）。なお、法定利率による請求であるから、損害の発生およびその額の主張立証は不要である（92頁を参照されたい）。

　債権は、原則として、不動産や動産のような他の財産権と同様にほかに譲渡することができる（民466条1項）。もっとも、債権の譲渡という法律行為があるわけではなく、不動産等と同様に、売買、贈与、代物弁済、譲渡担保等によって譲渡されることになる。債権の譲渡は、債権の回収や資金調達の手段として今日重要性を増している。設例では、貸金債権が売却されており、Aは換価により資金を取得している。ところで、不動産や動産の譲渡については、売買等の債権行為のほかに物権の移転自体を目的とする物権行為が必要かという議論があり、わが国の判例通説は、債権行為のみで足りるとして物権行為の独自性を否定している。債権譲渡についても同様の議論があ

るが、債権の譲受人は、債権行為（債権の帰属主体を変更する義務を成立させる契約）とは別個に、準物権行為（債権の帰属主体を変更する効果を直接発生させる契約）を主張する必要はないと解されている（最判昭43.8.2民集22.8.1558参照）。したがって、設例における譲受債権取得原因事実は、ＡＸ間の売買契約のみである[1]。

　請求原因事実の具体的な摘示例は、以下のとおりである。

【譲受債権請求の請求原因事実】

ⓐ　Aは、被告に対し、令和3年8月8日、2000万円を貸し付けた。

ⓘ　Aと被告は、ⓐに際し、返還時期を令和4年12月1日と定めた。

ⓤ　同日は到来した。

ⓔ　Aは、原告に対し、令和4年1月15日、ⓐの消費貸借契約に基づく貸金債権を代金1800万円で売った。

4　譲受債権請求訴訟における典型的な抗弁・再抗弁（類型別137頁）

民法466条（債権の譲渡性）

　②　当事者が債権の譲渡を禁止し、又は制限する旨の意思表示（以下「譲渡制限の意思表示」という。）をしたときであっても、債権の譲渡は、その効力を妨げられない。

　③　前項に規定する場合には、譲渡制限の意思表示がされたことを知り、又は重大な過失によって知らなかった譲受人その他の第三者に対しては、債務者は、その債務の履行を拒むことができ、かつ、譲渡人に対する弁済その他の債務を消滅させる事由をもってその第三者に対抗することができる。

　④　前項の規定は、債務者が債務を履行しない場合において、同項に規定する第三者が相当の期間を定めて譲渡人への履行の催告をし、その期間内に履行がないときは、その債務者については、適用しない。

1　類型別136〜137頁。

(1) 譲渡制限特約がある場合の被告の抗弁

ア 譲渡制限特約

債権は自由に譲渡できるのが原則であるが、当事者間の特約で譲渡を制限することができる。譲渡制限特約は、債務者の弁済先を固定する利点があり、債務者の利益保護のための特約である。平成29年の民法改正前は譲渡制限特約に反する譲渡がされた場合に、譲受人が特約を知り、または重過失により知らなかった場合には譲渡自体を無効と解していた。しかし、債権譲渡は、特に担保となる資産を有しない中小企業等にとっては重要な資金調達の手段であり、このような債権者の利益も考慮する必要がある。そこで、平成29年改正法は、譲渡制限特約に反する譲渡がされ、譲受人が悪意または重過失であっても、債権譲渡自体は有効としている（民466条2項）[2]。そのうえで、譲渡制限特約をした債務者の利益保護のために、債務者に以下の三つの抗弁（譲渡制限特約による履行拒絶の抗弁、譲渡人に対する債務消滅事由の抗弁および供託の抗弁）を認めている。設例において、Yは、譲渡制限特約による履行拒絶の抗弁を主張しているものである。

なお、預貯金債権については、大量の債務について迅速な支払が要求されるとともに、預貯金債権との相殺を前提として貸付が行われることから弁済の相手方を固定する必要性は高く、通常、譲渡制限特約が付されている。また、払戻しや預入れ等により頻繁に譲渡人の口座の金額が変動するという特色があるところ、預貯金債権について譲渡制限特約に反する譲渡を有効とすることは、法律関係を複雑にし、金融機関の払戻しの判断を困難ならしめる。他方、預貯金債権は、直ちに資金化が可能なため、預貯金債権の譲渡による資金調達は一般に行われていない。このような点を配慮して、預貯金債権については、改正前と同様に、譲渡制限特約について悪意または重過失のある譲受人に対する譲渡を無効としている（民466条の5第1項）。

Basic

債権譲渡の譲受人または債務者の保護に関する規定

譲渡制限特約のある債権が譲渡された場合にも債権譲渡は有効であ

2　一問一答161頁。

る。しかし、悪意または重過失である譲受人は、債務者に請求すること
はできず、また、債権自体は譲受人に移転しているから譲渡人も債務者
に請求しないという事態が生じうる。そこで、譲受人には、債務者に対
し、譲渡人への履行を相当の期間を定めて催告する権利を認め、相当期
間内に履行がなければ譲受人が債務者に直接に請求できることとした
（民466条4項）。また、譲渡人に破産手続開始決定があった場合には、
第三者対抗要件を備えた譲受人（全額の譲受人に限る）に対し、債務者
に対する供託請求権を認め、譲受人のみが還付請求できるとし、破産手
続外で回収できる途を認めている（民466条の3）。

　他方、債務者に対しては、譲渡制限特約の存在について悪意または重
過失である譲受人に対する履行拒絶権、譲渡人に対する弁済等を対抗で
きることを認め（民466条3項）、また、譲渡制限特約についての悪意重
過失を問わずに供託権を認めた（民466条の2）。

イ　譲渡制限特約による履行拒絶の抗弁（設例の場合）

　債務者は、譲渡制限特約について悪意または重過失である譲受人に対し、
履行を拒絶することができる（民466条3項前段）。

【履行拒絶の抗弁の要件事実】
①　　A・被告間で譲渡制限特約が締結されたこと
②ⓐ　原告が債権を譲り受けた際、①を知っていたこと（悪意）
　　　または
　ⓑ　原告が債権を譲り受けた際、①を知らなかったことにつき原告に
　　　重大な過失があったことの評価根拠事実（重過失）
③　　A・被告間の消費貸借契約に基づく貸金返還債務の履行を拒絶する
　　　との権利主張

　この抗弁は、権利抗弁と解されており、③のとおり債務の履行を拒絶する
との意思の表明（権利主張）が必要となる。
　履行拒絶の抗弁に対しては、履行催告の再抗弁を主張することができる。

　債務不履行による解除の場合と同様に、催告に相当期間を定めたことは要件事実とはならない。期間を定めなかった場合や不相当な期間を定めて催告をした場合でも催告は無効となるものではない。そして、被告が相当期間内に履行したことの主張立証責任を負う。

　催告から相当期間が経過すれば、被告は履行拒絶を原告に対して主張できなくなり、原告に対して弁済をしなければならない（民466条4項）。

　また、譲渡制限特約は、弁済先を固定するためのもので、債務者の利益を保護するものであるから、債務者は、譲渡制限特約の存在にかかわらず債権譲渡を承諾することができる。債権譲渡を承諾するということは、譲渡制限特約を主張しないということであるから、債務者の承諾は、譲渡制限特約に基づく抗弁を放棄する意思表示としての意味を有するものと解される。この承諾は、債権譲渡の前にすることも可能であり、債権譲渡の前後を問わない。承諾の要件事実は、「被告が債権譲渡につきＡまたは原告に対し承諾の意思表示をしたこと」である。

　ブロック・ダイアグラムおよび具体的な摘示例は、以下のとおりである。

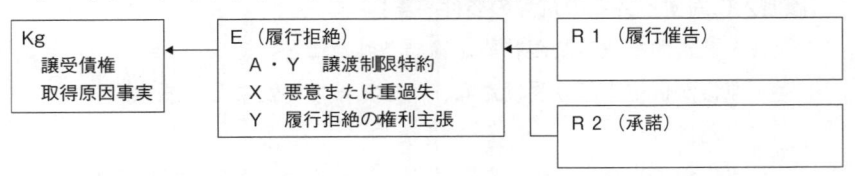

【抗弁（譲渡制限特約による履行拒絶の抗弁事実）】

- ⑰　被告は、Aとの間で、あの消費貸借契約の際、その貸金債権の譲渡を禁止するとの合意をした。
- ㋖　原告は、えの売買契約の際、上記譲渡禁止の合意を知っていた。
- ㋗　被告は、原告に対し、あの消費貸借契約に基づく貸金返還債務の履行を拒絶する。

【再抗弁事実 1 （履行催告）】

- ㋛　原告は、被告に対し、令和 5 年 2 月20日、Aに対しあの貸金2000万円を支払うよう催告した。
- ㋜　同月27日は経過した。（相当期間を 1 週間とした場合）

【再抗弁事実 2 （承諾）】

- ㋝　被告は、Aに対し、令和 4 年 1 月17日、Aから原告への債権譲渡を承諾するとの意思表示をした。

ウ　譲渡人に対する債務消滅事由（弁済）の抗弁

　債務者は、譲渡人に弁済等をすることで債務を消滅させ、その効果を譲受人に主張することができる（民466条 3 項後段）。

【譲渡人に対する弁済の抗弁の要件事実】

- ①　A・被告間で譲渡制限特約が締結されたこと
- ②ⓐ　原告が債権を譲り受けた際、①を知っていたこと（悪意）
  　　　または
  - ⓑ　原告が債権を譲り受けた際、①を知らなかったことにつき原告に重大な過失があったことの評価根拠事実（重過失）
- ③　被告がAに対し、当該債権につき、債務の本旨に従った給付をしたこと

　債務者は、譲渡制限特約について悪意または重過失である譲受人に対し、譲渡人への履行の催告後、相当期間を経過するまでの間、譲渡人に対する弁済その他の債務消滅事由をもって対抗することができる（民466条 4 項）。し

たがって、債務消滅事由の抗弁に対しては、譲受人は、先立つ履行催告の再抗弁を主張することができる（民466条4項）。

【履行催告の再抗弁の要件事実】

① 弁済に先立ち、原告が被告に対してAへの貸金返還債務の履行を催告したこと

② 弁済に先立ち、①の催告後相当期間が経過したこと

譲渡制限特約の存在について悪意または重過失である譲受人に対しては、債務者は履行を拒絶できるのであるが、債務者が譲渡人および譲受人の双方に弁済をしない事態を避けるため、譲受人には債務者に対する「譲渡人に弁済せよ」という催告権が与えられている。そして、催告後相当期間が経過しても債務者が譲渡人に弁済をしない場合には、譲受人が自ら請求でき、弁済を受けられることとしていることから、債務者は相当期間経過前までの譲渡人への弁済について譲受人に対抗できるとしたものである。

ところで、譲渡制限特約の有無にかかわらず、債務者は、債権譲渡の通知または承諾があるまでは譲渡人を債権者として扱えば足りるため、債務者は対抗要件具備時までに譲渡人に対して生じた事由をもって譲受人に対抗できる（民468条1項）とされている。そこで、民法468条2項は、譲渡制限特約のある場合については、「対抗要件具備時」を「催告後相当期間経過時」と読み替えることとしている。

また、譲渡人について破産手続開始決定があったときは、第三者対抗要件を具備した債権全額の譲受人には、譲渡制限特約について悪意または重過失であっても、債務者に対して債務全額を供託するよう求める供託請求権が認められている（民466条の3）。この供託請求があったときは、供託請求時以降の譲渡人への弁済は譲受人に対抗することができない（民468条2項）。

エ　供託の抗弁

債務者は、譲渡制限特約のある金銭債権が譲渡された場合、譲受人が同特約の存在につき悪意または重過失であるか否かにかかわらず、その債権全額に相当する金銭を債務の履行地の供託所に供託することができ（民466条の2第1号）、供託により債務は消滅する。

平成29年民法改正前は、譲受人が譲渡制限特約の存在について悪意または重過失であるか否かによって債権譲渡の効力が左右されたため、譲受人が特約の存在について悪意または重過失であるか否かを債務者が知ることができないときは債権者不確知による弁済供託が認められていた。この点、平成29年民法改正後においては、譲渡制限特約が付されていても、債権譲渡の効力は妨げられないことから、譲受人が特約の有無を問わず常に債権者として扱われ、債権者不確知ではないはずである。しかし、譲受人が特約の存在について悪意または重過失であるか否かによって債務者が有効に弁済できる相手方が異なるため、改正後も供託によって弁済の相手方を誤るリスクを回避させる必要があることから改正前と同様に弁済供託の抗弁を認めることとしたものである。そして、弁済の相手方を固定するという特約による債務者保護の見地から、譲受人が悪意または重過失であることについて債務者の無過失は要件とはされていない[3]。

【供託の抗弁の要件事実】
① 　A・被告間で譲渡制限特約が締結されたこと
② 　被告が譲受債権の全額に相当する金銭を債務の履行地の供託所に供託したこと

ブロック・ダイアグラムは、以下のとおりである。

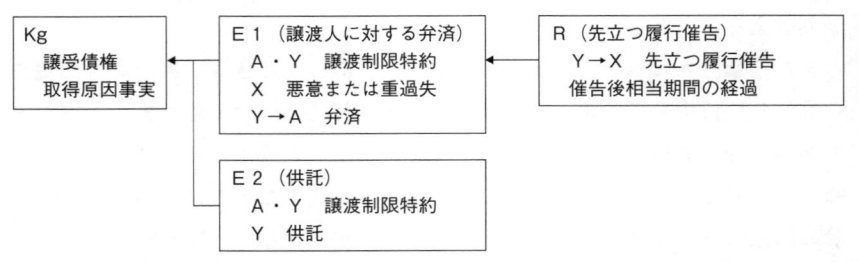

(2) **譲渡制限特約の有無にかかわらない被告の抗弁**（類型別137頁）

> 民法467条1項（債権の譲渡の対抗要件）
> 　　債権の譲渡（現に発生していない債権の譲渡を含む。）は、譲渡人が債務者に通知をし、又は債務者が承諾をしなければ、債務者その他の第三者に

3 　一問一答166頁。

対抗することができない。

ア 債務者対抗要件の抗弁

債権の譲渡は、譲渡人が債務者に通知し、または債務者が承諾しなければ、債務者その他の第三者に対抗することができない（民467条1項）。この通知または承諾は、譲受人が債務者に対して債権を行使するために必要な要件ではあるが、譲受人が債務者に対して債権を行使する際に譲受人において主張立証しなければならないものではなく、債務者において、通知または承諾の欠けていることを問題とする旨主張して譲受人の債権行使を阻止することができるにすぎないものである（最判昭56.10.13集民134.97）。

【対抗要件の抗弁の要件事実（権利抗弁説）】

① 対抗要件の不具備を主張する正当な利益を有する第三者であること

② 債権譲渡につき譲渡人が譲渡の通知をし、または債務者が承諾しない限り、債権者とは認めないとの権利主張

もっとも、債権譲渡の譲受人が債務者に対して請求する場合には、請求原因において、被告（債務者）が譲渡債権の債務者であり、対抗要件の不具備を主張する正当な利益を有する第三者であることが当然に現れるため、②の権利主張のみが要件事実となる。

> **Basic**　債権譲渡の債務者対抗要件について
>
> 　債権譲渡の対抗要件については、不動産の物権変動の場合と同様に、①事実抗弁説、②第三者抗弁説、③権利抗弁説がある。①は、債務者（被告）において、譲受人が債務者対抗要件を具備していないことを主張立証しなければならないとする見解である。②は、対抗要件の不具備を主張するについて正当な利益を有する第三者であることを主張立証すれば足りるとする見解であり、③はこれに加えて、対抗要件の不具備を問題とする旨の権利主張を必要とする見解である。①については、債務者に消極的事実の主張立証を求めることになるため、公平の見地から問題がある。②については、請求原因の段階で、抗弁（被告が譲渡債権の債務者であること）が現れるため、原告は、せり上がりにより債務者対

抗要件の具備を主張立証しなければならないことになるが、債務者において対抗要件の不具備を主張して、はじめて問題になるという債務者対抗要件の性質に照らすと疑問がある。したがって、不動産の物権変動の場合と同様に③の権利抗弁説が相当である。

債務者対抗要件の抗弁に対しては、債務者対抗要件（通知または承諾）具備の再抗弁を主張することができる。通知および承諾は観念の通知（事実の通知）であり、通知は譲渡人がしなければならず、譲受人が行うことはできない。これに対し、債務者の承諾は、譲渡人と譲受人のどちらに対して行ってもよく、また、いずれか一方にすれば足りる（最判昭49.7.5集民112.177）。譲渡人が通知をしない場合、譲受人は、譲渡人に対し、債務者に通知すべきことを請求できる（訴えを提起することもできる）が、譲渡人に代位して通知することはできない。もっとも、譲受人が、譲渡人の代理人または使者として通知することはできる（代理人の場合につき、最判昭46.3.25集民102.319参照）。

また、通知は、事前に行うことはできないが、承諾は、債務者の利益の放棄であるため、債権と譲受人が特定されていれば、事前に行うことも可能である（最判昭28.5.29民集7.5.608）。

【債務者対抗要件具備の再抗弁の要件事実】

ⓐ　債権譲渡につき、それ以後、Ａが被告に対し譲渡の通知をしたこと

　　または

ⓑ　債権譲渡につき、被告がＡまたは原告に対し承諾をしたこと

具体的な摘示例は、以下のとおりである。

【譲受債権請求の請求原因事実】

あ　Ａは、被告に対し、令和３年８月８日、2000万円を貸し付けた。

い　Ａと被告は、あに際し、返還時期を令和４年12月１日と定めた。

う　同日は到来した。

え　Ａは、原告に対し、令和４年１月15日、あの消費貸借契約に基づく

> 貸金債権を代金1800万円で売った。

【抗弁（債務者対抗要件）】

㋙　㋤の債権譲渡につき、Aが被告に通知し、または被告が承諾するまで、原告を債権者と認めない。

【再抗弁1　（債務者対抗要件具備－通知）】

㋚　Aは、被告に対し、令和4年1月15日、㋤の債権譲渡を通知した。

【再抗弁2　（債務者対抗要件具備－承諾）】

㋛　被告は、原告に対し、令和4年1月20日、㋤の債権譲渡を承諾した。

イ　譲渡人に対して生じた事由の抗弁

民法468条（債権の譲渡における債務者の抗弁）

①　債務者は、対抗要件具備時までに譲渡人に対して生じた事由をもって譲受人に対抗することができる。

②　第466条第4項の場合における前項の規定の適用については、同項中「対抗要件具備時」とあるのは、「第466条第4項の相当の期間を経過した時」とし、第466条の3の場合における同項の規定の適用については、同項中「対抗要件具備時」とあるのは、「第466条の3の規定により同条の譲受人から供託の請求を受けた時」とする。

　債務者は、対抗要件具備時までに譲渡人に対して生じた事由（弁済、取消し、解除等）をもって譲受人に対抗することができる（民468条1項）。債務者としては、債権譲渡の通知または承諾の時までは譲渡人を債権者として扱えば足りるから、通知または承諾までに譲渡人に対して生じた事由を譲受人にも対抗できるとしたものである。対抗要件具備時までに生じた事由であることは、再抗弁に回り、譲受人である原告が弁済の効果を障害する事実として、弁済よりも前に債務者対抗要件を具備したことを主張立証することになる。これは、対抗要件の具備はそれによって自己の権利を確保できることになる者が主張立証責任を負うのが原則だからである。

　たとえば、譲渡人に対する弁済の抗弁の要件事実は、「被告は、Aに対

し、その債権につき、債務の本旨に従った給付をしたこと」である。

これに対して、原告は、先立つ債務者対抗要件具備の再抗弁を主張することができる。

【先立つ債務者対抗要件の具備の再抗弁の要件事実】

ⓐ　弁済に先立ち、債権譲渡につき、それ以後、被告に対し譲渡の通知をしたこと

　　または

ⓑ　弁済に先立ち、債権譲渡につき、被告がＡまたは原告に対し承諾したこと

なお、譲渡制限特約がある債権譲渡については、譲受人が同特約の存在について悪意または重過失である場合には、債務者は、債務者対抗要件具備時以降の譲渡人への弁済等であっても、譲受人から譲渡人への弁済を催告され、その後相当期間を経過するまでの間は、譲渡人への弁済等をもって譲受人に対抗することができる（民466条3項・4項、468条2項）。

譲渡制限特約の有無にかかわらない譲渡人に対する債務消滅事由の抗弁（Ｅ１）と譲渡制限特約を前提とした譲渡人に対する債務消滅事由の抗弁（Ｅ２）は、以下のとおりa＋bの関係に立つことになるから、Ｅ２は、Ｅ１に対する再抗弁の主張（Ｒ）がされている場合に限り、独自の抗弁としての意味を有することとなる（許されたa＋b）。

ブロック・ダイアグラムは、以下のとおりである。

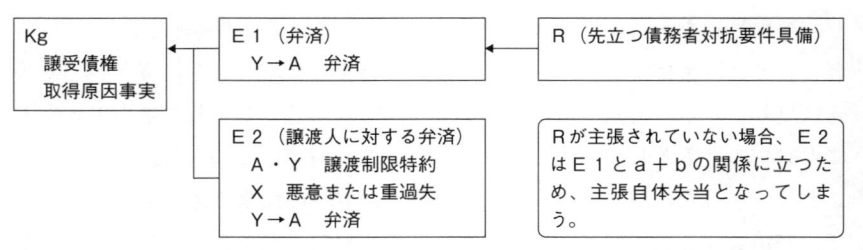

平成29年改正前の民法468条1項は、債務者が異議をとどめないで債権譲渡を承諾したときは、譲渡人に対抗することができた事由があっても、これをもって譲受人に対抗できない（抗弁の切断）と規定していた。この規定に

ついては、「債権譲受人の利益を保護し一般債権取引の安全を保障するため法律が附与した法律上の効果」と解され（最判昭42.10.27民集21.8.2161）、判例は抗弁の切断が認められるのは善意無過失の譲受人に限られるとしていた。しかし、単に債権が譲渡されたことを認識した旨を債務者が通知しただけで抗弁を対抗することができなくなるという強力な効果が発生するのは、債務者にとって予想が困難な事態であり、債務者が異議をとどめない承諾の効力の有無を争うことも少なくなかったため、平成29年改正法は、このような強力な効果を発生させる制度を廃止した。したがって、債務者が抗弁を対抗することができなくなるのは債務者の意思に基づいて明確に抗弁が放棄された場合に限られることになった。このように解しても、譲受人としては、債務者が抗弁を放棄する旨の意思表示をしたことを確認して債権を譲り受ければよいから、債権取引の安全が害されることもない[4]。

　したがって、債務者は、譲渡人に対抗することができる事由をその意思に基づいて放棄することができ、これは、譲渡人に対する弁済の抗弁に対する再抗弁となる。

【抗弁の放棄の再抗弁の要件事実】
　債務者が譲渡人に対する弁済の抗弁を放棄する旨の意思表示をしたこと

　ブロック・ダイアグラムは、以下のとおりである。

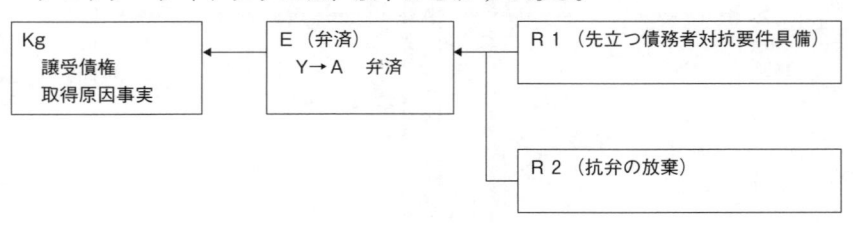

4　一問一答177頁。

ウ　第三者対抗要件の抗弁（類型別143頁）

㈦　設例・解答

> **設例**　次の場合の訴訟物、請求の趣旨、請求原因事実、抗弁事実はどうなるか。

Ⅹの言い分

　私は、不動産業を営むＡから、令和４年２月２日、ＡがＹに対して令和３年４月４日に貸し付けた1000万円の貸金債権を900万円で買いました。Ａは、上記債権の譲渡について令和４年２月４日付の内容証明郵便でＹに通知したと聞いています。弁済期である同年７月７日が到来したことから、Ｙに貸金元本の支払を求めます。

Ｙの言い分

　ＡがＹに対してⅩの主張する貸金債権を有していたこと、ＡがⅩにその貸金債権を売却したこと、それについて私に債権譲渡の通知が内容証明郵便でされたことは認めます。しかし、Ａからは同じ貸金債権を同年２月３日にＢにも代金800万円で譲渡した旨の内容証明郵便による通知がありました。そして、そちらの通知の日付は令和４年２月５日ですが、同月７日に到達したⅩへの譲渡通知よりも早く同月６日に私に到達していますので、Ⅹへは支払いません。

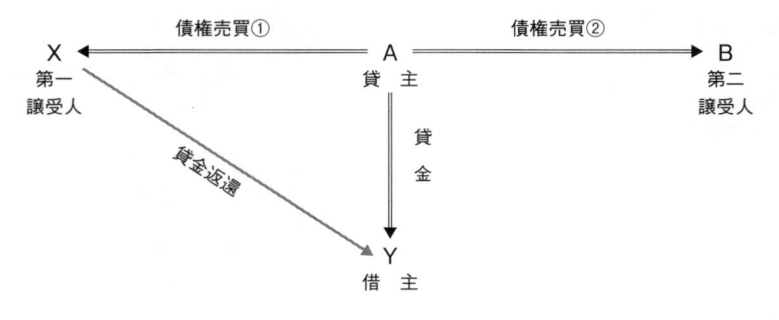

解答

⑴　訴　訟　物

　ＡＹ間の消費貸借契約に基づく貸金返還請求権　　１個

(2) 請求の趣旨

Yは、Xに対し、1000万円を支払え。

(3) 請求原因

　⒜　Aは、Yに対し、令和3年4月4日、弁済期を令和4年7月7日と定めて1000万円を貸し付けた。　　　　　　　　　　　　　　　　【○】

　⒤　令和4年7月7日は到来した。　　　　　　　　　　　　　　【顕】

　⒰　Aは、Xに対し、令和4年2月2日、⒜の貸金債権を代金900万円で売った。　　　　　　　　　　　　　　　　　　　　　　　　　　【○】

(4) 抗　　弁

　⒱　Aは、Bに対し、令和4年2月3日、⒜の貸金債権を代金800万円で売った。　　　　　　　　　　　　　　　　　　　　　　　　　　【△】

　⒲　Aは、Yに対し、⒱の債権譲渡につき、その譲渡後に内容証明郵便で通知した。　　　　　　　　　　　　　　　　　　　　　　　　　【△】

(5) 再 抗 弁

　⒳　Aは、Yに対し、⒰の債権譲渡につき、その譲渡後に内容証明郵便で通知した。　　　　　　　　　　　　　　　　　　　　　　　　　【○】

(6) 再々抗弁

　⒴　Bへの債権譲渡の通知がXへの債権譲渡の通知よりも先にYへ到達した。　　　　　　　　　　　　　　　　　　　　　　　　　　　【△】

(ｲ) 解　　説

民法467条2項（債権の譲渡の対抗要件）
　前項の通知又は承諾は、確定日付のある証書によってしなければ、債務者以外の第三者に対抗することができない。

　債権の譲渡を債務者以外の第三者に対して対抗するためには、確定日付のある証書による通知または承諾が必要である（民467条2項）。確定日付のある証書については民法施行法5条に規定があるが、実務では内容証明郵便による場合が多い（民法施行法5条1項6号）。確定日付が要求される趣旨は、譲渡人、第二譲受人および債務者が通謀して通知・承諾の日付を動かせないようにするためである。第三者とは、当該債権について譲受人と両立し

えない法的地位を取得した者をいい、二重譲渡の譲受人、差押債権者などがその典型である。

　債権が二重に譲渡され、いずれについても確定日付のある証書による通知または承諾がされた場合の優劣については、通知または承諾に付された確定日付の先後ではなく、確定日付のある通知が債務者に到達した日時または確定日付のある債務者の承諾の日時の先後によって決せられる（到達時説。最判昭49.3.7民集28.2.174）。

　確定日付を要求する趣旨が通謀による日付の操作を防止するためのものであることを考慮すると、確定日付の先後によるとする確定日付説にも理由があるが、そもそも債務者に対する通知が第三者対抗要件とされた趣旨は、債権を譲り受けようとする者は、債権の存否や内容について債務者に問い合わせることを想定し、債務者を債権譲渡に関するインフォメーションセンターにするべく債務者に情報を集めるためであった。このような債権譲渡の対抗要件制度の構造に照らすと、債務者への情報到達の先後によることが相当ということができる。したがって、設例の場合、BがXに優先することになり、Yの第三者対抗要件具備による債権喪失の抗弁が認められることになる。

　債権が二重に譲渡され、いずれの譲渡についても債務者対抗要件を具備するにとどまるときは、債務者はいずれの譲受人に対しても弁済を拒むことができることから、第三者対抗要件を具備しない限り債権者と認めない旨の抗弁を主張することができる。なお、譲受人らは債務者対抗要件を備えているから、債務者は、いずれの弁済も拒むことはできず、どちらか一方に弁済すれば免責されると解する反対説もある。この立場では、第三者対抗要件の抗弁は成り立たないことになる[5]。

　第三者対抗要件は、一見すると、債務者対抗要件に確定日付が加わっただけのようにみえる。すなわち、債務者対抗要件の抗弁では、権利主張として通知または承諾の具備を求めるのに対し、第三者対抗要件の抗弁では、これに加えて確定日付の具備を求めるのであるから、第三者対抗要件の抗弁は、

5　類型別144頁。

債務者対抗要件の抗弁と a ＋ b の関係にあるようにみえる。しかし、債務者対抗要件は、債務者に対して債権者の地位を主張するために必要となるものであるのに対し、第三者対抗要件は、債権の二重譲渡等の場合に譲受人間の優劣を決めるために必要となるものであるから、抗弁としての性格や権利主張の内容を異にするものである。したがって、いわゆる a ＋ b の関係にはなく、別個の抗弁として並列して主張できるものである[6]。

【第三者対抗要件の抗弁の要件事実】

① 　AとBとの間で被告に対する貸金債権の売買契約を締結したこと

②ⓐ 　AからBへの債権譲渡につき、それ以後、Aが被告に対し譲渡の通知をしたこと

　　　　または

　ⓑ 　AからBへの債権譲渡につき、被告がAまたはBに対し承諾をしたこと

③ 　Aから原告への債権譲渡につき、Aが確定日付のある証書による譲渡の通知をし、または被告が確定日付のある証書による承諾をしない限り原告を債権者と認めないこと（権利主張）

---

　①は、対抗要件の不具備を主張する正当な利益を有する第三者であることを示す要件である。②は、債務者は、債務者対抗要件を具備しない譲受人を債権者として取り扱う必要はないことから、第二譲受人が債務者対抗要件を具備してはじめて譲受人相互の優劣関係が問題となるため、必要となる要件である[7]。③は、対抗要件に関する権利抗弁説から必要となる要件である。

　これに対して、原告は、第三者対抗要件具備の再抗弁を主張することができる。

【第三者対抗要件具備の再抗弁の要件事実】

ⓐ 　Aから原告への債権譲渡につき、それ以後、Aが被告に対し確定日付のある証書による譲渡の通知をしたこと

6　類型別145頁。
7　類型別144頁。

または

⑤　Aから原告への債権譲渡につき、被告がAまたは原告に対し確定日
　付のある証書による承諾をしたこと

ブロック・ダイアグラムおよび具体的な摘示例は、以下のとおりである。

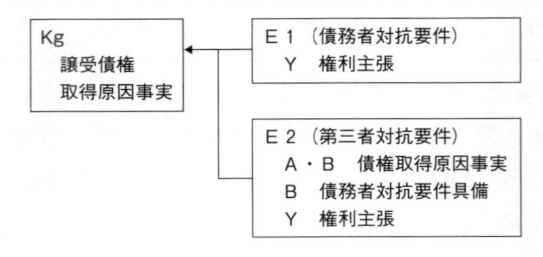

【抗弁（第三者対抗要件）】

㋕　Aは、Bに対し、令和4年2月3日、㋐の消費貸借契約に基づく貸
　金債権を代金800万円で売った。

㋖　Aは、被告に対し、同月6日、㋕の債権譲渡を通知した。

㋗　㋒の債権譲渡につき、Aが確定日付のある証書によって被告に通知
　し、または被告が確定日付のある証書によって承諾するまで、原告を
　債権者と認めない。

【再抗弁（第三者対抗要件具備－確定日付のある証書による通知）】

㋛　Aは、被告に対し、同月7日、内容証明郵便によって、㋒の債権譲
　渡を通知した。

【再々抗弁（先立つ第三者対抗要件の具備）】

㋠　AからBへの債権譲渡についての通知がAから原告への債権譲渡に
　ついての通知に先立つこと

　なお、当事者は、対抗要件具備の主張を特定するため時的因子を主張する
ことになるから、通常は、再抗弁までの段階で対抗要件具備の先後関係は現
れてしまうことになる。また、被告の抗弁により原告の第三者対抗要件の具

備がBの第三者対抗要件の具備に劣後することが明らかな場合には、そもそも原告は再抗弁を主張しないことになろう。

エ 第三者対抗要件具備による債権喪失の抗弁（設例の場合。類型別146頁）

二重譲渡の譲受人の一方が第三者対抗要件を具備した場合、他方の譲受人への債権移転の効力は否定され、他方の譲受人は債権を喪失することになるから、債務者は、第三者対抗要件の具備による債権喪失の抗弁を主張することができる。

ところで、不動産の二重譲渡においては、不動産登記という明確な対抗要件があり、対抗要件の具備の有無が明らかであるから、対抗要件の抗弁と対抗要件具備による所有権喪失の抗弁が主張されている場合には、当事者の合理的意思解釈として所有権喪失の抗弁のみを主張しているものと解することができるが、債権譲渡の場合は、対抗要件の具備が客観的に明確でないため争いとなったり、対抗要件の具備自体に争いがなくてもその優劣をめぐって争いとなったりする場合もあることから、第三者対抗要件の抗弁と第三者対抗要件具備による債権喪失の抗弁は、当事者の意思が明確でない以上、並列的に主張されているものと解すべきである[8]。

> **【第三者対抗要件具備による債権喪失の抗弁の要件事実】**
> ① AとBとの間で被告に対する貸金債権の売買契約を締結したこと
> ②ⓐ AからBへの債権譲渡につき、それ以後、Aが被告に対し確定日付のある証書による譲渡の通知をしたこと
> 　　　または
> 　ⓑ AからBへの債権譲渡につき、被告がAまたはBに対し確定日付のある証書による承諾をしたこと

債権が二重に譲渡され、いずれについても確定日付のある通知がされた場合の優劣は、通知が債務者に到達した日時の先後によるところ、確定日付のある通知が債務者に同時に到達した場合、譲受人相互間に優劣はないものと解されており（最判昭55.1.11民集34.1.42）、先後関係が不明である場合

8　類型別149頁。

も、同様に扱うべきものとされている（最判平5.3.30民集47.4.3334）。もっとも、譲受人相互間に優劣がない場合、確定日付のある通知を備えた各譲受人は、債務者に対する関係では完全な権利者としての地位を取得しているため、債務者に対しては、いずれの譲受人も債権全額を請求することができ、債務者は他の債権者にすでに弁済しているのでない限り、これを拒むことはできない（前掲最判昭55.1.11）[9]。

　以上によれば、第三者対抗要件具備による債権喪失の抗弁に対しては、第三者対抗要件具備の再抗弁を主張することができる。

【第三者対抗要件具備の再抗弁の要件事実】

ⓐ　Aから原告への債権譲渡につき、それ以後、Aが被告に対し確定日付のある証書による譲渡の通知をしたこと

　　　または

ⓑ　Aから原告への債権譲渡につき、被告がAまたは原告に対し確定日付のある証書による承諾をしたこと

　この場合、原告は、債務者との関係では完全な権利者としての地位を有するため、第三者対抗要件の具備がBに先立つことまで主張立証する必要はなく、対抗要件の性質に照らし、被告においてBの対抗要件の具備が原告に先立つことを再々抗弁として主張立証すべきである。

【先立つ第三者対抗要件具備の再々抗弁の要件事実】

　　AからBへの債権譲渡についての第三者対抗要件の具備が、Aから原告への債権譲渡についての第三者対抗要件の具備に先立つこと

ブロック・ダイアグラムは、以下のとおりである。

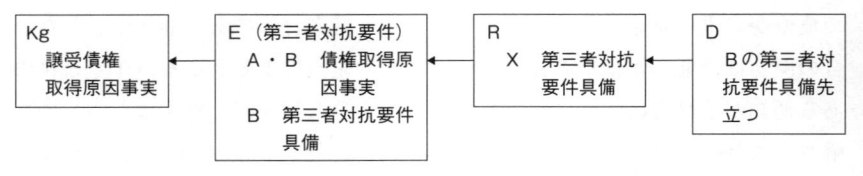

9　類型別147頁。

この場合も、通常は、上記の具体例のとおり再抗弁までの段階で対抗要件具備の先後関係は現れることになる。そして、被告の抗弁により原告の第三者対抗要件の具備がＢの第三者対抗要件の具備に劣後することが明らかになるから、そもそも原告は再抗弁を主張しないことになろう。

オ　債権の二重譲受人に対する弁済の抗弁（類型別149頁）

　債権の譲渡がされた場合、債務者は、債務者対抗要件が具備されていれば譲受人に弁済するであろうし、債務者対抗要件が具備されていなくても、その点を問題とする意思がなければ、その点を指摘することなく譲受人に弁済するであろう。したがって、実は債権が二重に譲渡されており、二重譲渡後に、債務者が一方の譲受人から請求されて支払ったとしても、この弁済により、原則として譲受債権は消滅し、その後に、債務者が他方の譲受人から請求されても、弁済による消滅の抗弁を主張できる。

【二重譲受人に対する弁済の抗弁の要件事実】

①　ＡがＢとの間でその貸金債権の売買契約を締結したこと

②　被告がＢに対し、その貸金債権につき、債務の本旨に従った給付をしたこと

　しかし、二重譲渡があった場合には、譲受人相互間では、先に確定日付のある証書による通知または承諾を具備した譲受人が優先することになるところ、債務者が一方の譲受人に弁済をする前に、他方の譲受人が確定日付のある通知または承諾を具備していた場合には、債務者としても優先する譲受人に対し弁済すべきであるから、劣後する譲受人に対する弁済は無効といわざるをえない。そうすると、原告は、債務者のＢに対する弁済前に第三者対抗要件を具備していたことを弁済の効果を障害する再抗弁として主張できることになる。なお、第三者対抗要件は、債権の帰属の優劣を決する基準であって、債権の存否に影響を与えるものではないから、Ｂに対する弁済によって債権が消滅した後に、原告が第三者対抗要件を具備したとしても、消滅した債権が復活するものではない。したがって、第三者対抗要件の具備は弁済に先立つ必要がある。

　これに対しては、被告は、Bも弁済前に第三者対抗要件を具備していることを再々抗弁として主張することができる。その際、被告においてBに対する第三者対抗要件の具備が原告に対する第三者対抗要件の具備に優先することまで主張立証する必要はない。なぜなら、確定日付のある通知の同時到達の場合など譲受人相互間に優劣がない場合には、確定日付のある通知を備えた各譲受人は、債務者に対する関係では完全な権利者としての地位を取得し、債務者にその債権全額を請求できると解されているからである（前掲最判平5.3.30）。そして、その優劣については、対抗要件の具備により最終的に利益を受ける原告において、自己の第三者対抗要件の具備がBの第三者対抗要件の具備に優先することを主張立証すべきである。

　そして、これに対しては、先立つ第三者対抗要件具備を再々々抗弁として主張できる。

二重譲受人に対する弁済の抗弁以下の典型的な例は以上のとおりであるが、第三者対抗要件具備による債権喪失の抗弁の場合と同様に、通常は、当事者が第三者対抗要件具備の主張を特定するために時的因子を主張するため、再々抗弁までの段階で第三者対抗要件の先後関係は現れてしまうことになる。また、原告の再抗弁によりBの第三者対抗要件の具備が原告の第三者対抗要件の具備に劣後することが明らかな場合には、そもそも被告は再々抗弁を主張しないことになろう。

　ブロック・ダイアグラムは、以下のとおりである。

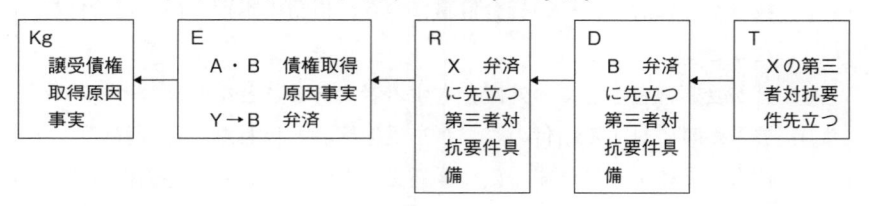

カ　受領権者としての外観を有する者に対する弁済の抗弁（類型別151頁）

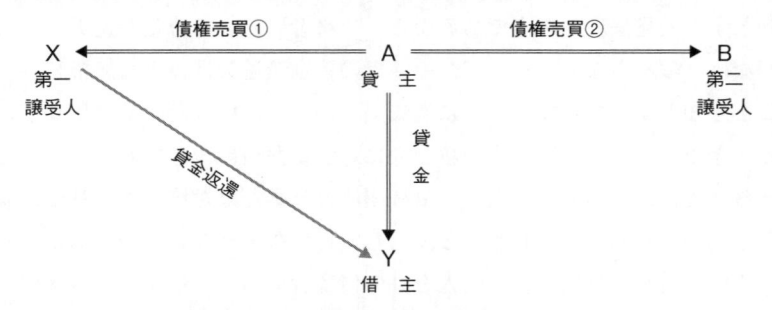

> 民法478条（受領権者としての外観を有する者に対する弁済）
> 　受領権者（債権者及び法令の規定又は当事者の意思表示によって弁済を受領する権限を付与された第三者をいう。以下同じ。）以外の者であって取引上の社会通念に照らして受領権者としての外観を有するものに対してした弁済は、その弁済をした者が善意であり、かつ、過失がなかったときに限り、その効力を有する。

　債権が二重に譲渡された場合において、債務者が劣後する譲受人に対して弁済しても無効であり、債務消滅の効果は生じない。もっとも、この点に関し、劣後する譲受人に対する弁済について民法478条の適用の有無が問題と

なる。民法467条2項は、債権の二重譲渡の場合の譲受人相互間の優劣を定める規定であり、劣後する譲受人に対する弁済の効力についてまで定めているものではなく、弁済の効力については債権の消滅に関する民法の規定によって決すべきであるから、劣後する譲受人に対する弁済も民法478条の要件を満たす場合には、債務消滅の効果を生じるというべきである（最判昭61.4.11民集40.3.558)[10]。

> **【外観受領権者に対する弁済の抗弁の要件事実】**
> ① 被告がBに対し、その貸金債務につき、債務の本旨に従った給付をしたこと
> ② Bが受領権者としての外観を有する者であることを基礎づける事実
> ③ 被告がBに対する給付の際、Bを受領権者と信じたこと（善意）
> ④ 被告が③のように信ずるにつき過失がなかったことの評価根拠事実

　民法478条は、無権利者に対する弁済を権利者であると信じたことにより有効とする表見法理の規定であるから、債務者において善意無過失を主張立証しなければならない。そして、そこでの善意無過失は、単に無権利者であることを知らず、知らないことに過失がなかったというだけでは足りないというべきである。債務者が劣後譲受人に対する弁済につき無過失であったといえるためには、優先譲受人への債権譲渡行為または対抗要件の具備に瑕疵があるためその効力を生じないと誤信してもやむをえない事情があるなど、対抗要件を後れて具備した譲受人を真の債権者であると信ずるにつき相当の理由があることが必要である（前掲最判昭61.4.11）。

　なお、この抗弁は、表見法理に基づくもので、Bに対する通常の弁済とは異なるものというべきであるから、債権の二重譲受人に対する弁済の抗弁とは別個の予備的抗弁として位置づけられ、「原告の第三者対抗要件の具備がBの対抗要件の具備に先立つ」に対する再々々々抗弁になるものではない。

　また、Bが劣後債権者であることを被告が争っていない場合には、被告の合理的な意思解釈として、被告は、二重譲受人であるBに対する弁済の抗弁

10　類型別151～152頁。

は主張せず、受領権者としての外観を有する者としてのBに対する弁済の抗弁のみを主張する意思であると理解することができる。

債務引受について

債権譲渡は、債権者が交代するのに対し、債務引受は、債務者が交代ないしは債務の引受人が新たに債務者として加わるものである。いずれも債務の内容の同一性が維持される点は共通である。債務引受には、引受人がもとの債務者と連帯して債務を負担する併存的債務引受（民470条1項）と引受人が新たな債務者となり、もとの債務者は債務を免れる免責的債務引受（民472条1項）がある。

併存的債務引受は、債権者と引受人となる者との契約によってすることができ（民470条2項）、債務者の意思に反する場合でも可能である（大判大15.3.25民集5.219）。また、債務者と引受人となる者との契約によってすることもでき、この場合は、債権者が引受人となる者に対して承諾したときにその効力を生じる（第三者のためにする契約。民470条3項・4項）。引受人は、債務引受が効力を生じたときに債務者が債権者に対して主張することができた抗弁をもって債権者に対抗できる（民471条1項）。債務者が債権者に対して取消権または解除権を有するときは、債務者がこれらの権利の行使によってその債務を免れるべき限度において、債権者に対して債務の履行を拒むことができる（民471条2項）。この辺りの規律は保証債務（民457条2項・3項。なお民439条2項）の規律と同様である。

免責的債務引受は、債権者と引受人となる者との契約によってすることができ、この場合は、債権者がもとの債務者に対し契約をした旨を通知したときにその効力を生じる（民472条2項）。また、債務者と引受人となる者が契約し、債権者が引受人となる者に対して承諾をすることによっても免責的債務引受をすることができる（民472条3項）。免責的債務引受の場合も、引受人は、債務引受が効力を生じたときに債務者が債権者に対して主張することができた抗弁をもって債権者に対抗できる（民472条の2第1項）。債務者が債権者に対して取消権または解除権を

有するときは、免責的債務引受がなければこれらの権利の行使によって債務者がその債務を免れることができた限度において、債権者に対して債務の履行を拒むことができる（民472条の2第2項）。

　例として、ＸがＡに対して貸金債権を有していたところ、Ａの債務がＹに免責的債務引受がされたため、ＸがＹに貸金返還請求をする場合について検討する。

　訴訟物は、免責的債務引受に基づく引受債務履行請求権である。引受人は、債務者と同一の内容の債務を負担するから（民472条1項）、債務者が元本に関して利息債務や遅延損害金債務も負担していた場合には、これらの債務も含めて1個の訴訟物となる。請求原因（元本のみの場合）は、①ＸＡ間の消費貸借契約および金銭の交付、②ＸＹ間の免責的債務引受契約、③ＸからＡに対する免責的債務引受契約をした旨の通知である。抗弁としては、錯誤、詐欺によるＸＡ間の消費貸借契約の取消権に基づく履行拒絶などが想定される。

第2節　遅延損害金の要件事実について

【貸金債権の履行遅滞に基づく損害賠償請求権の要件事実】
① 　元本債権の発生原因事実
② 　弁済期の経過
③ 　損害の発生とその数額

　遅延損害金（遅延利息ともいう）は、元本債務の不履行により発生するもので、元本の存在を前提とするから、元本債権の発生原因事実が必要である。また、履行遅滞に基づくものであるから弁済期の経過が必要であり、設例のような確定期限の合意がある場合にはその期限の経過（民412条1項）がこれに当たる。損害賠償請求であるから、損害の発生とその数額が要件事実となるが、金銭債務の不履行の場合には、特約がなくても当然に債務者が遅滞の責任を負った最初の時点の法定利率（民404条）の割合による遅延損

害金を請求できる（民419条1項本文）。したがって、弁済期以降の期間の経過のみが要件事実となるが、通常、摘示は省略される。もっとも、法定利率を超える利率による利息の合意がある場合や法定利率を超える遅延損害金の利率の合意（損害賠償額の予定に当たる）がある場合にはその利率（ただし利息制限法の範囲内）による遅延損害金を請求できることから、当該合意の存在を主張立証する必要がある。設例では、法定利率による損害賠償を求めているため、損害の発生とその数額の主張立証は不要である。

債権者代位訴訟

第**1**節 概　　説

Ⅰ　はじめに

　債権者代位権は、債権者が自己の債権を保全するため必要があるとき、債務者に属する権利を行使することができる権利である（民423条1項）。

　本講では、原告（債権者）が、債務者に属する権利を代位行使し、被告である当該権利の相手方（第三債務者）に請求をしていく際の要件事実について、学んでいくことにしよう。

Ⅱ　基本的な知識

　要件事実の議論に入る前に、まず債権者代位権に関する基本的な知識を確認しておこう。

1　登場する主体と用語

　債権者代位権の基本的な構造については、下図を参照してほしい。登場する主体は、債権者（X）、債務者（A）、さらに債務者が権利を有する相手方（Y）である。XがAに対して有する債権を**被保全債権**といい、AがYに対して有する権利（すなわち代位行使する権利）を**被代位権利**という（民423条1項本文参照）。なお、被代位権利が債権である場合には、相手方Yのこ

とを**第三債務者**ということもある。

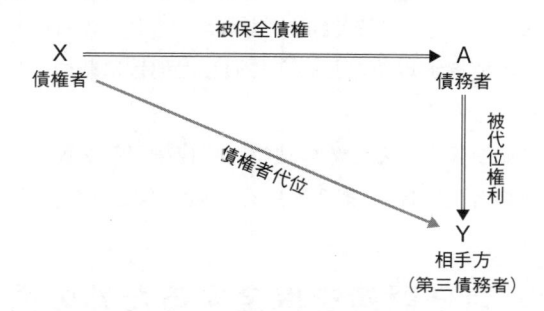

2　債権者代位権の目的と機能

　債権者代位権の目的と機能については、以下の①〜③の点を押さえておきたい。

　まず、債権者が法的手続を通じて金銭債権の回収を図る場合を考えてみてほしい。債権者としては、訴訟等の手続を通じて債務名義（強制執行の基礎となる文書のこと、訴訟の場合は確定判決）を得たうえで、債務者の財産に強制執行をしていくことになる。ここで、強制執行の対象（引当）となる財産のことを責任財産というが、債権者代位権は、この責任財産の維持を図る（減少を防止する）ことを目的としている（**①責任財産の保全**）。

　また、債権者は、債権者代位権の行使により、債務者から被代位権利の目的である金銭の支払を直接受けることができるとされている（民423条の3前段）。金銭の支払を直接受けた債権者は、債務者に対して受領した金銭の返還債務を負うことになるが、同債務と被保全債権とを相殺することができるため、結果として、簡易かつ他の債権者に優先して自己の債権（被保全債権）の満足を受けることができる（**②債権の簡易優先回収**）。

　さらに、被保全債権が金銭債権以外の債権（特定債権）であっても、被保全債権の行使に対する障害を除去し、それを行使できるようにするため、債権者代位権を行使して、債務者の有する特定の権利を行使すべき場合があり（**③特定債権の保全**）、民法は、その具体例の一つについて規定を置いている（民423条の7・登記または登録の請求権を保全するための債権者代位権）。なお、伝統的な判例・学説では、債権者代位権の本来の機能は①にあり、③

はそのかたちだけを借りた「転用型」であると理解されてきたが、債権法改正（平成29年法律第44号による改正）以降は、①と③の目的ないし機能を併有する（もしくは債権実現確保という共通した趣旨に基づく）と整理する見解が有力になりつつある。

　以下、責任財産を保全するための債権者代位権（第2節）と特定債権を保全するための債権者代位権[1]（第3節）を、順にみていくこととする。

第2節　責任財産を保全するための債権者代位権

Ⅰ　設例・解答

設例

Xの言い分

　私は、Aに対し、令和3年7月19日、別紙物件目録記載の3Dプリンタを100万円で販売し、引渡しもすませたのですが、Aは一向に代金を支払ってくれません。Aと話をしたところ、Aの手元に目ぼしい資産はないとのことでしたが、その一方で、AはYに対し、同年8月8日に、弁済期を同年12月1日として100万円を貸し付けており、その弁済を受けていないようです。そこで、Yに対し、Aに代位して貸金100万円の支払を求めたいと思います。

Yの言い分

　私は、Xが述べているとおり、たしかにAから100万円を借りましたが、令和3年12月1日に返済をすませています。Aは、Xから3Dプリンタを購入したことなどないと述べていました。Aに資産があるかどうかは知りません。

1　債権法改正以降、伝統的な「転用型」という表現に変えて、「個別権利実現準備型」という表現を用いるケースが増えている。もっとも、要件事実を学ぶうえでは、被保全債権の違いに着目した名称のほうが理解しやすいと思われることから、本講では、「特定債権を保全するための債権者代位権」という表現を用いている。

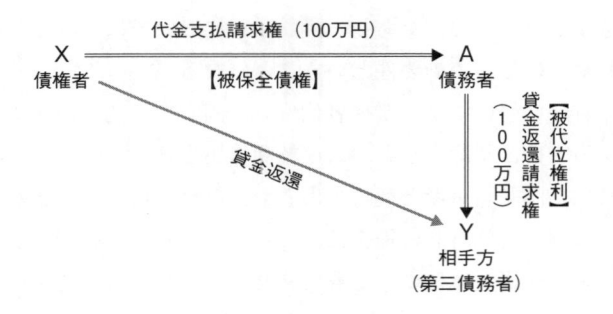

解 答

(1) 訴 訟 物

　AのYに対するAとYとの間で締結された消費貸借契約に基づく貸金返還請求権　1個

(2) 請求の趣旨

　Yは、Xに対し、100万円を支払え。

(3) 請求原因

　あ　Xは、Aに対し、令和3年7月19日、別紙物件目録記載の動産を100万円で売った。　　　　　　　　　　　　　　　　　　　　　　　【×】

　い　Aには、うの貸金債権以外に原告のあの売買代金債権を満足させるに足りる財産はない。　　　　　　　　　　　　　　　　　　　　　【△】

　う　Aは、Yに対し、同年8月8日、100万円を貸し付けた。　　　【○】

　え　AとYは、うに際し、返還時期を同年12月1日と定めた。　　【○】

　お　同日は到来した。　　　　　　　　　　　　　　　　　　　　　【顕】

(4) 抗弁（弁済）

　か　Yは、Aに対し、令和3年12月1日、うの貸金債務につき、100万円を弁済した。　　　　　　　　　　　　　　　　　　　　　　　　　【×】

Ⅱ　解　　説

1　訴訟物（類型別156頁）

　債権者代位訴訟における訴訟物は、被代位権利である。被保全債権は、債

務者に代位するための要件であり、訴訟手続においては、訴訟要件たる当事者適格を基礎づけるための要件ということになる。

　訴訟物の特定については、債権者代位訴訟固有の注意点がある。訴訟物の記載にあたっては、契約当事者および権利帰属主体を省略するのが通例であるが、これは、訴訟当事者と契約当事者および権利帰属主体とが一致するからである。債権者代位訴訟の場合は、これらが一致しないことから、契約当事者および権利帰属主体についても省略せずに記載する必要がある（下図参照）。他方、被保全債権については、被代位権利の内容に影響を及ぼさないことから、訴訟物の特定にあたって記載する必要はない。

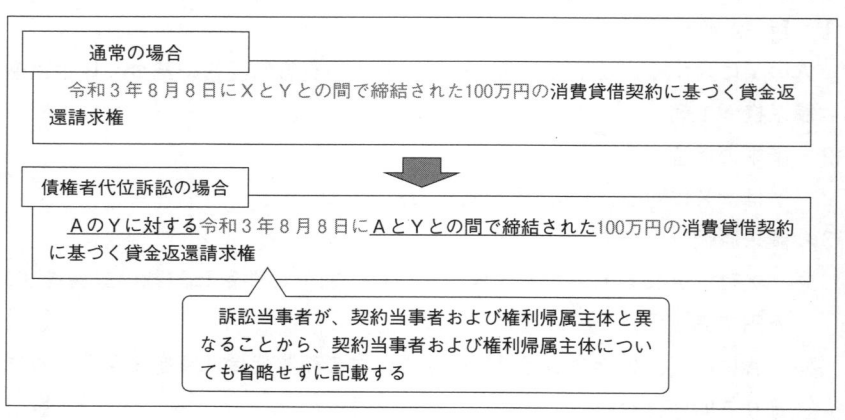

　したがって、本設例における訴訟物は、「ＡのＹに対するＡとＹとの間で締結された消費貸借契約に基づく貸金返還請求権」であり、訴訟物の個数は、契約の個数に基づき「１個」ということになる。

　なお、債権者代位権は、第11講で扱う詐害行為取消権とは異なり、裁判外での行使も可能である。

2　請求の趣旨等

(1)　請求の趣旨

　請求の趣旨は、債権者代位訴訟以外の場合と同様に、金銭の支払を求めるかたちで記載すれば足り、本設例においては、「Ｙは、Ｘに対し、100万円を支払え」となる。

なお、被代位権利の目的が可分であるときは、債権者代位権は、被保全債権の額の限度においてのみ行使可能であること（民423条の２）に注意する必要がある。本設例において、被保全債権の額が50万円であったとすると、被代位権利の額が100万円であっても、行使可能な限度は50万円にとどまるため、請求の趣旨は、「Ｙは、Ｘに対し、50万円を支払え」となる。

Next Level　　特殊な請求の趣旨

　本文中で触れたとおり、被代位権利の目的が可分であるときは、代位の範囲は被保全債権の額によって画されることとなる。もっとも、債権者代位権の行使において、被保全債権には、元本のほか、完済時までに発生する利息、損害金を含めることができ（最判昭44.6.24民集23.7.1079参照）、これらを含めた場合には、代位可能な範囲が、訴訟の基準時（事実審の口頭弁論終結時）において確定しないこととなる（確定するのは、訴訟終了後、現実に弁済された時点ということになる）。

　このような場合の請求の趣旨の書き方には、少し工夫が必要となる。たとえば、元本50万円およびこれに対する令和３年４月１日から支払ずみまで年３％の割合による遅延損害金を被保全債権として、100万円の被代位権利を被保全債権の額の限度で代位行使するといった場合であれば、請求の趣旨を、「Ｙは、Ｘに対し、100万円をＸのＡに対する50万円及びこれに対する令和３年４月１日から支払済みまで年３％の割合による金員の限度で支払え」などと記載する必要がある。

⑵　請求の趣旨に対する答弁

　提訴された被告は、口頭弁論の準備のため、訴状に対する応答を記載した準備書面を提出することになる（民訴161条１項）。最初の応答を記載した準備書面のことを「答弁書」と呼び（９頁参照）、答弁書には「請求の趣旨に対する答弁」を記載する必要がある（民訴規80条１項）。

　請求の趣旨に対する答弁は、被告が勝訴した場合の判決主文に対応するものであり、本案前の答弁（訴訟要件に関する答弁）と、本案の答弁とに分かれる。被告として、訴えが訴訟要件を欠き不適法であると考える場合は、

「本件訴えを却下する」と答弁し（本案前の答弁）、訴訟物を争う場合は、「原告の請求を棄却する」と答弁する（本案の答弁）。

　本設例では、Ｙは、訴訟物たる貸金返還請求権を争うほか、訴訟要件たる当事者適格を基礎づける被保全債権についても争っているのだから、請求の趣旨に対する答弁としては、訴え却下判決と請求棄却判決の双方を求めるかたちで記載すべきである。したがって、本設例における請求の趣旨に対する答弁は、本案前の申立てとして「本件訴えを却下する」、本案に対する答弁として「原告の請求を棄却する」となる。

3　請求原因（類型別156頁）

(1)　要件事実

　民法423条1項本文は、「債権者は、<u>①自己の債権を</u><u>②保全するため必要があるときは</u>、<u>③債務者に属する権利（以下「被代位権利」という。）</u>を行使することができる」（①〜③、下線は筆者による）と規定しており、このことから、債権者代位の要件事実は、以下のように整理することができる。

> ①　被保全債権の発生原因事実
> ②　自己の債権を保全するため必要があること（債務者の無資力）
> ③　被代位権利の発生原因事実

　先ほど述べたとおり、①および②は当事者適格（代位原因）を基礎づける事実であり（最判昭48.4.24民集27.3.596、最判昭55.7.11民集34.4.628）、③が訴訟物である権利の発生原因事実である。以下、各要件について掘り下げるとともに（下記(2)〜(4)）、手続的要件とされている訴訟告知（下記(5)）についてみたうえで、設例において摘示すべき請求原因事実を考えてみよう。

(2)　①被保全債権の発生原因事実

　被保全債権の発生原因事実については、これまで学んできた要件事実の知識をふまえ、事例に即し、保全すべき金銭債権の発生原因事実を摘示すればよい。

　注意すべき点として、被保全債権については、原則として履行期が到来し

ている必要がある（民423条2項本文）。債務者に対して被保全債権の履行を請求できない段階で、被代位権利の行使を認めてしまうと、濫用のおそれがあるからである。もっとも、被代位権利の行使が保存行為（時効の完成猶予、未登記の権利の登記など、債務者の財産の現状を維持する行為）に当たる場合には、行使の必要性が高い一方、濫用のおそれが低いことから、被保全債権の履行期前であっても代位行使が可能である（同項ただし書）。

なお、被保全債権は、被代位権利より前に発生している必要はない（最判昭33.7.15集民32.805）。当たり前のことのように思えるかもしれないが、詐害行為取消権に係る被保全債権については、詐害行為よりも前の原因に基づいて生じたものでなければならないため（民424条3項、第11講参照）、混乱しがちである。

また、被保全債権は、強制執行により実現することができるものでなければならない（民423条3項）。債権者代位権の目的が責任財産の保全にあることを考えれば、当然の帰結であろう。強制執行により実現することができないものであることが請求原因で現れてしまうと、主張自体失当となる。

(3) ②自己の債権を保全するため必要があること（債務者の無資力）

「自己の債権を保全するため必要がある」とは、被保全債権が金銭債権であることをふまえれば、被代位権利を行使しなければ被保全債権全額の弁済を受けられないこと、すなわち、債務者に被保全債権弁済のための資力がないこと（債務者の無資力）をいうと解される（最判昭40.10.12民集19.7.1777、最判昭49.11.29民集28.8.1670）。債務者がまったくの無資力である必要はなく、債務者の責任財産から被代位権利の全額を差し引いた残額が被保全債権の金額より少額であればよい[2]。なお、無資力の判断基準時は、事実審の口頭弁論終結時である。

(4) ③被代位権利の発生原因事実

責任財産の保全に適する権利は、すべて代位の対象となるため、本設例のような金銭請求権のほか、登記請求権（移転登記請求権、抹消登記請求権など）、物件の引渡（明渡）請求権なども被代位権利となりうる。被代位権利

2　債務者の無資力については、規範的要件であると解する立場もある（伊藤・講座3・104頁など）。

の発生原因事実については、被保全債権の場合と同様に、これまで学んできた要件事実の知識をふまえてその発生原因事実を摘示すればよい。

なお、一身に専属する権利および差押えを禁じられた権利については、被代位権利として行使することができない（民423条1項ただし書）。これらの権利であることが請求原因で現れてしまうと（通常は現れると思われる）、主張自体失当となる。

Basic 代位の対象

　債権者代位権は、裁判外での行使も可能であり、債権や物権的請求権に加え、①時効の援用権（最判昭43.9.26民集22.9.2002）、②解除権（大判大8.2.8民録25.75）、③相殺権（大判昭8.5.30民集12.1381）などの形成権についても代位の対象とすることができる。

　なお、裁判上、裁判外にかかわらず、債権者代位権を代位行使することも可能である（最判昭39.4.17民集18.4.529）。

(5)　**債権者代位訴訟の手続要件（必要的訴訟告知）**

　債権者は、債権者代位訴訟を提起したときは、遅滞なく、債務者に対し、訴訟告知をしなければならない（民423条の6）。これは、債権者代位訴訟の判決の効力は、勝訴・敗訴を問わず債務者に及ぶため（民訴115条1項2号）、債務者に手続関与の機会を保障する必要があるからである。このような制度趣旨に鑑み、訴訟告知を欠いた訴えについては却下されるとの見解が有力である。なお、債務者がすでに訴訟参加している場合や、債務者に対する訴訟が併合提起されている場合には、あらためて訴訟告知をする必要はないものと解される。

Basic 訴訟告知

　訴訟告知（民訴53条）とは、第三者に訴訟参加の機会を与えるとともに、告知者が敗訴した場合に被告知者に参加的効力を及ぼすことによって、敗訴責任を分担させる制度である。告知人は、告知の理由と訴訟の程度を記載した書面（訴訟告知書）を受訴裁判所に提出し（同条3項）、

実務において訴訟告知を検討すべきケースは意外と多い。第三者を訴訟に巻き込むため任意にこれを行う場合のほか、訴訟告知が必要的とされている場合もある。必要的訴訟告知の例としては、本文中で触れた債権者代位訴訟以外に、第11講で取り扱う詐害行為取消訴訟（民424条の6）、株式会社における責任追及等の訴え（会社849条4項）、住民訴訟（いわゆる4号請求の場合、地方自治242条の2第7項）などがある。

(6) 設例における請求原因事実

ア ①被保全債権の発生原因事実

設例における被保全債権は、売買契約に基づく代金支払請求権であり、冒頭規定である民法555条によれば、その発生原因事実は売買契約の締結のみで足りる。なお、売買契約締結の摘示にあたり、同条に規定された売買の本質的要素である目的物および代金額（または代金額の決定方法）の記載を漏らしてはならない（以上につき32頁以下参照）。具体的な摘示例は、請求原因あのとおりである。

イ ②自己の債権を保全するため必要があること

保全の必要性については、現在（厳密には事実審の口頭弁論終結時において）債務者に被保全債権弁済のための資力がないことを端的に摘示すればよい。設例においては、請求原因いのようなかたちで摘示をすれば足りる。

ウ ③被代位権利の発生原因事実

設例における被代位権利は、消費貸借契約に基づく貸金返還請求権であり、冒頭規定たる民法587条によれば、その発生原因事実は、⑦返還の合意および①金銭の交付ということになる。もっとも、貸借型の契約においては、契約が終了してはじめて金銭の返還を請求できると考えられるから、⑦弁済期の合意および①弁済期の到来についても要件事実として必要となる（以上につき83頁以下参照。貸借型理論をとった場合には、⑦①のほか、⑦についても貸金返還請求権の発生原因事実となる）。なお、⑦および①については、あわせて「貸し付けた」と表現するのが実務の通例である。具体的な摘示例は、請求原因③〜おのとおりである。

4 抗弁以下の攻撃防御方法（類型別159頁）

次に、債権者代位訴訟における典型的な抗弁以下の攻撃防御方法について
みておこう。(1)〜(3)は被保全債権に、(4)〜(6)は被代位権利についての抗弁で
あるが、訴訟物の有無に関する抗弁（本案の抗弁）は(6)のみであり、(1)〜(5)
はいずれも当事者適格（法定訴訟担当としての地位）にかかわる本案前の抗
弁である。本案の抗弁に理由がある場合には、請求は棄却となるが、本案前
の抗弁に理由がある場合には、訴えは不適法なものとして却下される。

(1) 被保全債権の期限の合意

上記3(2)で触れたように、債権者は、代位行為が保存行為（時効の完成猶
予など）に当たる場合を除き、その債権の期限が到来しない間は、被代位権
利を行使することができない（民423条2項）。そのため、被告は、被保全債
権について履行期限の合意があることを、本案前の抗弁として主張立証する
ことができる。

これに対し、原告は、再抗弁として、①履行期限の到来や、②代位行為が
保存行為に当たることを主張立証することができる。

(2) 被保全債権の発生障害事由、消滅事由

被保全債権は、債権者の当事者適格を基礎づけるため、事実審の口頭弁論
終結時において有効に存在している必要があるから、被告は、被保全債権の
発生障害事由および消滅事由を、本案前の抗弁として主張立証することがで
きる。

同時履行の抗弁権や留置権といった権利抗弁については、行使の当否を債
務者の意思に委ねるべきであるから、抗弁として主張することはできないと
解される。なお、債務者が被保全債権について相殺権、取消権または解除権
を有する場合であっても、これらが行使されていないときは、抗弁として主
張することができない。消滅時効が援用されていない場合も同様である。

(3) 被保全債権が強制執行により実現することのできないものであること

債権者は、被保全債権が強制執行により実現することのできないものであ
るときは、被代位権利を行使することができないから（民423条3項）、被告
は、被保全債権が強制執行により実現することのできないものであることを
基礎づける事実（不執行の合意など）を、本案前の抗弁として主張立証する

ことができる。

(4) 債務者による被代位権利の行使

　債権者代位権は、無資力の債務者がその権利を行使しないために責任財産が減少することを防ぐ制度であるから、債務者がすでに自ら被代位権利を行使している場合には、債権者はこれを代位行使することができないと解される（最判昭28.12.14民集7.12.1386）。すなわち、債務者が被代位権利を行使していないことは、債権者が債務者に代位するための要件であり、訴訟手続においては、訴訟要件たる当事者適格を基礎づけるための要件ということになる[3]。

　次に、主張立証責任の所在であるが、債務者が被代位権利を行使しているかどうかは、債権者からは必ずしも明らかでない一方、相手方はこれを当然に把握することができる。そこで、公平性・妥当性の観点から、相手方である被告が「債務者が被代位権利を行使した」ことの主張立証責任を負うと解するのが相当である。

　よって、被告は、債務者が被代位権利を行使したことを、本案前の抗弁として主張立証することができる。

Advance

債権者代位訴訟と債務者訴訟との関係

　債権者代位訴訟が先行している場合に、債務者は被代位権利を行使するためにいかなる法的手段をとることが可能であろうか。また、債務者訴訟（債務者が相手方に対し被代位権利を行使した訴訟）が先行している場合に、債権者は、被代位権利の行使に関与するためいかなる法的手段をとることが可能であろうか。それぞれ考えてみよう。

1　債権者代位訴訟が先行する場合

　債権者が被代位権利を行使した場合であっても、債務者は、被代位権利について、自ら取立てその他の処分をすることを妨げられない（民

---

[3]　債権法改正により「債権者が被代位権利を行使した場合であっても、債務者は、被代位権利について、自ら取立てその他の処分をすることを妨げられない」とされたこと（民423条の5）との均衡から、債務者が自ら被代位権利を行使した場合であっても、債権者は被代位権利を行使することができるとの見解もある（近藤「ひも解く民訴」233頁の注22など）。

423条の5）。もっとも、債権者代位訴訟が先行する場合において、これに後れる債務者訴訟は、重複する訴えの提起の禁止（民訴142条）に抵触し、不適法となってしまう。そこで、債務者としては、被保全債権の存否を争わないときは共同訴訟参加（民訴52条）、これを争うときは独立当事者参加（民訴47条）のかたちで、債権者代位訴訟に参加していくことになる。

　ところで、債務者が訴訟参加し、その後判決に至った場合、債権者代位訴訟の帰趨はどうなるであろうか。債権者代位訴訟が提起された時点で債務者が被代位権利を行使していなかったことをもって「債務者による被代位権利の行使」がなかったと解するのであれば、債権者代位訴訟は適法となるが、債務者の訴訟参加をもって「債務者による被代位権利の行使」があったと解するのであれば、債権者代位訴訟は不適法として却下されることとなる。この点は議論が分かれているところである。

2　債務者訴訟が先行する場合

　債権者代位訴訟が先行する場合と異なり、債務者訴訟が先行する場合は、債権者は、本文中で触れたように、もはや被代位権利を行使することができない。債権者が債務者訴訟に共同訴訟参加することができるかについては争いがあるが、「債務者が被代位権利を行使していないことは、債権者が債務者に代位するための要件である」と解する以上は、共同訴訟参加の可否についても消極に解するのが素直なように思われる。債権者として被代位権利の行使に関与したいのであれば、債務者訴訟に補助参加していくほかないであろう。

(5)　被代位権利が債務者の一身に専属する権利または差押えを禁じられた権利であること

　一身に専属する権利および差押えを禁じられた権利については、被代位権利として行使することができない（民423条1項ただし書）から、被代位権利が債務者の一身に専属する権利または差押えを禁じられた権利であることを基礎づける事実は、本案前の抗弁として機能することになる。もっとも、被代位権利が一身専属ないし差押禁止であることは、通常は請求原因段階で

現れることになると思われる（この場合、請求原因は主張自体失当となる）。

(6) 相手方が債務者に対して有する抗弁

　債権者が被代位権利を行使したときは、相手方は、債務者に対して主張することができる抗弁をもって、債権者に対抗することができるから（民423条の4）、被告は、被代位権利の発生障害事由、消滅事由および行使阻止事由を、それぞれ抗弁として主張立証することができる。

(7) 設例における抗弁事実

　設例において、被告（Y）は、Aからの借受金について、すでに弁済したと述べている。この主張は、請求原因と両立し、かつ、被代位権利たる貸金返還請求権を消滅させることにより、請求原因から生ずる法律効果を消滅させるものであるから、本案の抗弁として機能する。

　弁済の要件事実は、一定の給付およびその給付が当該債務の履行としてされたことであり（41頁参照）、設例における具体的な摘示例は、抗弁㋕のとおりである。

第3節　特定債権を保全するための債権者代位権

　第1節Ⅱ2で触れたとおり、民法は、特定債権を保全するための債権者代位権の具体例の一つとして、登記または登録の請求権を保全するための債権者代位権について規定を置いている（民423条の7）。そこで、以下、同条が適用される場合の要件事実について考えてみることにしよう。

　なお、民法は、特定債権を保全するための債権者代位権の一般的要件について、特段の規定を設けていない[4]。民法423条の7が直接妥当しないケースについては、同条の解釈や類推適用、民法423条1項について債権者代位権を統合する規定であると解した場合には同項の要件をふまえ、当該ケースの要件事実を検討していくことになる。

4　債権法改正の過程においては、一般的要件を定めることが検討されたが、適切な要件設定が困難であったことから、一般的要件の規定は見送られ、解釈に委ねられることとなった。

I 設例・解答

設 例　X の言い分

　私は、令和3年6月30日、Aから甲土地を1100万円で購入しましたが、現在に至るまで、所有権移転登記を受けることができていません。甲土地は、Aが同年5月20日にYから1000万円で買い付けたものであり、A自身も、Yから所有権移転登記を受けることができていないようです。そこで、Yに対し、Aに代位して甲土地について所有権移転登記手続を求めたいと思います。

Y の言い分

　私がAに甲土地を売ったことは、間違いありません。私が、Aに対する所有権移転登記手続に応じないのは、Aが売買代金1000万円を払おうとしないからです。Aが売買代金を支払ってくれるのであれば、すぐにでも登記手続に協力したいと思います。AがXに甲土地を転売したことについては、何も知りません。

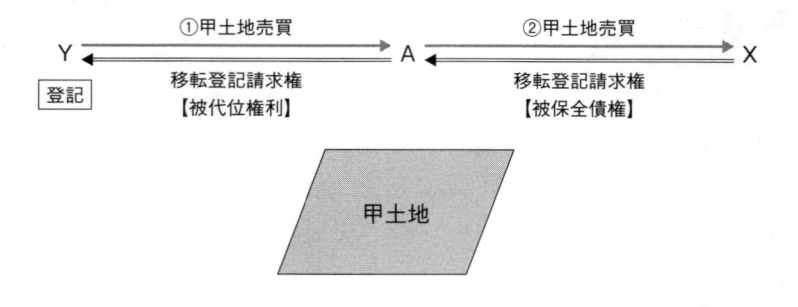

解 答

(1)　訴 訟 物

　　AのYに対するAY間の売買契約に基づく所有権移転登記請求権　1個

(2)　請求の趣旨

　　Yは、Aに対し、別紙物件目録記載の土地につき、令和3年5月20日売買を原因とする所有権移転登記手続をせよ。

(3) 請求原因

　　㋐　Yは、Aに対し、令和3年5月20日、別紙物件目録記載の土地を代金
　　　　1000万円で売った。　　　　　　　　　　　　　　　　　　　【○】

　　㋑　Aは、Xに対し、同年6月30日、同土地を代金1100万円で売った。

　　　　　　　　　　　　　　　　　　　　　　　　　　　　　　　　　【△】

(4) 抗弁（同時履行）

　　㋕　Yは、Aが同土地の売買代金1000万円を支払うまで、同土地の所有権
　　　　移転登記手続を拒絶する。　　　　　　　　　　　　　　　【認否不要】

Ⅱ　解　　説

1　訴訟物（類型別163頁）

　債権者代位訴訟における訴訟物は、被代位権利である。本設例における被
代位権利は、AのYに対する所有権移転登記請求権である。登記請求権は、
一般に、物権的登記請求権、債権的登記請求権および物権変動的登記請求権
の3種類に整理することができるが、本設例のようなケースでは、要件事実
が最も簡潔なかたちとなる債権的登記請求権、すなわち、売買契約に基づく
所有権移転登記請求権を訴訟物として選択することが多いであろう（199
頁、243頁参照）。

　よって、本設例における訴訟物は、「AのYに対するAY間の売買契約に
基づく所有権移転登記請求権」であり、訴訟物の個数は、契約の個数に基づ
き「1個」ということになる。

2　請求の趣旨

　請求の趣旨は、債権者代位訴訟でない場合（自己に帰属する登記請求権を
行使する場合）と基本的に同様であり、本設例においては、「Yは、Aに対
し、別紙物件目録記載の土地につき、令和3年5月20日売買を原因とする所
有権移転登記手続をせよ」となる。

　被告に対して求めるのは、原告に対する移転登記手続ではなく、Aに対す
る移転登記手続である。責任財産を保全するための債権者代位権の場合と異

なり、原告（債権者）への直接給付を請求できないこと（民423条の7後段は423条の3を準用していない）には、注意が必要である。

3　請求原因（類型別164頁）

(1)　要件事実

民法423条の7前段は、「登記又は登録をしなければ権利の得喪及び変更を第三者に対抗することができない財産を譲り受けた者は、その譲渡人が第三者に対して有する登記手続又は登録手続をすべきことを請求する権利を行使しないときは、その権利を行使することができる」と規定しており、このことから、債権者代位の要件事実は、以下のように整理することができる。

> ①　被保全債権（ある財産の登記または登録請求権）の発生原因事実
> ②　被代位権利（同一の財産の登記または登録請求権）の発生原因事実

まず、代位行使の主体について、①「登記又は登録をしなければ権利の得喪及び変更を第三者に対抗することができない財産を譲り受けた者」と規定されていることから、原告は、債務者に対して被保全債権として「ある財産の登記又は登録請求権」を有していることを主張立証する必要がある。これは、当事者適格（代位原因）を基礎づける事実である。

次に、被代位権利について、②「その譲渡人が第三者に対して有する登記手続又は登録手続をすべきことを請求する権利」と規定されていることから、原告は、債務者が被告に対して「同一の財産の登記又は登録請求権」を有していることを主張立証する必要がある。被代位権利が訴訟物となることは、すでに説明したとおりである。

さらに、債務者について、「（被代位権利）を行使しないとき」と規定されており、債務者がすでに自ら被代位権利を行使している場合には、これを代位行使できないことが明文で規定されている（民法423条1項は、明文の規定を置いておらず、解釈により同様の要件を導いている）。これは、訴訟要件たる当事者適格を基礎づけるための要件であり、その主張立証責任は、責任財産の保全を目的とする場合と同様に、相手方（被告）が負い、抗弁に回ると解される。なお、責任財産の保全を目的とする場合と異なり、被保全債

権の保全と債務者の資力との間に直接の関係はないことから、債務者の無資力は要件事実とならない。

(2) 設例における請求原因事実

ア　①被保全債権の発生原因事実

　設例における被保全債権は、被代位権利（訴訟物）と同様に、売買契約に基づく所有権移転登記請求権である。売買の売主は、売買契約の効果として買主に対して登記を備えさせる義務を負うから（民560条、177条）、同請求権の発生原因事実は売買契約の締結のみで足りる。具体的な摘示例は、請求原因ⓘのとおりである。

イ　②被代位権利の発生原因事実

　設例における被代位権利は、売買契約に基づく所有権移転登記請求権であり、発生原因事実の具体的な摘示例は、請求原因⑯のとおりである。

4　抗弁以下の攻撃防御方法（類型別165頁）

(1) 債務者による被代位権利の行使

　3⑴で触れたように、債務者が被代位権利を「行使しない」ことが代位の要件であり、訴訟手続においては、訴訟要件たる当事者適格を基礎づけるための要件となることから、被告は、債務者が被代位権利を行使したことを、本案前の抗弁として主張立証することができる。

(2) そ　の　他

　責任財産を保全するための債権者代位訴訟の場合と同様に、①被保全債権の発生障害事由、消滅事由や、②相手方が債務者に対して有する抗弁（民法423条の7後段において準用する423条の4）などが、登記または登録の請求権を保全するための債権者代位訴訟における抗弁となる。

(3) 設例における抗弁事実

　設例において、被告（Y）は、Aが売買代金を支払わないことを理由に、Aに対する登記手続を拒んでいる。この主張は、相手方が債務者に対して有する抗弁として、同時履行の抗弁（民533条）を行使するものであり、請求原因と両立し、かつ、被代位権利たる売買契約に基づく登記請求権の行使を阻止するものであるから、阻止の抗弁として機能する。

同時履行の抗弁は、いわゆる権利抗弁であり（40頁参照）、これを行使することが要件となる。設例における具体的な記載例は、抗弁㋕のとおりである。なお、権利主張は法律上の主張であって、事実の摘示ではないから、認否は不要である。

第11講

詐害行為取消訴訟

第1節　概　説

Ⅰ　はじめに

　債権者は、資力のない債務者が〔し〕た自分の財産（責任財産）を積極的に減少させる行為、すなわち、債務者が債権者を害することを知ってした行為（詐害行為）の取消しを、裁判所に請求することができる。

　本講では、原告（債権者）が、詐害行為の取消しを、詐害行為の受益者または転得者に請求していく際の要件事実について学んでいくことにしよう。

Ⅱ　基本的な知識

　要件事実の議論に入る前に、まず詐害行為取消権に関する基本的な知識を確認しておこう。詐害行為取消権については、民法が多くの規定を設けており、要件事実を考えていくうえでは、これらの規定をしっかりと理解しておく必要がある。

1　登場する主体と用語

　詐害行為取消権の基本的な構造については、下図を参照してほしい。登場する主体は、**債権者**（X）、**債務者**（A）、詐害行為によって利益を受けた**受益者**（Y）のほか、受益者に移転した財産を転得した者がいる場合には、そ

の**転得者**（Z）である。XがAに対して有する債権を**被保全債権**という。

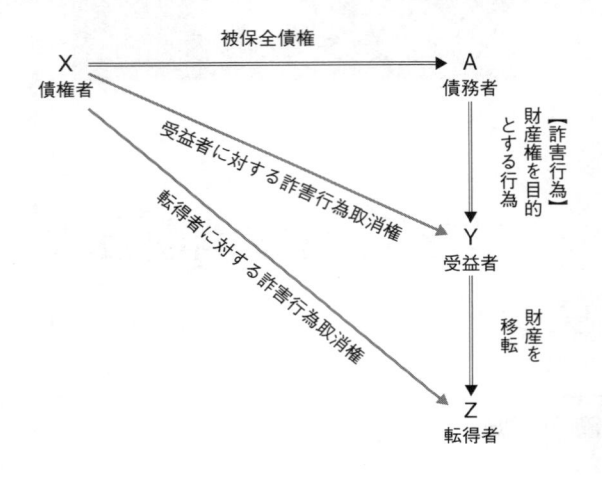

2　詐害行為取消権の目的と機能

　詐害行為取消権の目的と機能については、以下の①〜③の点を押さえておきたい。特に、①②の点については、債権者代位権と比較して整理しておくと理解が深まる。

　詐害行為取消権とは、債権者が、債務者に対する強制執行の準備として、債務者の詐害行為を取り消し、逸出財産を回復することによって、債務者の責任財産の保全を図ることを目的とした制度である（**①責任財産の保全**）。第10講で取り扱った債権者代位権が責任財産の維持（減少防止）を目的としていたのに対し、詐害行為取消権は、責任財産から逸出した財産の回復を目的としている。なお、債権者代位権において認められていた「転用」は、詐害行為取消権においては認められていない。

　また、債権者は、詐害行為取消権の行使により、受益者または転得者から金銭の支払を直接受けることができるとされている（民424条の9第1項）。金銭の支払を直接受けた債権者は、債務者に対して受領した金銭の返還債務を負うことになるが、同債務と被保全債権とを相殺することができるため、結果として、簡易かつ他の債権者に優先して自己の債権（被保全債権）の満足を受けることができる（**②債権の簡易優先回収**）。この機能は、債権者代

位権と同様である。

　さらに、詐害行為取消権に特徴的な機能として、債権者は、債務者が他の債権者に対してした弁済や代物弁済を詐害行為として取り消すことにより、債権者の平等を保つことができる（**③債権者平等の保全**）。もっとも、これは、民法424条の3（特定の債権者に対する担保の供与等の特則）の適用がある場合に限局された機能であり、詐害行為取消権一般に通用する機能ではない。詳しくは、第4節で説明したい。

　なお、詐害行為取消権は、倒産法における否認権と、目的・内容の一部が共通する。倒産法を勉強している場合は、否認権との比較の視点をもつことができると、詐害行為取消権と否認権双方の理解をより深めることができるだろう。

3　詐害行為取消権の法的性質と行使の方法

　債権者は、債務者が債権者を害することを知ってした行為を取り消すとともに、その行為によって受益者、転得者に移転した財産の返還を請求することができる[1]（民424条1項本文、424条の6）。詐害行為取消権の行使の方法については、ポイントとなる以下の5点を押さえておきたい。

　まず、詐害行為取消権は、裁判上で行使する必要があり（民424条1項本文）、債権者代位権のように**裁判外で行使することはできない**。反訴により行使することはできるが、抗弁による行使はできない（最判昭39.6.12民集18.5.764、最判昭40.3.26民集19.2.508）。第三者の利害に大きな影響を及ぼすため、裁判所において要件充足の有無を判断させる必要があるからである。

　次に、**被告となるのは、受益者または転得者**であり、債務者は被告とならない（民424条の7第1項）。被告に対しては、先に述べたとおり、債務者がした行為の取消しとともに、財産の返還（返還をすることが困難であるとき

1　詐害行為取消権の性質について、かつては形成権説と請求権説の対立があったが、判例（大判明44.3.24民録17.117）は、双方の性質を併せ持つとする折衷説を採用し、通説もこれを支持した。債権法改正後の民法においても、このような理解は基本的に維持されている。

は、その価額の償還）を請求することができる。

3点目として、詐害行為取消請求を**認容する確定判決は、債務者およびそのすべての債権者に対してその効力を有する**（民425条）。他方、訴訟当事者となっていない受益者または転得者には、その効力は及ばない。

4点目として、認容判決の効力が及ぶことになる債務者に対しては、手続関与の機会を保障する必要があることから、債権者（原告）は、訴えを提起したときは、遅滞なく、**債務者に対し、訴訟告知をしなければならない**（民424条の7第2項）。

5点目として、詐害行為取消権については、**期間の制限（いわゆる出訴期間）が設けられている**（民426条）。期間経過後に提起された訴えは、不適法なものとして却下されることになる。

4　詐害行為取消権の行為類型

詐害行為取消権には、一般類型のほか、二つの特別の行為類型がある。以下、受益者に対するこれら三つの行為類型の要件事実を順に検討し（第2節〜第4節）、最後に、受益者に移転した財産を転得した者（転得者）がある場合の詐害行為取消権の行使について考えてみることにしよう（第5節）。

(1)　一般類型（財産減少行為）

贈与、不相当に低廉な価格での財産処分（廉価売却など）、債務の免除といった責任財産を減少させる行為は、民法424条1項が規定する一般的な要件のもとで、詐害行為取消請求の対象となる。

(2)　相当価格での財産処分行為

不動産の時価での売却など、相当の対価（適正額）を得てした財産の処分行為は、直ちに正味財産の減少につながるものではないが、不動産が金銭に変わることによって隠匿等がしやすくなるなど、責任財産の逸出につながる可能性がある。そこで、相当価格での財産処分行為は、民法424条の2により加重された要件のもとで、詐害行為取消請求の対象となる。

(3)　特定の債権者に対する行為（債務消滅行為、担保供与行為）

既存の債務に関する債務消滅行為（弁済や代物弁済など）や担保供与行為（抵当権設定など）は、正味財産の減少につながるものではないが、債務者

が支払不能であって、かつ、債務者と受益者とが通謀して他の債権者を害する意図で行った場合に限り、詐害行為取消請求の対象となるとされている（民424条の3）。この限度で、詐害行為取消権は、債権者平等の保全という機能を果たすことになる。

Next Level 否認権と債権者平等の原則

否認権については、破産法、民事再生法および会社更生法にそれぞれ規定が置かれており（講学上、これら3法と会社法の特別清算に関する規定を包括して「倒産法」と呼んでいる）、破産法を例にあげれば、破産管財人は、破産者が破産手続開始前に行った破産財団に関する行為について、一定の要件のもと、これを否認して当該行為の効力を失わせることができる。このような否認権と詐害行為取消権とは、別個の制度であるものの、目的・内容の一部が共通しているため、整合性を図るかたちで条文が整理されている（破産法との比較につき下図参照）。

行　為	民法の条文	破産法に基づく否認との対応関係
一般類型	424条1項	詐害行為否認（破産160条1項）
相当価格での財産処分行為	424条の2	相当の対価を得てした財産の処分行為の否認（破産161条1項）
特定の債権者に対する行為	424条の3	偏頗行為否認（破産162条1項）
（過大な代物弁済等）	424条の4	偏頗行為否認（破産162条1項） 詐害行為否認（破産160条2項・過大部分）

倒産手続においては、債権者平等の原則（同一の債務者に多数の債権者がいる場合、すべての債権者が債務者の財産から平等かつ共同に弁済を受けるという原則）が強く働くため、特定の債権者に対する既存の債務に関する債務消滅行為や担保供与行為は、広く否認の対象となる（破産162条等参照）。他方、債権者平等の原則は、あくまで倒産手続のなかで徹底されるものであるから、倒産手続開始前の時点において行使される詐害行為取消権について、その対象となる債務消滅行為等の範囲は、否認権行使の場合と比較して大幅に限定されることになる。このような

観点から、詐害行為取消権の対象となる債務消滅行為等については、厳格な要件（民424条の3）が課されている。

第2節　詐害行為取消請求（一般類型）

Ⅰ　設例・解答

設例Ⅰ

Ｘの言い分

　私は、Ａに対し、令和3年6月1日、建築資材を合計1000万円で販売し、引渡しもすませました。Ａからは、Ｂ社ビル建築工事の中間金が入ったら売買代金を支払うといわれていたのですが、一向に代金を支払ってくれず、そうこうしているうちにＡとは連絡がつかなくなってしまいました。Ａの資産状況を調査したところ、唯一の資産と思われる甲土地が見つかりましたが、甲土地は、同年10月23日、Ａの子であるＹへ贈与されており、所有権移転登記手続も同日完了していました。Ａは、私やその他の債権者から強制執行を受けることをおそれて、甲土地の贈与に及んだに違いありません。ＹもＡの子ですから、事情をすべて知って贈与を受けたのだと思います。そこで、Ｙに対し、詐害行為取消権に基づき、甲土地の贈与の取消しと所有権移転登記の抹消登記手続を求めたいと思います。

Ｙの言い分

　私が父であるＡから甲土地の贈与を受け、所有権移転登記手続をしたことは、Ｘが述べているとおりです。父からは、土地の価格が高騰してきているため、税金対策として生前贈与することにしたと聞いています。父の真意はわかりませんし、父とは長く別居しているので、父の仕事の状況や資力についてもいっさい知りません。今回の贈与で、父の債権者の皆さんにご迷惑をおかけしたのかもしれませんが、少なくとも私には、贈与を受ける段階でその認識はありませんでした。

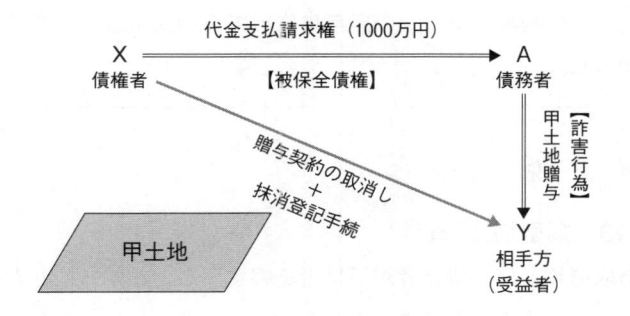

代金支払請求権（1000万円）

X ━━━━━━━━━━━━━━━━━▶ A
債権者　　　　　【被保全債権】　　　　債務者

贈与契約の取消し
＋
抹消登記手続

甲土地

Y
相手方
（受益者）

【詐害行為】
甲土地贈与

....

解　答

(1)　訴　訟　物

　　詐害行為取消権　1個

(2)　請求の趣旨

　①　AとYとが令和3年10月23日に別紙物件目録記載の土地についてした
　　　贈与契約を取り消す。

　②　Yは、同土地について、〇〇地方法務局〇〇支局令和3年10月23日受
　　　付第〇〇号所有権移転登記の抹消登記手続をせよ。

(3)　請求原因

　あ　Xは、Aに対し、令和3年6月1日、別表記載の建築資材を代金1000
　　　万円で売った。　　　　　　　　　　　　　　　　　　　　　　【△】

　い　Aは、Yに対し、同年10月23日、別紙物件目録記載の土地を贈与し
　　　た。　　　　　　　　　　　　　　　　　　　　　　　　　　　【〇】

　う　Aは、同日当時、同土地を所有していた。　　　　　　　　　　【〇】

　え　Aは、Yに対し、同日、同土地につき、いの贈与に基づき、所有権移
　　　転登記手続をした。　　　　　　　　　　　　　　　　　　　　【〇】

　お　Aには、いの贈与の当時、同土地以外にみるべき資産がなかった。

　　　　　　　　　　　　　　　　　　　　　　　　　　　　　　　　【△】

　か　Aは、いの贈与の際、これによって債権者を害することを知ってい
　　　た。　　　　　　　　　　　　　　　　　　　　　　　　　　　【△】

(4)　抗弁（受益者の善意）

㉝　Ｙは、㋑の贈与の際、その贈与によってＡの債権者を害することを知らなかった。　　　　　　　　　　　　　　　　　　　　　【×】

Ⅱ　解　説

1　訴訟物（類型別169頁）

　詐害行為取消権とは、債務者が債権者を害することを知ってした行為を取り消すとともに、その行為によって受益者、転得者に移転した財産の返還を請求することができる権利であり、取消権と給付請求権が合体した実体法上１個の権利と解されている。したがって、詐害行為取消訴訟の訴訟物については、詐害行為の取消しのみを求める場合と、取消しとともに財産の返還を求める場合のいずれであっても、端的に「詐害行為取消権」とすればよい。

　次に、訴訟物の個数であるが、詐害行為取消権は、詐害行為ごとに発生すると解されるから、その個数は詐害行為の数によって定まることになる。被保全債権が複数あっても、詐害行為取消権が複数となるものではない（最判平22.10.19集民235.93）。

　よって、本設例における訴訟物は、「詐害行為取消権」であり、訴訟物の個数は、詐害行為の個数に基づき「１個」ということになる。

2　請求の趣旨

　請求の趣旨は、取消しを求める部分と、財産の返還を求める部分とで分けて考える必要がある。

　まず、取消しを求める部分については、対象となる詐害行為を必要十分なかたちで特定したうえで、「（詐害行為）を取り消す」と記載すべきである。本設例における詐害行為は、土地の贈与契約（民549条）であるから、契約の主体、時的因子および契約の要素（贈与の目的物）で特定すればよい。以上をふまえれば、取消しを求める部分の請求の趣旨は、「ＡとＹとが令和3年10月23日に別紙物件目録記載の土地についてした贈与契約を取り消す」となる。

　次に、財産の返還を求める部分であるが、これは通常の給付請求のかたち

で記載すれば足りる。なお、返還先（返還の相手方）は、金銭の支払または動産の引渡しを求める場合には債権者（原告）だが、それ以外の場合には債務者となる（民424条の9第1項本文）。本設例における請求は、抹消登記手続を求めるものであり、金銭の支払または動産の引渡しを求めるものではないため、返還先は債務者であるＡとなるが、抹消登記手続において手続の相手方は観念できないと解されているから（203頁参照）、請求の趣旨において返還先を記載する必要はない。以上によれば、財産の返還を求める部分の請求の趣旨は、「Ｙは、同土地について、○○地方法務局○○支局令和3年10月23日受付第○○号所有権移転登記の抹消登記手続をせよ」となる。

3　請求原因（類型別169頁以下）

(1)　要件事実

訴訟物である詐害行為取消権について、民法424条は次のとおり規定している。

> 民法424条（詐害行為取消請求）
>
> ①　①債権者は、債務者が④債権者を害することを⑤知ってした②-1行為の取消しを裁判所に請求することができる。ただし、(E)その行為によって利益を受けた者（以下この款において「受益者」という。）がその行為の時において債権者を害することを知らなかったときは、この限りでない。
>
> ②　前項の規定は、②-2財産権を目的としない行為については、適用しない。
>
> ③　債権者は、③その債権が第一項に規定する行為の前の原因に基づいて生じたものである場合に限り、同項の規定による請求（以下「詐害行為取消請求」という。）をすることができる。
>
> ④　債権者は、その債権が強制執行により実現することのできないものであるときは、詐害行為取消請求をすることができない。

以上の規定に照らせば、訴訟物である詐害行為取消権の発生原因事実は、以下のように整理することができる。

①　被保全債権の発生原因事実

② 債務者が財産権を目的とする行為をしたこと

　③ 被保全債権が②の行為の前の原因に基づいて生じたこと

　④ ②の行為が債権者を害すること（債務者の無資力）

　⑤ 債務者の詐害の意思

　なお、請求原因に訴訟要件に関する事実が含まれていた債権者代位訴訟の場合とは異なり、①から⑤までのすべてが訴訟物の発生原因事実である。以下、各要件について掘り下げるとともに（下記(2)〜(6)）、手続的要件とされている訴訟告知（下記(7)）についてみたうえで、設例において摘示すべき請求原因事実を考えてみよう（下記(8)）。

(2)　①被保全債権の発生原因事実

　詐害行為取消権を行使することができるのは、「債権者」であるから（民424条1項本文）、原告は、被保全債権の発生原因事実を主張立証する必要がある。詐害行為取消権の制度趣旨は、債務者の責任財産の保全にあるから、被保全債権は金銭債権である必要がある（債権者代位権と異なり「転用型」は存在しない）。なお、債務者がした行為の目的が可分であるときは、被保全債権の額の限度においてのみ詐害行為取消権の行使が可能となる（民424条の8第1項）。

　被保全債権は、詐害行為よりも前の原因に基づいて生じたものでなければならないが（民424条3項）、履行期が到来している必要はない（大判大9.12.27民録26.2096）。責任財産を逸出させる行為は、行為時においてすでに債権者であった者（少なくともその原因が生じていた者）との関係では、詐害行為となりえても、それ以降に債権者となった者との関係では、詐害行為と評価することができないからである。他方、ひとたび詐害行為と評価された以上は、逸出した財産を保全する必要性が高いことから、被保全債権の履行期が到来していなくても、詐害行為取消権の行使は許容されることになる。債権者代位権における被保全債権の要件（被代位権利との発生の先後は問題とならないが、原則として履行期が到来している必要がある）と正反対の結論となるため注意してほしい。

　また、被保全債権は、強制執行により実現することができるものでなけれ

ばならない（民424条4項）。債務者の責任財産の保全という制度趣旨に照らし当然の帰結である（債権者代位権の場合と同様である）。強制執行により実現することができないものであることが請求原因で現れてしまうと、主張自体失当となる。

(3) ②財産権を目的とする行為をしたこと

民法424条1項本文は、債権者は、債務者が債権者を害することを知ってした「行為」の取消しを裁判所に請求することができると定め、さらに、同条2項は、詐害行為取消権の規定は「財産権を目的としない行為については、適用しない」と定めている。これらの規定から、詐害行為取消権の対象は債務者がした「財産権を目的とする行為」であることがわかる。したがって、原告は、債務者が財産権を目的とする行為をしたことを主張立証する必要がある。財産権を目的としない行為（相続の承認・放棄などの身分行為がその代表例）であることが請求原因で現れてしまうと、主張自体失当となる。

(4) ③被保全債権の発生時期

前述したとおり、被保全債権は、詐害行為よりも前の原因に基づいて生じたものである必要があるから（民424条3項）、原告は、「被保全債権が詐害行為の前の原因に基づいて生じたこと」を主張立証する必要がある。もっとも、実際の事実摘示にあたっては、被保全債権の発生原因事実と詐害行為の各時的因子をそれぞれ摘示することにより、「被保全債権が詐害行為の前の原因に基づいて生じたこと」が現れることになる。

(5) ④債権者を害すること（債務者の無資力）

詐害行為取消権の対象は、債務者が「債権者を害すること」を知ってした行為であるから（民424条1項本文）、原告は、債務者がした行為が「債権者を害すること」を主張立証する必要がある。ここで、「債権者を害する」とは、詐害行為によって債務者が無資力になること、すなわち、詐害行為の結果、被保全債権について、債務者の財産をもって完済することができない状態（債務超過の状態）になることを意味する。なお、「債権者を害する」には、詐害行為によって無資力になる場合と、無資力の状態でさらに詐害行為をする場合の双方が含まれる。

ところで、債務者の無資力は、詐害行為当時だけでなく、口頭弁論終結時においても要求されると解される（大判大15.11.13民集5.798）。債務者が詐害行為後に資力を回復したのであれば、債権者は債務者の責任財産から被保全債権の回収を図ることができるため、もはや詐害行為取消権の行使を認める必要がないからである。この「資力の回復」は、詐害行為取消権の消滅事由に当たると整理できるから、被告は、消滅の抗弁として、「債務者がその後に資力を回復したこと」を主張立証することができる（大判大5.5.1民録22.829）。原告が請求原因において主張立証する必要があるのは、詐害行為時における債務者の無資力であって、その状況が口頭弁論終結時まで継続していることまで主張立証する必要はない。

(6)　⑤債務者の詐害の意思

　詐害行為取消権の対象は、債務者が債権者を害することを「知って」した行為であるから（民424条1項本文）、原告は、債務者が債権者を害することを「知っていた」こと（詐害意思）を主張立証する必要がある。詐害意思としては、無資力（債務超過であること）を知っていれば足り、債権者に対する加害の意図・意思まで有している必要はない。

(7)　債権者代位訴訟の手続要件（必要的訴訟告知）

　債権者は、詐害行為取消訴訟を提起したときは、遅滞なく、債務者に対し、訴訟告知をしなければならない（民424条の7第2項）。これは、詐害行為取消請求を認容する確定判決は、債務者およびそのすべての債権者に対してその効力を有するため（民425条）、特に利害関係の大きい債務者に手続関与の機会を保障する必要があるからである。

(8)　設例における請求原因事実

ア　①被保全債権の発生原因事実

　設例における被保全債権は、売買契約に基づく代金支払請求権であり、冒頭規定である民法555条によれば、その発生原因事実は売買契約の締結のみで足りる。なお、売買契約締結の摘示にあたっては、同条に規定された売買の本質的要素である目的物および代金額（または代金額の決定方法）を漏らしてはならない（以上につき32頁以下参照）。具体的な摘示例は、請求原因あのとおりである。

イ ②財産権を目的とする行為をしたこと

設例においてXが取消しを求めている行為は、AのYに対する甲土地の贈与契約（民549条）であるから、同契約の成立を摘示する必要がある。また、債務者の責任財産の保全という詐害行為取消権の制度趣旨に照らせば、財産権を目的とする行為によって、現に財産が逸出している必要があると解されるから、「Aが贈与契約当時に甲土地を所有していたこと」も摘示する必要がある。さらに、Xは贈与契約の取消しとともに所有権移転登記の抹消登記手続を求めていることから、その前提として、「Yが贈与契約に基づき、甲土地につき所有権移転登記を具備したこと」（詐害行為に基づく登記がされていること）も摘示する必要がある。具体的な摘示例は、請求原因ⓘ～ⓔのとおりである。

ウ ③被保全債権の発生時期

被保全債権は、詐害行為よりも前の原因に基づいて生じたものでなければならないが、このことは、被保全債権と詐害行為の各時的因子（請求原因ⓐおよびⓘ）によってすでに現れているため、別途摘示する必要はない。

エ ④債権者を害すること（債務者の無資力）

設例では、甲土地はAの唯一の財産であったとのことなので、その旨を端的に記載すればよい。具体的な摘示例は、請求原因ⓞのとおりである。

オ ⑤債務者の詐害の意思

詐害意思としては、無資力（債務超過であること）を知っていれば足りるのであるから、債権者を害することを知っていた旨を端的に記載すればよい。具体的な摘示例は、請求原因ⓚのとおりである。

4　抗弁以下の攻撃防御方法（類型別174頁以下）

次に、詐害行為取消訴訟における典型的な抗弁以下の攻撃防御方法についてみておこう。なお、(4)については、抗弁に位置づけるのは不正確であるように思われるが、類型別が抗弁（になりうるもの）として取り扱っていることから、ここであわせて触れておくこととする。

(1)　受益者の善意

詐害行為取消権は、受益者が詐害行為時において債権者を害することを知

らなかったときは、行使することができないとされており（民424条1項ただし書）、その主張立証責任は、ただし書の規定に基づくものであることに鑑み、被告（受益者）が負うと解される（最判昭37.3.6民集16.3.436）。よって、被告は、障害の抗弁として、「受益者（被告）が、詐害行為の際、詐害行為によって債権者を害することを知らなかったこと」を主張立証することができる。

(2) 資力の回復

上記3(5)で述べたように、被告は、消滅の抗弁として、「債務者がその後に資力を回復したこと」を主張立証することができる。

なお、債務者が一度資力を回復した場合には、すでに詐害状態を脱している以上、その後再び無資力に陥ったとしても、詐害行為取消権は復活しないものと解される（大判昭12.2.18民集16.120）。そのため、「債務者が資力回復後に再び無資力となったこと」は、再抗弁とならない。

(3) 被保全債権の発生障害事由、消滅事由

被保全債権の存在は、訴訟物である詐害行為取消権の発生要件であるから、被告は、被保全債権の発生障害事由および消滅事由を、障害の抗弁ないし消滅の抗弁として主張立証することができる。

なお、被保全債権について消滅時効が完成している場合には、債務者の援用を待つことなく、被告（受益者）自身が援用権者としてこれを援用することができる（民145条、最判平10.6.22民集52.4.1195）。

(4) 参考・詐害行為取消権の期間の制限

詐害行為取消請求に係る訴えは、「債務者が債権者を害することを知って行為をしたことを債権者が知った時から2年を経過したとき」および「行為の時から10年を経過したとき」は、提起することができないとされている（民426条）。この期間制限の法的性質は、その文言から明らかなように、訴訟要件たる出訴期間であると解するのが一般的である[2]。出訴期間の遵守の有無は、その公益性の高さに鑑み職権調査事項であると解されているが、遵守の有無が不明であれば訴えが不適法となる点で、その立証の負担は原告に

---

2 債権法改正（平成29年法律第44号による改正）以前は、消滅時効ないし除斥期間と解されていたが、債権法改正により出訴期間のかたちに改められた。

あるといえる。したがって、詐害行為取消権の期間の制限を抗弁に位置づけるのは相当でない。

類型別は、「現行法の期間制限を除斥期間と解した場合」との留保を付したうえで、詐害行為取消権の期間制限を抗弁として整理しているが、一般的な整理とは言いがたいであろう。

(5) 設例における抗弁事実

本設例において、Ｙは、甲土地の贈与を受けた時点でＡの債権者を害するという認識がなかったと述べている。この主張は、受益者の善意（民424条1項ただし書）をいうものであり、請求原因と両立し、かつ、詐害行為取消権の発生を障害する法的効果を有するから、障害の抗弁として機能する。抗弁事実の具体的な摘示例は、抗弁㋚のとおりである。

第3節 相当価格での財産処分行為の場合（類型別176頁以下）

相当価格での財産処分行為は、先に述べたとおり、直ちに正味財産の減少にはつながらない。しかし、財産の種類が金銭その他の隠匿、費消しやすいものに変化することによって、責任財産の減少につながる具体的なおそれがある場合には、詐害行為取消請求の対象となりうる。民法は、一般類型の要件を前提に、その特則（民424条の2）を設け、要件を加重することにより、相当価格での財産処分行為が詐害行為取消権の対象となる場合を定めている。以下、設例を通じて具体的にみていこう。

Ｉ 設例・解答

設例Ⅱ

Ｘの言い分

私は、令和2年9月1日、Ａに対し、弁済期を令和3年8月31日と定めて、事業資金として2000万円を貸したのですが、弁済期を過ぎても返済を受けることができていません。Ａは、父親から相続した乙土地を所有しており、最悪の場合でも、乙土地に強制執行をかけることで貸金の一部は回収で

きると考えていました。ところが、Ａは、令和３年６月１日、乙土地をＡの義兄であるＹに1000万円で売却し、同月10日、所有権移転登記手続をすませてしまいました。さらに、Ａは、その後ほどなくして、1000万円の現金をもって行方をくらませてしまいました。Ａは、私やその他の債権者から強制執行を受けることをおそれて、唯一の資産であった乙土地を現金に換え、これを隠匿したのだと思います。また、Ｙは、Ａの義兄ですから、事情はすべて知っていたはずです。そこで、Ｙに対し、詐害行為取消権に基づき、乙土地の売買の取消しと所有権移転登記の抹消登記手続を求めたいと思います。なお、乙土地の売却価格が適正額であったとのＹの主張については、争うつもりはありません。

<u>Ｙの言い分</u>

　私が義弟であるＡから乙土地を買ったことは、Ｘの主張するとおりです。なお、1000万円という代金額は、近隣の取引事例に照らし適正な価格であったと考えています。私は、それなりに名の通ったガラス職人であり、乙土地は新たな工房兼ギャラリーの敷地として購入しました。もっとも、工房はまだ設計段階で、建築工事は始まっていません。Ａは、私の妹の連れ合いなので、これまでいろいろと目をかけてきましたが、Ａの借金や経済状態については、何も聞かされておりません。Ａが何を考えていたのか、いまとなってはわかりませんが、少なくとも私は、乙土地を購入した当時、Ａに財産隠匿の目的があったなどと考えもしませんでした。

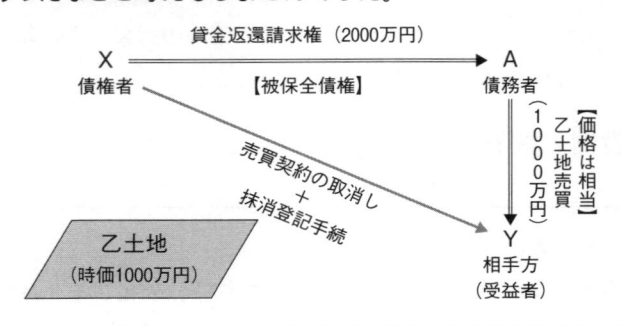

解答

(1) 訴訟物

　詐害行為取消権　1個

(2) 請求の趣旨

① 　AとYとが令和3年6月1日に別紙物件目録記載の土地についてした売買契約を取り消す。

② 　Yは、同土地について、○○地方法務局○○支局令和3年6月10日受付第○○号所有権移転登記の抹消登記手続をせよ。

(3) 請求原因

⑥ 　Xは、Aに対し、令和2年9月1日、2000万円を貸し付けた。　【△】

⑥ 　Aは、Yに対し、令和3年6月1日、別紙物件目録記載の土地を時価である代金1000万円で売った。　【○】

⑥ 　Aは、同日当時、同土地を所有していた。　【○】

⑥ 　Aは、Yに対し、同月10日、同土地につき、⑥の売買に基づき、所有権移転登記手続をした。　【○】

⑥ 　Aには、⑥の売買の当時、同土地以外にみるべき資産がなかった。

　【△】

⑥ 　Aは、⑥の売買の際、これによって債権者を害することを知っていた。　【△】

⑥ 　Aは、⑥の売買の際、代金を隠匿する意思を有していた。　【△】

⑥ 　Yは、⑥の売買の際、その売買によってAの債権者を害すること、およびAが売買代金を隠匿する意思を有していたことを知っていた。

　【×】

Ⅱ　解　説

1　訴訟物（類型別176頁）

　訴訟物の考え方は、一般類型の場合と同様である。したがって、本設例における訴訟物は、「詐害行為取消権」であり、訴訟物の個数は、詐害行為の個数に基づき「1個」ということになる。

なお、本設例では、売買の対価が相当額であることに争いはないが、現実の事例では、原告が不相当に低廉な価格での売買（廉価売買）であるとして、一般類型での詐害行為取消請求をするのに対し、被告が、相当価格での売買であるとして詐害性を争うことがある。このような場合、原告は、一般類型での請求に加えて、相当価格での財産処分行為に基づく詐害行為取消請求をすることがあるが、両請求は訴訟物を異にするものではなく（訴訟物は同じ「詐害行為取消権」である）、請求原因を異にしているにすぎない。

2　請求の趣旨

　請求の趣旨の考え方も、一般類型の場合と同様である。取消しを求める部分については、「ＡとＹとが令和３年６月１日に別紙物件目録記載の土地についてした売買契約を取り消す」となり、財産の返還を求める部分については、「Ｙは、同土地について、○○地方法務局○○支局令和３年６月10日受付第○○号所有権移転登記の抹消登記手続をせよ」となる。

3　請求原因（類型別177頁以下）

(1)　要件事実

　相当価格での財産処分行為の場合の法律要件は、一般類型の要件を前提に、民法424条の２によってこれを加重、修正するかたちで規定されている。

> 民法424条の２（相当の対価を得てした財産の処分行為の特則）
>
> 　　債務者が、その有する財産を処分する行為をした場合において、受益者から相当の対価を取得しているときは、債権者は、次に掲げる要件のいずれにも該当する場合に限り、その行為について、詐害行為取消請求をすることができる。
>
> 　一　その行為が、不動産の金銭への換価その他の当該処分による財産の種類の変更により、債務者において隠匿、無償の供与その他の債権者を害することとなる処分（以下この条において「隠匿等の処分」という。）をするおそれを現に生じさせるものであること。
>
> 　二　債務者が、その行為の当時、対価として取得した金銭その他の財産について、隠匿等の処分をする意思を有していたこと。
>
> 　三　受益者が、その行為の当時、債務者が隠匿等の処分をする意思を有し

▌　　　ていたことを知っていたこと。

　以上の規定をふまえつつ、一般類型の要件事実（387頁参照）を相当価格での財産処分行為の場合の要件事実に加重、修正すると、以下のかたちとなる。①〜④および⑥が、一般類型の要件事実であり（②の下線部分は民法424条の２柱書による修正箇所）であり、その余は、同条１号〜３号により追加ないし立証責任が転換された要件事実である。

---

①　被保全債権の発生原因事実

②　債務者が<u>相当の対価を取得して債務者の有する財産を処分する行為</u>をしたこと

③　被保全債権が②の行為の前の原因に基づいて生じたこと

④　②の行為が債権者を害すること（債務者の無資力）

⑤　②の行為が、不動産の金銭への換価その他の当該処分による財産の種類の変更により、債務者において隠匿等の処分をするおそれを現に生じさせるものであること

⑥　債務者の詐害の意思

⑦　債務者が、②の行為の当時、対価として取得した金銭その他の財産について、隠匿等の処分をする意思を有していたこと

⑧　受益者が、②の行為の際、④を知っていたこと

⑨　受益者が、②の行為の際、⑦を知っていたこと

　以下、民法424条の２の読み方について概観したうえで（下記(2)）、設例において摘示すべき請求原因事実を考えてみよう（下記(3)）。なお、手続的要件として訴訟告知が必要であることは、一般類型の場合と同様である（民424条の７）。

(2)　民法424条の２の読み方

　一般類型における詐害行為取消請求の対象は、債務者がした「財産権を目的とする行為」であるが（389頁参照）、相当価格での財産処分行為に基づく詐害行為取消請求の対象となるのは、民法424条の２柱書により、債務者が「その有する財産を処分する行為をした」場合において、「受益者から相当の対価を取得している」ときに限定されている。したがって、原告は、「債務

者が財産権を目的とする行為をしたこと」にかえて、「債務者が相当の対価を取得して債務者の有する財産を処分する行為をしたこと」（要件事実②）を主張立証する必要がある。

　次に、同条柱書は、「次に掲げる要件のいずれにも該当する場合に限り」詐害行為取消請求をすることができると規定していることから、同条各号に掲げられた要件についても、すべて満たす必要がある。

　まず、同条1号は、「その行為が、不動産の金銭への換価その他の当該処分による財産の種類の変更により、債務者において……隠匿等の処分……をするおそれを現に生じさせるものであること」と規定していることから、原告は、要件事実⑤を主張立証する必要がある。もっとも、通常は、要件事実②（「債務者が相当の対価を取得して債務者の有する財産を処分する行為をしたこと」）を主張立証するなかで、不動産を金銭へ換価したことなど、要件事実⑤として主張立証すべき事実が現れることになる。

　次に、同条2号は、「債務者が、その行為の当時、対価として取得した金銭その他の財産について、隠匿等の処分をする意思を有していたこと」と規定していることから、原告は、要件事実⑦を主張立証する必要がある。

　さらに、同条3号は、「受益者が、その行為の当時、債務者が隠匿等の処分をする意思を有していたことを知っていたこと」と規定していることから、原告は、要件事実⑨を主張立証する必要がある。また、同号が受益者の主観的要件の主張立証責任を原告に負担させていることからすれば、一般類型において「受益者の善意」として抗弁に回る要件事実⑧についても、原告において主張立証する必要があると解すべきである。

(3)　設例における請求原因事実

ア　①被保全債権の発生原因事実

　本設例における被保全債権は、消費貸借契約に基づく貸金返還請求権であり、冒頭規定たる民法587条によれば、その発生原因事実は、㋐返還の合意および㋑金銭の交付ということになる（㋐および㋑については、あわせて「貸し付けた」と表現するのが実務の通例である）。貸借型の契約においては、契約が終了してはじめて金銭の返還を請求できると考えられるが、詐害行為取消請求の被保全債権として主張する限りにおいては、履行期が到来し

ている必要はないから（388頁参照）、弁済期の合意および弁済期の到来は要件事実とならない（貸金返還請求権の要件事実については、83頁以下参照。なお、いわゆる貸借型理論をとった場合には、㋐㋑のほか、弁済期の合意についても契約に不可欠な要素として貸金返還請求権の発生原因事実となる）。具体的な摘示例は、請求原因㋐のとおりである。

イ　②債務者が相当の対価を取得して債務者の有する財産を処分する行為をしたこと

本設例においてＸが取消しを求めている行為は、ＡのＹに対する乙土地の売買契約（民555条）であるから、同契約の成立を摘示する必要がある。また、Ａの行為は、「相当の対価を取得して」したものである必要があるから、代金額が相当の対価（時価）であったことも摘示しなければならない。さらに、Ａの行為は、「財産を処分する行為」である必要があるから、「Ａが売買契約当時に乙土地を所有していたこと」を摘示する必要がある。具体的な摘示例は、請求原因㋑㋒のとおりであり、㋑における「時価」との表現が、相当の対価であったことを示している。

加えて、Ｘは売買契約の取消しとともに所有権移転登記の抹消登記手続を求めていることから、その前提として、「被告が売買契約に基づき、同土地につき所有権移転登記を具備したこと」も摘示する必要がある。具体的な摘示例は、請求原因㋔のとおりである。

ウ　③被保全債権の発生時期

被保全債権は、詐害行為よりも前の原因に基づいて生じたものでなければならないが、このことは、被保全債権と詐害行為の各時的因子（請求原因㋐および㋑）によってすでに現れているため、別途摘示する必要はない。

エ　④債権者を害すること（債務者の無資力）

本設例では、甲土地はＡの唯一の資産であったとのことなので、その旨を端的に記載すればよい。具体的な摘示例は、請求原因㋕のとおりである。

オ　⑤財産の種類の変更により、債務者において隠匿等の処分をするおそれを現に生じさせるものであること

請求原因㋑㋒により、不動産が金銭に換価されたことがすでに現れているから、別途摘示する必要はない。

カ ⑥債務者の詐害の意思

詐害意思としては、無資力（債務超過であること）を知っていれば足りるのであるから、その旨を端的に記載すればよい。具体的な摘示例は、請求原因㋕のとおりである。

キ ⑦債務者の隠匿等の意思

債務者であるＡが、売買契約当時、代金を隠匿する意思を有していたことを摘示すれば足りる。具体的な摘示例は、請求原因㋖のとおりである。

ク ⑧⑨受益者の悪意

受益者である被告が、売買契約当時、債務者であるＡの詐害意思と隠匿等の意思の双方を知っていたことを摘示する必要がある。具体的な摘示例は、請求原因㋗のとおりである。

4 抗弁以下の攻撃防御方法（類型別182頁）

> **【典型的な抗弁】**
> ① 資力の回復
> ② 被保全債権の発生障害事由、消滅事由

相当価格での財産処分行為に基づく詐害行為取消訴訟における抗弁以下の攻撃防御方法は、一般類型の場合（391頁参照）と基本的に同様である。ただし、一般類型の場合と異なり、受益者の悪意が請求原因事実となることから、受益者の善意の抗弁は登場しない。

第4節 特定の債権者に対する行為の場合（類型別182頁）

既存の債務に関する債務消滅行為や担保供与行為は、正味財産の減少につながるものではない。すなわち、債務を弁済するのは債務者の義務であり、弁済しても責任財産が計算上減少するものではなく（財産は減少するが債務も同じだけ減少する）、担保供与行為も直ちに責任財産の減少を招くものではない。しかし、債務者が支払不能であって、かつ、債務者と受益者とが通

謀して他の債権者を害する意図で債務消滅行為等を行った場合には、これら
の行為も詐害行為と評価され、取消請求の対象となる。民法は、相当価格で
の財産処分行為の場合と同様に、一般類型の要件を前提とした特則（民424
条の3）を設け、要件を加重することにより、特定の債権者に対する行為が
詐害行為取消権の対象となる場合を定めている。ここでは、既存の債務につ
いての債務消滅行為の場合について、設例を通じて具体的にみていこう。

Ⅰ 設例・解答

設例Ⅲ

Xの言い分

　私は、令和2年6月1日、Aに対し、弁済期を令和3年5月31日と定め
て、事業資金1000万円を貸しました。ところが、Aは、資金繰りがつかなく
なったようで、同年4月頃に事業を停止してしまいました。Aは、唯一の資
産であった売掛金を原資に、債権者であったYに対し、同年5月1日、2000
万円を支払っていますが、私を含む他の債権者には、事業停止後いっさい支
払をしていません。Aは、Yから令和2年12月10日に代金2000万円で丙土地
を購入しており、今回の支払はこの弁済に充てられたようです。なお、丙土
地は、購入直後に転売ずみであり、Aが得た売却代金も事業資金として費消
ずみと聞いています。Aは、もともとYの下で働いており、Yに強い恩義を
感じていたようです。また、Yも、事業を停止したAを直ちに呼びつけ、返
済を迫っていたとのことです。ですから、今回の弁済は、AとYとが示し合
わせ、他の債権者が被害を受けることを承知で行ったものなのだと思いま
す。そこで、Yに対し、詐害行為取消権に基づき、令和3年5月1日にされ
た弁済の取消しと、Aに対する貸金額に相当する1000万円およびこれに対す
る遅延損害金の支払を求めたいと思います。

Yの言い分

　私がAに丙土地を売り、その代金2000万円を令和3年5月1日に受領した
ことは、Xの主張するとおりです。丙土地の取引においては、Aたっての希
望で、決済に先行して所有権移転登記手続を行いましたが、その後代金の支
払を受けられず大変心配していました。Aからは、事業を清算するとの話は

聞いていましたが、まさか他の債権者にいっさい支払ができない状態とは思いませんでした。ＸはＡから弁済を受けられず誠にお気の毒ですが、なぜ私に請求してきているのか正直意味がわかりません。ＸとＡとの間でどのような取引があったのかも知りません。

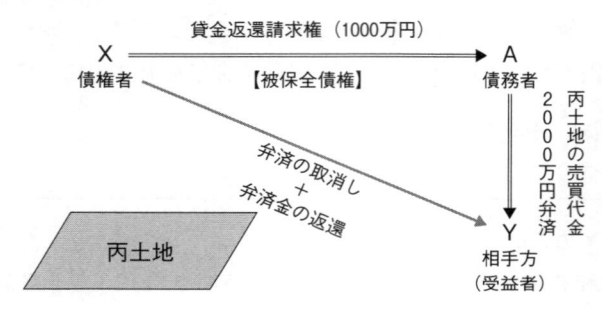

....

解 答

(1) 訴 訟 物

　詐害行為取消権　　1個

　履行遅滞に基づく損害賠償請求権　　1個

　合計2個　単純併合

(2) 請求の趣旨

　①　ＡがＹに対し令和3年5月1日にした2000万円の弁済を1000万円の限度で取り消す。

　②　Ｙは、Ｘに対し、1000万円及びこれに対する訴状送達の日の翌日から支払済みまで年3分の割合による金員を支払え。

(3) 請求原因

　あ　Ｘは、Ａに対し、令和2年6月1日、1000万円を貸し付けた。　【△】

　い　Ｙは、Ａに対し、同年12月10日、別紙物件目録記載の土地を代金2000万円で売った。　【○】

　う　Ａは、Ｙに対し、令和3年5月1日、いの代金債務の履行として、2000万円を支払った。　【○】

　え　Ａは、うの弁済の当時、支払不能の状態にあった。　【△】

　お　Ａには、うの弁済の当時、うの2000万円以外にみるべき資産がなかっ

た。　　　　　　　　　　　　　　　　　　　　　　　　　　　　　【△】

⓪　ＡとＹは、⑤の際、他の債権者を回避してＹに優先的に弁済すること
を合意した。　　　　　　　　　　　　　　　　　　　　　　【×】

Ⅱ　解　　説

1　訴訟物（類型別183頁）

　訴訟物の考え方は、一般類型の場合と同様であり、主たる請求の訴訟物
は、「詐害行為取消権」となる。また、本設例では、Ｘが附帯請求として遅
延損害金の支払も求めていることから、「履行遅滞に基づく損害賠償請求
権」も訴訟物となる（附帯請求の訴訟物については、71頁参照）。よって、
訴訟物の個数は、「２個」ということになり、これらの訴訟物の併合態様
は、単純併合である。

2　請求の趣旨

　請求の趣旨の考え方も、一般類型の場合と同様である。まず、取消しを求
める部分について、対象となる行為は令和３年５月１日にされた弁済という
ことになるが、取消しの請求をすることができるのは被保全債権の額の限度
にとどまること（民424条の８第１項）から、2000万円の弁済のうち被保全
債権である貸金返還請求権の額1000万円の限度で取消しを請求していくこと
になる。具体的な記載としては、「ＡがＹに対し令和３年５月１日にした
2000万円の弁済を1000万円の限度で取り消す」となる。

　財産の返還を求める部分については、「Ｙは、Ｘに対し、1000万円及びこ
れに対する訴状送達の日の翌日から支払済みまで年３分の割合による金員を
支払え」となる。逸出財産の返還債務は、履行の請求が到達した日の翌日か
ら遅滞に陥ると解されるところ（最判平30.12.14民集72.6.1101）、本設例で
は、提訴前に履行の請求がされたようすはなく、訴状をもって履行の請求を
行うことになると考えられることから、遅延損害金の始期は「訴状送達の日
の翌日」とすべきである。

「訴状送達の日の翌日から」

　期限の定めのない債務について、民法412条 3 項は「履行の請求を受けた時から遅滞の責任を負う」と規定している。厳密には、債務者は、履行の請求が到達した日に履行をすれば足り、その日の翌日から遅滞の責任を負うことになる（大判大10.5.27民録27.963）。

　実務上、訴訟提起に際し、訴状をもって履行の請求を行い（訴状は被告に送達される。民訴138条 1 項、民訴規58条 1 項）、訴状が到達した日の翌日以降の遅延損害金の支払を附帯請求として求めることがある。このような場合、請求の趣旨には、遅延損害金の始期について「訴状送達の日の翌日から」と記載することになる。なお、判決時においては訴状送達の日が明らかになっていることから、判決主文には「訴状送達の日の翌日から」とは記載せず、具体的な日を記載することになる。

返還債務が履行遅滞に陥るのはいつか

　受益者が詐害行為取消請求を受けた場合、債権者に対する逸出財産の返還債務は、いつの時点で履行遅滞に陥るのだろうか。詐害行為取消判決が形成判決であることをふまえれば、判決確定により返還債務が発生することになるため、判決確定により遅滞に陥ると考えるのが理論的であるようにも思われる。

　しかし、詐害行為取消しの効果は過去にさかのぼって生ずるものと解することができるし、仮に判決確定まで遅滞に陥らないとすると、受益者は、逸出財産に係るそれまでの運用利益の全部を得ることができてしまい、結論の妥当性も欠くことになる。そこで、判例は、上記返還債務は詐害行為取消しにより受領時にさかのぼって生ずる期限の定めのない債務であり、民法412条 3 項の「履行の請求」により遅滞に陥ると解している（前掲最判平30.12.14）。価額償還債務（414頁参照）についても、判例はないが同様の帰結になると思われる。

3 請求原因（類型別183頁以下）

(1) 要件事実

特定の債権者に対する行為の場合の法律要件は、相当価格での財産処分行為の場合と同様に、一般類型の要件を前提に、民法424条の3第1項によってこれを修正、加重するかたちで規定されている。

> 民法424条の3（特定の債権者に対する担保の供与等の特則）
> ① 債務者がした既存の債務についての担保の供与又は債務の消滅に関する行為について、債権者は、次に掲げる要件のいずれにも該当する場合に限り、詐害行為取消請求をすることができる。
> 一 その行為が、債務者が支払不能（債務者が、支払能力を欠くために、その債務のうち弁済期にあるものにつき、一般的かつ継続的に弁済することができない状態をいう。次項第一号において同じ。）の時に行われたものであること。
> 二 その行為が、債務者と受益者とが通謀して他の債権者を害する意図をもって行われたものであること。

以上の規定をふまえつつ、一般類型の要件事実（387頁参照）を特定の債権者に対する行為の場合（債務の消滅に関する行為の代表例として弁済を念頭に置く）の要件事実に加重、修正すると、以下のかたちとなる。①⑤および⑦は、一般類型の要件事実であり、その余は、民法424条の3第1項により修正、加重された要件事実である。

---

① 被保全債権の発生原因事実

② 既存の債務の発生原因事実

③ 債務者が受益者に対し、一定の給付をしたこと

④ ③の給付が②の債務の履行としてされたこと

⑤ 被保全債権が③④の債務消滅行為の前の原因に基づいて生じたこと

⑥ ③④の債務消滅行為の当時、債務者が支払不能であったこと

⑦ ③④の債務消滅行為が債権者を害すること（債務者の無資力）

⑧ 債務者と受益者とが通謀して他の債権者を害する意図をもって③④の債務消滅行為をしたこと

以下、民法424条の3の読み方について概観したうえで（下記(2)）、設例に

おいて摘示すべき請求原因事実を考えてみよう（下記(3)）。なお、手続的要件として訴訟告知が必要であることは、一般類型の場合と同様である（民424条の7）。

(2) 民法424条の3の読み方

一般類型における詐害行為取消請求の対象は、債務者がした「財産権を目的とする行為」であるが（第2節3(3)参照）、民法424条の3に基づく詐害行為取消請求の対象となるのは、同条1項柱書により、債務者による「既存の債務についての担保の供与又は債務の消滅に関する行為」である。本設例のように、「既存の債務についての債務の消滅に関する行為」が対象になるのであれば、当該行為の前提となる「既存の債務の発生原因事実」（要件事実②）を主張立証したうえで、債務の消滅に関する行為を具体的に主張立証する必要がある。債務の消滅原因が弁済（民473条）であれば、その要件事実として、「債務者が受益者に対し、一定の給付をしたこと」（要件事実③）と、債務と給付との結びつきを示すため「その給付がその債務の履行としてされたこと」（要件事実④）を主張立証すればよい（弁済の要件事実については41頁参照）。

次に、同条1項柱書は、「次に掲げる要件のいずれにも該当する場合に限り」詐害行為取消請求をすることができると規定していることから、同項各号に掲げられた要件についても、すべて満たす必要がある。

まず、同項1号は、「その行為が、債務者が支払不能……の時に行われたものであること」と規定していることから、原告は、要件事実⑥を主張立証する必要がある。なお、支払不能とは、同号カッコ書において規定されているとおり、「債務者が、支払能力を欠くために、その債務のうち弁済期にあるものにつき、一般的（弁済期が到来しているものすべての意味）かつ継続的に弁済することができない状態」をいう。

次に、同条2号は、「その行為が、債務者と受益者とが通謀して他の債権者を害する意図をもって行われたものであること」と規定していることから、原告は、要件事実⑧を主張立証する必要がある。なお、一般類型における「債務者の詐害の意思」や受益者の主観的要件（債権者を害することについての悪意。一般類型では抗弁に回る）は要件事実⑧に当然に含まれること

となるため、別途の検討は必要ない。

無資力と支払不能

　無資力と支払不能とは、一見すると同一の概念のようだが、債務者の換価困難な財産を考慮に入れるかどうかという点で違いがある。すなわち、財産があっても換価困難であれば支払不能となりうるから、「無資力ではないが、支払不能である」という事態を観念することができる。逆に、無資力であっても、信用や収入による弁済能力があれば支払不能ではないため、「無資力ではあるが、支払不能ではない」という事態も観念することができる。

　このように、「債務消滅行為の当時、債務者が支払不能であったこと」と「債務消滅行為が債務者を害すること（債務者の無資力）」とは別個の要件となるから、それぞれについて別個に主張立証する必要がある（もっとも、実際の主張立証において、両者の区別が必要になるケースはまれである）。

過大な代物弁済等に対する詐害行為取消請求

　既存の債務についての債務消滅行為は、民法424条の3第1項による詐害行為取消請求の対象となるが、給付の価額が消滅した債務よりも過大である場合（たとえば100万円の債務を300万円相当の自動車の給付により弁済した過大な代物弁済のケース）は、これを①代物弁済によって消滅する債務の額に相当する部分と、②それを超える部分（過大な部分）とに分けて考え、①については、民法424条の3による取消しを、②については、一般類型の要件のもとでの取消しを請求することができる（民424条の4）。①の要件は満たさないが、②の要件は満たすといった場合には、過大な部分（先の例でいえば100万円を超える部分）のみの取消しが認められることになる。

(3) 設例における請求原因事実

ア ①被保全債権の発生原因事実

本設例における被保全債権は、消費貸借契約に基づく貸金返還請求権であり、発生原因事実についての考え方は、398頁で触れたとおりである。具体的な摘示例は、請求原因あのとおりである。

イ ②既存の債務の発生原因事実

本設例において、Aの弁済により消滅した債務は、Yとの売買契約に基づく代金支払債務であり、その発生原因事実は、390頁で触れたとおりである。具体的な摘示例は、請求原因いのとおりである。

ウ ③債務者が受益者に対し、一定の給付をしたことおよび④その給付がその債務の履行としてされたこと

上記③④は、先に触れたとおり弁済の要件事実であり、通常、あわせて一文で摘示する。本設例における具体的な摘示例は、請求原因うのとおりである。

エ ⑤被保全債権の発生時期

被保全債権は、詐害行為よりも前の原因に基づいて生じたものでなければならないが、このことは、被保全債権と詐害行為の各時的因子（請求原因あおよびう）によってすでに現れているため、別途摘示する必要はない。

オ ⑥債務消滅行為の当時、債務者が支払不能であったこと

本設例では、支払不能にあったかが細かく争われているわけではないため、債務者であるAが、弁済当時、支払不能であったことを端的に摘示すれば足りる。具体的な摘示例は、請求原因えのとおりである。

カ ⑦債権者を害すること（債務者の無資力）

本設例において、AにはYに支払った2000万円以外にみるべき資産がなかったとのことなので、その旨を端的に摘示すればよい。具体的な摘示例は、請求原因おのとおりである。

キ ⑧債務者と受益者とが通謀して他の債権者を害する意図をもって③④の債務消滅行為をしたこと

本設例に沿って、弁済時にAとYとが通謀していたことを摘示すればよい。具体的な摘示例は、請求原因かのとおりである。

4　抗弁以下の攻撃防御方法（類型別187頁）

【典型的な抗弁】

①　資力の回復

②　支払不能状態の解消

③　被保全債権の発生障害事由、消滅事由

特定の債権者に対する行為を対象とした詐害行為取消訴訟における抗弁以下の攻撃防御方法は、以下の２点を除き、一般類型の場合（391頁参照）と同様である。

まず、１点目は、相当価格での財産処分行為と同様に、受益者の悪意（厳密には債務者と受益者との通謀）が請求原因事実となることから、受益者の善意の抗弁は登場しない。

２点目として、特定の債権者に対する行為の場合、「行為の当時、債務者が支払不能であったこと」が請求原因事実とされているが、この要件は、行為当時だけでなく、口頭弁論終結時においても要求されると解される。行為後に支払不能状態が解消したのであれば、債権者は債務者から被保全債権の弁済を受けることができるため、もはや詐害行為取消権の行使を認める必要がないからである。債務者の無資力についても、同様の議論があったことを思い出してみてほしい（389頁参照）。この「支払不能状態の解消」は、詐害行為取消権の消滅事由に当たると整理できるから、被告は、「口頭弁論終結時までに債務者の支払不能状態が解消したこと」を抗弁として主張立証することができる。

第5節　受益者に移転した財産を転得した者がある場合（類型別187頁以下）

これまで、詐害行為取消権の三つの行為類型につき、それぞれの要件事実を検討してきたが、最後に、一般類型を前提として、受益者に移転した財産を転得した者（転得者）がある場合の詐害行為取消権の行使について考えてみることにしよう。債権者は、受益者に対する詐害行為取消請求において、

債務者がした行為によって受益者に移転した財産の返還を請求することができるが、その財産が転得者に移転するなどして、受益者がこれを返還することが困難であるときは、債権者は、その価額の償還を請求することができる（民424条の6第1項）。また、債権者は、転得者に対して詐害行為取消請求を行い、転得した財産の返還を請求することもできる（民424条の5第1項）。以下、設例を通じて具体的にみていこう。

I 設例・解答

設例Ⅳは、設例Ⅰの続きとなっている。設例Ⅰとあわせて読んで、Xが、Yに対して訴訟を提起した場合と、Zに対して提起した場合のそれぞれについて、検討をしてみよう。

設例Ⅳ （設例Ⅰの続き）

Xの言い分

　Yに対し、詐害行為取消権に基づき、甲土地の贈与の取消しと所有権移転登記の抹消登記手続を求めたいと考えていましたが、訴訟に必要な資料を収集していたところ、甲土地が令和4年3月9日にYからZへ売却され、同月13日に所有権移転登記がされていたことが判明しました。売買代金は800万円だったようですが、現在の時価は1000万円を下らないと思います。Zは、Yの元妻とのことですが、現在も同居しているようですので、甲土地を譲り受ける際、AからYへの甲土地贈与がAの債権者を害するものであったことを十分に認識していたはずです。そこで、方針を転換し、Yに対し、詐害行為取消権に基づき、甲土地の贈与の取消しと甲土地の価額償還として1000万円およびこれに対する遅延損害金の支払を求めたいと思います。それがむずかしいようであれば、Zに対し、甲土地の贈与の取消しと真正な登記名義の回復を原因とする所有権移転登記手続を求めたいと思います。

Yの言い分

　甲土地を私の元妻であるZに売買し、所有権移転登記手続をしたことは、Xが述べているとおりです。私は、アニメーションの制作会社を経営しているのですが、つなぎの資金が必要になったことから、Zに頼んで甲土地を買

い取ってもらいました。Zへの800万円という売却代金は、複数の業者から取得した査定額の平均値であり、当時の適正な時価というべきものです。不動産価格が上昇トレンドにあることを加味しても、甲の主張する1000万円という価額は、高きに失すると思います。

<u>Zの言い分</u>

　私は、Yの元妻です。Yとは離婚したのですが、Yは何かと理由をつけて私名義のマンションに居座っていました。繰り返し退去を求めていたところ、先日ようやく退去してくれましたが、その際の条件が、甲土地を購入してほしいというものでした。市場流通性のありそうな土地でしたし、何よりYに退去してほしい一心で購入に応じたのですが、こんな迷惑ごとに巻き込まれるとは思いもしませんでした。甲土地を購入し、所有権移転登記手続を行ったことは、Xの主張するとおりですが、そのほかの事実はいっさい知りません。Yのいうことなど聞かず、裁判でも起こしてYを追い出せばよかったと心底後悔しています。

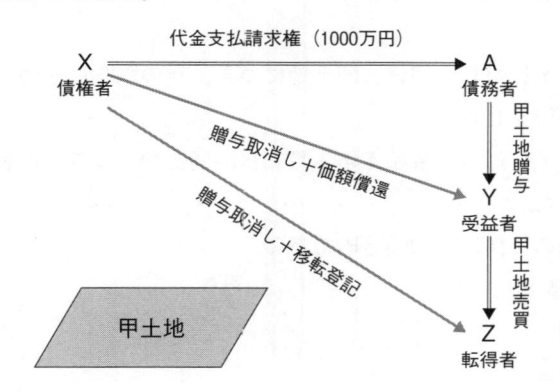

....

解 答

（Yに対する請求）

⑴ 訴 訟 物

　詐害行為取消権　　１個

　履行遅滞に基づく損害賠償請求権　　１個

　合計２個　単純併合

(2) 請求の趣旨

　① 　AとYとが令和3年10月23日に別紙物件目録記載の土地についてした贈与契約を取り消す。

　② 　Yは、Xに対し、1000万円及びこれに対する訴状送達の日の翌日から支払済みまで年3分の割合による金員を支払え。

(3) 請求原因

　あ 　Xは、Aに対し、令和3年6月1日、別表記載の建築資材を代金1000万円で売った。　　　　　　　　　　　　　　　　　　　　　　【△】

　い 　Aは、Yに対し、同年10月23日、別紙物件目録記載の土地を贈与した。　　　　　　　　　　　　　　　　　　　　　　　　　　　　　【○】

　う 　Aは、同日当時、同土地を所有していた。　　　　　　　　　　【○】

　え 　Aには、いの贈与の当時、同土地以外にみるべき資産がなかった。

　　　　　　　　　　　　　　　　　　　　　　　　　　　　　　　　【△】

　お 　Aは、いの贈与の際、これによって債権者を害することを知っていた。　　　　　　　　　　　　　　　　　　　　　　　　　　　　　【△】

　か 　Aは、Yに対し、同日、同土地につき、いの贈与に基づき、所有権移転登記手続をした。　　　　　　　　　　　　　　　　　　　　　　【○】

　き 　Yは、Zに対し、令和4年3月13日、同土地につき、所有権移転登記手続をした。　　　　　　　　　　　　　　　　　　　　　　　　　【○】

　く 　同土地の価額は、1000万円である。　　　　　　　　　　　　【×】

（Zに対する請求）

(1) 訴 訟 物

　詐害行為取消権　1個

(2) 請求の趣旨

　① 　AとYとが令和3年10月23日に別紙物件目録記載の土地についてした贈与契約を取り消す。

　② 　Yは、Aに対し、同土地について、真正な登記名義の回復を原因とする所有権移転登記手続をせよ。

(3) 請求原因

　あ 　Xは、Aに対し、令和3年6月1日、別表記載の建築資材を代金1000

412

万円で売った。　　　　　　　　　　　　　　　　　　　　【△】

ⓘ　Ａは、Ｙに対し、同年10月23日、別紙物件目録記載の土地を贈与した。　　　　　　　　　　　　　　　　　　　　　　　　　　【△】

ⓤ　Ａは、同日当時、同土地を所有していた。　　　　　　　【△】

ⓔ　Ａには、ⓘの贈与の当時、同土地以外にみるべき資産がなかった。　　　　　　　　　　　　　　　　　　　　　　　　　　　　　　【△】

ⓞ　Ａは、ⓘの贈与の際、これによって債権者を害することを知っていた。　　　　　　　　　　　　　　　　　　　　　　　　　　　　【△】

ⓚ　Ｙは、Ｚに対し、令和 4 年 3 月 9 日、同土地を800万円で売った。　　　　　　　　　　　　　　　　　　　　　　　　　　　　　【○】

ⓚ　Ａは、Ｙに対し、令和 3 年10月23日、同土地につき、ⓘの贈与に基づき、所有権移転登記手続をした。　　　　　　　　　　　　　【△】

ⓚ　Ｙは、Ｚに対し、令和 4 年 3 月13日、同土地につき、ⓚの売買に基づき、所有権移転登記手続をした。　　　　　　　　　　　　【○】

ⓚ　Ｚは、ⓚの売買の際、ⓘの贈与がＡの債権者を害することを知っていた。　　　　　　　　　　　　　　　　　　　　　　　　　【×】

Ⅱ　解　　説

1　受益者（Ｙ）に対する請求

(1)　訴訟物（類型別188頁）

　主たる請求の訴訟物は、設例Ⅰの場合と同様に、「詐害行為取消権」である。また、本設例では、Ｘが附帯請求として遅延損害金の支払も求めていることから、「履行遅滞に基づく損害賠償請求権」も訴訟物となる（附帯請求の訴訟物については、71頁参照）。よって、訴訟物の個数は、「 2 個」ということになり、これらの訴訟物の併合態様は、単純併合である。

(2)　請求の趣旨

　請求の趣旨のうち、取消しを求める部分については、設例Ⅰの場合と同様である。財産の返還を求める部分については、価額の償還を請求することになるから、「被告は、原告に対し、1000万円及びこれに対する訴状送達の日

の翌日から支払済みまで年3分の割合による金員を支払え」となる。遅延損害金の始期の考え方については、403頁を参照されたい。

(3) **請求原因**（類型別188頁以下）

ア　要件事実

受益者に対する詐害行為取消請求において、受益者が取得した財産を返還することが困難であるときは、債権者は、その価額の償還を請求することができる。

> 民法424条の6（財産の返還又は価額の償還の請求）
> ① 債権者は、受益者に対する詐害行為取消請求において、債務者がした行為の取消しとともに、その行為によって受益者に移転した財産の返還を請求することができる。受益者がその財産の返還をすることが困難であるときは、債権者は、その価額の償還を請求することができる。

民法424条の6第1項によれば、詐害行為取消権を行使し、価額償還を請求するためには、財産の返還を請求するために必要な要件事実（387頁参照）のほか、同項後段の規定する「受益者がその財産の返還をすることが困難であること」および「その財産の価額」を主張立証することが必要になると解される。したがって、価額償還を請求するための要件事実は、以下のように整理することができる。

---

① 被保全債権の発生原因事実
② 債務者が財産権を目的とする行為をしたこと
③ 被保全債権が②の行為の前の原因に基づいて生じたこと
④ ②の行為が債権者を害すること（債務者の無資力）
⑤ 債務者の詐害の意思
⑥ 受益者がその財産の返還をすることが困難であること
⑦ 詐害行為取消しの対象となる財産の口頭弁論終結時の価額

なお、詐害行為取消しの対象となる財産の価額算定の基準時は、原則として事実審の口頭弁論終結時であると解されている（最判昭50.12.1民集29.11.1847）。価額の償還は、財産の返還にかわるものであるため、価額算定の本来的な基準時は、財産が返還されるべき時、すなわち、詐害行為取消

訴訟の認容判決確定時ということになる。しかし、訴訟段階において認容判決確定時の価額を審理することは困難であるから、これに最も接着した時点である事実審の口頭弁論終結時を基準と解していくことになる。

イ　設例における請求原因事実

(ア)　①被保全債権の発生原因事実

設例Ⅰの場合と同様である。

(イ)　②債務者が財産権を目的とする行為をしたこと

設例Ⅰの場合と同様に、「AのYに対する甲土地の贈与契約の成立」と「Aが贈与契約当時に甲土地を所有していたこと」を摘示する必要がある。他方、設例Ⅰの場合と異なり、被告に対し、所有権移転登記の抹消登記手続は求めていないため、その前提として必要とされていた「Yが贈与契約に基づき、甲土地につき所有権移転登記を具備したこと」については摘示する必要がない。もっとも、Yによる登記具備の事実は、下記(エ)で触れるとおり、⑥受益者がその財産の返還をすることが困難であることを基礎づける事実として、別途摘示が必要となる。

(ウ)　③被保全債権の発生時期〜⑤債務者の詐害の意思

設例Ⅰの場合と同様である。

(エ)　⑥受益者がその財産の返還をすることが困難であること

本設例では、YからZに対して甲土地の所有権移転登記手続がされたことにより、受益者であるYは、Aに対する財産の返還（Yに対する所有権移転登記の抹消登記手続）をすることが困難となっている。そこで、⑥受益者がその財産の返還をすることが困難であることを基礎づける事実として、「甲土地につきYからZに所有権移転登記がされたこと」と、その前提として「Yが贈与契約に基づき、甲土地につき所有権移転登記を具備したこと」を摘示する必要がある。具体的な摘示例は、請求原因か·きのとおりである。

(オ)　⑦詐害行為取消しの対象となる財産の口頭弁論終結時の価額

詐害行為取消しの対象となる財産について、事実審の口頭弁論終結時における価額を端的に摘示すればよい。具体的な摘示例は、請求原因くのとおりである。

2 転得者（Z）に対する請求について

(1) 訴訟物（類型別190頁）

訴訟物は、受益者に対する請求と同様に、「詐害行為取消権」1個と考えればよい。なお、受益者に対する訴訟物と、転得者に対する訴訟物は、別個であると解される。受益者を被告とする詐害行為取消請求の認容判決は、転得者に対して効力を有さず、転得者を被告とする詐害行為取消請求の認容判決も、受益者に対しては効力を有しない（民425条参照。ただし、受益者ないし転得者が債権者である場合には、その立場において判決の効力を受けることになる）。

(2) 請求の趣旨

請求の趣旨のうち、取消しを求める部分については、受益者に対する請求と同様である。財産の返還を求める部分については、通常の給付請求のかたちで記載すれば足りる。本設例における請求は、移転登記手続請求を求めるものであるから、返還先は債務者であるＡとなる（民424条の9第1項本文参照）。具体的な記載としては、「Ｙは、Ａに対し、同土地について、真正な登記名義の回復を原因とする所有権移転登記手続をせよ」となる。

(3) 請求原因（類型別190頁以下）

ア 要件事実

転得者に対する詐害行為取消請求については、民法424条の5に規定されている。

> 民法424条の5（転得者に対する詐害行為取消請求）
>
> 　債権者は、㋐受益者に対して詐害行為取消請求をすることができる場合において、㋑受益者に移転した財産を転得した者があるときは、次の各号に掲げる区分に応じ、それぞれ当該各号に定める場合に限り、その転得者に対しても、詐害行為取消請求をすることができる。
>
> 一　その転得者が受益者から転得した者である場合　㋒その転得者が、転得の当時、債務者がした行為が債権者を害することを知っていたとき。
>
> 二　その転得者が他の転得者から転得した者である場合　㋓その転得者及びその前に転得した全ての転得者が、それぞれの転得の当時、債務者がした行為が債権者を害することを知っていたとき。

以上の規定によれば、転得者に対して詐害行為取消請求をするためには、

⑦受益者に対して詐害行為取消請求をすることができる場合であること（すなわち、受益者に対して詐害行為取消請求をする場合の要件事実）、④被告が転得者（受益者に移転した財産を転得した者）であることおよび⑦被告が、転得の当時、債務者がした行為が債権者を害することを知っていたこと（被告が他の転得者から転得した者である場合は、被告を含むすべての転得者が、それぞれの転得の当時、債権者を害することを知っていたこと）を主張立証する必要がある。⑦を具体的な要件事実に展開して整理すると、以下のようになる（⑦が①〜⑤、④が⑥、⑦が⑦にそれぞれ対応する）。

---

① 被保全債権の発生原因事実
② 債務者が財産権を目的とする行為をしたこと
③ 被保全債権が②の行為の前の原因に基づいて生じたこと
④ ②の行為が債権者を害すること（債務者の無資力）
⑤ 債務者の詐害の意思
⑥ 転得者が受益者に移転した財産を受益者から転得したこと
⑦ 転得者が、⑥の際、②の行為が債権者を害することを知っていたこと

イ　設例における請求原因事実

⑦　①被保全債権の発生原因事実〜⑤債務者の詐害の意思

受益者に対する請求の場合と同様である。

④　⑥転得者が受益者に移転した財産を受益者から転得したこと

本設例において、ZはYから甲土地を購入することで、これを転得しているから、YZ間の売買契約の成立を摘示する必要がある。売買の要件事実については、390頁で触れたとおりであり、具体的な摘示例は、請求原因⑰のとおりである。

また、Xは、Aに対する真正な登記名義の回復を原因とする所有権移転登記を求めていることから、その前提として、「（受益者である）Yが贈与契約に基づき、甲土地につき所有権移転登記を具備したこと」および「（転得者である）Zが売買契約に基づき、甲土地につき所有権移転登記を具備したこと」をあわせて摘示する必要がある。具体的な摘示例は、請求原因⑱⑲のと

おりである。

㈦ ⑦転得者の悪意

　転得者である被告が、財産を転得した際、債務者がした行為が債権者を害すると知っていたことを端的に記載すればよい。具体的な摘示例は、請求原因㈮のとおりである。

第12講

その他（不当利得、不法行為）

　本講は、不当利得および不法行為の概略を扱うが、そもそも判例の見解も不明確な点が多い。類型別にも記載はなく、ロースクール生にとっては必要不可欠なものではない。ただ、不当利得については、裁判官のブラックボックスであるとの批判もあり、不法行為についても、特に因果関係や共同不法行為については同様である。その意味で、法曹実務家にとって、これらの要件事実の枠組みの考え方を理解しておくことは、争点整理でのやりとりを理解し、適切な主張をするうえで必要不可欠である。本講では、裁判例を基礎として一定の考え方を示すが、裁判例の読み方についても多様な意見がある分野であることには注意されたい。

第1節　不当利得

I　衡平説と類型論

　不当利得においては、学説上は類型論が通説といわれているが、判例上は衡平（公平）説が採用されている。衡平説は、不当利得制度は、所有権、契約、不法行為制度などの多くの規定やその解釈によっても不公平な結果とならざるをえない場合の調整手段であり、法律上の原因の欠如の事由によって多様な類型があるものの、そのすべてを包括する統一的な制度であると捉える見解である。この見解の代表的な論者である我妻博士は、「すべての類型

を統一的理念としては、形式的・一般的には正当視される財産的価値の移動が実質的・相対的には正当視されない場合に、公平の理念に従ってその矛盾の調整を試みようとすることが不当利得の本質である」（我妻・民法講義Ⅴ4・938頁）と述べている。最判昭49.9.26民集28.6.1243も、「およそ不当利得の制度は、ある人の財産的利得が法律上の原因ないし正当な理由を欠く場合に、法律が、公平の観念に基づいて、利得者にその利得の返還義務を負担させるものである」と判示しており、すべての不当利得について包括的統一的理念が存在することを肯定しており、衡平説を支持している[1]。

衡平説に立脚しても、前提となる類型がさまざまであることは否定できない。その類型としては、財産価値の移動が損失者の意思に基づく出捐による場合とそうでない場合の二大類型がある。これに応じて利得が「法律上の原因のないこと」につき、第1類型は、損失者の出捐が弁済や売買などの一般的な法形式に基づくが、その原因が無効であったり取消しの対象となるなど「法律の原因」が明らかな場合であり、第2類型は、それ以外の場合であり、「法律上の原因」を統一的に把握することがほとんど不可能である（我妻・民法講義Ⅴ4・938〜943頁）。衡平説においては、「(i)一面において、これを包括・統一する抽象的な理念を明らかにするとともに、(ii)他面において、右の二つの類型のそれぞれについて一層具体的・形式的な基準を明らかにすることに努めるのが妥当な態度である」（我妻・民法講義Ⅴ4・938頁）とされる。衡平説において、要件事実の位置づけがすべて同一であることまでは要請されているものではなく、後記のように、二つの類型で要件事実の振り分けを別に考えるべきことになる。

これに対して、類型論は、不当利得を統一的に把握することはできないとして、類型的に把握する見解である。類型論としては、さまざまな見解があ

1 　現在、学説上では類型論が通説であり、平成29年改正により民法121条の2が規定されたことから、今後、ますます類型論が優勢になるとの見方も多い。ただ、民法121条の2と同じく原状回復義務を定める民法545条1項の解釈について、解除されると物権の所在は遡及的に無効となることを前提として、買主が解除までの間に目的物の使用利益を得ていた場合の原状回復義務について不当利得返還義務の性質を有していると説明している（最判昭34.9.22民集13.11.145）。この点などをふまえると、個人的には、民法121条の2の規定にかかわらず、衡平説は今後とも維持されるのではないかと思う。

るが、上記と同じように給付利得と侵害利得の二分論や費用利得、求償利得、給付利得および侵害利得の4類型があるとの説（潮見・債権各論Ⅰ334頁）などがある。類型論では、民法703条、704条が適用されるのは侵害利得のみとされることが多く、類型に応じて、それぞれが別個の制度であり、要件事実も類型ごとに異なることになる。具体的には、給付不当利得（たとえば、錯誤取消による返還請求）では、請求原因として、①契約の存在、②契約に基づく給付、③契約の取消し、となり、侵害利得の場合の請求原因では、①原告の損失、②被告の利得、③①と②との因果関係の存在であり、抗弁として、法律上の原因のあることとなる。類型論に立つと、不当利得全般について、民法703条が定めている要件で主張を分析することができなくなること、従来の類型に収まらない新たな事象が生じた場合に救済することが困難となる可能性がある。このことからも、判例の見解である衡平説が支持されるべきと思われる。ただ、衡平説に立脚しても、類型論の考え方は参考となる。

Ⅱ　衡平説における「法律上の原因」の位置づけ

> **【請求原因】**
> ①　原告の損失
> ②　被告の利得
> ③　原告の損失と被告の利得との因果関係の存在
> ④　**被告の利得が法律上の原因がないこと（第1類型）**
> **【抗　　弁】**
> ④　**被告の利得が法律上の原因があること（第2類型）**

1　第2類型

　衡平説に立った場合、各類型の要件事実の内容は基本的に同じに考えるが、理論的には、第2類型が基本であり、「法律上の原因」が明確ではないことになる。この場合に、「法律上の原因」を請求原因とすると、事実の不存在について主張立証責任を負わせることになり、悪魔の証明を強いること

になって不相当である。このことは、占有それ自体についても不当利得を肯定する立場（我妻・民法講義V4・947頁等通説）からすれば、所有権に基づく返還請求権ができる場合においても、所有権を証明することが困難な場合や相手方の取得した利用利益（損害でなく）の返還を請求する場合には不当利得構成に実益がある。この場合には、占有正権原の主張（法律上の原因があることの主張）は、抗弁と位置づけられることになる（類型別54頁は、「法律上の原因がないこと」が請求原因事実とする。大島眞一『民事裁判実務―要件事実編』（民事法研究会2024）450頁は、侵害型では抗弁となるとする）。また、転用物訴権として、賃借人から建物改築を依頼された請負人が賃借人の破産等の場合に、所有者に対して不当利得返還請求をすることができるかが問題となる（最判平7.9.19民集49.8.2805（詳細は後記428頁参照））。最高裁は、賃貸借契約全体をみて「法律上の原因がない」かどうかを判断すべきであると判断している。要件事実の位置づけは判旨からは明らかではないが、賃貸借契約締結の経緯や合意内容等を問題とするものであり、所有者と賃借人間において、権利金免除のかわりに修理代金負担の合意があったなどの事情が「法律上の原因の有無」に関して重要な事実となる。この事実は被告である建物所有者が主張立証すべき事柄というべきであり、抗弁とされるべきである。ちなみに、賃借人が破産状態であることは、因果関係ないし損失の事情であり、請求原因と考えられるべきである。

　第2類型について「法律上の原因」の主張立証責任を明確にした最高裁の判決は見当たらないというべきと思われる[2]。しかし、下級裁においては、第2類型について抗弁と位置づけるものも多い（東京地判昭56.4.8判時1019.101、東京地判昭62.10.29交民20.5.1362、大阪高判平元.12.21判タ715.226など）。前掲注2の昭和59年最判ですべての場合について「法律上の原因がないこと」を請求原因として位置づけるとされているが、これにより実務上統一されたとはいえない。むしろ、第2類型の場合には、「法律上の原因があること」を抗弁として位置づけるべきである。

2　第1類型

　これに対して、第1類型については、契約の取消しや無効等が問題となる

場合であり、原告の損失、被告の利得およびそれらの因果関係の主張をするために、契約の存在が明らかになるので、本来抗弁である「法律上の原因があること」が請求原因において主張されてしまうので、「法律上の原因がないこと」すなわち、契約を取り消したこと等も請求原因において主張しなければならないというべきである。

大判大7.9.23民録24.1722は、貸金の利息がいくらかが原告の主張と被告の主張とが異なった事案であり、第1類型に分類される事案について、「法律上の原因がないこと」が請求原因として処理されるべきものであるとしている。

なお、衡平説を前提としつつ、「法律上の原因があること」は規範的要件であり、請求原因（評価根拠事実）および抗弁（評価障害事実）で問題となるとする見解（吉川慎一「不当利得と要件事実」ジュリ1428号38頁）もある。

Ⅲ 利得および損失

1 利　　得

利得は、一定の事実が生じたことによって財産の総額が増加することであり、その事実がなければ当然に生ずべき財産の減少を免れたこと（消極的増加）も含む。他人の金銭を自分や他人の必要な経費に充てることは、利得に該当するであろうか。これについては、他人の金銭を受領することが利得で

2　この点、最判昭59.12.21集民143.503の評価をめぐって争いがある。保険金受取人であった者が脅迫を受けて保険証書や印鑑証明書等の交付を強要され、これにより保険金を受け取った者に対して不当利得返還請求をした事案について、「民法703条の規定に基づき不当利得の返還を請求する者は、利得者が「法律上ノ原因ナクシテ」当該利得をしたとの事実を主張・立証すべき責任を負っているものと解すべきである」と一般的な判示をし、保険金相当額の不当利得返還請求について、受取人変更がされていないという法律上の原因について請求原因として原告が主張すべきものと判示している。判示からすると、一般的に「法律上の原因がないこと」を請求原因と判断したものと思われる。この最判の事案については、私見の立場からは第2類型と整理すべきではなかったかと思われる。保険契約に基づき原告が受け取るべき保険金が被告が受領したとして、利得と損失とを請求原因で主張し、これに対して、保険契約の受取人変更があったことは「法律上の原因があること」として抗弁と位置づけるべきであったと考える。請求原因において、財貨の移転が損失者の意思に基づくものとされていないからである。

あって、その金銭をいかに使用したかは受益したものが現存するかどうかの問題（不当利得の効果の問題）と整理すべきである[3]。

　不当利得返還は、現物返還を原則とし、それが不可能なときに価格返還をすべきことになる。現物返還か価格返還かで訴訟物が異なり、要件事実も異なることになる。価格返還を訴訟物として選択した場合でも、利得がいくらになるかが問題となる。たとえば、XがYに時価1000万円の物を800万円で売り渡したが、その後、売買契約が解除されたが、Yは現物をZに900万円売却した場合に、Yのもとに現物がなくなっており、XはYに対して価格返還をすべきである。この場合に現物返還を求めてもYに現物の利得が存在しないので、請求棄却となる。したがって、価格返還を求めることになるが、この価格についてどのように解するべきであろうか。その物の口頭弁論終結時の価格が700万円となっている場合を考えてみる。その物の口頭弁論終結時の価格をもってYに利得があったとすると、中途で900万円で売却しており、Yの手元に利益を残すことになり、不当である。利益を吐き出させるべきである。そうすると、原則として売却時の価格である900万円を基準として利得を算定すべきである（最判平19.3.8民集61.3.479）。XはYに対して、Yに900万円の利得があったことから900万円の不当利得返還請求をすることができる。ちなみに、この場合、YはXに対して代金として支払った800万円についてXの利得があるので、不当利得として代金額800万円の返還を請求できることになる[4]。

　また、収取した果実や取得した権利に基づいて取得した物および取得した物の代償物も利得となる。民法190条、189条および196条にもこれに関連す

---

[3]　被相続人の預金口座から相続人のうち１名が無断払戻しした事例について、払い戻した時点で不当利得返還請求権が成立すると解するべきである。有益費用に支出したとの主張については、現存利益なし（抗弁）として考えるか、事務管理として有益費用に該当し、費用償還請求権が発生しているとして相殺（抗弁）を考えるべきである。無断払戻しの場合には、不法行為に基づく損害賠償請求権も成立すると考えられるので、後者の構成が相当と思われる。この点、実務上、請求原因の「利得」の存否で判断しているものが散見される（近藤昌昭『判例からひも解く実務民法（改訂版）』（青林書院2022）148頁参照）。

[4]　ＸＹ間で差し引き計算をして、XがYに対して100万円の不当利得返還請求権が認められるとする見解もある。

る規定がある。

2　損　　失

損失は、一定の事実によって財産の総額が減少することであり、その事実がなければ当然に生ずべき財産の増加がないこと（消極的減少）を含む。

Ⅳ　民法703条と704条との関係

不当利得においては、民法703条と704条とを一体として捉えるべきである。訴訟物としても1個である。仮に、受益者善意の不当利得（民703条）と受益者悪意の不当利得（民704条）とを別々の請求権と捉えると、民法703条による不当利得返還請求をするために、法律上の原因がないことについて被告が善意であることを主張立証しなければならないことになり、他方で、民法704条による不当利得返還請求をするためには、法律上の原因がないことについて被告が悪意であることを主張立証しなければならないことになる。そうすると、原告として、善意であることも悪意であることも立証できない場合には、不当利得返還請求をすることはできないという不都合が生じる。そこで、一体的に解釈をし、善意の場合には、不当利得返還請求権の成立範囲が制限されると解釈すべきである（最判平3.11.19民集45.8.1209）。すなわち、民法704条が基本的根拠条文であり、703条は権利障害規定と理解するのである。そして、受益者が利得に法律上の原因がないことを認識した後の利益の消滅は、返還義務の範囲を減少させる理由とはならないとされるべきである（前掲最判平3.11.19）。

【請求原因】
① 　原告の損失
② 　被告の利得
③ 　原告の損失と被告の利得との因果関係の存在
（④ 　法律上の原因のないこと）

現物返還が不能であることおよび目的物の時価評価額は、①原告の損失の具体的事実ということになる。

> **【抗　　弁】**
> ①　請求原因②の利得の全部または一部が消滅したこと（現存利益）
> ②　抗弁①の際、被告が受益について法律上の原因のないことについて
> 　善意であること

　善意・悪意の立証責任については、抗弁となると考えるべきである（定塚孝司『主張立証責任論の構造に関する一試論』（判タ1992）27頁）。現存利益消滅が一定期間が続いており、その途中で被告が悪意となったと原告が主張する場合には、抗弁①の一部否認として処理すれば足りると思われる。このような見解に対して、善意・悪意については、悪意を再抗弁として構成すべきであるとの考え方もある（吉川慎一『民事要件事実講座　第4巻』（青林書院2007）129頁）[5]。703条と704条とを一体として捉えているのは両者共通しているが、悪意の場合に、すべての利益を返還する704条が原則であるとし、上記抗弁②は要件事実でなく、悪意を再抗弁とする見解である。

Ⅴ　因果関係と法律上の原因

1　因果関係と法律上の原因の一般論

　不当利得に係る「因果関係」について、判例は当初「因果関係の直接性」が必要であるとしていた。すなわち、損失と受益とが互いに因果の関係にあっても、中間に事実が介在する場合には、利益と受益の因果関係を否定していた。これは、不当利得返還請求権の行使を当事者に限定するためのもので、取引の安全、被請求者の法的安定を確保するための解釈であった。しかし、結論の妥当性の問題もあり、当初は、因果関係の直接性の文言を使用しつつ、中間の事実介入の場合にも因果関係を認めるとの判断をし（最判昭

---

[5]　法定利息を請求する場合についても、703条と704条とを一体として考えるべきとの立場からは、請求原因として④不当利得（原告の損失または被告の利得発生の遅いほう）発生の日、⑤相当期間の経過を主張し、抗弁として被告が善意であることを主張すれば足りると考えられる（東京地判平26.12.10判時2255.88）。これに対して、最判平19.7.13集民225.103は、請求原因として「悪意」まで主張を要することを前提として、貸金業者は貸金業の規制等に関する法律に精通しているから、「悪意の受益者」であると推定されるとしている。

45.7.16民集4.7.909)、その後は、「社会観念上の因果関係」として、広く因果関係を認め、不当利得の成否は、「法律上の原因」の有無によって判断されるようになった。社会観念上の因果関係とは、「数人の間に財産価値の移動が行われた場合には、それらの人々の間における財産価値の移動を生ずる法律要件の形式や関係するそれぞれの者に帰属する法律的性質などに拘泥せず、同一の財産価値の移動として追及される限り、いいかえれば、Aの損失がBの利益に帰したと社会観念上認められる限り、不当利得の成立要件として必要な因果関係の存在を認め、しかる上で、一連の関係者のうちの誰から誰への不当利得返還請求権を認めることによって全関係の調整を行うべきかは、専ら「法律上の原因の有無」という次の要件によって決すべきものと考える」(我妻・民法講義Ⅴ4・977頁)との見解を採用したものと思われる。ちなみに我妻説が例示する代表例としては、騙取した金銭による弁済と転用物訴権がある。

2 騙取金

騙取金に関する判例としては、最判昭49.9.26民集28.6.1243がある。事案は、Aが甲から金銭を騙取して、その金銭をAの債権者乙に対して債務の弁済として交付した場合に甲から乙に対する不当利得返還請求権を行使したというものである。これにつき、「およそ不当利得の制度は、ある人の財産的利得が法律上の原因ないし正当な理由を欠く場合に、法律が、公平の観念に基づいて、利得者にその利得の返還義務を負担させるものであるが、いまAが、甲から金銭を騙取又は横領して、その金銭で自己の債権者乙に対する債務を弁済した場合に、甲の乙に対する不当利得返還請求が認められるかどうかについて考えるに、騙取又は横領された金銭の所有権が乙に移転するまでの間そのまま甲の手中にとどまる場合にだけ、甲の損失と乙の利得との間に因果関係があるとなすべきではなく、Aが騙取又は横領した金銭をそのまま乙の利益に使用しようと、あるいはこれを自己の金銭と混同させ又は両替し、あるいは銀行に預入れ、あるいはその一部を他の目的のため費消した後その費消した分を別途工面した金銭によって補填する等してから、乙のために使用しようと、社会通念上甲の金銭で乙の利益をはかったと認められるだ

けの連結がある場合には、なお不当利得の成立に必要な因果関係があるものと解すべきであり、また、乙がAから右の金銭を受領するにつき悪意又は重大な過失がある場合には、乙の右金銭の取得は、被騙取者又は被横領者たる甲に対する関係においては、法律上の原因がなく、不当利得となるものと解するのが相当である」と判示した。これは、因果関係について、社会観念上の因果関係として広く認め、乙の認識として、Aが交付した金銭が騙取金であることについて、悪意または重過失があるときは「法律上の原因がない」としたものである。この場合、「甲がAから騙取されたこと（損失）」「Aがその金員で乙に対する債務につき弁済したこと（利得）（因果関係）」および「乙が騙取金であることについて、悪意または重過失があること（法律上の原因の不存在）」が請求原因となる[6]（甲が騙取・横領されているので甲の意思に基づく財貨の移転があり、第1類型といえると思われる）。

3　転用物訴権

　転用物訴権の判例としては、最判平7.9.19民集49.8.2805がある。事案は、建物を所有していた乙がAに対し、修繕費用は借主負担、権利金なしとの特則のもとに建物賃貸借契約を締結し、Aが甲に建物修繕の請負契約を締結し、甲が修繕を完了したが、Aが事実上倒産状態に陥り、甲に請負工事代金を支払わないまま行方不明となったため、甲が乙に対して不当利得返還請求をしたものである。上記最判は、「甲が建物賃借人Aとの間の請負契約に基づき右建物の修繕工事をしたところ、その後Aが無資力になったため、甲のAに対する請負代金債権の全部又は一部が無価値である場合において、右建物の所有者乙が法律上の原因なくして右修繕工事に要した財産及び労務の提供に相当する利益を受けたということができるのは、乙とAとの間の賃貸借契約を全体としてみて、乙が対価関係なしに右利益を受けたときに限られるものと解するのが相当である。けだし、乙がAとの間の賃貸借契約において何らかの形で右利益に相応する出捐ないし負担をしたときは、乙の受けた右利益は法律上の原因に基づくものというべきであり、甲が乙に対して右利

6　騙取されたことによる甲A間の法律行為を取り消す必要があるかについては、必ずしも必要でないと思われる。

益につき不当利得としてその返還を請求することができるとするのは、乙に二重の負担を強いる結果となるかうである」と判示し、修繕による建物価値の増加は賃貸借契約に係る権利金免除によるものであるから、「法律上の原因」なく利得したとはいえないとした。これは、転用物訴権について、Ａが乙に対して費用償還請求権等の債権をもつ場合（Ⅰ型）ともたない場合（Ⅱ型）に分け、さらにⅡ型の場合をさらに、乙の利益保持がＡ乙間の契約関係全体からみて有償と認められる場合（Ⅱ－１型）と無償と認められる場合（Ⅱ－２型）とに分け、Ⅱ－２型の場合のみ「法律上の利益」なく乙が利得しているとして転用物訴権を認める見解（加藤雅信説）を採用したものといわれている。因果関係をどう捉えたかについては、議論がありうる[7]。

　判旨をみる限り、「法律上の原因がない場合」の認定として判示しているので、「法律上の原因がないこと」を請求原因として判断したものといえる。ただ、甲と乙との関係を考えると、前述のとおり、第２類型と整理すべきではないか。すなわち、①建物乙所有、Ａ乙の請負契約により当該建物の価値増加（乙の利得）、②Ａ無資力により甲の損失（甲の損失と因果関係）が請求原因であり、法律上の原因として、乙Ａ間の賃貸借契約に際し、権利の交付なしとするが、修繕費はＡ負担との合意があったことが問題となったものである。この法律上の原因については、乙の利得が甲の意思に基づくものとはいえず、第２類型であり（騙取金の場合には、甲のＡに対する財貨の移転の延長線上の問題であるが、転用物訴権の場合には、甲から乙への財貨移転は甲の意思に基づかないといえるのではないか）、抗弁と位置づけるのが相当と思われる。実質的にも、これらの法律上の原因に係る事情については、甲としてはまったく知りえない、乙側の事情である。そうすると、これらの事情は、「法律上の原因があること」として抗弁で考えるのが相当であ

7　同じく転用物訴権の最判昭45.7.16民集4.7.909［ブルドーザ事件］は、Ａが無資力の場合に「直接の因果関係」があるとして転用物訴権を認め、転用物訴権の成立範囲を因果関係で限定させる判断をしている。他方で、因果関係について社会観念上の因果関係として、因果関係を広く認め、Ａの無資力も「法律上の原因」の要件のなかで考える見解もありうる。しかし、甲の損失を考える場合には、請負契約によってＡに対して債権を有している以上、これが無価値となっていることを問題とせざるをえず、社会観念上の因果関係としても、甲の損失・因果関係として、Ａの無資力が請求原因となるというべきであろう。

ると思われる[8]。

第 2 節　不法行為

Ⅰ　一　般　論

【民法709条の法律要件】

① 　原告の権利または法律上保護される利益の存在

② 　被告の権利ないし法益侵害行為（違法性）

③ 　違法行為についての故意または過失

④ 　原告の損害の発生およびその額

⑤ 　②と④との因果関係

Ⅱ　①（権利・利益の存在）と違法性の関係

1　判例の考え方

　平成16年改正前の民法709条は、「故意又ハ過失ニヨリ他人ノ権利ヲ侵害シタル者ハ」と規定され、「権利侵害」が成立要件とされていた。不法行為を共同生活の社会秩序違反として位置づけるべきであるとされ、「権利侵害」が「違法性」に置き換わるようになった（末川博「権利侵害論」『末川博法律論文集Ⅱ』（岩波書店1970）。そして、違法性の有無は、被侵害利益の種類・性質と侵害行為の態様とを相関関係的に衡量することによって決定されるとする相関関係説（我妻榮『債権法（不法行為法)』（現代法学全集37巻）447頁）が確立された。このような考え方を前提として判例は、①の原告の法益の種類によって、②の違法性の判断の仕方が異なるとする（瀬川信久「民法709条（不法行為の一般的成立要件)」広中俊雄・星野英一編『民法典

8　三者間の給付不当利得の関係において、最判平10.5.26民集52.4.985は、第1類型に分類されると思われるが、原告が知らない事情で、被告側が知っている事情については、「法律上の原因がないこと」の特段の事情として抗弁と位置づけている。証拠との距離を考慮して、立証責任を分配すべきである。

の百年Ⅲ』（有斐閣1998）が参考となる）。すなわち、権利の外延が明確である法益に対する侵害は直ちに「違法性」を認めることができる（権利侵害型）のに対し、人格権などその外延が明らかとはいえない法益の侵害（違法性）については、受忍限度論や総合的考慮等によって判断される（利益衡量型）ことになる（最判昭56.12.16民集35.10.1369は、飛行場に離着陸する航空機に起因する騒音等による被害が受忍限度を超え、違法性があるかどうかが問題となった事案について、侵害行為の態様と侵害の程度、被侵害利益の性質と内容、侵害行為のもつ公共性ないし公益上の必要性の内容と程度等を比較衡量するほか、侵害行為の開始とその後の継続の経過および状況、その間にとられた被害防止に関する措置の有無およびその内容、効果等の事情をも考慮して総合的に考察して判断すべきものであるとする）。

2 権利ないし法益

いくつかの権利ないし法益について、簡単に触れておく。

(1) 景観利益

良好な景観の恵沢を享受する利益（景観利益）も法律上保護に値するが、「建物の建築が第三者に対する関係において違法な侵害になるかどうかは、被侵害利益である景観利益の性質と内容、当該景観の所在地の地域環境、侵害行為の態様、程度、侵害の経過等を総合的に考察して判断すべきである」（最判平18.3.30民集30.3.948）とされる。景観利益は、利益衡量型に属する。

(2) 名誉権

名誉権は、「人の品性、徳行、名声、信用等の人格的価値についての社会から受ける客観的評価」であり（最大判昭61.6.11民集40.4.872）、名誉棄損行為は、この客観的な社会的評価を低下させる行為である。他人を侮辱する発言などは名誉感情を傷つけ、不法行為責任が問題となることがあるが、名誉棄損行為には該当しない（最判昭45.12.18民集24.13.2151）。客観的な社会的評価を低下させる名誉棄損となるのは、社会的評価を低下させる事実を摘示してなされる表現行為である（刑230条参照）。名誉棄損行為として違法性が問題となる場合には、表現の自由との関係で問題となることが多く、表

現行為について、事実摘示型と意見論評型とが区別される。そして、意見論評の表現行為については、人身攻撃に及ぶなど意見論評の域を逸脱し、相当性を欠くと評価されない限り、表現行為が違法性を有するとはされない（最判平9.9.9民集51.8.3804）。ただ、意見論評のような体裁をとっているものの、前提とする事実が存在し、その事実が他人の名誉を害する場合には、事実摘示型として扱われることとなる。意見論評型の行為か事実摘示型の行為かが微妙なものもあるが、一般の読者の普通の注意と読み方とを基準として、前後の文脈や記事の公表当時に読者が有していた知識や経験を考慮して、証拠等をもってその存否を確定することが可能な他人に関する特定の事項を主張するものと理解できるときは、事実の摘示に該当するといえる（前掲最判平9.9.9）。名誉毀損による不法行為に基づく損害賠償請求の場合の要件事実としては、次のようになる。

【請求原因】

① 被告が原告の社会的評価を低下させるような事実を流布したこと
　　または
　　意見論評の場合には、意見または論評の基礎となる事実を流布したこと
② 被告の故意または過失
③ 損害の発生（およびその額）
④ ①と③との間の因果関係

　慰謝料の額は、諸般の事情を斟酌して裁判所が自由に量定することができる（大審昭7.7.8民集11.1527）とされており、損害発生の事実の主張は必要であるが、損害額の主張は必要ではない。

【抗弁1（真実性の抗弁）】

① 請求原因①の事実が公共の利害に関する事実にかかること
② 請求原因①は、もっぱら公益を図る目的に出たものであること
③ 請求原因①の事実が真実であること

---

(3) プライバシー権

プライバシー権とは、私生活をみだりに公開されないという法的保障ないし権利である（東京地判昭39.9.28下民集15.9.2317）。前科等に係る事実を著作物で実名を使用して公表した行為が不法行為の違法性があるかどうかが問題となったノンフィクション逆転事件（最判平6.2.8民集48.2.149）では、「前科等にかかわる事実については、これを公表されない利益が法的保護に値する場合があると同時に、その公表が許されるべき場合もあるのであって、ある者の前科等にかかわる事実を実名を使用して著作物で公表したことが不法行為を構成するか否かは、その者のその後の生活状況のみならず、事件それ自体の歴史的又は社会的な意義、その当事者の重要性、その者の社会的活動及びその影響力について、その著作物の目的、性格等に照らした実名使用の意義及び必要性をも併せて判断すべきもので、その結果、前科等にかかわる事実を公表されない法的利益が優越するとされる場合には、その公表によって被った精神的苦痛の賠償を求めることができるものといわなければならない。なお、このように解しても、著作者の表現の自由を不当に制限するものではない。けだし、表現の自由は、十分に尊重されなければならないものであるが、常に他の基本的人権に優越するものではなく、前科等にかかわる事実を公表することが憲法の保障する表現の自由の範囲内に属するものとして不法行為責任を追求される余地がないものと解することはできないからである」と判示し、利益衡量型の権利であることを認めている。

Ⅲ 因果関係

1 責任成立の因果関係と損害範囲の因果関係

因果関係は、厳密には、不法行為の要件②の「法益侵害行為」すなわち、

加害者による行為によって被害者の法益が侵害されたこと、と不法行為の要件⑤の法益侵害行為によって被害者に損害が発生したことの二つの場面で因果関係が問題となると解されている。民法709条も「故意又は過失によって」と「これによって生じた損害」と「よって」を二重に使用している。前者は、責任成立の範囲を限定するものとしての因果関係であり、後者は損害を限定するものとしての因果関係であるといわれている。因果関係について、判例は、相当因果関係説を採用しており、不法行為においても、民法416条の適用を認めている（大連判大15.5.22民集5.6.386）。責任成立と損害限定の二つを区別していない。そうすると、金銭評価も含め[9]、416条1項の通常損害の因果関係を認め、2項の特別損害については、債務者の特別事情の予見可能性を要件として因果関係を認める。不法行為の場合には、特別損害が機能することは望めない。交通事故後に医療ミスにより死亡した場合にも、通常損害の因果関係の有無として議論されている。ただ、通常損害の「相当性」の判断についてはわかりづらい。特に、第三者の行為が介入する場合をどのように判断すべきかは、「相当性」だけでは結論が出ない。このため、次に紹介する危険性関連説（相当因果関係説とは異なる見解）の説明を参考にすることが、相当因果関係説の「相当性」の判断をするうえでも有益であると思う。

2　危険性関連説の紹介

　損害範囲としての因果関係についての危険性関連説による説明は、相当因果関係を考える場合でも参考となると思われる[10]。ここで問題となるのは、第三者の行為の介入があった場合どのように考えるかである。

　危険性関連説に立たれる沢井裕教授の論文（「不法行為における因果関

9　この点、損害について差額説を採るか、事実説を採るかとも関連する。差額説は、不法行為がなければ被害者が有していたであろう財産状態と、不法行為があったため被害者が有する財産状態とを比較し、その差額が損害であるとする考え方である。この考え方は損害のなかに金銭評価も含まれることになる。これに対し、事実説は、不法行為によって被害者に生じた不利益な事実を損害とする考え方である。判例は、差額説と事実説とを使い分けているといえる。

10　「1個の結果発生に向けた行為」について、共同不法行為の客観的関連共同を認めることを前提とするものと考えられる。

係」（『民法講座6』（有斐閣1985）259頁以下））を参考として検討する。同論文291頁では、次の事例をあげる。

①Yの過失によって交通事故によって負傷したXが病院へ救急車で運ばれる途中、救急車がZの車と衝突して死亡した場合、⑦救急車が猛スピードで走っていたため、Zとの衝突は不可避であったとき、④救急車は、通常の運行方法によって走っていたのに、Zの過失で衝突したとき。

②交通事故後、Xは入院先で死亡した場合で、⑦Zの医療過誤によって死亡したとき、④何人の責めにも帰しえない流感（落雷でも同じ）によって死亡したとき。

各場面について、Yの行為とXの死亡との因果関係があるというためには、おおむねYの行為（規範違反行為）に内在する危険性がXの死亡との関連性があるかどうかによるとする。この際の行為の規範義務違反については、回顧的にみるのではなく、行為規範的にみるとする。そして、①の④の例（車利用による一般生活上の危険の問題、一般的な車運転の際の注意義務の問題）や②の④の例（入院先の病院で流感にかかったのも一般生活上の危険の問題、一般的な感染防止義務の問題）の場合には、Xの行為の危険性と結果の関連性がない。しかし、①の⑦（第一次侵害が救急車の猛スピードという危険を高めたといえる場合）や②の⑦（医療行為は本来的に危険を包蔵しているので、原則としてXの行為の負傷させる行為に包摂される。ただ、医師Zの重過失等特段の事情があればYの責任が中断されるというべきである）の例では、Xの行為に内在する危険性と結果との関連性があるとしての因果関係を認める。危険性関連は、Yの侵害行為の内容・態様と第二次侵害行為の内容・態様との総合判断である。①の⑦（②の⑦も）について、Yの行為とXの死亡との因果関係を認め、Zの行為との因果関係についても、第三者の介入がないので、重ねて認めることになる。なお、②の⑦につき、沢井教授は、医療が危険とはいえ事故発生の蓋然性は低く、全面的に責任があるということもYに酷であり、他方Zに重過失があったときにYの責任を免れることも妥当ではなく、危険度に相応する割合で責任を負うべきではないかとする。しかし、因果関係は、悉無律的にあるか否かで判断されるものであり、判例も割合的因果関係を認めていない。「相当性」で考える場合に

は、原則としては、医療の危険性を認め、因果関係が存在するとの判断でよいと思われる。最判平13.3.13民集55.2.328は、タクシー事故後に救急車で病院に搬送され、医師の過失も重なって少年が死亡した事案について、タクシー運転手の行為と死亡との因果関係を認めることを前提として、共同不法行為の成立を認めている。また、最判昭43.11.15民集22.12.2614は、甲会社の代表者Aが交通事故により受傷し、Aが代表取締役であるほか、唯一の薬剤師であったことから、甲会社が加害者乙に対して甲会社の売上げ減少による損害を請求したという事案につき、甲会社が俗にいう個人会社で、その実権が乙個人に集中して乙に甲会社の機関としての代替性がなく、経済的に甲会社と乙とが一体をなす関係にあるときは、甲会社は、乙の受傷により同会社の被った損害の賠償を加害者に請求することができると判断した。これも危険性関連説では、乙の行為によるAの法益侵害の態様と甲会社への法益侵害行為を惹起する危険性関連があるかどうかの判断であり、第二次侵害が個人企業の場合には相当性を肯定する方向に働き、大企業であれば否定する方向で働くということができると思われる。

Ⅳ 特殊不法行為

民法709条のほかに、特別規定があるので、その要件事実について概略だけ説明する。

1 責任無能力者の監督義務者の責任（民714条1項）

> 【民法714条1項の要件事実】
> ① 原告の権利または法律上保護される利益の存在
> ② ①に対する加害行為
> ③ 損害の発生および額
> ④ ②と③との因果関係
> ⑤ ②のとき行為者が責任無能力であったこと
> ⑥ ②のとき被告が行為者に対し法定の監督義務を負っていたこと

未成年者については、親権者（民820条）および未成年後見人（民857条）

は監督義務者であり、託児所、幼稚園、精神病院、学校は、代理監督者（民714条2項）である。

　監督義務を怠らなかったことは免責の抗弁（民714条1項ただし書）となる。どのような場合に免責が認められるかについて、最判平27.4.9民集69.3.455では、親権者の直接的な監視下にない子の行動についての日頃の指導監督は、ある程度一般的なものにならざるをえないことを前提として、注意義務違反があるかどうかを具体的状況を前提として判断すべきであるとしている。

2　使用者責任（民715条）

> 【民法715条1項の要件事実】
> ①　原告の権利または法律上保護される利益の存在
> ②　被用者が①を侵害したこと
> ③　②が被告の事業の執行についてなされたこと
> ④　②について被用者の故意または過失
> ⑤　損害の発生および額
> ⑥　②と⑤の因果関係
> ⑦　被告が事業のために被用者を使用していたこと
> 　　または
> 　　被告が事業のために被用者を使用している者にかわって事業を監督
> していたこと

「事業執行についてなされたこと」については、取引的不法行為と事実的不法行為とを区別し、前者の場合には、使用者の事業範囲に属するか（最判平15.3.25集民209.291）、被用者の職務範囲といえるか（最判昭40.11.30民集19.8.2049）、という二段階の要件を満たすことが必要である（外形標準説）。後者の事実的不法行為のなかでも、自動車事故については、取引的不法行為と同様の判断をする（最判昭37.11.8民集16.11.2255、最判昭52.9.22民集31.5.767）。その他の事実的不法行為では、使用者の事業執行を契機として、事業執行と密接な関連があるときに「事業執行についてなされたこ

と」の要件を満たすと判断している（最判昭44.11.18民集23.11.2079）。

　また、外形標準説では、事業の執行という外形の信頼保護が損害賠償責任の根拠であるので、被害者において職務の範囲内で違法に行われたものでないことについて、悪意または重過失がある場合には、外観に対する保護に値する第三者とはいえない（最判昭42.11.2民集21.9.2278）とする。この悪意・重過失は抗弁となる。

3　所有者占有者の責任（民717条）

【民法717条の要件事実】
① 　原告の権利または法律上保護される利益の存在
② 　土地の工作物が通常備えているべき安全性を欠如していること
③ 　②によって①を侵害したこと
④ 　損害の発生および額
⑤ 　③と④との因果関係
⑥ 　（占有者に対し）③のとき被告が②の工作物を占有していたこと
　　　または
　　（所有者に対し）③のとき被告が②の工作物を所有していたこと

　占有者は、損害発生を防止するに必要な注意をしたこと（評価根拠事実）を抗弁として主張することができ、これに対して、原告が評価障害事実を再抗弁として主張することができる。

4　共同不法行為（民719条）

　共同不法行為については、学説上、さまざまな見解が提唱されており、判例の理解も一様ではない。これらの考え方を総合的に紹介することは困難であり、私自身の判例の理解を前提として要件事実を提示することとする。

(1)　民法719条1項前段

　民法719条1項前段の「数人が共同の不法行為によって他人に損害を加えたとき」には、**主観的関連共同の場合**と**客観的関連共同の場合**とがある。

　主観的関連共同の場合とは、数人に不法行為を行うことについて意思的な

連絡があるときであり、客観的関連共同の場合は、意思的連絡がないものの、数人の行為が客観的に1個の行為を共同して行ったと評価できる場合であり、特に「1個の結果発生に向けられた」不法行為であると評価できる場合には、客観的関連共同が認められる。そして、前者の場合には、共同する者のいずれかの者の行為と結果との間に因果関係があるときには共同不法行為が成立するとする（大判昭9.10.15民集13.1874）。他方、客観的関連共同の場合には、各自の行為と結果との間に因果関係があることを要する（大判大8.11.22民録25.2068、最判昭43.4.23民集22.4.964、最判平13.3.13民集55.2.328）。共同不法行為において、各人の行為と結果との因果関係を必要と解することについて、共同不法行為を認める実益がないとの批判もある。しかし、たとえば、甲による交通事故の後に乙による医療過誤があった場合に、被害者の死亡という1個の結果に向けられた共同不法行為と構成するときを考えてみよう。この場合に判例の見解では、当該死亡の結果は、甲の行為との間にも、乙の行為との間にも因果関係を肯定することができ（前記の435頁参照）、甲乙双方とも死亡との結果について責任を負うことになり、死亡による全損害について連帯債務となる。他方、このような場合に共同不法行為を認めない見解では、甲乙それぞれに民法709条の責任を問題とすることになるが、各別に因果関係を考えることになる。この場合には、甲の行為の因果関係と乙の行為の因果関係についてどのように考えるのであろうか。因果関係を個別に検討すると、甲の責任を考える際には、結果発生が乙の行為による可能性があり、乙の責任を考える際には、結果発生が甲の行為による可能性があることになり、甲にも乙にも民法709条による死亡の責任を認めることができないことになるのではないか。仮に、共同不法行為の成立を認めずに因果関係について上記の危険性関連説を採用して、甲と乙に各別に不法行為に基づく損害賠償請求ができるとすると、2倍の賠償額を認めることになるので不当であろう（甲の弁済は、甲の損害賠償債務についての給付であるので、乙の損害賠償債務に影響を及ぼさない）[11]。このように、客観的関連共同の場合に、各人の行為と結果との間に因果関係を必要とする構成

11　前述の危険性関連説は、共同不法行為が成立することを前提として成立しうる因果関係の考え方ではないかと思われる。

でも、因果関係について危険性関連説を考慮して相当因果関係を認める場合には意義があることになる。以上が、民法719条前段であり、結果との間に因果関係がある場合である。

　なお、民法719条2項の教唆および幇助は、「共同の行為」をしたものとして民法719条1項前段に該当し、同条2項は確認的規定であると理解されている。

(2)　民法719条1項後段

　民法719条1項後段は、因果関係が不明である場合の法律上の推定である[12]。本来、他人の行為の結果について責任を負うことはないのが原則である。その意味で、民法719条1項前段は、自己の行為と因果関係がある場合に共同不法行為として責任を負う。しかし、法益侵害の危険のある行為が同時に行われているが、因果関係の立証がむずかしい場合には、被害者救済という政策的配慮から、因果関係を法律上推定するというのが民法719条1項後段である。たとえば、甲と乙とが意思連絡もなく、同時に丙に対して石を投げていずれかの石が丙に当たり死亡した場合、甲も乙も危険な行為をしているが、いずれの行為によって丙の死亡の結果が生じたか明らかではない。行為を共同したともいえず（客観的関連共同も不成立）、甲の行為、乙の行為と丙死亡との間に因果関係があるとはいえない。民法719条1項後段は、このような場合に、被害者救済のためという政策的配慮から因果関係を法律上推定して共同不法行為の成立を認めるという趣旨である。甲は、自分が投げた石が当たったものでない（抗弁）と立証することができれば、共同不法行為による責任を免れる。

　さらに、同項後段は、累積的因果関係の場合に類推適用されると解されている。わかりやすさの観点から教室事例として説明をする。まず、甲と乙とが、互いに意思の連絡なく、丙の飲み物に各自死亡致死量に達する青酸カリを投与し、丙がその飲み物をすべて飲んで死亡した場合を考える。この場

12　立法者である梅謙次郎は、被害者保護の見地から因果関係を擬制したものであると説明している（『民法要義［訂正増補第14版］』（明法堂1901）907頁）。しかし、最判令3.5.13民集75.5.1359は、後述のとおり、法律上の推定であり、抗弁で因果関係がないことの立証により免責される構造であると理解している。

合、1個の死亡という結果が発生し、甲にとって乙の行為の介入は因果関係を中断させるものではないので、甲乙は丙の死亡に向けた行為を共同していたといえるので、客観的関連共同がある[13]。したがって、甲乙は民法719条1項前段の共同不法行為による損害賠償責任を負う。次に、甲が、乙と同時に、甲乙のそれぞれが致死量には満たない量（たとえば、それぞれ致死量の6割）の青酸カリを投与したが、結果的に甲乙の青酸カリにより死亡した場合（累積的因果関係の場合）には、どのように解するべきか。甲乙は丙の死の結果に向けた行為を共同して行ったともいえないことから、客観的関連共同を認めることはできない。民法709条による丙死亡の責任を追及することもむずかしい。そのような場合に、民法719条1項後段の類推適用をすべきであるというのが後記の判例の立場であると解することができる[14]。同項後段は、前記のとおり択一的因果関係の場合の推定規定であるが、甲の行為について、乙との共同として、丙の死亡との因果関係を推定し、少なくとも寄与度の限度で5割（この寄与度は請求原因）の割合で責任を負うべきである。甲は、自己の寄与度について、不存在または1割、2割であることを抗弁で主張立証して減免責できる。

最判令3.5.17民集75.5.1359は、民法719条1項後段は、「複数の者がいずれも被害者の損害をそれのみで惹起し得る行為を行い、そのうちのいずれの者の行為によって損害が生じたのかが不明である場合に、被害者の保護を図るため、公益的観点から、因果関係の立証責任を転換して、上記の行為を行った者らが自らの行為と損害との間に因果関係が存在しないことを立証しない限り、上記の者らに連帯して損害の全部について賠償責任を負わせる趣旨の規定であると解される。そして、同項後段は、その文言からすると、被害者によって特定された複数の行為者の中に真に被害者に損害を加えた者が

13　このような偶然的な場合に客観的関連性を認めることに批判もあるが、判例上は、複数の自動車が運転手らの過失により衝突した場合にも共同不法行為の成立を認めている（最判平15.7.11民集57.7.815）。

14　甲乙それぞれの行為は、丙の身体⽣命を害する危険な行為（侵害行為）であり、死との因果関係の有無は不明である。致死量に満たない青酸カリでも、丙の体調等によって死亡に至ることは十分にありうる。甲乙それぞれ致死量の60％であれば、それぞれ5割の寄与度ということができる。甲が致死量の20％で、乙が80％であれば、甲の行為の寄与度は20％とみるべきであると思われる。

含まれている場合に適用されると解するのが自然である」とし、「被害者によって特定された複数の行為者のほかに被害者の損害をそれのみで惹起し得る行為をした者が存在しないことは、民法719条1項後段の適用の要件であると解するのが相当である」と判示する[15]。すなわち、上記の投石の事例のように、丙の死亡が甲か乙かどちらかの行為の結果であるとの択一的な因果関係がある場合が本来的な適用場面である。しかし、前述の致死量に満たない青酸カリの投与による殺人の場合のように、甲の行為のみでは致死行為に該当しないことが明らかであるが、偶然に乙の行為があわさって丙の死を招来した場合[16]にも、少なくとも寄与度の限度において民法719条1項後段を類推すべきである。上記最判令3.5.13も、「本件被災大工らが本件ボード三種を直接取り扱ったことによる石綿粉じんのばく露量は、各自の石綿粉じんのばく露量全体のうち3分の1程度であったが、上記の本件被災大工らの中皮腫の発症について、被告エーアンドエーマテリアルらが個別にどの程度の影響を与えたのかは明らかでない」場合に、「①複数の者がいずれも被害者の損害をそれのみで惹起し得る行為を行い、そのうちのいずれの者の行為によって損害が生じたのかが不明である場合には、被害者の保護を図るため公益的観点から規定された民法719条1項後段の適用により、因果関係の立証責任が転換され、上記の者らが連帯して損害賠償責任を負うこととなる（本来的な1項後段の場面）ところ、②本件においては、被告エーアンドエーマテリアルらが製造販売した本件ボード三種が上記の本件被災大工らが稼働する建設現場に相当回数にわたり到達して用いられているものの、本件被災大

---

15 最判の判断枠組みの理解として、各人の行った行為が各自単独で結果発生を惹起する具体的危険性を有していることが必要であり、共同行為者以外に結果発生の不法行為を行った者が存在しないことが要件（十分性の要件）であると判示している。これは、結果発生の具体的危険性のある行為をしているので、責任主義に反するものではない。このような択一的因果関係の理解を前提として、数社の建材メーカーによる、いわゆる累積的競合の場合にも、建材メーカー数社が集団的寄与として、建設現場に相当回数にわたり建材メーカーの石綿含有製品たるボードが現場に到着させていること、建材メーカーにおいても、原告らが建設現場において本件ボードを扱い、累積的に石綿粉塵にばく露していることを認識していたことを要するとし、その寄与度の限度で連帯責任を負うとしている。

16 甲が乙もまた致死量の6割の青酸カリを投与することを予見していた場合には、主観的関連共同があることになる。

工らが本件ボード三種を直接取り扱ったことによる石綿粉じんのばく露量は、各自の石綿粉じんのばく露量全体の一部であり、また、被告エーアンドエーマテリアルらが個別に上記の本件被災大工らの中皮腫の発症にどの程度の影響を与えたのかは明らかでないなどの諸事情がある。そこで、③本件においては、被害者保護の見地から、上記の同項後段が適用される場合との均衡を図って、同項後段の類推適用により、因果関係の立証責任が転換されると解するのが相当である」と判断した。被告ら各自が全部の結果発生の法益侵害行為をした場合が本来的な民法719条1項後段である（①の判旨）。ただ、被告ら各自は全部の結果発生の法益侵害行為とはいえない場合（②の判旨）にも、結果発生の集団的因果関係のうちの一部の法益侵害行為をしている場合には、その一部の寄与度の限度で連帯責任を負うのが相当であり、民法719条1項後段の類推適用ができるとする（③の判旨）。民法719条1項後段の類推適用により、中皮腫にり患した本件被災大工らの各損害の3分の1について、連帯して損害賠償責任を負うとする。すなわち、致死量に満たない青酸カリの事例でも、甲乙が同時に危険な侵害行為を行っており、甲の死亡という結果が生じており、寄与度の範囲において、民法719条1項後段を類推適用して、因果関係を法律上推定すると解するべきことになる。自己の行為と死亡との間に寄与度に応じた因果関係がないことは抗弁として主張立証することができる。この判例の出現により、いわゆる累積的な因果関係が問題となる場合においては、今後、民法719条1項後段の類推適用がされることになると思われる。

【民法719条1項前段】

　甲が乙丙の共同不法行為による損害賠償を求める場合

［主観的関連共同］

① 　丙による甲への侵害行為

② 　甲の損害の発生

③ 　①と②との因果関係

④ 　丙の故意過失

⑤ 　乙丙間の意思的連絡

[客観的関連共同]

① ⑦　乙による甲への侵害行為

　⑦　甲の損害の発生

　⑦　⑦と⑦との因果関係

　⑦　乙の故意過失

② ⑦　丙による甲への侵害行為

　⑦　甲の損害の発生

　⑦　⑦と⑦との因果関係

　⑦　丙の故意過失

③　①⑦と②⑦とが客観的に1個の行為を共同していること（1個の結果発生に向けられていることを含む）

【民法719条1項後段】

[原則型：甲が乙に対して損害賠償を求める場合]

〈請求原因〉

①　乙丙の甲に対する結果発生の現実的危険性のある行為の存在

②　甲の損害

③　乙か丙のいずれかの行為によって甲の損害が発生（択一的因果関係）

③　乙の故意過失

〈抗弁〉

　請求原因②は、甲の損害は、丙の甲に対する行為によって発生した

[累積的因果関係：

　甲が乙に対して寄与度に応じた損害賠償を求める場合]

〈請求原因〉

① ⑦　複数行為者の各自の現実的危険性のある行為の存在

　⑦　複数行為者のうちの乙の寄与度

　⑦　乙の故意過失

②　甲の損害発生

③　複数行為者による侵害行為全体と結果発生の因果関係（集団的因果
　関係）

〈抗弁〉

　乙の行為と甲の損害とは個別的因果関係の全部または一部がないこと

　各自の現実的危険性のある行為が要件であり、アスベスト事件では、アスベストを含む建材の現場到達事実が問題となった。

事項索引

判例索引 （日付順）

マスター紛争類型別の要件事実

2025年3月31日　第1刷発行
2025年5月2日　第2刷発行

著　者　近　藤　昌　昭
　　　　足　立　　　哲
　　　　松　原　平　学
発行者　加　藤　一　浩

〒160-8519　東京都新宿区南元町19
発　行　所　一般社団法人 金融財政事情研究会
出　版　部　TEL 03(3355)2251　FAX 03(3357)7416
販売受付　TEL 03(3358)2891　FAX 03(3358)0037
URL https://www.kinzai.jp/

DTP・校正：株式会社友人社／印刷：三松堂株式会社

ISBN978-4-322-14496-3